한미동맹 정상화와 군사주권을 어떻게 찾을 것인가?

150여 년의 한미관계사와
주권국가로 가는 길

한미동맹 정상화와 군사주권을 어떻게 찾을 것인가?

150여 년의 한미관계사와
주권국가로 가는 길

초판 1쇄 인쇄 2024년 10월 7일
초판 1쇄 발행 2024년 10월 11일

지 은 이 고승우
펴 낸 이 정연호
편 집 인 정연호
디 자 인 이가민

펴 낸 곳 도서출판 우리겨레
주   소 서울시 은평구 통일로 71길 2-1 대조빌딩 5층 507호
문의전화 02.356.8417
F A X 02.356.8410
출판등록 2002년 12월 3일 제 2020-000037호
전자우편 urikor@hanmail.net
블 로 그 http://blog.naver.com/j5s5h5
인스타그램 instagram.com/urikor0927
페이스북 facebook.com/urigyeorye

Copyright ⓒ 고승우 2024

ISBN 978-89-89888-36-9 (03340)

한미동맹 정상화와 군사주권을 어떻게 찾을 것인가?

150여 년의 한미관계사와
주권국가로 가는 길

고승우 지음

도서
출판 우리겨레

역사는, 현재에 영향 미쳐

　지금으로부터 대략 150여 년 전인 1866년 '제너럴셔먼호' 사건에 이어 1871년 '신미양요'로 미국과 조선이 전쟁을 벌인 뒤 2024년 3월 중순 현재까지 미국과 한반도의 관계는 어떤 모습일까? 그에 대한 견해는 다양할 것이다. 무엇을 어떻게 보느냐에 따라 역사는 다른 모습으로 그려지기 때문이다. 역사를 어떻게 살피느냐 하는 것은 너무도 중요하다. 그것은 눈앞의 현실, 즉 현재에 영향을 미치기 때문이다.

　한미관계에 대한 국내의 주된 견해의 하나는 미국은 한국에서 고마운 존재, 혈맹관계로 일컬어진다. 미국이 6·25전쟁에 참전해 수많은 미국의 젊은이들이 희생되었고, 그 이후 미군 주둔에 의해 한반도의 안보가 보장되면서 한국이 엄청난 경제적, 정치적 기적을 이뤘다는 것이다. 물론 이런 측면도 분명 존재한다.

　그러나 다른 견해도 있다. 미국의 한반도에 대한 정책은 신미양요 이래 최근까지 미국의 이익을 챙기기 위한 과정으로 볼 수 있다는 사실이다. 이는 한미관계의 근현대사를 살펴보면 한눈에 드러난다. 미국은 자국의 이해관계를 관철시키기 위해, 해방 이후 실시된 미군정을 통해 한국의 군사, 외교, 안보, 치안 담당 지배층을 철저히 미국익 수행의 하수인으로 세뇌시켰고, 그것은 오늘날까지 이행되면서 미국에게 엄청난 이익을 챙겨주고 있다.

　비공식적인 수치지만 한국의 외교, 국방, 치안 분야 담당 고위공직자의 태반 이상은 검은 머리의 미국인이라는 이야기가 나오는 이유다. 윤석열 대통령과 그의 정부 고위층이 보이는 철저한 숭미, 친일 행각이 우연한 현상이 아니라는 것이다.

미국, 제주 4·3항쟁 당시 민간인 학살의 군사작전 주도

미국은 한반도 남쪽을 소련에 대항하는 교두보로 삼기 위해 단독 정부를 강행하는 과정에서 발생한 제주 4·3항쟁에 대해 민간인을 무차별 학살하는 군사작전을 주도했고, 6·25 발생 이후 미 군사고문단은 이승만 정권이 자행한 수많은 민간인 학살을 지켜보며 본국에 보고하는 정책을 집행했다. 미국은 이승만이 정전협정에 반대하자 쿠데타로 제거 계획까지 세웠다가 미국의 군사적 식민지와 비슷한 내용의 한미상호방위조약을 맺어 한국의 군사적 주권을 미국이 대행하는 체제로 만들었다. 정전협정 이후 미국은 한국에 핵무기를 다수 배치하여 군산 미군기지 등을 소련과 중국에 대한 선제타격 부대로 활용했다.

미국은 한국을 전략적 요충지로 활용하면서도 주한미군의 주둔을 북의 남침을 저지하기 위한 것이라는 점만 내세웠고, 한국 지배층은 이를 적극 합창하는 역할만을 주로 수행했다. 국가보안법은 주한미군에 대한 비판을 이적, 친북 행위로 처벌해 미국의 기만적인 선전정책을 정당화시켰다. 이는 오늘날까지 현재 진행형이다. 그러다 보니 근현대사에서 한미관계에 대한 무식과 무관심이 일반화되었고, 정치적 폭력이 다반사로 전개되고 있다.

선거철만 되면 보수를 자처하는 정당은, 진보를 표방하는 정당들을 친북, 종북 세력이라고 공공연하게 매도하고 있다. 22대 국회의원 선거를 앞두고 비례 야당 후보 선정 과정에서 반미, 국보법 비판 경력은 후보자격 박탈로 이어졌다. 이는 사법절차를 거치지 않은 정치적 사형선고라 할 만했다. 한국 정치집단의 의식구조가 어떻게 정상적 사고에서 멀어져 있는지를 웅변하는 사례의 하나다.

진실을 확인하기 위해 해야 할 첫 번째 단계는 사실관계에 대한 객관적인 파악이다. 한미관계도 마찬가지다. 한미 두 나라 사이에 엮어져 온 객관적인 역사적 사실을 파악하는 것이다. 이에는 여러 가지 방법이 있다. 그 가운데 가장 신뢰할 만한 것은 두 나라의 외교 또는 비밀문서 등의 기록이다. 그것은 대부분 진실을 담고 있기 때문이다.

이 책은 미국의 외교 문서나 비밀이 해제된 자료, 미국 공식 문건 등을 토대로 정리하는 것에 중점을 두었다. 미국 측의 자료를 소개하기 위해 최대한 노력했지만 미국 쪽의 자료가 발견되지 않은 제주 4·3, 여순 사건과 같은 경우 국내의 공신력 있는 기관 등의 연구 결과를 일부 인용했다.

역사는 보는 시각에 따라 확연히 다른 모습으로 엮어지는데 그 판정은 역사적 사실관계에 의해 뒷받침되어야 한다. 그런데 오늘날 국내에서 보편화된 한미관계의 근현대사는 주로 국내에서 발생한 사실관계가 중심이 되다 보니 해방 이후 미군정 시기의 경우 맥아더나 하지 장군이 미국 쪽 주인공으로 등장하는 식으로 기술된 측면이 적지 않다. 하지만 이들 장군은 미국 정부의 지시를 집행하는 군 고위층에 불과하기 때문에 미국 연방정부 관련 부처 등의 정책 결정 과정을 살펴보는 것이 무엇보다 중요하다.

한미 근현대사는 미 국익의 추구 과정

외교관계는 국가의 이익을 추구하는 과정이라 할 수 있다. 한미 근현대사에서 미국 정부가 수행한 정책 또한 미 국익 추구가 최우선이었다. 이는 다른 외국의 경우도 다 그렇다는 점에서 당연하다 할 것이다. 그런데 우리의 경우 미국은 혈맹, 맹방, 우방이라는 이미지가 강조되면서 미국이 갑, 한국이 을의 관계인데도 미국이 한국에 큰 시혜를 베푼 것이라는 관념이 강한 측면이 있다. 국가와 국가라는 차원의 객관적인 한미관계가 제시되지 못한 측면이 많은 것이다.

이는 6·25전쟁을 통해 미국이 한국의 공산화를 저지한 역사적 사실 등을 기반으로 하고 있지만, 미국의 6·25 참전은 미 국익 추구를 위한 것이 제1의 목표였다는 것을 부인해서는 안 된다. 이런 사실관계를 바탕으로 한미 근현대사를 살필 때 오늘날 두 나라가 어떤 식의 동맹 관계를 맺고 있고, 그것이 갖는 의미, 특히 21세기의 국제적 상식에 비추어 어떤 평가를 해야 할지가 분명해진다고 본다.

한미역사 관계에 대해 국내의 많은 연구 결과 등이 존재하지만 결정적으로 중요한 부분에서는 자료 부족이나 검증 미흡 탓인지 정확한 사실관계 등이 밝혀지지 않거나 애매하게 처리한 경우가 많다. 하지만 공통적인 것은 미국이 미화되는 경향이 강하고 그들의 과오 등은 언급되지 않는다는 점이다. 이를 바로잡는 것은 미래의 정상적인 한미관계를 위해서도 반드시 필요한 일이다.

오늘날 동북아를 포함한 세계정세를 살펴볼 때 한미관계를 정상화시켜야 할 당위성이 커지고 있다. 군사력이 세계 최강인 미국과 군사력 6위의 한국이 맺고 있는 한미동맹은 미국이 슈퍼 갑으로 굳어 있어서 한국의 대미 예속상태가 심각하다. 미국은 2018년 남북 정상 간 교류협력 시행을 중단시켜 남북관계가 냉각되는 원인을 제공하는 등 한미동맹의 역기능이 심각해지고 있다. 윤석열 정부 들어 남북, 북미 관계가 최악으로 치달으며 한반도에서 핵전쟁이 발생할 우려와 함께 단군 이래 최악의 민족적 비극이 닥칠 가능성이 높아지고 있다.

이런 문제를 어떻게 해결할 것인가를 모두가 고민할 때이다. 한미동맹의 역기능을 심화시키는 요인의 하나는 미국이 한국을 동북아의 군사전략 수행기지로 보고 이를 최우선시하면서 한미관계를 꾸려나가고 있기 때문이다. 미국은 이런 목적을 달성하기 위해 그물망과 같은 군사전략을 만들어 놓았고, 오늘날 여기에 한미일 동맹을 강화하는 데 앞장서고 있다.

미국의 법치 속에서 이뤄지는 한미관계는 자칫 한국의 의사와 무관하게 미국의 군사적 행동이 한반도에서 취해질 수 있는 시스템으로 만들어지고 있다. 21세기 국제정세에서 살펴볼 때 미국이 한국에 대한 우월적 지위를 기반으로 삼아 미 국익을 최우선시하는 한반도 정책을 추진하는 것은 진정한 세계 평화에도 걸맞지 않고 참다운 미 국익에도 역행하는 것이 아닌가 하는 우려를 금하지 않을 수 없다.

한미동맹의 역기능이 심각해지고 있다

이제 한국이 유엔 헌장에 걸맞은 주권국가로서의 위상을 회복하고 그에 맞는 역할을 할 때 동북아의 평화와 안정이 달성될 가능성에 주목해야 한다. 이러한 점을 인식하여 한반도의 분단모순을 척결해서 한반도는 물론 동북아의 평화와 안정을 정착시킬 노력이 더욱 절실해지고 있다.

21세기 한미동맹의 현안을 점검할 때 한미상호방위조약의 문제점, 미국의 대북 선제타격 전략, 전작권 전환 문제가 심각하다는 점이 드러난다. 동시에 유엔사와 '유엔사 후방기지'가 한미일 군사관계의 핵심축이 되고 있고, 미국의 대북 군사전략은 유엔 정신을 짓밟는 한반도 집단학살 계획이며, 이는 작전계획 5015, 5026 등에 압축되어 있다는 점도 확인된다.

미국이 대중국 포위전략을 우선하면서 미국과 일본, 호주, 인도의 비공식 안보협의체인 '쿼드'에 한국의 동참을 강권하고 있어 동북아에 신냉전이 우려된다. 미국은 한반도 비핵화 정책을 미국식 논리로만 추진하겠다고 고집할 뿐 평화협정 체결 등은 후순위로 미루고 있다. 미국은 북에 대해 유엔 제재 등을 통해 마른 수건에서 물을 짜내듯 압박을 가하고 있는데 일부 자료에 의한 국방비를 비교할 때 북보다 미국은 216배, 남한은 30배 많다. 이런 상황에서 미국은 그들의 세계전략 최고 범주에 북을 포함시켜 전략자산으로 압박하고 있는데 이는 정상이 아니다.

미국은 정전협정 이후 북을 핵무기 등으로 끊임없이 겁박하다가 북이 핵으로 대응하자 유엔을 통해 초강력 제재를 가하고 있다. 이런 과정에서 미사일과 우주로켓의 엔진이 동일하다는 이유로 중국과 러시아도 북의 우주개발을 원천 봉쇄하는 유엔안보리 조치에 동의해준 과오는 대단히 폭력적이었다.

우주개발은 인류의 차세대 먹거리 산업이라는 점에서 북의 미래를 봉쇄하는 것과 같은 반인륜적인 측면이 강하기 때문이다. 한반도 문제에 대해 강대국 중심의 외세는 그들의 이기주의적 욕심에 따라 폭력적 조치를 취할 수 있는 개연성이 있는데, 바로 위와 같은 사례가 그런 경우이다. 한반도의 독자적 능력의 강화와 통일에 대해 외세가 결코 우호적이 아니라는 점은 주지의 사실이다.

북은 핵 보유 등을 헌법에 기재하고 남에 대해 핵 사용과 함께 평화통일의 대상이 아니라고 공언하는 상황이다. 이는 남북한 8천만 주민을 고려할 때 대단히 부적절하다. 북 당국은 어떤 이유에서든 남북이 같은 언어, 문화적 전통을 지닌 민족이라는 점을 부인해서는 안 된다. 남북이 분단 이전 단일민족으로 반만년을 살아왔다는 점을 망각해서는 안 된다.

이념을 민족에 우선하는 짓은 하지 말아야

인류사적 차원에서 볼 때 민족은 그 지속성이 가장 긴 운명공동체라는 점에서 통일은 지상과제다. 남북이 이념을 민족에 우선하는 짓은 하지 말아야 한다. 이념은 시대에 따라 명멸하지만 민족은 항구적이다. 아무리 힘들어도 평화통일을 이룩하는 것이 민족의 숙원을 달성하고 동북아의 평화를 정착시키는 유일한 방법이다.

서로 형제자매인 남북의 주민이 갈라져 살면서 편지 한 장 교환하지 못하고 있는 것은 정상과는 대단히 거리가 멀다. 한반도 평화통일은 남북주민들의 염원이고 통일을 통해 부적절하고 부자연스러운 생이별의 비극을 청산할 수 있다. 통일은 궁극적으로 정치권력이 아닌 남북주민의 합의에 의해 이뤄져야 한다는 점을 모두가 잊어서는 안 될 것이다.

한국은 세계 경제력 10위 등으로 상징되는 국제적 위상에 걸맞은 국가답게 군사적 주권을 회복해 한반도는 물론 동북아의 평화와 안전에 자주적 역량을 발휘해야 할 비상한 국면에 처해 있다. 북이 왜 남을 극도로 적대하게 되었는지도 깊이 살펴보아야 한다. 남북은 아무리 상대가 밉다 해도 궁극적으로 전쟁과 같은 수단에 의존해서는 안 된다.

한국이 북의 핵에 대응해 미국의 핵우산을 구걸한다 해도 미국은 자국 이익을 극대화하는 자기들 원칙에서 벗어나는 조치를 취하지 않을 것이라는 점은 불을 보듯 뻔하다. 한국 정치권 등이 정신 차리고 냉철하게 현실을 파악해 중장기적으로, 남북이 주도해서 평화적으로 해결할 방안을 모색해야 한다.

신냉전이 심화될 개연성이 높아지는 상황에서 한국은 주권국가의 입장에서, 한반도는 물론 동북아 문제 해결에 큰 역할을 할 수 있는 노력을 다해야 한다. 정치권과 학계, 언론 등이 앞장서서 제각각 합당한 역할을 해야 할 때다. 현재의 한미동맹이 더 심화되어 한미일 동맹으로 굳어버릴 경우 평화통일의 길에서 멀어지는 것은 물론 동북아의 평화 정착도 요원해진다.

일본도 심각하기는 마찬가지다. 일본은 과거 전쟁범죄 부인과 함께 강제노역, 성노예 문제에서 후안무치한 태도를 취하고 있고, 파렴치하게 독도영유권을 주장하면서 일본 청소년 교과서에도 그 내용을 실어 미래에까지 한반도 재침의 불씨를 심어놓는 데 혈안이 되어 있다. 4·10 총선에서 윤석열 정권과 집권당이 참패한 것은 북핵 등에 대해 한미일 동맹과 군사력 증강만을 앞세우고, 평화적 해결 방식에 완전히 등을 돌린 태도를 취한 것에 대한 유권자의 준엄한 심판의 의미가 있다고 본다.

한국민은 어떤 이유에서든 전쟁을 원치 않는다. 우크라이나, 이스라엘 전쟁에서 보듯 전쟁은 민간인, 특히 부녀자와 아이들의 피해가 막심하다. 이런 점을 십분 고려해서 한미관계를 21세기 국제 규범에 맞게 정상화시키는 노력에 모두 힘을 합쳐야 한다. 한반도 평화통일과 동북아의 평화, 안정을 위해 한국의 군사적 자주권 회복이 더 이상 미룰 수 없는 과제로 등장한 것을 모두 인정해야 한다.

군사적 주권 회복은 더 이상 미룰 수 없는 과제

북의 핵, 미사일 개발과 무력시위에 대해 한미는 미국의 핵우산과 한미동맹을 앞세우면서 유사한 군사적 대응조치를 취하거나 한미, 또는 한미일 연합훈련을 벌이고 있다. 남북 간에 전쟁을 피하자고 만들었던 9·19 군사합의도 백지화되면서 한반도는 전쟁위기감이 높아지고 있다. 북도 러시아와의 포괄적 동맹을 맺어 한반도 유사시 러시아군의 참전 가능성도 열려 있다. 남북 간에 강 대 강 군사행동이 향후에도 계속될 전망이어서 우발적 충돌에 의한 국지전 위협이 증가되고 있다. 한반도에 핵전쟁 가능성도 배제하지 못해 남북 모두가 절멸할 위기도 걱정되는 실정이다.

미국의 한반도에 대한 정책은 보는 시각에 따라 양분된 주장으로 갈리는데 그 판정은 역사적 사실관계에 의해 뒷받침되어야 한다. 과연 진실은 무엇인가? 이는 3·1독립운동 전후부터 최근까지의 한미관계를 살펴보면 그 실체가 자명해진다. '북이 핵을 사용하면 김정은 정권 종말'이라는 미국의 대북 핵전략이 미 국익을 위한 것인지, 남한을 위한 것인지도 규명될 것이다.

이 책의 주요 내용은 통일뉴스, 미디어오늘에 연재되거나 한겨레신문, 폴리뉴스 등에 게재된 바 있다. 어려운 시기에 출판을 결심해 주신 도서출판 우리겨레 대표와 편집진에 깊은 감사를 드린다. 또한 집필이 가능한 환경을 만들어 준 아내와 두 아들 가족과 함께 출판의 기쁨을 나누면서 손자, 손녀 등이 평화통일이 이루어진 한반도에서 살기를 간절히 희망한다.

2024년 9월
고승우

차
례

1장

제국주의의 민낯 미국과 한반도와의 첫 만남

1. 신미양요와 가쓰라·태프트 밀약

제국주의 미국의 한반도 침략, 일본과 밀거래로 이어져

미국은 19세기 중반까지 조선에 대해 아는 것이 거의 없다가 조선과의 통상에 관심을 둔 것은 1854년 페리호 등 미군 함대를 일본에 보내 평화리에 미일조약을 체결하면서부터였다. 당시 조선 조정은 외부 세계와의 교역을 엄격히 금지하는 쇄국정책을 유지하고 있었다. 청나라가 조선의 개항을 반대했는데 그 이유는 조선이 개항하면 조선에 대한 지배권을 잃어버릴까 우려했기 때문이다. 청나라는 조선이 계속 쇄국정책을 고수하면서 청나라와의 전통적인 조공관계를 유지하고 싶어 했다.

그런 상황에서 미국의 상선 제너럴셔먼호가 1866년 7월 평안도 용강현 주영포 앞바다에 도착한 뒤 대동강을 거슬러 평양까지 올라왔다가 평양 군민과 충돌이 벌어졌다. 셔먼호가 대포를 발사해 조선 군민 중에 사상자가 발생하자 평안감사 박규수가 화공으로 셔먼호를 불태우고, 선원들을 몰살했다.

미국은 1871년 기함 콜로라도호, 군함 5척에, 병력 1,230명, 함재 대포 85문의 군대를 인천 앞바다로 보내 무력시위를 벌이면서 수륙 양면 공격을 개시해 역사상 최초의 조미전쟁이 벌어졌다. '신미양요' 로 불리는 미국의 제국주의적 침략전쟁이었다. 미국 측 기록에 의하 면 미군은 전사자 3명, 부상자 10명이었고, 조선군은 전사자 350명, 부상자 20명이었으나 조선 측 기록에 의하면 조선군 전사자는 57명 으로 되어 있어서 다소 차이가 있다.

미국은, 일본과 조선의 강화조약이 체결된 뒤인 1882년 조미 수호 통상조약을 맺고 조선과 외교 관계를 수립했다. 당시 청나라는 일본 의 영향력 확대를 막고 러시아를 견제하기 위해 미국이 조선과 수교 하도록 주선했다. 조선은 미국과의 통상 조약을 체결한 뒤 영국, 독 일, 러시아 등과 통상 조약을 체결했다. 그러나 조약의 내용은 불평 등 조약으로 이들 나라에 치외법권, 최혜국 대우를 제공했다. 이를 통해 조선에 대한 열강의 침입이 가속화되기 시작했다.[1]

명성황후를 살해한 일본에 대해 항의하자는
영국 등의 제안을 거부한 미국

일본이 1894년 7월~1895년 4월 사이에 벌어진 청일전쟁에서 승 리한 뒤 조선에 대한 장악력을 강화해 나갈 때 미국은 엄격하게 중립 을 유지했다. 일본을 견제하거나 한반도 침략을 제어할 어떤 의지나 행동도 보여주지 않았다.[2]

1895년 10월 8일 새벽, 일본의 자객들이 명성황후의 침소인 경복 궁 옥호루로 쳐들어가 황후를 시해하고 시신을 불태운 사건이 발생했 다. 영국, 프랑스, 러시아 공관이 미국 공사에게 일본으로부터 고종 황제를 보호하고 그 지위를 유지하도록 촉구하자고 제의했을 때 미

국무부는 그에 반대하면서 중립을 지키라고 지시했다. 당시 리처드 올네이 국무장관은 서울 공관에 전문을 보내 엄하게 질책했다.[3]

"조선의 내정에 간섭하는 것은 공사의 업무 범위를 벗어나는 것이고 미 국법에 따르면 불법이다. 공사는 자신의 업무가 미국 시민과 그들의 이익을 보호하는 것에 국한되어 있다는 것을 알아야 하고 타국의 내정에 개입해서는 안 된다."

명성황후가 시해된 수개월 뒤인 1896년 2월 11일 새벽, 고종은 극비리에 러시아 공사관으로 피신했다. 아관파천을 계기로 친러파가 정권을 장악했고 러시아는 조선에 대한 접근책을 강하게 펴면서 고종과 친밀한 관계가 되었다. 고종은 러시아를 움직여 일본을 견제하고자 했다. 고종이 1897년 황제에 즉위하자 미 국무장관 존 셔먼은 서울의 미국 공사에게 중립을 지키라는 전문을 다시 발송했다.[4]

"공사는 러시아와 일본 간의 긴장이 고조되는 것에 유의해 처신에 신중을 기하라. 공사는 어떤 경우에도 충고나 제안 또는 영향력을 행사하지 말고 최대한 신중에 신중을 기하라."

미 정부, 조선의 자주권 보장을 주선해 달라는 고종황제의 요청 거부

고종황제는 1899년 미국에게 서구 세력이 조선의 자주권을 보장하도록 주선해 달라고 요청했다. 그러나 윌리엄 매킨리 미 대통령과 존 헤이 국무장관은 서울의 미국 공사 호레이스 알렌에게 고종의 요청을 거부하라는 지시를 내렸다.[5]

1900년 일본 주재 조선 공사가 동경의 미국 공사 알프레드 버크에게 미국이 주선해서 서구 열강들이 조선의 독립과 중립을 보장하는데 앞장서 줄 것을 요청했다. 그러나 버크 공사의 답변은 냉담했고 종래의 내용을 반복할 뿐이었다.[6]

"그런 요구는 워싱턴에 주재하는 조선 공사가 미국 정부에 직접 보내는 것이 타당하다. 이는 존 헤이 국무장관의 승인을 받은 답변이다."

일본과 영국은 교섭을 거쳐 1902년 1월 30일 영일동맹을 체결했다. 영국은 그 동맹을 통해 조선에 대한 일본의 특권을 인정하는 조치를 취했다.[7] 이에 따라 일본은 만주에서 러시아의 단독지배를 인정하지 않고, 제국주의 열강과의 협조하에 조선의 지배뿐 아니라 중국 분할에도 참여하게 되었다. 이에 대항해 러시아는 3월에 러시아-프랑스 공동선언을 발표했으나, 효과는 없었다.

조선이 일본의 침략으로 독립을 상실할 위기가 심화되는 상황에서 미국은 자국의 이익을 챙기는 조치를 취하는 약삭빠른 태도를 드러냈다. 국무부가 1902년 11월 서울 주재 미 공사에게 보낸 공문에 그런 내용이 담겨 있다.

"1882년 조선과 맺은 통상 조약의 개정을 위한 회담을 개시해 미국에 대한 통상권을 확대하라."

그러나 조선은 이를 거부했다.

1903년 미국은 조선에 중국 동북부의 단둥항 부근에 있는 압록강의 의주항을 미국에 개항할 것을 제안했다. 영국과 일본, 러시아는 각각 다른 항구의 개항을 요구했다. 미국은 조선이 거부했지만 계속 요구를 굽히지 않다가 러일전쟁이 발생하면서 교섭은 더 진행되지 못했다.[8]

1904~1905년 동안 만주와 한반도에서의 이권을 둘러싸고 일어난 러일전쟁이 일본의 승리로 끝나기 전 1905년 7월, 일본의 총리 가쓰라 다로와 미국의 육군장관 태프트는 '미국은 일본의 한국 지배를 승인한다'는 내용의 '가쓰라·태프트 비밀협약'을 맺었다. 이어 그해 8월 12일 일본은 일본의 한국 지배를 외교적으로 보장하는 제2차 영일동맹을 체결했다. 일본은 여러 제국주의 열강의 동의를 얻어 한국의 식민지화를 노골적으로 추진했다.[9]

미 26대 대통령, "일본이 조선을 정복하는 것 보고 싶다"

1905년 9월 5일 러일전쟁이 끝나면서 러시아는 일본이 조선에서 최상의 이익을 보장받는 데 동의했다. 1905년 11월 17일 조선은 을사늑약을 강요받아 일본의 보호국이 되고 말았다. 미 국무부는 그로부터 일주일 뒤 서울 주재 공사에게 서울의 미 영사관을 폐쇄하고 조선에서 철수하라고 지시했다. 서울의 미 영사관은 11월 28일 폐쇄하고 모든 영사업무는 동경에서 대행하라고 지시했다. 워싱턴 주재 조선 공사관은 1905년 12월 16일 폐쇄됐다.[10]

일본은 을사늑약을 체결해 조선의 외교권을 박탈, 실질적으로 주권을 빼앗고 내정 장악을 위해 통감부를 설치해 식민지에 준하는 통치와 수탈을 자행했다. 미국 시어도어 루스벨트 26대 대통령은 이에 대해 전혀 반대하지 않았다. 놀랄 일도 아니었다. 그는 러일전쟁이 나기 4년 전 친구에게 보낸 편지에서 조선에 대한 자신의 견해를 밝힌 바 있었다.[11]

"나는 일본이 조선을 정복하는 것을 보고 싶다. 그래야 일본이 러시아를 견제할 수 있을 것이다. 일본이 청나라와의 전쟁에서 승리한 것을 보면 충분히 그럴 자격이 있다."

미국은 당시 후발 제국주의 국가로 강대국과의 연대를 통해 이익을 챙기려는 외교 전략에 의존했으며, 일본이 동아시아 최강자로 떠오르자 일본을 주목했다. 미국은 일본과 손을 잡는 것이 동아시아에서 자국의 이익을 챙길 수 있는 방법으로 판단한 것이다. 루스벨트 대통령은 자신의 견해에 따라 을사늑약이 만들어지기 4개월 전인 1905년 7월, 미국과 일본이 필리핀과 조선을 각각 식민지로 삼는 조건에 합의하고 비밀 각서를 만들도록 각료에게 지시했다. '가쓰라·태프트 밀약'이 그것이다.

이 밀약이 이뤄진 뒤 일본은 조선을 식민지로 삼을 구체적 조치로 을사늑약을 조선에 강요한 것이다. 일본의 조선 침략 과정에서 미국은 일본과 한통속이 되어 제국주의적 야욕을 채우는 짓을 한 셈이다. 미국은 가쓰라·태프트 밀약 이후 한민족이 일본에 엄청난 탄압을 받는 상황에도 철저히 외면하면서 일본 편을 들었다. 미국은 1945년 해방 이후 샌프란시스코 강화조약을 맺을 때 이 밀약을 감안해 한반도, 특히 독도 문제 등을 일본이 소유권을 주장할 수 있는 방향으로 만들어 준 것으로 추정된다.

미국, 러일전쟁을 처리하기 위한 포츠머스 회담에서 조선 배제

가쓰라·태프트 밀약이 맺어진 뒤 일본은 같은 해 8월 제2차 영일동맹과 9월 포츠머스 조약을 체결함으로써 한반도 지배권을 미국 등 세계열강들로부터 인정받게 되었다.[12] 이 조약으로 미국, 영국뿐만 아니라 패전국 러시아도 일본의 조선 지배를 승인함으로써 일제의 한국 지배가 국제적으로 확인되었다.

미국 루스벨트 대통령의 중재로 미국 뉴햄프셔주의 군항 도시 포츠머스에서 1905년 8월부터 러시아와 일본 사이에 강화회의가 열릴 즈음 고종황제가 워싱턴에 특사를 보내 루스벨트에게 아래와 같이 간청했다.[13]

"조선과 미국이 1882년 5월 제물포에서 체결한 조미수호통상조약 제1조가 '두 나라가 제3국으로부터 불공경모(공정하지 못한 대우를 받거나 모욕을 받았을 때)한 일이 있을 때 필수상조(필히 서로를 돕는다)를 원칙으로 한다'고 규정하고 있다. 오늘날 일본이 조선을 자국의 보호국으로 만들려 하니 조미수호통상조약 제1조에 근거해 일본을 제어해 달라."

루스벨트는 조선 황제의 요구를 접수하기를 거절했을 뿐 아니라 일본이 을사늑약을 체결한 이후 미국에게 서울에 주재하던 영사관의 철수를 요구하자 그에 응했다. 미국이 앞장서 공관을 철수하자 다른 열강들도 뒤따라 동일한 조치를 취했다.

당시 서울 주재 미국 영사관 부영사 윌리엄 스트레이트는 서울의 외국 공관 철수 모습을 신랄하게 묘사했다.[14]

"일본이 조선의 외교권을 박탈한 뒤 외국 공관의 외교관들이 서울을 빠져나가는 모습은 마치 침몰하는 배에서 쥐들이 도망가는 모습과 흡사했다."

또한 미국의 유명한 논객이며 정치적 영향력이 막강하던 조지 케난은 당시 조선에 대해 쓴 기행문에서 고종황제를 혹평했다.

"그는 어린애처럼 철이 없고 가부장적 유목민인 보어인처럼 완강하며, 무식하고 우쭐대기만 하는 인물이다."

케난의 기행문을 읽고 난 루스벨트는 "당신의 그런 통찰력은 훌륭하다"라는 편지를 보냈다.[15]

미국, 일본이 조선을 강제 병합하자 한 달 뒤 승인

루스벨트와 미국 정부가 1901년부터 일본의 한반도 강점을 묵인했다는 것은 1900년대 초 한·중·일에서 근무한 미국 공사가 루스벨트 대통령 및 국무장관과 한국 정책을 놓고 협의했던 편지와 문서, 보도 문건 등에서 드러났다.[16]

거기에는 루스벨트 대통령이 1904년 러일전쟁을 앞두고 일본이 미, 영의 대기업들로부터 전비 차관을 받도록 주선했고, 미국은 1905년 러일전쟁 처리를 위한 포츠머스 회담에서 조선과 중국을 배제하는 전략을 썼다는 등의 내용이 기재되어 있다.

미국과 일본은 1908년 조선에서의 상표와 저작권 보호 협정을 맺고 조선 거주 미국 시민은 일본 법원의 관할에 속한다는 것에 동의했다.[17] 일본은 1910년 8월 조선을 강제 병합해 식민지로 만들었고, 그해 9월 미국은 이를 승인했다.[18]

2. 미 국무부, 3·1운동을 왜곡 폄훼하는 성명 발표

'조선인들이 불만 사항을 시정해 달라며 소요를 일으켰다.'

미국 정부는 3·1운동이 발생한 10여 일 후인 1919년 3월 14일 미 국무부가 발표한 성명을 통해 3·1운동을 왜곡 폄훼하는 내용을 발표했다. 미국은 조선인들이 언론 자유와 기타 불만 사항을 시정해 달라며 소요를 일으켰다고, 진실을 외면하고 조선인을 깎아내리는 공식 성명서를 발표한 것이다. 다음은 성명서 전문이다.[19]

"…… 3월 12일 서울을 비롯한 지방에서 사실상 시위가 중단됐으며 공식적으로 시위 참여자의 15%만이 기독교 신자로 파악됐다. 시위 지도자들은 새로운 정치적 종교계의 사람들이며 외국 선교사들은 독립운동에 관계되지 않았다는 전문을 국무부는 받았다. 시위의 목적은 언론의 자유와 청원권, 학교에서의 한국어 학습, 기타 불만 사항을 시정해 달라는 것이다. ……"

미 국무부,
"조선의 독립운동에 미국이 동조한다고 일본이 의심하면 안 돼"

미 국무부는 3·1운동이 발생한 다음 달인 4월 일본 주재 미 대사에게 전문을 보내 "서울에 있는 미 영사관은 조선 독립운동가들이 도움을 요청할 경우 거절하라. 동시에 일본 정부 당국이 조선의 독립운동에 미국이 동조한다고 의심하지 않도록 하라."고 지시했다.[20]

미 국무부가 3·1운동에 대해 조선 민중이 독립을 원한다는 가장 핵심적인 내용은 넣지 않고 부수적이거나 부정적인 내용을 공식 발표하고 미국 공관에 비밀 지령을 내린 이유는 무엇이었을까. 그 이유는 미국 정부의 비밀자료로 분류되었다가 공개된 미 정부 극비서류에서 확인된다. 그것은 미국과 일본이 1905년에 맺은 '미국이 일본의 한국 지배를 승인한다'는 내용의 '가쓰라·태프트 비밀협약'이다.

일제는 약 3개월가량 전국적으로 전개된 3·1독립운동을 제압하기 위해 화성 제암리 사건과 같은 무차별 학살을 자행했고, 유관순 열사 등 숱한 이가 이 과정에서 순국했다. 조선총독부의 공식 기록에 따르면 집회인 수가 106만여 명, 사망자가 7,509명, 구속된 사람이 4만 7천여 명이었다. 조선총독부는 3·1운동을 계기로 군사, 경찰을 앞세운 강경탄압 정책에서 민족 분열책인 일명 문화통치로 정책 기조를 바꿔, 조선어로 된 일간신문의 발행을 허가하는 등의 조치를 취했다.

또 다른 자료에 의하면 3·1운동은 집회 횟수 1,542회, 참가 인원수 202만 3,089명, 사망자 7,509명, 부상자 1만 5,961명, 검거자 5만 2,770명, 불탄 교회 47개소, 학교 2개교, 민가 715채나 되었을 정도로 많은 사람들이 투쟁했던 거대한 독립운동이었다. 전국 방방곡곡에서 울려 퍼진 피맺힌 외침은 중국의 5·4 운동, 간디의 독립운동에

도 자극을 주었다.[21]

윌슨의 민족자결주의,
일본은 전승국이라며 조선의 독립 문제 외면

일제는 1910년 국권을 강탈한 후 언론·출판·집회·결사의 자유 등 근대적 기본권을 박탈하고 폭압적인 무단통치를 실시했다. 또한 조선 민족 고유의 문화를 파괴하고 조선인들을 일본인들에게 복종하는 충실한 피지배자로 만들려고 획책했다.

일제가 한반도 토지조사사업 등을 강행하면서 농민들의 토지를 강탈하는 등 경제적 폭압을 일삼아, 조선 사회에서 일본 제국주의에 대한 불만과 저항이 거세졌다. 일제는 을사늑약 다음 해인 1906년부터 일본인들이 한반도에서 농지 등을 구입할 수 있게 만들었고, 그 결과 1910년 일본인이 소유한 한반도 내 경작지는 전체의 7~8%에 달했다. 그 비율은 계속 증가해 1916년 38.8%에서 1932년 52.7%로 증가했다.

한반도로 이주한 일본인 숫자는 1934년 전체 인구 2천1백만 명의 3%인 65만 명에 달했다. 일본인의 농지 소유가 증대되면서 조선인들은 소작농으로 전락했고 가난을 견디지 못해 북간도, 일본 등으로 이주하게 되었다.[22]

미 의회가 1916년 윌슨 대통령에게 일본의 한반도 병합에 관해 미국과 조선의 독립운동가 간의 외교적 접촉을 시작하라고 건의했다는 점을 로버트 랜싱 미 국무장관이 언론 보도에 포함시켜 공개했다. 그러나 윌슨 정부는 이 건의를 실행치 않았다.[23]

1918년 윌슨 대통령이 밝힌 민족자결주의와 러시아의 10월 혁명 성공 후인 1919년 3월 1일 한일병합조약의 무효와 독립을 선언하는 비폭력 운동인 3·1 만세운동(또는 3·1혁명)이 일어났다.

월슨 대통령은 조선의 독립 만세운동에 대해 침묵했다.[24] 이는 미국이 가쓰라·태프트 밀약에 의해 일본의 조선 점령에 동의했던 것을 의식한 행위로 보인다. 당시 미 국무부의 성명과 공관에 대한 조치에서 일본의 조선인 만세운동에 대한 탄압에 눈을 감고 간접적으로 동조했던 점이 확인된다.

미 월슨 대통령은 민족자결주의를 주장하다가 세계의 약소민족들이 민감한 반응을 보이자 그 적용 범위를 오스트리아-헝가리제국 및 터키에 속했던 주민과 영토, 그리고 독일제국의 지배 아래 있던 식민지로 국한한다고 수정했다. 그것은 당시 국제적인 지배구조에 눈을 감은 것이었는데 특히 일본이 1차 세계대전의 전승국이었기 때문이었다. 그는 조선이 전승국 일본의 식민지여서 조선의 독립 문제를 외면했다.

월슨은 최종적으로 파리강화회의에 제출할 국제연맹 규약에서 민족자결주의라는 용어를 아예 삭제했다. 월슨의 민족자결주의 주장을 본 조선인들은 그 속셈을 모르고 큰 기대를 했고, 오늘날에도 그에 대해 긍정적으로 평가하는 한심한 태도를 유지하고 있다. 이런 얼빠진 역사 왜곡은 당시 상황을 정확히 살펴 시급히 바로잡아야 할 것이다.

3·1운동은 비록 제국주의 세력이 외면하고 침묵했지만 제1차 세계대전 이후 승전국의 식민지에서 일어난 최초의 반제국주의 운동이면서 민족적인 항일 운동으로 조선 민족의 독립 의지를 전 세계에 알린 역사적 사건이었다. 3·1운동을 계기로 다음 달인 1919년 4월 11일 중국 상하이에서 대한민국 임시정부가 수립되었다.

미국 정부는 1920년 이후부터 1941년 12월 7일, 즉 일본의 진주만 습격으로 시작된 태평양전쟁 초까지 조선에 대한 일본의 식민 지배에 대해 아무런 관심을 표한 적이 없다. 이승만이 임시정부 수반을 하면서 미국 정부에 임시정부를 조선의 합법적 정부로 인정해 달라는 청원을 했지만 미국은 이도 받아들이지 않았다.[25]

그러다가 1943년 카이로 회담에서 미국, 영국, 중국 지도자들이 만나 적절한 시기에 조선이 독립하도록 할 것을 선언했고, 소련의 스탈린 수상도 이에 동의했다.[26]

당시 열강 지도자들은 조선에 대해 어떤 생각을 하고 있었을까? 그것은 조선인들이 희망하는 것과는 거리가 멀었고 제국주의적 국가 이기주의에서 벗어나지 않았다. 그것은 '전쟁이 끝나면 승전국들이 조선에 대해 조선인이 독립할 자질을 갖췄다고 판단될 때까지 수년 또는 더 긴 기간 동안 신탁통치를 한다.'로 요약될 수 있었다. 그러나 조선의 독립운동가들은 일본이 패퇴하면 즉시 독립 정부가 수립되어야 한다는 것이었다.

종전 이후 한반도 점령 대책을 비밀리에 검토한 미 정부

미국 정부는 일본의 한반도 지배에 대해 냉담했지만 1944년 태평양전쟁 종전 이전에, 종전 이후의 한반도 문제를 다각도로 검토했다. 미국은 일제의 지배를 받고 있던 한반도 상황에 대한 상세한 자료를 바탕으로 한반도 인접국인 소련, 중국이나 영국 등 연합국이 전후 한반도 정책에 미칠 영향에 대해 치밀하게 검토했던 것으로 이들 비밀 자료에서 드러난다.

미국이 일본의 한반도 식민지 지배를 침략, 반인도주의적 행위 등으로 평가하지 않고 한국인을 비하하는 식으로 기술하고 있는 것은 가쓰라·태프트 밀약을 맺어 미국이 일본의 한반도 강점에 동의했기 때문으로 풀이된다.

미국이 3·1독립운동이나 조선 민중의 독립운동 등에 대해 철저히 외면했던 것도 그런 이유로 보이고, 전후 한반도를 연합국의 공동지배 구역으로 구상한 것도 미국의 이익만을 챙기려는 발상의 결과라 하겠다. 미국 극동부처간지역위원회(IDAFZ)는 1944년 3월 29일 "한반도 점령과 군사정부: 군사력 구성"이라는 제목의 자료를 통해 일본 점령 시의 대책을 검토했다.[27]

그 내용은 아래와 같다.

① 문제점

문제는 어느 나라가 한반도 점령에 참여할 것인가를 정하는 것이다. 즉 민간업무에 대한 책임은 영국, 중국, 소련(극동 전쟁 참여 시) 등이 분담할 것인지, 그렇다면 미 육군과 해군이 행정적 민간업무의 책임을 어느 정도까지 질 것인가?

② 기본 요인

한반도는 일본으로부터 35년 동안 지배를 받고 있다. 일본은 1905년 한반도를 보호국으로 삼아 외교업무를 통제했다. 이런 통제 상태는 1910년 공식적인 합병이 이뤄질 때까지 점차 증대되었다. 그 이후 일본의 지배는 한반도를 일본의 일부로 통합시키는 쪽으로 진행되었다. 전체 조선인은 일본에 예속된 상태에서 살고 있다. 해외로 망명한 다양한 조선인 단체들이 국내에 미치는 영향력은 의심스럽고, 그들의 지도자들은 국내에서 통치한 경험이 없다.

일본인의 지배에도 불구하고 조선인은 분명한 민족, 예술, 지리적 공동체의 특성을 유지하고 있다. 한반도 조선인은 1940년 기준 2

천4백만 명이고 일본 거주인은 1백만 명이다. 조선인의 의복과 문화적 전통은 여전히 지배적이고 조선인은 과거에 그랬듯이 두만강과 압록강을 국경으로 여기고 있다.

한반도는 중국과 소련에 인접해 있고 이들 두 나라와 일본이 한반도의 통제를 놓고 경쟁한 것은 1894~5년의 청일전쟁, 1904~5년의 러일전쟁의 주요인의 하나가 되었다.

한반도가 연합군에 의해 일본의 지배로부터 해방이 될 경우 어떤 상황일 것인지는 현재로선 예측하기 어렵다. 한반도가 해방되는 것은 한반도에서 전쟁의 결과이거나 실제 한반도에서 전투가 벌어지지 않고 일본의 무조건적 항복의 결과일 가능성이 크다.

만약 한반도가 전쟁을 겪으면서 점령될 경우 군 당국은 각자의 역할에 걸맞은 정치적 요인이 충분히 고려되는 것이 바람직스럽다. 거기에는 향후 한반도의 정치 상황에 실질적 이해관계가 있는 연합국 군대의 전투 부대가 지니고 있는 군사적 필요성과 부합해야 할 것이다. 그런 국가 중의 하나가 중국이다. 중국은 한반도와 인접해 있고 오랜 역사를 통해 밀접한 정치적 관계를 맺어왔다. 장개석 총통은 중국을 대신해서 한반도의 독립을 다짐했다. 이는 중국이 한반도의 전투 부대에 동참할 것으로 예상되는 부분이다.

미국도 역시 한반도의 미래 상황에 관심이 있다. 미국은 일본의 무조건적 항복과 자유롭고 독립된 한반도 건설을 다짐해 왔다. 미국이 한반도 임시정부에 대한 국제적 감시와 주요 민간업무에서 주요한 역할을 담당하는 것은 한반도와 그 주변에서 발생할지 모를 군사작전에 미국이 참전할 경우 가능해질 것이다.

영국도 유사한 다짐을 해왔다. 영국은 한반도의 전투에 직접 참여할 것을 고집하지 않겠지만 캐나다와 같은 자치령을 통해 간접적인 대표권을 행사하려 할 가능성은 있다. 소련은 일본과의 전쟁에 참여할 경우 한반도 북부를 통해 일본을 공격할 가능성이 크다. 그렇게 될 경우 소련은 한반도의 상당 부분을 점령할 수 있을 것이다.

한반도 밖에서 활동 중인 훈련받은 조선인 무장 세력인 독립군은 한반도에서 벌어질 전투와 점령에 참여하려 할 것이다. 상해임시정부의 지지를 받는 이들 독립군 규모는 1천여 명에 미치지 못하는 것 같고 중국 쓰촨(四川)성 동남부의 도시 충칭(重慶)에 주둔하고 있다. 독립군은 현재 중국의 직접적인 통제하에 있다. 또한 중국 공산군 부대에 조선인 무장 세력이 중국의 산시성과 그 주변에 주둔하고 있는데 그 실제 숫자는 알려지지 않았다.

만주에는 다수의 조선인 정착민이 있으며 이 중 일부는 군인이 될 가능성이 있다. 1939년 조선인 정착민은 약 1백만 명에 달했고 조선 국경의 북쪽 지역에 몰려 있었다. 조선인 군대의 다수는 소련 극동군에 의해 훈련받았을 것이 틀림없다.

이들 조선인들은 소련의 정치이념으로 완전히 세뇌되어 있으며 잘 훈련되고 장비도 갖추고 있는데 그 숫자는 3만 5천 명에 달하고 그 가운데 2만여 명은 실제 군 복무 중인 것으로 믿어진다. 이들 조선 군인들은 군사적 상황이 보장되면 즉시 조선에서의 군사작전에 참여하고 소련 지휘와 별도로 독립적으로 작전을 할 가능성이 있다.

조선의 독립은 군사작전이나 일본의 항복 결과가 어떻게 될 것이냐에 따라 결정될 것이며, 조선의 장래 정치적 위상에 대한 영향을 미칠 연합국들의 이해관계로 볼 때 조선의 군사정부는 그 특성상 연합국과 부합하고 참가국은 중국, 미국, 영국과 영연방 국가 중의 하나, 그리고 태평양전쟁에 소련이 참전할 경우 소련이 될 것이다.

한반도의 점령과 군사정부 수립을 위해 한 나라보다는 연합국의 다수가 참가할 가능성과 한반도에서의 군사작전이 다수의 국가 지휘관의 지휘에 의해 여러 지역에서 동시적으로 수행될 개연성 등은 한반도 점령이 몇 개 지역으로 나뉘어 이뤄질 것인지, 연합군의 대표들로 구성된 군사위원회에 의할 것인지, 또는 다른 원칙에 의해 이뤄질 것인지에 대한 의문을 제기한다.

한반도의 군사정부에 대한 기본 원칙은 일관되어야 한다. 그리고 이 군사정부가 미래의 한반도 독립을 위한 준비를 원활하게 할 경우 군사정부는 지역으로 구분된 체계를 갖추는 것은 회피해야 하고, 모든 참가국들이 동등한 책임을 지는 조건으로 민간업무를 관장하는 행정기구가 가능한 한 신속하게 만들어지는 것이 바람직하다. 한반도의 점령과 군사정부 구성을 위한 군사력 구성 문제는 연합군의 일정 부대가 한반도를 점령하기 전에 소련군이 한반도 일부를 점령할 경우 새롭게 논의되어야 한다.

③ 건의

한반도에서 전투 목적으로 활용될 군사력은 군사작전의 효용성이 공평할 경우 중국과 미국, 영국, 영연방 국가 등이 모두 하나의 군대로 포함되어야 한다. 그리고 소련이 태평양전쟁에 참전할 경우 미국이 상당한 정도의 대표권을 가진 조건에서 소련도 포함되어야 하며 아래와 같은 사항이 준수되어야 한다.

– 다수의 참전국들이 파견한 군사력이 각기 분리된 지역에서 군사작전을 수행할 경우 민간업무를 담당할 행정기구는 각 전투 지역의 군사령관이 책임을 맡아야 한다. 그리고 그 군사령관이 미국인일 겨우 미국 군 당국은 그런 책임을 수행할 태세를 강구해야 한다. 군사작전이 연합 명령체계일 경우 전투 기간의 민간업무는 연합형식

으로 수행되어야 한다.

- 한반도에서 군사작전이 완료될 때 가능하다면 점령군과 군사정부 내부에 연합군의 대표성이 보장되어야 한다. 그 같은 대표성의 보장은 한반도의 미래 정치 상황에 진정한 이해관계가 있는 국가들에 의해 이뤄져야 한다. 군사작전이 별개의 전투 지역에서 수행될 경우 군사정부가 조기에 만들어져 대처할 필요가 있다.

- 한반도 점령은 중앙집권적 행정의 원칙하에 이뤄져야 한다. 지역별 군사작전이 지역 군사정부로 귀결된다면 이 같은 민간업무의 행정 형식은 중앙집권적 행정기구로 가능한 한 신속히 변경되어야 한다. 동시에 그 대표성은 한반도와 그 주변의 군사작전에 참여한 국가들에서 나와야 한다.

이 같은 대표성은 개개 국가 군대의 장교로 구성된 위원회를 통해서 정규적인 간부들에 의해 수행되어야 한다. 이 위원회는 한반도 전역의 군사정부 작전의 협조에 대한 책임을 지면서 감독권을 행사해야 한다. 이 경우 다른 국가의 대표성은 미국의 참여를 약화시키지 않도록 해야 한다.

- 한반도에 독립 정부를 수립하기 이전에 설치될 군사정부의 한반도에 대한 감독 권한과 신탁통치에 대한 최종적 형태는 아직 결정되지 않았다. 감독 권한은 미국의 참여를 전제로 한 연합국 간 협의 형식이 될 것이다. 한반도에서의 군사정부는 단기간만 존속해야 하는데 만족할 만한 중간단계의 감독기구를 설립하는 과정에서 겪게 될 어려움 때문에 군사정부가 상당 기간 존속해야 할 것이다. 그러나 조선인이 가능한 최대한 활용되어야 하고 자신들의 독립 정부에서 유용하게 활용될 수 있도록 훈련시켜야 할 것이다.

- 조선인 군대의 경우 소련 극동군에 소속되어 있지 않을 경우 별

개의 명령체계나 비정규직 형태로 한반도에 진입해야 하고, 미 국무부는 군 당국에 그들의 정치적 위상과 미군 당국에 의해 취해져야 할 태도에 대해 통보해야 한다.

미국, '조선의 독립군이 중, 소의 직접적인 통제를 받고 있다'며 경계

미국이 종전 1년 전에 만들었던 미국 극동부처간지역위원회(IDAFZ)의 비밀자료는 종전 이후 한반도 점령과 군사정부 수립, 연합군의 군사력 구성 등에 대해 세밀한 내용을 담고 있다.[28] 이 자료는 특히 한반도 밖에서 활동 중인 훈련받은 조선인 무장 세력인 독립군이 소련과 중국의 직접적인 통제하에 있다는 점을 중시하면서 조선인 군대의 다수는 소련 극동군에 의해 훈련받았을 것이 틀림없다고 추정했다.

미국은 당시 소련을 견제한다는 목적으로 조선인 독립군에 대해서도 예의 주시하고 소련의 영향력이 종전 이후 한반도에 미칠 것을 우려하고 있다. 미국의 이런 태도는 한반도 남쪽에 미군을 점령군으로 진주시킬 때부터 유지되면서 남쪽만의 단독정부 추진, 제주 4·3항쟁 초기 강경 진압, 6·25전쟁 참전으로 이어졌다.

미국 극동부처간지역위원회(IDAFZ)가 소속되어 있던 미국 전쟁부(The United States Department of War, the War Department, 이 전쟁부는 미 육군을 지휘하고 관리하던 미국 내각 중 하나였고 1949년에 미국 국방부로 이름을 바꿨다.)는 일본이 예상보다 일찍 항복하면서 최종적으로 일본에 대한 간접통치 정책을 채택하고 태평양 군사령관이 일왕을 포함한 일본 정부의 기구를 통해 미국의 권한을 행사했으며, 동시에 연합군 간의 이견이 있을 경우 미국이 결정권을 행사했다. 미국이 일본에 대한 원폭 투하의 위세를 몰아 다른 연합군의 위에 군림한 것이다.

당시 미국은 '일왕제를 포함한 일본 정부 형태의 지속을 보장하지 않는다'는 것으로 정했지만 일본을 소련 견제를 위한 교두보로 삼기 위해 일제의 전범 처리 등을 최소화하는 방식으로 처리했다. 이에 따라 미국은 일왕을 포함한 일본 정부의 지배력을 중단시키고 맥아더 미군 최고사령관이 일왕과 일본 정부 기구를 총괄하는 권한을 행사하게 했다.

　미 전쟁부의 일본에 대한 통치계획은 미국이 일본의 식민지로 인식하고 있던 북위 38도 이남의 한반도에서도 적용되었다. 미국은 한반도를 연합군이 주도하는 신탁통치를 실시한다는 계획만 세웠을 뿐 한반도에 대한 별도의 점령 정책은 전혀 검토하지도 않았다. 이에 따라 맥아더의 지휘를 받는 하지 중장이 한반도 미군 점령군 사령관으로 부임해 군정 초기에는 일본에 대한 통치계획을 액면 그대로 실시했다.

참조 3·1독립운동 104주년에 일어난 역사적 비극

청산되지 않은 역사는 비극을 낳는다고 했던가? 친일청산이 깔끔하게 이뤄지지 못한 상황에서 맞은 2023년 3·1독립운동 104주년 기념일을 둘러싸고 그런 아픔이 확인됐다.

윤석열 대통령의 3·1독립운동 기념 축사가 일본 총리의 발언과 흡사하다는 야권의 비판을 받으면서다. 문제가 된 윤 대통령의 발언은 일제의 강제노역 문제와 관련해 저자세 외교를 하고 있다는 비판 속에 일본을 '협력 파트너'로 언급하면서 "세계사의 변화에 제대로 준비하지 못해 국권을 상실했던 과거를 되돌아봐야 한다"고 말한 부분이다.

특히 후자의 경우 민주당은 "매국노 이완용과 윤석열 대통령의 말 사이에 무슨 차이가 있냐?"라고 원색 비난했고, 여당은 "야당이 다시 죽창을 들고 나섰다"고 반박했다. 어느 해석이 맞는지는 국민의 몫이다. 윤 대통령이 미국 주도의 한미일 군사동맹 체제를 수용하면서 전쟁범죄를 인정치 않는 일본과 한미일 해군 합동훈련을 독도 부근에서 벌인 것도 구설수에 오르고 있는 상황이다.

윤 대통령이 문제의 발언을 한 닷새 뒤인 6일 한국 정부가 강제노역 배상금을 한국 기업이 떠맡겠다는 '제삼자 변제' 안을 발표하자 미국이 쌍수 들어 환호하고 나섰다. 조 바이든 미국 대통령은 성명을 통해 "오늘 한국과 일본의 발표는 미국의 가장 가까운 동맹 간의 협력과 파트너십에 신기원적인 새 장을 장식할 것"이라고 환영했다.

윤 대통령의 저자세 대일 외교 속에 눈길 끄는 미국 정부와 국내 언론들

한국에서 제2의 을사늑약이라는 혹평이 쏟아지는 가운데 나온 미국의 대대적 환영은 박근혜 정권 시절인 2015년 '종군위안부 합의' 때 버락 오바마 당시 미국 대통령 등 미국 정부가 보였던 '정의, 용감한 결정' 등 격렬한 환영을 꼭 닮았다. 미국이 자국 이익을 위해 적극 추진하는 한미일 군사동맹 결성을 위한 걸림돌 치우기에만 혈안이 된 모습이다.

미국은 3·1절 다음 날 한국 정부를 위해 '죽음의 천사'라고 불리는 전략폭격기로 한국 영토에서 작전하는 모습을 대대적으로 홍보하고 국내 언론은 이를 대서특필했다. '하늘의 전함'이라고 불리는 미국의 특수전 항공기 AC-130J는 분당 수천 발씩 '포탄의 비'를 퍼붓는 것은 물론 최신 미사일과 정밀유도폭탄도 발사·투하할 수 있어 '천사의 날개를 두른 하늘의 전함', '죽음의 천사'라는 별명을 갖고 있다. 구형 AC-130은 한반도에 몇 차례 출동한 적이 있지만 최신형인 AC-130J가 한반도에 출동한 것은 이번이 처음이다.

미국은 북의 핵과 미사일에 대한 대응이라는 점을 앞세워 "북이 핵을 사용하면 김정은 정권 종말"이라는 전략을 내놓았는데 북 정권이 종말이 되는 상황이면 한반도의 전면전을 의미하고, 이는 한민족이 결딴나는 사태를 피할 수 없다. 그런 비극을 막아야 하는 안전판으로 제시된 것이 박정희, 김대중, 노무현, 문재인의 남북합의와 정상회담일 터인데 이에 대해서는 현재의 한미 정부는 완전 외면하고 있다.

3·1독립운동은 미국과 일본의 야합인 가쓰라·태프트 밀약에 의해 가속화된 일제의 한반도 강점에 대한 한민족의 항거였다. 미국은 오늘날까지 이 밀약에 대해 공식적으로 언급한 적이 없다. 일제의 한반도 강점이 국가범죄라면 거기에 동조했던 미국도 그로부터 결코 자유롭지 못할 것이다. 그러나 미국은 물론 국내에서도 일제의 한반도 침략에 대한 미국의 책임을 묻지 않고 있으며, 도리어 미국은 혈맹이라

는 이름으로 한반도에서 군사행동을 하고 있다. 물론 한국 정부의 열렬한 지지를 받는 상황이라는 점도 분명하다.

국내 일부 언론은 3·1독립운동을 해외에 보도한 미국 언론인에 대한 미담을 기사화했다. 해마다 되풀이되는 일인데 이번에는 앨버트 와일더가 그 주인공이었다. 그는 대한제국 및 일제 강점기 조선에서 활동한 미국의 기업인이자 언론인으로, AP통신 임시 특파원으로서 3·1운동 소식을 해외에 처음 알리는 등 당시의 독립운동에 적극적으로 협조한 것으로 알려졌다.

서울시는 2021년 그가 서울에 짓고 살았던 가옥 '딜쿠샤'의 원형을 복원해 3·1절을 기해 개방했다.[29] 한국 정부와 언론의 이런 태도는 박수받아 마땅한 일이다. 하지만 3·1독립운동 당시 수많은 조선인이 일제에 의해 학살당하는 비극이었는데도 미국 정부는 일본의 입장에서 이 운동을 비판하는 성명을 발표했다는 점도 같이 알려야 했다는 아쉬움이 있다. 한 미국인의 의로운 행동 하나로 미국 정부의 부정적인 역사적 사실을 가리게 할 수는 없기 때문이다.

1919년 당시 미국 정부는 한반도에서 선교 활동을 하던 선교사들이 3·1 독립투쟁에 관계하지 않았다는 점을 확인하면서 미국 언론인들이 이 투쟁을 취재하려는 행위에 대해 제재를 가한 것으로 알려져 있다. 그 결과 미국 언론에서 이 투쟁에 대한 보도는 발생한 지 열흘 정도가 지나서야 선교사들의 전언 등의 형식으로 보도되었다.

3. 미국, 중화민국의 한반도 임시정부 승인 문의에 'NO'라고 답변하다

미 정부, 한반도 점령 대책을 소련과 중국의 눈치 보며 만들어

일본의 항복 이후 미국의 일본 점령정책에 대해 흔히 맥아더가 주인공인 것처럼 기술하거나 남쪽 군정의 경우 미군정사령관 하지 장군에게 초점을 맞춰 맥아더와 하지가 중요한 역할을 한 것 같은 인상을 주는 인식이 국내에 팽배해 있다.

그러나 맥아더와 하지는 그들의 상층부에 미국 대통령, 전쟁부, 합동참모본부 등이 존재했기에, 그들은 미국 정부가 1942년부터 준비해 온 일본의 점령정책을 실행하는 역할에 불과했다. 남쪽에 진주한 미군은 맥아더의 지휘를 받았기 때문에 일본에 진주한 점령군의 일부에 불과했다.

미국은 태평양전쟁 이후 한반도가 포함된 일본에 대한 점령 계획을 1942년 2월부터 검토하기 시작했다. 당시 루스벨트 대통령은 '전후 외교 정책 자문기구'를 만들어 일본, 독일, 이탈리아 등에 대한 전후 복구 계획에 대해 조언토록 했다. 이 위원회는 후에 '극동부처간 지역위원회(IDAFE)'로 대체되어 1942년 가을부터 1945년 여름까지

234회 회의를 가졌고 수시로 대통령과 협의했다.[30]

연합군 또한 태평양전쟁 기간에 독일에서처럼 일본을 분할 점령할 계획을 세웠다. 그러나 최종 단계에서 연합군 최고사령부(SCAP)가 일본 열도 가운데 큰 섬 4개인 홋카이도, 혼슈, 시코쿠, 규슈 등을 직접 지배하는 것으로 결정하고, 이 4개 섬 외의 일본이 지배하던 지역은 연합군이 분할해 아래와 같이 점령키로 했다.[31]

소련: 한반도 북부와 남부 사할린, 쿠릴 열도.
미국: 한반도 남부와 오키나와, 아마미 군도, 오가사와라 군도와 미크로네시아 군도의 일본 영토.
중국: 대만과 펑후 군도.

미국 정부가 1942년부터 검토한 극동 전략은 일본을 종전 이후 대소 전략의 하나로 일본, 한반도 남부를 미국의 전진기지로 삼기 위해 친미세력을 양성하는 것을 목표로 삼았고, 맥아더를 앞세워 전범 처리나 전후 배상을 일본에게 유리하게 해주는 방식으로 진행했다.

이런 점을 감안해 한반도 남부에 대한 미군정의 기본 성격을 이해하기 위해서는 남부를 포함해서 한반도에 대한 미국 정부의 정책을 토대로 삼아야 한다. 맥아더와 하지 장군의 역할은 미국 행정부의 결정 사항을 집행한 직업 군인에 불과했다는 점을 분명히 해야 한다는 것이다.

미 정부, 맥아더에게 임정 등 조선인 정치단체를 인정 말라고 지시

미국은 1945년 일본의 항복 이후 한반도 남쪽에 군대를 진주시키고 발표한 맥아더 포고문 제1호에서, 미군은 '해방군'이 아니라 '점령군'임을 분명히 밝히고 북위 38도선 이북에 들어온 소련군과 대치했다.

미군의 군사통치 체제인 미군정은, 중국 상하이에서 1919년 설립된 대한민국임시정부와 해방 직후 독립정권을 수립하기 위해서 선포된 여운형 중심의 인민공화국 등 모든 정치단체를 인정하지 않았다. 이는 미국 연방정부의 결정에 따른 것이다.

또한 맥아더의 지휘를 받는 하지도 일제의 통치기구와 친일파 행정관리들을 접수해 군정을 선포한 뒤 일본의 조선총독부 소속 일본 간부들을 미군정의 고문으로 위촉하고, 과장급 아래의 일본인 실무자들은 본국으로 돌아갈 때까지 계속 근무하게 했다.

미군정은 이어 일제 치하에서 공공기관에 근무한 조선 사람들을 원래 자리로 복귀시켰다. 그 결과 한국에서는 친일파가 해방정국의 지배세력으로 등장하게 되고, 결국 일제 잔재를 청산치 못하게 만든 가장 핵심적 요인의 하나로 지적된다.

남쪽에서 미군정이 일제 관리를 기용한 것은 맥아더가 일본에서 전범 세력의 일부를 미군정 체제에서 등용한 것과 동일한 조치였다. 맥아더는 일본과 한반도 이남을 소련의 동북아 진출을 저지할 교두보로 만들기 위해 미국 정부가 일제의 전범 처리 과정에서 특혜를 주는 방향으로 수립한 동북아 전략을 수행한 것이다.

맥아더의 이런 조치는 미국 정부가 종전 수년 전부터 일본에 대한 점령계획을 검토하면서 세운 정책의 일부였다. 미국은 한반도가 일본의 식민지이고 가쓰라·태프트 밀약을 의식한 듯한 분위기 속에서 한반도 진주 정책을 추진했다.

미국, 소련이 조선 독립군을 지원하자 임정에 부정적 태도 취해

미국은 일본이 1941년 12월 진주만을 공습해 태평양전쟁을 일으킨 이후에도 조선의 임시정부 인정 문제에 대해 소련을 의식해 부정적인 입장이었다. 소련이 조선 독립군을 지원하는 것을 보고 경계한 것이다.

미국 외교관들은 1942년 중화민국과 한반도 임시정부의 인정 문제 등을 놓고 협의한 사실을 미 국무부에 다음과 같이 보고했다.[32]

"1942년 4월 중화민국 정부는 미국 정부 측에 중국에서 활동 중인 두 개의 조선인 혁명군의 존재를 설명했다. 중화민국은 이 두 조선인 혁명군을 통합할 것을 추진 중이며 한반도 임시정부의 인정을 승인할 것을 고려 중이다. 중국 측은 이에 대한 미국의 입장이 무엇인지 알고 싶어 했다.

이에 대해 중국 주재 미국 대사는 중화민국 정부에 미국은 이들 조선인 혁명군이 그룹들 사이에 일치된 유대감이 부족하며 이들은 한반도 주민과의 관계가 별로 없다는 점에서 조선인 그룹에 대해 인정할 의향이 지금은 없다는 점을 통고하도록 지침을 받았다.

미 대사는 동시에 '미국 정부는 중화민국 정부가 심사숙고해서 최선의 대책을 수립하는 것에 대해 반대할 의향은 없으며, 미국 정부의 결정은 미국 내에서 한반도 독립운동을 하는 조선인들이 공식적인 임시정부 수립을 희망하고 있는 것에 영향을 미칠 수 있다는 점을 고려하고 있다'는 점을 통고하도록 지침을 받았다."

미 국무부가 루스벨트 대통령에게 보낸 비망록에 따르면 위와 같은 지침을 보낸 것은 소련이 다른 조선인 그룹을 지지하면서 상황이 복잡해지고 있는 사실을 감안했음을 시사한다. 중국 주재 미국 대사는 1942년 5월 7일 중화민국 정부가 결국 상황이 개선될 때까지 조선인 임시정부의 공인을 연기하기로 했음을 미 국무부에 보고했다.

중국이 한반도 임시정부를 승인할 방침을 밝혔지만 미국은 그럴 의향이 없었다고 밝힌 점은 일제의 한반도 강점 기간 미국이 일관되게 한반도의 독립에 대해 외면한 태도와 일치한다. 미국은 소련이 한반도를 지배할 경우를 크게 우려하고 있는데, 이는 종전 이후에도 소련의 동북아 영향력 확대를 저지하는 조치와 맥이 닿아 있다.

미국은 3·1독립운동이나 조선 민중의 독립운동 등에 대해 철저히 외면했던 것도 그런 이유로 보이고, 전후 한반도를 연합국의 공동지배로 구상하는 것도 미국의 이익만을 챙기려는 발상의 결과라 하겠다.

미국이 자유중국, 소련과 함께 일본이 항복하기 이전에 조선인으로 구성된 임시정부 수립의 문제를 논의했지만, 각각 자기 영토 내에서 활약한 조선인 독립군과 그들이 구성하는 임시정부에 대해 서로 입장을 달리하고 있다는 점을 명분으로 내세운 결과 결국 일본 항복 이전 임시정부의 인정은 이뤄지지 않았다.

미국이 한반도의 자주권 확립이나 독립운동에 대해 부정적인 것은 가쓰라·태프트 밀약 이후 2차대전 종전까지 유지되었다.

미국 정부가 태평양전쟁 이후의 한반도 문제 처리에 대해 만들었던 관련 외교문서와 정부 비밀자료는 아래와 같다.

미 국무부의 비망록

미 국무부는 1944년 4월 18일 일본이 점령한 태평양과 극동지역이 해방될 경우 이 지역을 미국과 다른 우방국들에게 안전한 지역으로 만들어야 한다는 필요성에 입각해 일본이 항복한 이후의 대책을 강구하면서 한반도 등에 대해 작성한 'Memorandum Prepared in the Office of Far Eastern Affairs23'를 통해 아래와 같이 미 대통령에게 건의했다.[33]

"한반도와 관련된 일반적 정책은 카이로 선언에서 확실하게 언급되었다. 이런 정책의 실천과 관련해서 미 정부와 국무부 및 유관 기관의 입장은 다른 연합국 정부처럼 확고하다.
한반도에 관심이 있는 많은 조선인과 미국인들이 전후 한반도가 어떻게 될 것인지 확실한 전망을 갖고 싶어 하는 것은 당연하다. 하지만 미국이 전쟁의 승리를 위해 노력하고 있고 전후 처리 문제에 대해 광범위하게 검토하고 있는 상황에서 한반도 문제에 대한 완전한 청사진을 제시하기는 불가능하다."

극동부처간지역위원회(IDAFE) 자료

미국 정부가 일본의 항복을 전제로 만든 '극동부처간지역위원회(IDAFE)'가 1944년 3월 29일 한반도의 점령과 군사정부 설치에 대해 검토한 결과인 문서번호 CAC – 138의 주요 내용은 아래와 같다.[34]

"일본이 항복할 경우 한반도에 거주하는 일본인 65만 명(1939년 기준)의 일부나 전부를 한반도에 영구 체류하는 조건으로 계속 머물게 할 것인지, 아니면 그 전부나 일부를 점령 기간에 안전이나 보호 또는 다른 정책에 의해 억류할 것인가에 대해 방안을 강구해야 한다.

한반도에 일본인이 개인 또는 공적으로 소유하고 있는 재산을 어떻게 처분할 것이며, 일본인이 운영 중인 공장시설을 계속 가동할 것인지에 대한 여부 방안이 필요하다.

한반도 점령 시 광산, 산업 시설, 교통 통신 시설 등을 어느 정도까지 손대지 않을 것인지, 아니면 수리할 것인지, 그리고 기능을 지닌 일본인이나 조선인들을 계속 고용할 것인지 등에 대한 미 국무부의 정책 검토가 필요하다.

일본은 한반도를 수십 년간 지배하면서 한반도 산업경제를 개발, 지배하고 있었고, 그 가운데 조선인 상당수가 그들로부터 관련 지식이나 기술을 훈련받았다. 이런 점 등을 감안할 때 한반도 점령 기간에 한반도 산업 시설을 현 수준으로 가동할 것인지, 조선인과 연합군 인력만으로 그 시설을 가동할 수 있을 것인지, 일본인 기술자의 활용 가능성 등을 검토해야 할 것이다.

최종 결론은 안보 요인을 고려할 때 한반도에서 경제적 생활을 해온 일본인 기술자는 조선인이나 다른 적절한 인력이 부족한 상황에서는 군사정부 기간에 계속 고용할 것을 건의한다.”

극동부처간지역위원회(IDAFE)에서 작성한 비망록

미국 정부는 1944년 5월 4일 극동부처간지역위원회(IDAFE)에서 작성한 비망록을 통해 ‘카이로 선언에 입각해 한반도는 궁극적으로 독립할 것인가의 여부와 어떤 정부 기구가 구성될 것인가’에 대해 아래와 같이 검토했다.[35]

“카이로 선언에서 중화민국, 영국, 미국은 한반도가 해방되어 독립할 것이라고 합의했다. 이에 따라 한반도의 독립은 외부 세력의 감독하에 구성된 임시정부가 선행되어야 한다. 한반도는 자율적인 정부의 경험이 없다. 한반도는 1905년 이전에 군주에게 모든 것이 귀속되는 전제국가였고, 일반 시민은 당시 지배계급의 이익을 위해 착취당하는 대상으로 인식되었다.

당시 대한제국 정부는 효율성이나 생동감을 거의 보여주지 못했다. 한반도는 일본의 식민지가 되어 일반 민중은 정부에 동참할 제한적인 기회를 부여받았다. 이런 참여는 일본인의 직접적인 감독 아래 총독의 관리로 복무할 권리와 25세 이상의 남성은 납세의무를 이행할 경우 지방의회 선거에 참여할 권리 등에서 입증된다.

지방의회는 1931, 1933년의 개혁 조치 이래 만들어진 형식상의 입법기구에 불과했다. 이 기구가 논의하는 주제는 중요하지 않은 것이었고 정치적 문제는 포함되지 않았다. 그곳의 결정 사항은 상부 기관에 의해 조정되거나 거부되었다. 이런 지방정부에서 일천한 경험을 쌓은 조선인들은 정치적 선택과 행동에 따르는 진정한 자유를 누리지 못했다.

한반도에서 조만간 혁명이 발생할 가능성은 희박하다. 조선인 대다수는 해외에서 활동 중인 혁명세력의 지도자에 대해 알지 못하고, 국내의 혁명적 지도자들은 투옥되었거나 그런 자질이 있는 인물들은 일본 행정부 직원으로 임명되어 독립운동에서 멀어졌다. 지난 35년간 조선인은 주요 정치적 자리에서 배제되면서 정치적으로 무기력하게 만들어졌고 국가를 운영할 경험을 박탈당했다.

이 같은 요인들은 한반도가 독립한다 해도 허약해서 국제적 압력의 대상이 되거나 태평양 지역의 정치적 안정과 평화를 해치고 위협하게 될 것이다. 따라서 향후 한반도에서는 독립 이전에 중간적인 감독기구가 설립되는 것이 바람직스럽다.

먼저 국제적 신탁통치 기구가 설치되는 국제적 조직이 발족된다면 그것이 한반도에 적용될 수 있을 것이다. 이 같은 임시적인 신탁통치의 목표는 조선인 사이에 자율적 통치 능력을 길러주고, 개인의 자유를 보호하며, 경제 발전과 복지를 증진하고, 정당하고 효율적인 정부를 보장하는 데 있다.

만약 미국이 그 같은 국제 조직의 일원이 된다면 자연스럽게 한반도에 대한 국제적 신탁통치 위원회와 행정기구의 구성에 책임 있는 행동을 할 수 있을 것이다. 나아가 북태평양의 안보 문제가 미국의 관심사가 될 것이며, 한반도의 정치발전이 북태평양지역의 안보에 영향을 미칠 것이기 때문에 미국은 한반도 행정기구에 적극 동참하게 될 것이다.

동일한 이유로, 이는 극동에서 지배권을 행사한 유럽국가라는 점에서 영국도 직접 또는 자치령을 통한 한반도 개입에 흥미를 느낄 것이다. 나아가 중화민국과 소련이 한반도와 인접해 있어 한반도의 정치적 미래에 큰 관심을 가지고 있고, 그에 따라 한반도 정부의 행정에 개입하고 싶어 할 것으로 추정된다.

일반적인 신탁통치가 한반도에서 실시되지 않겠지만 국제적인 감시위원회가 설립될 가능성은 있다. 이 위원회는 국제적 조직의 유무와 상관없이 가동될 것이다. 이런 국제 감시위원회에 참가할 국가는 중화민국, 소련, 미국, 영국 또는 영연방 자치령이 될 가능성이 있다.

만약 한반도에 대해 일시적인 신탁통치가 한 국가에 의해 시행될 경우 어느 나라가 그런 책임을 맡을지 하는 문제가 발생한다. 중국이 자신의 의사와 관계없이 한반도에 대한 신탁통치 국가로 지명된다면 자국의 재건이라는 거대한 부담과 함께 가용 인력을 차출해 한반도 통제업무를 돕도록 해야 할 것이다.

소련이 일정 기간 한반도의 신탁통치를 감시하게 된다면 정치적 문제에 당면할 것이다. 즉 중국은 한반도가 소련화할지 두려워할 것이고 미국은 그런 사태가 태평양의 안보에 위협이 될 것으로 간주할 것이다. 미국이 한반도의 신탁통치를 담당하는 것도 문제가 있다.

한반도가 완전 독립하기 전에 그 행정을 감독하는 작업은 최소한 중화민국, 소련, 미국, 영국의 대표로 구성되는 기구에 위임되어야 한다. 그렇게 할 경우 개별 국가가 한반도를 통제하는 시도를 최소화할 수 있고 경쟁국 간, 예를 들면 중화민국과 소련 사이에 발생할 상반된 주장을 완화할 수 있을 것이다.

미국이 국제 감시기구(그것이 신탁통치이건 감독위원회이건 간에)의 일원이 될 경우 미국은 군사정부가 종식될 때까지 지속될 한반도 사태에 대한 책임을 지게 될 것이다.

나아가 카이로 선언에서 표현된 바와 같이 한반도는 일정한 과정을 거쳐 해방되고 독립하게 될 것이라는 점을 고려할 때 한반도에 대한 책임은 한반도를 감독할 국제 조직이나 위원회가 만들어지지 않는다고 해도 지속될 것이다. 만약 국제 조직이 만들어진다면 한반도에 대한 조정업무는 일반적인 계획에 부합해야 하고 미국의 독자적인 행동이 없어야 할 것이다.

이상과 같은 점을 고려할 때 한반도는 궁극적인 독립에 앞서 국제적인 행정기구나 국제적 감독 아래 임시정부가 존재해야 하며 그 경우 미국이 참여해야 할 것이다."

미국 정부의 위와 같은 한반도 대책을 보면, 3·1독립운동이 전 세계적으로 큰 영향을 주었던 역사적 사실은 물론이고 미주 거주 한인들의 독립운동 등을 철저히 외면하고 무시한 것이었다. 미국은 이런 태도의 연장선상에서 2차 세계대전 전후 한반도 문제의 해결책을 모색하는 태도를 보이고 있다. 동시에 소련의 공산주의에 대한 큰 공포를 느끼고 미국의 2차대전 전후 한반도 정책은 극동에 대한 소련의 영향력 강화를 저지하는 것이 제1의 목표였던 것으로 나타났다.

포츠담 선언 후, 미국의 대일정책은 군사정부에서 간접통치 방식으로 변경

미국 정부는 1945년 4월 미군의 일본 열도에 대한 공격이 임박하자 미 국무부가 전쟁부의 요청에 따라 '일본의 항복 이후 미국의 초기 정책'을 만들었다. '일본의 항복 이후 미국의 초기 정책'은 일본에서의 경제정책 방안을 수립하기 위해 발족한 '미 국무부와 전쟁부, 해군부의 합동위원회(SWNCC)' 산하의 극동지역 소위원회에 제출되었다.[36]

1945년 7월 말 포츠담 선언이 발표되었을 때 일본에 직접적인 군사정부를 설립하는 방안이 포함되었지만 포츠담 선언을 거친 뒤인 8월 11일 간접적 통치 방식으로 변경되었다.

포츠담 선언은 1945년 7월 26일 미국의 대통령 트루먼, 영국의 수상인 처칠, 중국의 총통인 장제스가 포츠담 선언에 서명해 발표하였고, 그 후 8월 8일 소련 공산당 서기장 스탈린도 대일전 참전과 동시에 이 선언에 서명했다. 선언은 최종적으로 연합국이 일본에 대해 무조건 항복을 요구하고, 또 제2차 세계대전 이후의 일본에 대한 처리 방침을 포괄적으로 제시했다.

한국 문제와 관련해서는 제8항에서 '카이로 선언의 조항은 이행될 것'이라고 천명함으로써, 전후 독립을 재확인했다. 포츠담 선언은 모두 13개 항목으로 되어 있다. 제1~5항은 일본의 무모한 군국주의자들이 세계 인류와 일본 국민에 지은 죄를 뉘우치고 이 선언을 즉각 수락할 것을 요구했다.

제6항은 군국주의의 배제, 제7항은 일본 영토의 보장 점령, 제8항은 카이로 선언의 실행과 일본 영토의 한정, 제9항은 일본 군대의 무장해제, 제10항은 전쟁범죄자의 처벌, 민주주의의 부활 및 강화, 언론·종교·사상의 자유 및 기본적 인권존중의 확립, 제11항은 군수산업의 금지와 평화산업 유지의 허가, 제12항은 민주주의 정부 수립과 동시에 점령군의 철수, 제13항은 일본 군대의 무조건 항복을 각각 규정했다.

미국은 1945년 8월 초 일본의 항복이 임박하자 합동참모본부가 트루먼 대통령에게 태평양 지역 사령관 더글라스 맥아더 장군을 연합군 최고사령관(SCAP)으로 임명해 일본의 항복과 점령을 총괄할 것을 건의했다. 이에 맥아더는 마닐라에 있는 자기 휘하 참모들이 일본 점령에 대한 구체적 준비를 시작할 수 있도록 해 달라고 요청했다.[37]

1945년 8월 6일 히로시마 피폭 이후에도 일본은 연합군이 제시한 항복 조건을 수용하지 않았다. 일본 군부는 일왕이 절대 군주로 존속되어야 한다고 주장하면서 입헌군주제를 주장한 미국 측 제안을 받아들이지 않았다. 그런 상황에서 소련이 8월 8일 일본에 선전포고했고, 그다음 날 두 번째 원폭이 나가사키에 떨어지면서 일본은 무조건 항복했다. 미국이 소련의 대일 선전 포고 다음 날 나가사키에 원폭을 투하한 것은 종전을 앞당겨 소련의 동북아 진출을 압박하려는 계산이었다는 의혹을 사고 있다.

4. 미국, 소련 자극하지 않으려 조선인 독립운동가를 외면하다

소련 모르게 핵무기 개발한 후 한반도 무혈입성 자신감

맥아더는 미주리함에서 일본의 항복을 받아들인 뒤 본국 정부의 명령을 받아 미군이 한반도 남부를 점령하기 위한 준비에 착수했다. 맥아더에게 한반도 이남의 점령은 일본 본토 점령에 비해 지엽적인 문제에 불과했다. 미군은 이남에서 미국의 영향력을 확보하면서 공산주의로부터 지켜낸다는 목적이었지만 결국 한반도는 냉전 기간에 미소가 정면 격돌하는 현장이 되고 말았다.[38]

1910년 이후부터 태평양전쟁 종전 이전까지 미국에게 한반도는 일본의 식민지에 불과했다. 일본의 진주만 공격 이후에도 한반도는 동아시아에서 벌인 미군의 군사작전에서 부차적인 문제였다.

미국은 태평양에서 일본의 공격에 대항하는 전선을 구축하면서 반격 준비를 위한 기지와 통신 체계를 만드는 노력을 했을 뿐이다.[39] 중화민국에 대한 미국의 전략은 중화민국이 미군의 큰 도움 없이 계속 일본과 싸우는 것이었고, 한반도는 미군에게 일본 영토처럼 접근 불가능한 지역이었다.[40]

태평양전쟁 초기 미국 지도자들은 한반도를 주로 중국의 관점에서 보는 경향이 있었다. 그러나 종전이 가까워지면서 소련의 영향력이 커짐에 따라 미국의 한반도 정책에 영향을 미쳤다. 그것은 소련을 동아시아에 개입하게 함으로써 일본에 대한 압력을 가중시키고 미국의 비용과 희생을 줄일 수 있다는 판단이었다.

동시에 미국 관리들은 전후 미국이 동북아시아에 개입해서 영향을 미치는 것이 중요하며, 만약 소련이 태평양 전선에 개입한다면 만주, 한반도 심지어 일본의 영토 일부까지를 점령하는 상태에서 전쟁이 끝날 것이라고 인식하고 있었다. 소련은 육상에서 군사작전을 펴 신속한 이동이 가능했지만 미국은 태평양이라는 바다에서 전투해야 하고 육지로 상륙작전을 펼쳐야 했기 때문에 진전 속도가 느렸기 때문이다.

소련의 전쟁 개입에 대한 미국 군부의 태도는 전후 미국 정부가 공개한 공식 문서에서 집중적으로 발견되었다.[41]

루스벨트 대통령은 1945년 사망할 때까지 소련과의 협조가 전후 처리와 평화, 안정의 추진에 긴요하다고 보았다. 그 결과 스탈린에 대한 의구심이 커지는 상황에서도 소련과의 협조 관계를 증진키 위해 노력했다. 그러면서도 동시에 전후 동아시아에서 소련의 영향력을 제한하기 위한 조치도 취했다.

루스벨트는 소련을 자극하는 발언을 회피했고 연합군 체제의 전쟁 수행에 대한 미 국민의 지지를 약화시키는 행동을 하지 않았다. 루스벨트가 소련의 전후 영향력을 축소하기 위해 취한 행동은 △ 중국을 동북아의 협력 파트너로 활용하면서 △ 핵폭탄 개발 계획을 소련에 알려주지 않고 △ 전후 미군이 아시아 일원에 주둔할 계획을 비밀리에 추진한 것 등이다.[42]

미국의 한반도에 대한 정책은 이상과 같은 기조에서 벗어나지 않앗다. 따라서 조선인 독립운동가들이 중국에 있는 한반도 임시정부를 인정해달라고 외교적으로 노력했지만, 미국으로부터 거부당했는데 이는 미국이 소련을 자극하지 않으려고 했던 측면이 강했다.

연합국, 종전까지 한반도 신탁통치 구조 등에 합의하지 못해

루스벨트는 조선인 독립운동가들의 한반도 임시정부 수립의 요구를 거부하는 방식을 통해 한반도를 둘러싼 소련과의 대치를 회피하면서도 전후 미국이 영국, 중화민국, 소련 등이 참여하는 국제 신탁통치 계획안을 제안했고 거기에서 그들이 주도권을 행사하려 하였다.[43]

1943년 12월 1일 루스벨트, 처칠, 장개석 등이 발표한 카이로 선언에는 한반도를 적절한 절차를 거쳐 해방되고 독립하도록 하겠다는 내용이 포함되어 있다.[44] 이 선언에는 신탁통치라는 말이 구체적으로 언급되어 있지 않지만 그 의미는 카이로 선언에 참여한 3개국 정상 이외에 소련이 참여해서 1943년 11월 28일 열린 테헤란 회담에서 한반도에 일정 기간 외부의 감독을 실시한다는 내용을 시사했다. 그러나 종전이 가까워져 올 때까지 연합국은 한반도 신탁통치의 구조나 운영 등에 대한 공식 합의에 도달하지 못했다.[45]

미국은 1944년 하반기에 일본 열도 침공을 검토하면서 소련이 태평양전쟁에 개입하게 만드는 노력을 기울였다. 1944년 가을 미국·영국·소련의 예비회담이 시작되고 1945년 2월 열린 얄타회담에서 스탈린은 소련이 독일과의 전쟁에서 승리한 2~3개월 뒤에 태평양전쟁에 참전할 것이라고 동의했다. 얄타회담은 미국·영국·소련의 수뇌자들이 모여 나치 독일의 제2차 세계대전의 패전과 그 관리에 대하여 의견을 나눈 회담이다.

이 회담에서 루스벨트와 처칠이 동의한 스탈린의 참전 조건은 남부 사할린과 쿠릴 열도를 소련이 점령하는 것과 함께 외몽고의 현상 유지, 소련이 만주의 다롄 항구와 루산 해군기지 점거, 그리고 만주 철도 운영권 등이었다.[46]

태평양전쟁이 막바지에 이르자 조선인 해외 독립 세력은 전쟁 수행에 기여할 방안을 미국 쪽에 제시했다. 미국이 조선인 망명정부에 대한 불인정 정책을 고수하고 있었지만, 미 첩보기관 전략사무국(OSS: Office of Strategic Services)은 한반도에 대한 비밀 심리작전을 통해 일정 역할을 할 것으로 판단해 해외 망명 조선인들을 중국에서 훈련시켰지만 일본이 항복하면서 그 업무가 수행되지 못했다.[47]

미 전략사무국은 미국의 첩보 기관으로 제2차 세계대전 기간에 만들어졌는데 이 기관이 발족한 뒤 국무부, 재무부, 해군과 국방부 등 다양한 집행 계열의 부서에서 수행되었던 첩보 업무가 통합 처리되는 체계를 갖췄다.

1945년 봄, 미 태평양사령부는 일본 본토에 대한 상륙작전이 불가피하다고 보고 일본 최남단에 있는 규슈섬을 1945년 11월, 혼슈섬을 1946년 6월 각각 상륙할 계획을 세웠다.[48]

미군은 당시 한반도를 규슈 대신 침공할 계획을 잠시 검토했다가 중단했다. 미군의 한반도 상륙은 규슈보다 미군 희생자가 더 많이 나올 것 같았고 더욱이 거리가 더 멀다는 이유 때문이었다. 미 태평양사령부는 한반도를 포함한 아시아 대륙에서 미군이 전쟁을 벌이는 것을 원치 않았다.

1945년 6월 미 태평양사령부는 트루먼 대통령에게 아래와 같이 보고했다.[49]

"아시아 대륙에서 일본군을 몰아내기 위해서는 우리는 소련이 만주(필요할 경우 한반도 포함)에서 일본군과 싸워야 하고, 중화민국 군대를 미군이 공중 지원 등으로 활성화해서 일본군을 자기 영토에서 몰아내야 할 것입니다."

미국, 소련의 태평양전쟁 개입의 득실을 치밀하게 계산

미 태평양사령부는 소련의 개입이 유용할 것으로 보고 있었지만 얄타회담 이후 미소 두 나라 관계가 심하게 악화되면서 크게 부각되지는 않았다. 특히 루스벨트 대통령이 1945년 4월 12일 사망한 이후 등장한 트루먼 대통령은 소련에 대해 강경노선을 취한 것도 미소관계를 멀어지게 한 원인이 되었다.

미소 간 정치적 관계는 군사 부문에도 영향을 미쳐 1945년 중반 미국은 대일전 수행에서 소련의 협조를 구하는 노력을 하지 않게 되었다. 미 태평양사령부는 소련에 연락관을 파견하려던 계획과 시베리아에 비행장을 건설할 계획을 취소하고, 태평양을 통해 소련에 물자를 보급하려는 계획을 연기했다.[50]

1945년 5월 미 국무부 장관 지명자인 요셉 그류는 미국의 전쟁부(후에 국방부로 개칭)와 해군 장관에게 소련이 태평양전쟁에 참전할 경우의 정치적 영향에 대한 견해를 묻는 서면 질의서를 보내 "얄타회담 합의 사항을 이행하기 전에 미국이 한반도의 해방과 독립, 그리고 한반도가 해방된 직후 4개국에 의한 신탁통치를 실시하기로 한 합의에 대해 소련의 입장을 확인할 필요가 있다"고 제안했다.

이에 대해 전쟁부와 해군 장관은 답변서를 통해 "소련은 미국이 취한 정치적 행동과 관계없이 자신들이 원하는 시기에 태평양전쟁에 참

여할 것으로 믿는다"며 아래와 같이 미 대통령에게 건의했다.[51]

"미국은 얄타회담과 관련해 정치적 지렛대를 가지고 있지 않다. 미
국의 군사적 행동과 관계없이 소련이 자체 군사적 역량으로 군사적
행동을 취할 수 있고, 소련이 일본군을 물리치고 사할린과 만주, 한
반도, 중국 북부를 미군에 앞서 점령할 수 있을 것이다. 소련의 의
향을 묻는 작업이 효과가 크지 않다고 해도 미국이 소련의 다짐을
받는 작업을 하는 것이 바람직스럽다."

미국, 소련이 한반도와 일본을 점령할 우려를 핵무기 개발로 씻어내

1945년 5월 미국 특사 해리 홉킨스가 포츠담회담에 앞서 모스크바
를 방문했다. 홉킨스는 스탈린과 협상해 한반도 신탁통치에 대한 구
체적인 방안 등을 확보했지만 귀국해서 트루먼 대통령에게 단지 "스
탈린은 한반도 신탁통치를 중화민국, 영국, 소련과 미국이 실시하는
것에 동의했다"라고만 보고했다.[52]
한반도 신탁통치에 대해서는 큰 틀만 제시되었을 뿐 구체적인 실
행 계획 등은 연합국 간에 논의되지 않았고, 1945년 7월 열린 포츠담
회담에서도 마찬가지였다. 1945년 7월 열린 미국과 소련 합동참모본
부 회담에서, 양측은 소련이 태평양전쟁에 참전했을 경우 두 나라의
작전 역할 분담에 대해 논의했는데 거기에는 한반도 주변에서 공군과
해군 간 협조문제도 포함됐다. 그러나 그 후 열린 포츠담회담에서 연
합국 수뇌들은 한반도에 대해 논의하지 않았다.[53]
그러나 워싱턴과 미 태평양사령부 등에서 한반도에 중대한 영향

을 미칠 사항들이 결정되었다. 그런 결정이 내려진 이유는 바로 미국이 핵무기 개발에 성공했기 때문이었다. 미국은 소련의 행동과 의향에 우려를 갖고 있던 상황에서 포츠담회담 직전 핵무기 실험에 성공해 자신감을 확보했으며, 이에 따라 일본은 미국이 일본 본토를 침공하지 않은 상태에서 항복할 가능성이 커 미국이 한반도에 무혈입성할 가능성이 열린 것이다.

트루먼 대통령은 1945년 7월 23일 원자탄 실험이 성공했다는 보고를 받고 전쟁부 장관을 불러 조지 마셜 미 육군 원수에게 소련의 태평양전쟁 참여 의향과 미국의 일본 점령에 소련의 지원이 필요한지의 여부를 확인하도록 지시했다. 이에 대해 마셜 미 육군 원수는 '소련군은 만주 국경에 집결해 있어 어느 곳이든 공격할 위치에 있어서 일본이 항복할 경우 원하는 것을 다 얻을 수 있다'는 신중론을 제시했다.[54]

7월 24일 소련군 최고사령관이 마셜 미 육군 원수에게 "미군이 한반도 해역에서 일본군을 상대로 작전을 전개해 소련군이 한반도를 공격할 때 호응할 수 있겠느냐"고 질문했다. 마셜 미 육군 원수는 아래와 같이 답변했다.[55]

"미국은 미군의 규슈 침공이 끝날 때까지 한반도를 공격할 육해공군 합동작전 계획은 없다. 그 이유는 미군 함정이 일본해에서 일본의 자살특공대의 공격에 노출될 수 있고, 미군의 공격함을 규슈 상륙작전에서 빼내 투입해야 하기 때문이다."

7월 26일 공군과 해군 작전 경계가 확정되었으나 육상에 대한 대책은 세워지지 않았다. 트루먼 대통령은 후에 '육상 작전에 대한 경계선을 확정하지 않았는데 이는 미군 지휘관들이 한반도에서 작전을 전개할 것으로 예상치 않았기 때문이다'라고 기록했다. 트루먼은 당시 육상 공격 작전 의향을 갖고 있지 않았다.

미국은 소련군 최고사령관과 미국의 마셜 원수가 합동작전에 대한 논의를 진행시킬 시점에서도 한반도에 군사작전 없이 무혈입성할 작전계획을 세우고 있었다. 미국은 소련에게 비밀로 한 채 핵무기라는 신종무기를 개발하면서 성공 직전의 단계인 것을 계산한 결과였다.

5. 1945년 6월, 미국은 점령이 필요한 지역으로 한반도를 포함시키다

미군의 태평양 작전 중에, 소련군은 두만강 방면 공격하며 한반도 해안 상륙

미 합동참모본부는 태평양전쟁 종전 1년 전인 1944년 8월 합동전쟁준비위원회에 일본군 철수나 일본 정부의 붕괴, 항복에 대비해 일본이 점거하고 있는 전략 요충지에 대한 공격 계획을 세우라고 지시했다.[56] 그러나 그로부터 1년이 지나 규슈와 혼슈에 대략적인 침공계획이 완성된 시점에서도 아무것도 추진된 것이 없었다.

합동전쟁준비위원회가 일본의 항복에 대비한 비상계획의 문제점에 관심을 가진 시점은 1945년 5월이었다. 합동전쟁준비위원회는 미국이 점령할 필요가 있는 지역이 일본 열도 외에도 존재한다는 것을 인식, 1945년 6월 미국이 점령할 필요가 있는 지역으로 한반도를 포함해 만주와 대만, 인도차이나, 중국 해안 등을 포함시켰다.[57]

미 합동참모본부는 1945년 6월 14일 극동군 최고사령관 맥아더 장군과 태평양 함대 사령관 니미츠 제독에게 일본의 붕괴나 항복과 같은 급변사태에서 미국이 즉각적 이익을 취하기 위해 일본 본토를 점

령할 계획을 만들라고 지시했다.[58]

1945년 7월 10일 미 합동전쟁준비위원회는 전반적인 작전계획을 다각도로 검토하면서 미국은 일본 본토와 한반도, 중국의 상하이와 난징, 일본이 점거하고 있는 태평양 도서, 대만 등을 우선 점령할 필요가 있다고 잠정 결정했다.[59] 위원회가 제시한 작전계획 가운데 하나는 일본이 1945년 8월 15일 무조건 항복할 것이라는 내용이 들어 있었는데 이 추정이 적중한 꼴이 되었다.

종전 직전, 미국은 한반도 경계선으로 북위 38도선 부근 검토

미 합동참모본부는 포츠담회담에 앞서 맥아더 등 두 지휘관에게 한반도를 포함한 작전계획을 지시했다. 맥아더는 도쿄와 서울을 일차적인 점령 목표로, 그리고 부산과 군산을 2, 3차 점령 목표로 제안했다. 이후 포츠담회담이 열리자 미 합동전쟁준비위원회와 맥아더, 니미츠 사령관의 참모들은 점령계획 수립에 착수했다.[60]

1945년 7월 25일 마셜 제독은 포츠담회담이 열리고 있는 기간 동안 트루먼 대통령에게 일본의 급작스러운 항복 가능성이 있다고 통보했다. 이에 따라 맥아더와 니미츠 사령관은 소련이 태평양전쟁에 참전하기 이전에 일본이 붕괴되거나 항복할 가능성을 미리 알게 되었다.[61]

같은 날 마셜 제독이 미 전쟁부 작전책임자에게 한반도에 미군을 진주시킬 준비를 하라고 지시하면서 한반도에서 미군과 소련군 사이의 지상 경계선에 대한 기본계획이 수립됐다. 이에 따라 미군의 한반도 진입 시 병참 지원을 위해 두 개의 주요 항구가 필요하다는 점과 미소 간 두 군대의 경계선으로 서울 북쪽 북위 38도선 부근이라는 점 등이 검토 대상으로 제시되었다.[62]

마셜 제독은 맥아더에게 전문을 보내 가까운 장래에 일본 항복에 따른 일본 통제와 점령 등에 대한 결정이 내려질 가능성이 있다면서 일본과 한반도 점령에 대한 맥아더의 견해를 물었다.

미 합동참모본부가 6월 14일 내린 지시에 따라 니미츠, 맥아더 장군은 일본의 갑작스러운 붕괴와 항복에 대비한 계획을 작성해 상부에 보고했다. 니미츠 장군이 작성한 해군의 작전계획(암호명 Campus)은 일본 전역의 주요 지역에 대한 미 육군의 상륙작전이 전개되고, 이후 해군이 도쿄를 점령하는 것이었다.

한편 맥아더가 작성한 작전계획(암호명 Blacklist)은 도쿄에 대한 육해공군의 공격과 상륙작전을 전개하고, 이어 두 번째 지역을 점령하는 내용이었다. 미 합동참모본부는 두 작전계획을 짜 맞추는 식으로 추진했지만, 그것은 일본이 항복할 때까지 완성되지 못했고, 실제는 맥아더의 작전계획을 필요할 때마다 수정하는 방식으로 활용했다.[63]

미국은 북위 38도선을 미소 점령 경계선의 설정 목표로 최우선 추진

맥아더의 작전계획 Blacklist에 대한 수정 보완작업이 이뤄질 때인 1945년 8월 6일 히로시마에 첫 번째 원폭이 투하되었다. '리틀 보이'라고 불리는 이 원자폭탄은 요즘 소형차 정도의 크기였지만 위력은 엄청나서 1945년 말까지 20만 명 이상이 숨지고 2022년 말 현재 26만 명의 피폭자가 후유증을 앓고 있다. 이틀 뒤 소련 외무상은 모스크바 주재 일본 대사를 불러 8월 9일 자로 양국은 전쟁 상태로 돌입한다고 통보했다. 미국은 8월 9일 두 번째 원자폭탄을 나가사키에 떨어뜨렸고, 소련은 그날 만주 국경을 넘어 일본 관동군에 대한 공격을 시작했다.[64]

8월 10일 일본 정부는 항복할 의사와 함께 정전협정을 타진하는 태도를 보였다. 그러자 워싱턴과 서태평양 주둔 미군 지휘부 등은 혼란에 빠져 전투 작전을 일본 점령과 일본의 점거 지역에 대한 미국의 통치에 대한 계획으로 전환했다. 미 국무부와 전쟁부, 해군부와 합동참모본부는 일본의 항복에 따른 필요한 절차 등을 강구하기 위해 회의를 계속했다.[65]

미국이 전후 질서를 새롭게 구상하기 위해 1944년 11월 2차대전 기간에 군부와 국무부의 정책조정을 담당하는 것을 주목적으로 국무부의 조직을 개편, 확대하면서 만든 국무·육군·해군 3부조정위원회(SWNCC: State-War-Navy Coordinating Committee, 이하 SWNCC)는 일본군의 항복 조건들이 담긴 항복문서 '일반명령 제1호' 작성 작업을 하고 있었다. SWNCC는 2차대전 기간 중 국무부의 조직이 개편, 확대되면서 전후 질서를 새롭게 구상하기 위해 만들어진 정책기구였다.

SWNCC가 검토한 최우선 과제는 미국이 일본 점령을 주도하고 궁극적으로 미 점령군을 가능한 한 신속히 일본에 주둔시키는 것이었고, 일본군이 극동 여러 지역에서 어떤 연합군에 항복하느냐 하는 것이었다. 일본군 지휘관이 연합군 내부의 분열을 촉발하기 위해 항복 약속을 악용할 기회주의적 시도를 차단하고 연합군 지휘관 사이의 관할 다툼을 방지하는 것이 중요했다.

미국은 이 문제에 대해 1944년 12월부터 관심을 가지고 작업했으나 일본군의 항복을 어느 지역에서 누가 접수하느냐 하는 것에 대해 명백한 지침을 만들지 못하고 있었다. 그러나 당시 동남아에 주둔해 있던 미군을 지휘하던 앨버트 코디 웨더마이어 사령관이 워싱턴에 긴급전문을 보내 중화민국 군대와 모택동 군대의 내전이 가열되고 있어 주목해야 한다고 촉구했다.[66]

웨더마이어 사령관은 중국 본토의 주요 지역을 미군이 점령할 것을 건의했다. 그 당시 호주, 영국, 네덜란드, 프랑스 등은 중국 사태를 주시하면서 일본이 점거하고 있던 식민지에서 자신들의 이익이 보장되어야 한다는 입장이었다.

일본의 항복 뒤 미군이 한반도에 진주하는 중요성은 후순위로 밀렸다. 미 국무부는 한반도에 미군을 신속히 진출시킬 수 없었기 때문에 미군과 소련군의 경계선을 가능한 한 북쪽으로 더 멀게 삼으려 시도했다.

소련군은 한반도로 신속하게 진군하는 것으로 알려진 반면 한반도를 점령하라는 명령을 받은 미군은 오키나와에 주둔 중이었고, 미군이 이동할 수 있는 우선권은 일본 본토를 점령할 부대에게 주어진 상태였다. 미군이 진주할 한반도의 3개 지역은 서울과 개성, 그리고 서울 근처의 전쟁포로 수용소였다.

마셜 제독 등 미군 수뇌부는 한반도에서의 미소 점령군의 경계선과 미군의 한반도 진입 시간과 장소 등에 대해 협의를 했지만 최우선시한 것은 미소 점령군의 경계선 설정이었다. 1944년부터 시작된 이 작업의 최종 단계는 전략정책단 정책과 과장 데이비드 딘 러스크 대령과 육군 소령 찰스 하트웰 보네스틸 3세가 담당했다(러스크 대령은 후에 F. 케네디와 린든 B. 존슨 행정부에서 1961년~1969년까지 제54대 국무장관을 지내면서 미국의 주요 베트남 전쟁 정책을 입안했다. 보네스틸 3세 소령은 1966년부터 1969년까지 유엔사령부 및 주한미군 사령관을 지냈고, 재임 기간에 1·21사태와 푸에블로호 피랍 사건, 울진·삼척 무장 공비 침투 사건 등이 발생했다).

당시 미국이 북위 38도선을 미소 점령군의 경계선으로 삼을 때 주로 고려한 점은 그 경계선이 한반도 행정 단위의 경계선이어야 하고 정치적 함의가 없어야 한다는 것이었다. 연합국 수뇌들이 한반도를 일본 점령에서 해방시켜 적절한 단계를 거쳐 독립국으로 만들기로 합의했기 때문이었다.

그러나 이런 합의가 어떻게 이행될지는 모호한 상태로 남겨져 있어서 일본군의 항복을 접수할 미소 점령군의 경계선은 한반도 독립과 관련해 어떤 정치적 의미가 감춰져 있다는 연관성을 배제해야 했다. 이런 점을 고려해 경계선은 누구나 쉽게 인식할 수 있도록 한반도 지방행정 구분선 위에 만들어져야 했다.[67]

러스크 대령과 찰스 하트웰 보네스틸 3세 소령은 이런 점을 고려해 한반도를 절반으로 나누는 군사분계선을 북위 38도선으로 획정하고 미군의 남쪽 점령 지역을 서울, 개성, 서울 근방의 전쟁 포로수용소 3곳으로 건의했다.

소련군은 두만강 방면을 공격하며
북동부 한반도 해안에 상륙작전 전개

일본군의 항복 조건과 한반도 처리 방침 등이 담긴 항복문서 '일반명령 제1호'의 초안은 1945년 8월 11일 합동참모본부 기획 담당 부서인 SWNCC에 전달됐다. 제임스 던 국무부 차관보는 한반도가 다롄(大連) 뤼순항보다 미국에게 정치적으로 더 중요한 지역이라는 견해를 밝혔다. 이에 따라 38도선 제안이 '일반명령 제1호'의 초안으로 합동참모본부 기획자들에 의해 채택되었다.

미국 정부가 한반도에서의 미소 점령군의 경계선 확정에 대해 검토를 하고 있을 당시 소련이 한반도 문제에 직접적인 영향을 미칠 가능성이 희박하다는 정보가 전해졌다.[68]

연합국 의회 미국 대표단 에드윈 W. 폴리가 모스크바에서 트루먼 대통령에게 긴급전문을 보내 전후 배상 문제가 합의되기 전에 한반도의 공업지대를 가능한 한 많이 점령하는 것이 필요하다고 건의했다.

윌리엄 애버렐 해리먼 주소 대사는 트루먼 대통령에게 스탈린이 중화민국 외교부에 전후 배상 문제의 요구를 확대하고 있으며, 미국이 한반도와 관둥 반도에 군대를 증파하도록 요구했다고 경고했다.[69] 그러나 그 시기에 소련군은 만주와 한반도를 향해 진군하고 있었다.

소련 육군 25사단은 육로로 두만강을 건너 공세를 취하고 있었고, 소련 해군은 북동부 한반도 해안에 상륙작전을 전개했다.[70] 8월 15일 SWNCC는 일본의 항복 조건을 담은 '일반명령 제1호' 최종안을 트루먼 대통령에게 제출했고, 트루먼은 이를 승인해 소련과 영국에 보냈다. SWNCC는 이때 미 대통령에게 소련이 한반도에서의 미소 점령군의 경계선을 받아들이지 않고 맥아더 부대에 앞서 서울을 점령할 경우 미 점령군은 부산에 상륙할 것을 건의했다. 그러나 스탈린은 북위 38도선 획정에 반대하지 않았다.[71]

2장

미국, 군정 통해
한국을 대소 방어기지로 만들다

1. 미국은 한반도를 일본 식민지로 취급하며 점령정책 추진

**서울 미군정은 총독부의 일본인을 고문으로 위촉했지만,
조선인의 정치조직은 모두 인정하지 않았다**

미국은 1942~1945년 태평양전쟁 이후 한반도에 대해 연합국과 협의해 신탁통치를 실시한 뒤 적절한 절차를 거쳐 독립하게 만든다는 원칙을 세우고 포츠담, 카이로 회담 등에서 영국, 중국, 소련 등과 협의했다.

미국은 일본이 붕괴하거나 항복한 이후의 한반도 점령정책을 1942년부터 미 국무부 등 연방정부 차원에서 논의 결정했고, 태평양전쟁의 종전이 임박하면서부터는 '미 대통령 – 미 전쟁부 – 미 합동참모본부 – 맥아더'라는 지휘계통을 통해 미군에게 통고되어 집행했다.

미국은 당시 사회주의 국가 소련이 유럽에서 독일을 점령하는 등 위세를 과시한 데 이어 극동에서 영향력을 확대하는 것을 심히 우려하며 그 대책에 부심하고 있었다. 미국의 이런 조바심은 태평양전쟁의 종전 이후 미군이 일본을 우군으로 만들기 위해 전범 처리 등을 약하게 하는 방식으로 드러났고, 한반도 남부에서는 점령군으로 진

주해 친사회주의 세력을 약화시킨다면서 친일청산을 차단하는 형태로 나타났다.

소련이 대일 선전 포고한 다음 날 미국은 나가사키에 원폭 투하

제2차 세계대전의 종료 시점이 가까워진 1945년 8월 미국은, 소련이 유럽에서 승승장구하면서 독일 심장부로 진격한 뒤 그 여세를 몰아 동북아시아로 진출을 시도하는 것을 저지하기 위한 전략 수립에 고심했다.

일본의 항복이 기정사실로 되는 시점에서 소련이 일본에 선전 포고하자 미국은 일본에 원폭을 두 번째로 투하했다. 소련에 사전 통보도 없었다. 그래서 소련이 만주를 더 많이 점령할 기회를 차단하고자, 미국이 일본에 원폭을 투하함으로써 소련을 압박하며 종전을 서둘렀다는 추정이 가장 큰 힘을 얻고 있다.[72]

1945년 8월 6, 9일의 핵 공격을 받은 히로시마와 나가사키 두 도시에서 현장 사망 23만 명, 부상 및 후유증 피해 51만 명 등 총 74만 명의 원폭 피해자가 발생했다. 두 도시는 군수 도시였는데, 강제로 끌려와 노동에 동원됐다가 피해당한 조선인 피해자는 10만여 명에 달했다.

조선인 피해자 가운데 5만 명은 즉사하고 5만 명이 살아서 4만 3,000명이 영구 귀국하고 7,000명이 일본에 거주한 것으로 전해진다. 생존 조선인 가운데는 원폭 투하 후에 일제에 의해 잔해 제거에 강제 동원되어 피폭되는 경우도 많았는데 부상자들은 일본에서는 일본인이 아니라는 이유로 홀대를 받았고, 귀국 이후에도 제대로 치료를 받지 못했다.[73]

미국은 소련에 북위 38도선을 군사분계선으로 확정해 통고

소련이 만주에서 일본군을 대파하고 한반도 쪽으로 진군하자, 미국은 1945년 8월 13일 소련이 한반도 전역을 점령하는 것을 막기 위해 북위 38도선을 군사분계선으로 확정해, 소련에 통고했다. 미국이 원자탄이라는 신형 무기가 일본에서 가공할 만한 파괴력을 보인 것을 소련에 과시하면서 제안한 것이다.

"한반도의 절반인 38도선을 경계로 소련과 미국이 분할 점령하자."

소련은 미국의 제안에 아무런 이의를 제기하지 않고 수락했다. 당시 소련군은 한반도는 물론 일본 전역을 점령할 수 있었지만 그렇게 하지 않았다. 이에 대해 소련이 유럽에서 유리한 고지를 점령하기 위해서 그랬다는 식으로 설명하기도 하나 당시 나치 독일을 패망시킨 소련의 위세가 대단했고, 전승국의 이익을 극대화하려는 의지가 강했기 때문에 큰 설득력이 없다. 원자탄에 기가 꺾여 미국의 제안을 수락했다고 보는 것이 가장 가능성이 커 보인다.

일본 정부는 두 차례의 미군 원폭 투하와 소련의 참전으로 궁지에 몰리자 8월 14일 무조건 항복을 요구한 포츠담 선언을 수락하겠다고 미국과 영국에 통보했다. 8월 15일 일왕 히로히토가 라디오 방송을 통해 전쟁이 끝났음을 일본 국민에게 알렸다. 일본 정부는 8월 16일 일본군에 교전 중지 명령을 내렸다.

1945년 8월 15일 일본이 항복하면서 태평양전쟁은 끝이 났다. 원자탄 두 발에 일본은 갑작스럽고 극적인 모습으로 무릎을 꿇었다.[74] 소련은 일본이 항복을 선언하기 일주일 전에 선전포고와 함께 만주에서 전쟁을 시작해 전리품을 챙기는 작전을 개시했다. 소련은 파죽지세로 진격하면서 만주에 포진해 있던 일본군 1백여만 명을 무장해제시키는 한편 한반도는 물론 일본 본토까지 진격해 일본의 항복을 접수하려는 기세로 보였다.

중국은 장개석과 모택동의 두 세력으로 이분되어 있었고, 미국의 지원을 받고 있던 장개석 군이 천하를 통일할 가능성은 희박한 상황이었다. 소련과 모택동 군이 연합하면 중국 전역의 공산화가 가능해보였다. 미군은 당시 오키나와까지 점령했지만 일본 본토와 한반도로 군대를 진입시키려 노력해도 소련군에 뒤질 수밖에 없었다.

소련은 1945년 8월 21일 해방군의 기치를 들고 원산에 상륙했고, 평양에 소련군 사령부를 설치했지만 더 이상 38도선 이남으로 진격하지 않았다. 소련이 한반도의 분할 점령을 요구한 미국의 제안을 실천한 것이다.

전쟁 상황에서는 연합군 체제라 해도 연합국 간에 공정, 신뢰, 이타 정신은 찾기 힘들고 국가 이기주의에 사로잡혀 점령지를 확대하고 전리품을 챙기는 것이 일반적이었다. 하지만 소련은 그렇게 하지 않았다. 이것은 미국이 새로 개발한 가공할 만한 파괴력을 지닌 핵무기의 위세에 밀렸다고 보아야 할 것이다.

소련군은 일본이 항복 선언을 한 뒤 가능한 한 많은 일본 영토를 차지하기 위해 공격적인 군사작전을 계속했다. 이런 작전은 1945년 8월 말까지 쿠릴 열도와 남부 사할린에서 전투가 벌어진 것도 포함된다.[75]

그러나 소련은 일본 열도의 주요 4개 섬 그 어느 것도 점령하지 못했는데 이는 미국의 확고한 반대도 그 원인의 하나였다. 스탈린은 소련군이 맥아더의 직접 지휘를 받는 것을 원치 않았고, 당시 스탈린의 주 관심사는 아시아보다 유럽에서 공산주의의 영향력을 확립하는 것이었다.

미국은 중국을 의식해 한반도 점령군 사령관을 하지 중장으로 교체

미국이 일본에 원폭 두 발을 터뜨려 일본의 항복이 임박한 상황에서 오키나와와 필리핀에 주둔 중이던 미 야전군 10군은 한반도 점령 명령을 받았다. 이에 10군의 사령관으로 한때 중국에 주둔해 본 적이 있었던 조셉 스틸웰 대장은 서울로 이동하기 위해 분주히 서둘렀다.[76]

스틸웰 대장은 동아시아에서 일본군과 싸우던 도중 장개석과 의견 다툼이 생겨 1944년 10월 오키나와로 전출되어 미 야전군 10군을 지휘하고 있었다. 그는 태평양전쟁 종전 당시 일본군 공격에서 주요 역할을 담당했는데 그의 휘하에는 2개 보병 사단과 존 하지 준장이 지휘하는 전투와 지원 부대인 24(XXIV)군단이 있었다. 하지 중장은 오키나와를 수비하기 위해 후방에 주둔 중이었다.[77]

스틸웰 대장의 일급참모 프랭크 메르릴 준장은 1945년 8월 11일, 미 야전군 10군은 일본 본토에 대한 점령 작전이 시작된 'B-DAY' 이후 27일째 되는 날 한반도를 점령하기 위한 작전을 개시하게 될 것이라고 발표했다. 이때는 미국이 8월 6일 히로시마시에, 이어서 8월 9일 나가사키시에 원자폭탄을 떨어뜨려 일본의 항복이 임박한 시점이었다.

아시아를 잘 아는 스틸웰 대장,
"그들이 내 목을 다시 잘랐다"며 분노

8월 13일 스틸웰 장군이 맥아더와 협의하기 위해 마닐라를 방문한 뒤 가벼운 수술을 받기 위해 병원에 입원했다. 그가 병실에 있는 동안 미 야전군 10군 사령부는 한반도 점령계획이 수정되었다는 통고를 받았다. 스틸웰 대장 대신에 하지 중장이 한반도 점령 미군 사령관으로 교체된 것이다.

스틸웰 대장은 아시아를 잘 아는 군인이었지만 하지 중장은 태평양 전선에서 혁혁한 전과를 올려서 무공훈장을 받은 야전 전투 사령관일 뿐이었다. 그래서 일본 점거에서 해방된 아시아 국가의 행정을 지도할 특별한 능력이 없었다. 갑작스럽게 한반도 점령 사령관이 교체된 이유는 확실치 않다.

맥아더는 스틸웰 대장에게 워싱턴에서 통보된 교체 이유를 설명한 것으로 알려졌다. 즉 장개석 총통이 스틸웰 대장이 지휘하는 미군이 중국 해안에 상륙한다는 소문을 듣고 트루먼 대통령에게 불평했으며, 트루먼 대통령이 그런 일은 없을 것이라고 장개석 총통에게 다짐했다는 것이다.

당시 미국에서는 한반도를 일본 해안의 일부로 인식하고 있어서 맥아더는 스틸웰 대장을 한반도 점령군 사령관에서 제외시키기로 결심했던 것으로 알려졌다. 당시 스틸웰 대장은 자신의 일기장에 "그들이 내 목을 다시 잘랐다. 왜 그들은 나를 지지하기는커녕 내몰려 하는가?"라고 썼다.[78]

미국이 한반도 점령군 지휘관을 교체한 결정은 때때로 심각한 결과를 낳기도 했다. 하지 중장이 미 군정청(USAMGIK: United States Army Military Government in Korea) 사령관을 맡았던 1945년 9월 8일부터 1948년 8월 15일까지의 시기는 매우 복잡하고 폭발력이 강했던 한반도 상황이었다. 그런데 하지 중장은 이런 정세에 무감각했고, 이미 복잡하게 전개되고 있던 상황들을 악화시키는 결정들을 내놓았기 때문이다.[79] 하지만 야전 지휘관이었고 정치 문외한이었던 하지 중장은 미국 정부가 지시한 큰 틀에서의 한반도 점령정책을 집행하는 역할은 대체로 무난히 수행했다고 봐야 할 것이다.

독립의 열망 강했던 한반도의 현지 사정을 완전 배제한 미 정부의 결정

당시 미국의 한반도 점령정책은 1905년 가쓰라·태프트 밀약을 의식하고 연합국과의 마찰 회피, 소련의 견제나 미국의 국익만을 고려해 만들어진 것으로 조선인의 입장에서는 문제가 많았다. 맥아더 본인이 공산주의에 대해 부정적 인식이 강해 일본 점령정책에서도 이런 점이 중요하게 반영되었고, 하지 중장도 이를 철저하게 추종하는 분위기였다.

특히 일본의 식민지로 강점되어 독립의 열망이 강했던 한반도 현지의 특수 사정 등이 완전히 배제된 미 연방정부의 결정이었기에, 미 군정청이 군정을 실시하는 과정에서 많은 문제가 발생할 수밖에 없었다. 일본의 항복 직후 맥아더가 미 정부로부터 명령받은 전후 처리 정책은 일본과 일본의 식민지였던 한반도를 전혀 구분치 않은 동일한 내용이었다.

만약 하지 중장이 스틸웰 대장처럼 아시아 사정에 해박한 인물이었다면 하는 아쉬움이 큰 부분이다. 역사에서 가정은 없다고 하고, 또 한반도 정책은 미 정부 본토의 지시에 의해 이루어진 것은 사실이지만 그래도 미국의 일부 전문가들 또한 하지 중장으로 교체된 것에 대한 문제점을 지적했다.

스틸웰 대장이 한반도 점령군 사령관으로 임명되었을 때 그는 암에 걸린 상태였고 1년 후 사망했다. 하지만 그가 한반도에 왔을 경우 하지 중장보다 더 매끄럽게 통치했을 가능성을 부인키 어려울 것이다. 한반도에 대한 하지 중장의 부정적 선입견과 경험 부족은 그가 자신의 재량권 범위 안에서 결정을 내릴 때 분단 한반도의 정치적 대치상태를 심화시킨 것이었고, 심지어는 한반도의 전쟁을 야기한 원인 중의 하나로 지적되기도 한다.

트루먼 대통령이 8월 15일 일본 정부가 항복 조건을 받아들였다고 발표하자 24군단 메르릴 준장은 지휘관들에게 "8월 15일이 B-DAY가 되었다. 한반도 점령을 위한 미군의 이동 준비 작업이 시작되어야 한다"고 말했다.

맥아더 사령부가 만들었던 일본과 한반도 점령계획 Blacklist에 따르면 누가 점령 지역의 어느 곳으로 가야 하는지를 지정하고, 목적지에 도착한 뒤 무엇을 해야 할지에 대한 총괄적인 지침을 주게 되어 있었다. 그러나 태평양전쟁이 끝났을 때 이 계획을 실행하는 데 필요한 어떤 기본 계획도 만들어지지 않는 상태였다.

미국은 일본이 항복하자
한반도의 파병을 서두르며 소련의 동향 살펴

미7 보병사단과 그 본부가 오키나와에 주둔하고 있었지만, 한반도 점령군으로 지정된 다른 부대는 이오지마나 팔라우 군도 남쪽의 아과르, 필리핀 전역의 여러 섬에 주둔하고 있었다. 이들 부대는 즉시 출발해서 오키나와로 수송되어야 했고, 그 이후 한반도로 다시 이동해야 했다. 그러나 당시 함선 이동은 매우 중요했고 일본으로의 대규모 점령군의 병력 이동은 최우선 과제였다.

매우 어려운 수송 작전의 책임은 7함대 상륙군의 다니엘 바베이 부제독에게 주어졌다. 그와 그의 참모들은 당시 마닐라에 있었고 그 휘하의 함선들은 서태평양상에 흩어져 있거나 뉴기니처럼 먼 곳에 있었다.[80]

바베이 부제독이 자신의 수송함과 전투함을 정리할 동안 제24군단 예하의 제24군수지원사령부(ASCOM: Army Service Command 24th Corps)는 점령군의 지원에 필요한 보급품을 선적할 계획을 세우고 있었다. 엄청난 보급품이 일본 침공을 위한 준비 작업 과정에서 오키나와에 쌓였다. 이들 보급품의 목적지를 재조정하는 작업은 단기간 안에 처리해야 할 급선무였다. 그러다 보니 혼선이 불가피했다.

맥아더 사령부는 점령군 사령관들에게 보급선이 본래 업무를 변경해 점령군의 다른 업무를 지원해야 했기에 그 과정에서 점령지에 도착할 보급품이 원래의 목적지가 아닌 곳으로 배정되는 일이 발생하지 않도록 하라고 경고했다.

24군단은 원래 열대지역에 위치에 있었는데 갑자기 겨울이 추운 지역으로 이동하게 되어서 모든 군인들은 여름 복장을 하고 있었고 동절 장비를 갖추지 못했다. 그러나 다행스럽게 털옷과 난로, 텐트 등을 실은 보급선이 알래스카로 향하고 있다는 사실이 확인되었고, 그 항로를 돌려세움으로써 미군이 한반도에 당도한 직후에 이 보급선이 인천에 도착할 수 있었다.[81]

제24군단 예하의 제24군수지원사령부가 군인들과 군수품들을 인천으로 떠날 군함에 선적을 준비하고 있는 동안 하지 중장은 한반도에서 무슨 일이 진행되고 있는지 살피고 있었다. 그는 소련과 일본이 무슨 일을 하고 있는지 알지 못했다.

8월 22일에 이를 때, 소련은 만주를 점령한 상황이었지만 한반도 상황은 모호했다. 맥아더는 한반도 점령이 연합국 4개국이 공동 대처해야 할 사안이라고 판단했기에 미 전쟁부에 한반도와 관련해 연합국, 특히 소련과 합의한 사항을 알려달라고 요청했다.

9월 1일 미 국무·육군·해군 삼부조정위원회(SWNCC)는 맥아더에게 답신을 보내 '한반도 점령과 관련해 영국, 중국, 내지 다른 국가가 의사표명을 하지 않을 경우 미국과 소련군이 담당할 것이다. 한반도 점령과 관련한 국제적 협의 조정 문제는 미 국무부가 긴급 사항으로 검토 중'이라고 밝혔다.[82]

맥아더는 미 국무부의 답신을 받기 전에 하지 중장에게 전문을 보내 '제24군단이 케이조(서울) 지역에 당도하기 전 소련군이 먼저 그곳을 점령할 가능성을 염두에 두라'고 조언했다.

미 정부의 한반도 남쪽 점령정책은 친일청산 차단과 독립 열망 배제

일본은 9월 2일 항복문서에 공식 서명해 항복했고 트루먼 대통령은 9월 6일 '일본의 항복 이후 미국의 초기 정책'을 승인했다. 이 정책은 두 개의 목표를 세웠는데 △ 일본군의 무장해제와 일본이 향후 미국이나 세계의 평화, 안전에 위해가 되지 않게 하며 일본의 전쟁 가능성의 배제, △ 이 정책의 궁극적 목표는 일본 국민의 의사에 따라 일본 정부를 구성하고 일본을 유엔 헌장에 맞는 민주국가로 만드는 것이었다.[83]

미군은 8월 30일 일본에 도착해 연합군의 일본인 약탈과 공격 금지. 일장기 사용 금지 등의 포고령을 발표했다. 9월 8일에 미국은 점령군의 위상을 앞세워 인천항을 거쳐 서울에 진주했다.

존 하지 장군이 지휘하는 제24군단 휘하의 제7사단은 그날 서울의 일본군으로부터 항복을 받았다. 그다음 날 총독부 건물에서 일장기가 내려졌고, 조선에서 일장기가 게양되는 것은 불법이 되었다.

미국은 일본의 항복 이후 한반도 남쪽에 군대를 진주시켰는데, 그 것은 맥아더가 포고문 제1호에서 발표한 것처럼 '해방군'이 아니라 '점령군'이었음을 명확히 밝히고 있다. 그래서 미군의 군사통치 체제 인 미군정은 1919년 중국 상하이에 설립된 대한민국임시정부와 여운 형 중심의 조선인민공화국 등을 비롯해 모든 조선인의 정치조직이나 단체를 인정하지 않았다.

대신에 북위 38도선 이북에 들어온 소련군과의 대치를 중시했고, 이의 효율적인 대응을 위해 일본의 조선총독부 소속 일본 간부들을 미군정의 고문으로 위촉했으며, 과장급 아래의 일본인 실무자들 또 한 일본으로 돌아가기 전까지 계속 근무시켰다. 이어서 한국인으로 일제 치하에서 공공기관에 근무한 사람들도 원래 자리로 복귀시켰다. 1948년 이승만 정권의 등장 때까지 지속된 미군정의 이런 조치는 결 국 일차적으로 해결해야 할 민족적 지상과제인 일제 잔재의 청산을 해결하지 못하게 만든 가장 핵심적 요인이 되었다.

2. 미군정, 조선인 전쟁포로를
한국어 통역자로 배속시키다

루스벨트, 소련을 의식해 미군정의 민간행정 업무 준비를 중단시켜

공식적인 일본의 항복 조인식은 1945년 9월 2일 도쿄만에 정박한 전함 미주리호 선상에서 맥아더 장군과 일본 외상, 일본군 사령관이 항복문서에 서명하면서 이뤄졌다.

맥아더는 이것을 미군이 서울에 진입해서 일본군의 항복을 받는다는 권한을 위임받은 것으로 결론짓고 있었다. 그래서 미군은 소련군이 이미 서울에 진입했다고 해도 그 임무를 수행할 것이라고 희망했다. 이에 따라 하지 중장은 인천으로 진입해서 소련군이 이미 그곳에 진주해 있을 경우 그들과 사전 접촉하도록 명령을 받았다.[84]

1945년 8월 29일 맥아더는 일본 정부에 전문을 보내 미군의 한반도 상륙이 9월 7일 이뤄진다고 통고했다.[85] 그리고는 일본 정부가 한반도 남쪽에 주둔하고 있는 일본군 사령관에게 8월 31일까지 하지 중장을 접촉해서 항복과 관련한 지침 사항이 하지 장군 부대에 전달되도록 조치하라고 명령했다.

맥아더의 전문은 9월 1일 서울에 주둔 중인 일본군 사령관에게 전달되었고, 하지 중장은 그때 소련군이 서울에 진주하지 않은 사실을 확인했다. 이어 하지 중장 부대의 선발대가 9월 4일 항공기를 타고 한반도로 향했다.

미 점령군이 한반도 남쪽에서 일본의 항복을 받아낸 항복문서 조인식은 1945년 9월 9일 오후 4시 서울 조선총독부 중앙 회의실에서 열렸다. 아베 노부유키 총독은 이날 미군 제24군단 존 하지 중장, 제7함대 T.C. 킨 케이드 해군제독 등이 지켜보는 가운데 항복문서에 서명했다. 조인식 직후 조선총독부 건물에 걸려있던 일장기가 내려가고, 미 점령군에 의해 성조기가 게양됐다.

당시 서울 주재 소련 영사는 소련과 일본이 전쟁 상태였지만 계속 업무를 보고 있었기 때문에, 미 점령군의 선발대는 소련과 사전 접촉을 하라는 맥아더의 지시를 무난히 수행했다. 일본 정부의 공식 항복이 미 점령군의 한반도 진입 계획의 수행 이전에 이루어졌지만, 맥아더의 작전계획에 따라 하지 장군 부대와 수송 장비 운송 등은 애초 계획된 일정보다 일찍 완료되었다.

미 정부는 종전에 이르기까지 한반도 전문가나 민간행정 업무의 담당 부대 배치를 외면했다

미군의 한반도 남쪽 점령 이후 하지 중장 부대는 맥아더가 일본의 항복 직후 취했던 것과 같은 동일한 조치를 시행했다. 한반도가 일본에 강점되었다는 역사적 사실보다 한반도가 일본의 식민지였다는 점에 착안한 대책이었다. 당연히 미 24군단 지휘부에는 군정을 실시할 능력을 갖춘 전문가나 한반도 전문가가 전무했다. 이는 미국 정부가 태평양전쟁이 끝날 때까지 한반도 전문가나 민간행정 업무를 담당할

부대를 훈련하거나 배치한 적이 없었기 때문이다.[86]

이와 관련해 미 국무부 직원으로서 한반도에 대해 경험이 풍부했던 조지 핸더슨은 한반도의 점령 이후 미 군정청이 시행할 만한 민간행정 업무의 안내서에 대한 작업을 윗선에서 중단시켰다고 말했다. 또한 태평양전쟁 기간 미군 정보부에서 동아시아의 문제에 관한 조사 분석관으로 근무했던 로버트 키니는 안내서의 작성 작업을 중단시킨 것은 루스벨트 대통령이라고 추정했다.

키니 분석관은 그 이유에 대해 '미국이 한반도 점령에 대비한 준비 작업을 할 경우 미국이 한반도에 대해 욕심을 내는 것으로 스탈린이 의심해 한반도를 상대로 선제적 군사행동을 취할 것을 우려한 결과'라고 주장했다. 그는 6·25전쟁이 끝난 뒤 미국이 한반도에서 민간행정의 업무를 대비하지 못한 것에 대해 강하게 비판했다.[87]

군정 계획을 시작할 핵심 장교를 육성하기 위해서 10군단 대공·포병사령부가 군정 사령부 역할을 하는 것으로 지정되었지만 어떤 소속 장교도 민간행정 업무에 대한 훈련을 받지 못했다. 그런데도 한반도에 대한 지식이 거의 전무한 10군단 소속 민간행정 업무 장교 20명이 후에 하지 사령부로 전출되었다.

미군, 조선인 전쟁포로를 한국어 통역사로 24군단에 배속시켜

일부 민간행정 업무 장교가 일본에서 한반도로 전출되었지만 하지 부대가 인천항에 상륙하기까지 한반도에 도착하지 않았다. 한반도에 배속 예정인 부대에서 한반도 특성에 맞는 민간행정 업무에 대한 교육은 1945년 9월까지 실시된 적이 없었다.

그 결과 한반도 점령 초기라는 중차대한 시기에 미 군정청의 업무는 훈련받은 민간행정 업무의 전문 장교가 아니라 전투 부대의 군인들에 의해 수행되었다.[88] 더욱 심각한 것은 미 군정청에서 한국어를 전공한 미군은 한 명도 없었다는 것이다.

미 군정청은 영어를 한국어로 번역할 수 있는 미군을 찾았지만 그러지 못했다. 오키나와에 주둔했던 미군 가운데 한국어를 통역할 수 있는 사람은 없었다. 미군은 섬 전체를 뒤져 한국어를 할 수 있는 미군을 찾다가 결국 조선인 전쟁포로 6명을 가석방해서 24군단에 배속시켰다.[89]

더욱 심각한 것은 한반도를 점령한 미군의 정책 지침이 존재하지 않았던 점이다. 하지 중장은 한반도의 독립이나 한반도를 일본의 점거에서 분리시키는 작업, 한반도의 국내 정치와 같은 핵심 사안에 대한 지침을 전혀 받지 못했다. 마닐라에 주둔 중인 맥아더도 더 아는 것이 없었다.

하지는 8월 22일 합동참모본부에 24군단의 한반도 점령 지침에 대한 정보를 보내 달라고 긴급 요청했다. 미 국무·육군·해군 삼부조정위원회(SWNCC)는 답신을 준비하는 과정에서 합동참모본부에 "미 정부는 아직 한반도 민간행정의 업무 특성과 관련해 합의된 방침이 없다"고 밝혔다.[90] 나흘 뒤 마닐라의 미국 총영사관은 미 국무부에 맥아더 장군은 한반도와 관련해 어떤 명령도 아직 받지 못했다고 보고했다.

미 정부는 미군정이 사용할 만한
민간행정 업무의 정책 지침을 내려주지 못했다

8월 18일 하지 중장은 미 국무부에 한반도 점령에 대한 정치적 지침을 설명할 책임자를 보내 달라고 요청했다. 그에 따라 머렐 베닝호프가 파견되어 9월 3일 24군단이 한반도로 출발하기 전 오키나와에 도착했다. 머렐 베닝호프는 미 군정청의 주한 정치고문을 지냈다.

베닝호프가 전달한 지침은 불충분해서 하지 중장이 한반도 점령에 대한 미국의 정책 파악에 별 도움을 주지 못했다. 하지 중장이 한반도를 점령한 일주일 뒤 베닝호프는 미 국무부에 전문을 보내 미 군정청 본부가 당면한 가장 심각한 문제의 하나는 정치적 지침이 전무한 것이라고 보고했다.

실제 미 정부는 24군단 선발대가 서울에 도착한 뒤 한 달이 더 지난 1945년 10월 17일까지 미 군정청의 한반도 점령과 관련한 민간행정 업무에 대한 초보적 지침도 보내지 않았다.[91]

결국 한반도 미 점령군이 당면한 문제는 그들이 점령할 한반도에 대해 어떤 정보도 확보하지 못한 상태였다는 점이었다. 한반도에 대한 몇 가지 정보는 1945년 4월 발간된 미육·해군 합동 정보 검토보고서뿐이었다. 이 자료는 일부 유용한 내용이 있었지만 피상적인 것에 그쳤다.

단지 오키나와에서 붙잡힌 조선인 전쟁포로를 심문했을 때 일부 정보가 추가되었을 뿐이다. 한반도에 대한 상황이 불확실했기 때문에 맥아더는 미군 점령 이전에 사고가 발생할 것을 우려해 한반도에 대한 공중 정찰을 금했다.

그러나 당시 촬영한 한반도 공중 사진이 발견되었는데 이는 24군단 지휘관이 오키나와에 있는 미 육군항공대 소속 정찰 비행부대를 설득해 몇 차례 항공촬영을 위해 출격했던 것으로 밝혀졌다. 그 결과 이들 사진은 전투 작전에는 부적합했지만 점령군의 배치 계획에는 유용했다.

한반도 점령군으로 지정된 24군단이 출항 준비를 하는 동안 태풍

이 계속 불어 출발이 늦어지다가 9월 5일 24군단 선발대가 출발해 9월 8일 인천에 도착했다.[92] 북위 38도를 경계로 미군 점령군이 진주를 시작한 한반도는 강력하고 억눌린 민족주의적 감정과 심각한 사회적, 정치적 분열을 겪고 있었다.

미국이 한반도를 일본의 그늘에 가려져 있는 상태로 보거나 유럽에 더 큰 관심을 보인 상태였지만 실제 한반도에서는 미국과 소련의 이해관계가 교차하고 있었다. 한반도에 진군한 미국인들은 대단히 예민하고 복합적이며 낯선 분위기를 경험해야 했다. 그들은 하루하루를 꾸려나가면서 많은 오류를 저질렀다. 그것의 일부는 교만에서 비롯되었지만 대부분 무지나 자신들의 책무에 대한 전망이나 준비 부족의 결과였다.

하지가 재임한 기간 미국은 유엔을 통해 남쪽만의 단독정부 수립을 추진했고 그 과정에서 제주 4·3항쟁이 발생해 주민 3만여 명이 살해되었다. 그는 1948년 8월 27일 이임했고, 같은 해 소련 주력군은 북에서 철수했다.

미군의 점령이 해를 넘기면서 미국은 한반도 신탁통치에 대한 국제적 합의를 도출해내지 못했던 점과 민간행정에 대한 준비 부족, 부적절한 사람을 미군 점령군 사령관으로 선출했던 것 등의 과오로 인해 심각한 대가를 치러야 했다. 1945년 9월 미군의 한반도 점령이 시작되었지만, 그것은 한국전쟁으로 가는 과정의 시작이었다.[93]

3. 해방 정국에서 소련은 조선인 정치세력 인정, 미국은 불허

북에서는 소비에트 민정청과 북조선임시인민위원회가
공동지배 형식 취해

소련은 1945년 2월 얄타회담에서 연합군이 유럽에서 승리할 경우 3개월 이내에 태평양전쟁에 참여할 것이라고 밝힌 약속을 이행했다. 소련은 같은 해 8월 8일, 독일이 항복한 5월 9일에서 3개월이 되는 날 일본에 전쟁을 선포했다.

당시 참전한 소련 병력은 보병 160만 명, 대포 2만 7천 문, 탱크 5,600대, 전투기 3,700대 등으로 주력 부대는 독일군을 패전시킨 최강의 전력이었다. 소련군은 일본 관동군의 병력(병력 100여만 명, 탱크 400대, 전투기 230대 등)을 파죽지세로 압도했다.[94]

소련군은 만주 등에서 일본군을 패퇴시킨 뒤 신속하게 진군해 한반도 전체를 점령할 기세였다. 하지만 그해 8월 10일 미소 두 나라는 북위 38도선을 미소의 점령 경계선으로 삼기로 합의했다.[95] 이는 미소 두 나라 정부가 그 이전부터 물밑 작업을 통해 전후 한반도 처리 문제에 대한 협의를 계속했고, 특히 미국이 원자탄을 개발한 것이 주효한 것으로 추정된다.

두 나라의 합의 내용을 보면, 서울은 미군의 점령 지역 안에 포함됐다. 이에 따라 한반도 주민 가운데 1,600만 명은 미국 점령 지역으로, 900만 명은 소련군 점령 지역으로 나누어졌다. 미소의 이 합의는 일본의 항복 이후 최초로 8월 17일 연합군이 발표한 '일반명령 제1호'가 되었다.[96]

소련군은 8월 14일 수륙 양면에 걸쳐 한반도에 상륙해 북동부 지역을 신속히 접수하고 8월 16일 원산항에 상륙했다. 소련군은 8월 24일 평양에 도착했지만, 미군은 9월 8일 이전까지 한반도에 진주하지 못했다.[97]

한반도 남쪽에 진주한 미 점령군은 배타적이고 독자적인 통치방식을 채택했으나, 그와 달리 소련군은 북쪽 주민의 자발적 기구와 협의하는 방식을 썼다. 소련군은 평양에 진군했을 때 현지에 결성되어 있던 조만식 선생이 이끄는 인민위원회의 존재를 인정하고 합동 작업을 벌였다.[98]

소련군이 평양에 진주한 뒤 설립한 소비에트 민정청은 1945년 8월 25일부터 1948년 9월까지 존속하면서 1946년 북쪽 주민들이 설립한 북조선임시인민위원회와 형식상 공동지배 방식을 취했다.[99]

9월 19일 김일성과 조선인 붉은군대 장교 66명이 원산항에 도착했고, 소련군은 김일성을 북쪽 주민들에게 게릴라전의 영웅이라고 소개했다. 김일성은 1930년대에 만주에서 일본군과 싸운 후 1941년부터 소련에 살면서 붉은군대에서 훈련받은 것으로 전해졌다.[100]

1945년 12월 미소는 모스크바 회의에서 한반도를 독립 이전에 5년간 신탁통치하기로 합의해 김일성 등은 이에 찬성했지만, 조만식 선생은 반대 의사를 밝힌 뒤 1946년 1월 초부터 가택연금을 당했다.[101]

1946년 2월 소련군과 인민위원회는 토지 개혁, 기간산업 국유화, 노동법 개혁과 여성 평등법 등을 시행했다. 소련군의 북쪽 점령은 3가지 방향에서 이루어졌다.[102] 하나는 소련의 정책 관철, 즉 소련의 정책을 반대하는 경우를 수용하지 않는 것, 둘째는 소련의 정책을 지지하는 세력에 대한 적극적인 지원, 셋째는 각종 지원과 선전을 통한 조선인의 지지 및 실질적인 이익 획득이었다.

서울에 주둔한 일본군 사령관, 미군에게 '한반도 공산화될 위험 높다'고 보고

하지 중장이 인천에 도착한 9월 8일 이전에 서울에 주둔해 있던 일본군 사령관 고쓰키 요시오는 일본에 도착한 미군과 접촉해 한반도가 공산화될 위험이 있으며, 조선인들이 흥분해 동요하고 있다고 보고했다. 하지 중장의 첫 번째 과제는 맥아더 사령부가 제시한 포고령을 선포해 집행하면서 일본군의 무장해제와 본국 송환이었다. 그 결과 1945년 말 일본인 40만 명이 송환되고 전문 인력 1천 명만 미 군정청에 남았다.[103]

하지는 미 정부로부터 인민위원회 등 조선인의 어떤 자치기구도 인정하지 말라는 지시와 함께 일본인 관리와 일제에 협조해 공직에 있던 조선인들을 미 군정청이 고용하라는 지시를 받아 실행했고, 이로 인해 이남에서는 비판과 원성이 높았다. 하지 본인은 한때 조선인을 일본인과 같은 고양이 종자라고 부른 적이 있고, 이런 이유로 조선인과 친근하게 지내지 못했다.[104]

미국은 장개석 지원과 남쪽 사회주의 세력의 척결을 동시 추진

미국이 채택한 태평양전쟁 종전 이후 대중국 정책은 사회주의 세력의 동북아 진출을 저지하는 것에 초점이 맞춰졌고, 이것은 한반도와 일본 점령정책에서도 중요하게 반영되었다. 맥아더 장군은 한반도 이남에서 친일세력을 권력 기구에 복귀시킬 때 이북의 사회주의 세력과의 대결과 이남 내 친사회주의 세력의 척결이라는 목표를 세웠다.

미국은 태평양전쟁이 끝나자 한반도와 인접한 중국의 공산화를 막기 위한 정책을 추진했다. 트루먼 대통령은 1945년 9월 2일 미 해병 5만 명과 7함대를 중국 북부에 파견해 일본군의 항복을 접수하고 장개석 군이 일본군의 점령 지역을 확보하는 것을 지원토록 했다. 이에 따라 미국은 미 해병대 5만 명을 중국 하북과 산동 등에 1949년까지 주둔시켰다.[105]

미군의 주둔 목적은 2차대전 종전 이후 중국에 남아 있던 일본인과 한국인 60만 명을 송환하고 미국인의 생명과 재산을 보호하는 작전을 전개하는 것이었다. 약 4년 동안 미군은 외국인 수만 명을 송환하고 대피시키는 작전을 수행하면서 1945년 10월 이후 모택동 군과 수차례 충돌했다. 미국 정부는 장개석, 모택동 군 간의 평화 조약을 추진했지만 실패했다.

미국은 1947년 10월 장개석 군을 지원하는 군사고문단을 만들었고 장개석 군에 2천770만 달러를 지원하고 4억 달러를 추가로 지원했다. 그러나 1948년 미국은 장개석 군의 부정부패가 극심해지자 신뢰감을 상실하고 지원 정책의 변경을 검토하기 시작했다. 모택동 군은 장개석 군을 계속 공격해 1948년 9월 만주 일대를 점령하면서 장개석 군의 탄약 등을 빼앗았고, 중국 중부와 남부 주요 도시의 지배도 목전에 두게 되었다.

태평양전쟁 이후 장개석과 모택동 군 간에 대립이 격화된 1945년부터 1949년까지의 중국 내전 기간에 미국은 적극 개입하며 장개석을 지원했다. 미국은 러시아 혁명을 일으킨 소련 사회주의가 군사 대국을 만들고 나치 독일을 패퇴시키는 것에 자극받아 사회주의에 대한 경계심과 공포심을 갖고 있었다. 그 결과 동북아에서 중국이 소련을 견제할 역할을 맡을 것으로 기대해 장개석에 대한 지원을 강화하면서 모택동 세력과 대결하게 만들었다.

모택동의 내전 승리에 절망한 미국, 애치슨 라인 선포

소련군이 1946년 만주에서 철수하고 미국의 강력한 지원으로 무장한 장개석 군이 만주에서 대대적인 공세를 취하면서 모택동 군은 그 위세가 급격히 위축됐다. 모택동 군은 미국이 장개석 군을 지원해 중국 내전을 격화시키는 것을 맹렬해 비판하면서 즉각 중단을 촉구하는 것과 함께 1946년 유엔에 갖가지 방식으로 이의를 제기했다.

모택동은 우선 장개석의 중화민국이 유엔에서 중국인의 이익을 대변한다고 주장하고 있으나, 이는 전체 중국 인민이 원하는 바가 아니라고 반박했다. 이어 미국이 장개석 군을 지원하는 것에 대해 "미국이 장개석 군을 지원해 중국에서 내전이 벌어지도록 하는 것은 유엔 헌장 2조에 위배된다. 헌장 2조는 모든 회원국들은 국제관계에서 영토의 보전과 정치적 독립을 저해하는 위협이나 폭력 행사로부터 자유로워야 한다고 규정하고 있다."라는 식의 비판을 쏟아냈다.[106]

모택동은 미국이 장개석 군에 대해 지원하고 있는 상황을 상세히 공개했다.[107]

"미국은 장개석 군을 무장시키고 훈련시켜 중국 북부와 중부, 만주에 이송해서 동족상잔의 전쟁을 벌이도록 부추기고 있다. 미국은 장개석 군 60개 사단을 지원했고 20개 사단에 대해서는 일본군이 항복한 직후 일본군의 장비로 무장토록 했다. 미국 해군과 육군은 약 50만 명의 장개석 군을 북부에 수송해 내전에 임하도록 만들었다. 미국이 장개석 군에게 제공한 비행기와 탱크, 대포, 탄약과 의약품 등은 40억 달러에 달하고 이는 미국이 일본군과 전쟁을 할 때 충당했던 전비의 4배에 달한다.

미국군이 중국 영토에서 장기간 주둔하는 것은 중국의 영토 보전 권리에 저촉된다. 미국은 미 해병대 5만 3천 명을 톈진, 칭다오 등에 주둔시켰고 미 7함대 함정을 일본의 항복 뒤 중국 북부 항구로 진입시켰다. 미국군은 중국의 도시에 주둔하면서 도로, 항구를 건설했고 장개석 군을 육로와 해로로 이송하는 데 이용했다.

미국은 공식적으로 미군이 일본군의 본국 송환 임무를 마치면 철수할 것이라고 밝혔지만, 1946년 7월 이런 임무가 완결되었는데도 여전히 중국을 떠나지 않고 있다. 미군은 중국의 민간인을 공격, 강간하는 범죄를 저지르면서 장개석 군이 친왕따오, 안핑, 페이타이호 등을 점령하도록 직접 지원했다. 이들 지역은 모택동의 팔로군이 점령했던 지역이었다. 미국은 수많은 중국의 민간인들을 비행기 공습으로 죽거나 다치게 만들었다. 미국은 장개석이 중국 민간인에게 테러를 가하는 비밀경찰 조직을 만들도록 지원해 반인륜적 범죄가 저질러지도록 만들었다."

미국 정부는 1948년 12월 모택동 군의 승리가 임박한 것으로 판단했고, 트루먼 대통령은 장개석 군에 대한 추가 지원을 거부했다. 미국 정부는 1949년 4월 중화민국의 수도 난징이 함락되자 5월 미국 공관원 전원을 중국에서 철수하되 미국 대사에게 대만으로 패퇴하는 장개석 군을 따라가지 말고 난징에 남아 모택동 군과 협상하라고 지시했다.[108]

미국은 장개석 군이 부정부패로 자멸하다시피 하다가 모택동 군에게 패퇴하는 것에 충격을 받았고, 그로 인해 한반도까지 미국의 극동 방어선에서 제외하는 애치슨 라인을 선포하게 된 것으로 전해진다. 즉 1950년 1월 12일 미국 국무장관이었던 애치슨은 전미국신문기자협회에서 '아시아에서의 위기'라는 제목으로 연설하면서 언급한 '애치슨 선언'을 통해 소련의 스탈린과 중공 마오쩌둥의 공산화를 저지하기 위해 태평양에서의 미국 방위선을 알류샨 열도·일본·오키나와·필리핀을 연결하는 선으로 획정하고 한국과 타이완·인도차이나 반도를 제외시킨다고 밝혔다.

이 선언은 미국이 한반도에 대한 군사적 공격에는 대응하지 않는다는 입장으로 비추어져 북의 오판을 불러일으켰고, 6·25전쟁 발발을 묵인하는 결과를 가져왔다는 비판을 받았으며, 후에 공화당으로부터 비난을 받고 철회되었다.

4. 모스크바 3상 회의에 대한 가짜뉴스 보도는
미군정의 공작?

**맥아더가 일본과 한반도 남쪽을 점령한 기간에
미 정보기관의 공작 활동이 극심했다**

미국의 태평양전쟁 종전 후 한반도의 점령은 일본의 점령 정책의 일부로 인식되어 집행되면서 조선인의 독립 열망 등은 점령 초기의 정책에서부터 배제되었다. 미국이 소련을 견제하면서 가쓰라·태프트 밀약을 원용하는 원칙 등이 중시된 감이 있다.

미국은 특히 중국이 모택동에 의해 공산화되는 것을 주시하면서 일본과 한반도 남쪽을 소련과 중국을 견제하기 위한 주요 전진기지로 만든다는 전략에 치중했다. 미국은 중국에서 장개석 군을 지원해 모택동 군을 압박하면서 소련의 진출을 저지하는 동북아 전략을 성공시키기 위해 한반도와 일본에서 동일한 목적의 방안을 추진했다. 이에 따라 미국은 1945년 12월 16일부터 27일까지 모스크바에서 열린 미·영·소 3개국 외상 회의에서 한반도의 신탁통치 실시를 제안해 결정시켰고, 이에 따라 '미·소 공동위원회'가 설치됐다.

모스크바 3상 회의에 관한 남쪽 보도는 미소의 입장과 정반대

모스크바 3상 회의 결정은 1945년 12월 27일 '워싱턴 25일발, 합동통신 지급보(至急報)' 형식으로 '소련은 신탁통치 주장, 미국은 즉시 독립 주장, 소련의 구실은 38선 분할점령'이라는 내용으로 국내에 최초로 보도되었다. 그 내용은 3상 회의 당시 미·소 양측의 입장과 주장을 정반대로 보도한 가짜뉴스였다. 3상 회의에서 미국은 신탁통치, 그것도 10년간의 신탁통치를 제안했고, 역으로 소련은 즉시 독립을 제안했으나 결국 한반도 문제 처리 방안으로 '조선민주주의임시정부' 수립과 5년간 신탁통치를 결정했다.

이 합동통신 기사는 동아일보, 조선일보, 민중일보, 중앙신문, 신조선보 등 대부분의 신문들에 게재됐다. 이 기사는 신탁통치 제안자를 미국이 아니라 소련으로 지목하고, 38선 분할이 지속되는 것도 소련 때문인 것처럼 몰아가 한국에서 반탁운동과 좌우 대립 구도를 격화시켰다.[109]

이에 대해 소련의 타스통신이 모스크바 3상 회의의 진상이라며 "신탁통치는 미국이 주장한 것이었으며, 이는 미 국무부에 의해 42년부터 입안되고 있었다."라고 주장하면서 미군정의 여론관리에 대해 전면 반발했다. 남쪽 내에서 반소운동이 격화된 것은 맥아더 통치하에서 미 정보당국의 정치공작 때문이었다는 점에서 이것은 결코 우연이 아니라는 추정이 힘을 얻고 있다.

뉴욕타임스 1945년 12월 28일 자 1면에 실린 한국에 대한 신탁통치 결정 관련 기사의 내용은 모스크바 3상 회의 결정사항을 올바르게 전달했다. 하지만 동아일보, 조선일보는 그 후에도 허위기사 내용을 바탕으로 반탁을 반대하는 사설 등을 계속 보도하면서 반소 여론을

부채질했다.[110]

당시 남쪽의 미군정은 언론검열을 일상화하고 있었다. 미군정은 1947년 9월 좌파 신문이 조선노동당의 하부 기구라면서 미 헌병들을 동원해 그 사무실을 폐쇄하고 언론인들을 체포했다.[111] 또 미국은 1946~1947년 남쪽에서 발생한 독립 요구 시위, 총파업, 폭동 등이 공산주의자나 좌파가 공작한 결과라고 규정하는 등 냉전 시대의 선두주자다운 강력한 통치기구의 모습을 지속했다. 그래서 남쪽 내 신문의 가짜뉴스 지속 보도는 미군정의 묵인 또는 의도적 방치라는 추정이 합리적이다.

한편 모스크바 3상 회의 이후 미·소 공동위원회는 신탁통치를 포함한 한국 문제를 토의하기 위해 1946년 1월 16일부터 2월 5일까지 예비회의를 열었고, 3월 20일에 덕수궁에서 본회의를 개최했으나 진전이 없자, 5월 6일 무기한 휴회를 선언했다. 이듬해인 1947년 5월 공동위원회가 재개되었으나 양측의 의견이 맞서고 결국 그해 8월 12일 결렬되었다.

미국 정부는 1947년 여름 소련의 팽창주의가 유럽에서 다수의 위성국가를 만들어내는 상황을 주목하면서 패배주의에 빠져 조선반도에서 남북이 자유롭게 선출된 정부를 세울 가능성이 희박하다는 쪽으로 결론을 내렸다. 미국은 1947년 가을 남쪽에 대해 두 가지 중대 정책을 추진하기로 결정했다. 하나는 남쪽만의 단독정부를 세우는 방안을 유엔을 통해 추진하는 방안이고, 다른 하나는 동북아에서의 군사적 방어 저지선에서 한반도와 대만을 제외하고 일본을 최전방으로 삼는 방안을 검토한다는 것이었다.[112]

1947년 10월 미 합참의장은 군사적 관점에서 볼 때 남쪽에 미군을 계속 주둔시키는 것은 의미가 없다고 미 대통령에게 보고했다. 미국의 트루먼 대통령은 1948년 봄 국가안보회의에서 작성한 조선반도에 대한 보고서를 재가했다. 그 보고서 내용은 미국이 향후 펴나갈 남쪽에 대한 정책이었다.

"미국은 남쪽이 경제와 군사력을 구축하는 것을 지원한다. 그러나 미국은 남쪽의 정치적 독립과 영토 보전을 위해 외부의 공격에 대항해서 군사력을 동원한다는 방안은 전적으로 배제한다."

미국이 남쪽의 공산화를 막기 위해서 군사적 조치까지는 취하지 않는다는 방침이 나온 시점은 의미심장하다. 이는 중국에서 장개석 군이 패퇴하고 모택동 군이 천하통일을 목적에 둔 시점이기도 했다. 모택동 군은 2차대전의 종전 직후 소련의 도움으로 만주의 1/3을 점령하면서 승승장구해 1947년 200만 명으로 증강되어 천하통일을 목전에 두고 있었다.

미국은 동북아, 특히 중국의 공산화를 저지해서 소련의 영향력 확대를 막는다는 전략이었지만 중국의 공산화가 기정사실로 되면서 북쪽이 소련과 중국의 지원을 받아 남쪽을 공격한다면 미국이 이를 감당하기 힘들 것으로 판단한 결과였다. 미국은 소련과 중국이 지원하는 북의 남침에 개입할 경우 득보다 실이 크다고 보고 소련의 남침 저지선을 동북아에서 한반도 남쪽을 빼고 일본으로 후퇴하는 전략을 택한 것이다.

미국과 소련, 유엔 통한 한반도 해결방안을 놓고 격돌

미국은 한국 문제를 1947년 9월 23일 유엔총회 본회의에 제기해

안건으로 채택되게 만들었다. 미국은 유엔 정치위원회에서 한국 문제의 해결방안으로 유엔의 감시하에 민주주의 정부 수립을 위한 남북 총선거 실시 후, 정부 수립과 동시에 미·소 양군의 동시 철수, 그리고 총선 및 양군 철수 등에 대한 감시협의체로서 유엔한국임시위원단(UNTCOK)을 설치할 것을 제의했다.

소련 측은 미국 측 제안에 반대하면서 한국인 스스로 그들의 문제를 해결하도록 미·소 양군의 동시 철군 및 본 문제 토의에 남북 대표의 참가를 내용으로 하는 반대결의안을 제출했다.

유엔 정치위원회에서 선(先)정부수립·후(後)외국군철수를 주장한 미국과 정반대 입장을 고수한 소련이 날카롭게 대립하였으며, 1947년 10월 28일부터 11월 5일까지 이 양 결의안을 놓고 토의한 결과 소련의 반대결의안을 부결시키는 대신 미국 측의 제안을 채택했다.

유엔총회 본회의에서 11월 14일 유엔한국임시위원단의 감시하에 한반도에서 총선거를 실시하자는 미국 측 안을 40:0(기권 6)이라는 압도적 다수결로 채택함으로써 모스크바협정이 규정한 5개년 신탁통치안은 묵살되었다.[113]

유엔한국임시위원단은 오스트레일리아·캐나다·중화민국·엘살바도르·프랑스·인도·필리핀·시리아·우크라이나, 소련 등 9개국 대표로 발족시켰지만 우크라이나와 소련은 불참했다. 소련 측은 조선인 대표의 참가 없는 유엔임시한국위원단에 참가하기를 거부한다는 성명을 발표했다.

위원단은 1948년 1월 서울에서 임무에 착수했으나 위원단의 북쪽 진입이 소련 군정 당국에 의해서 거부되었다. 8개국의 대표로 구성된 임시위원단이 북쪽 지역에 들어가지 못하게 되자 그 사실을 유엔 소총회에 보고했다. 이에 대해 유엔 소총회는 2월 26일 동 위원단이 선

거 가능한 지역에 한해서 그 과업을 계속할 것을 결정했다.[114]

"유엔은 소련 등 7개국의 반대에도 불구하고 선거가 가능한 지역에
서만이라도 총선을 하겠다는 미국의 안을 따른다."

그에 따라 남쪽에서는 5·10 총선거가 치러지게 되었고, 최종적으
로 남에서는 1948년 8월 15일 대한민국이, 북에서는 1948년 9월 9일
조선민주주의인민공화국이 각각 출범했다.

1948년 12월 열린 제3차 유엔총회에서는 유엔한국임시위원단의
감시하에 남쪽 지역에서 실시된 선거에 따라 수립된 대한민국 정부를
합법 정부로 승인하고, 점령군의 즉각적인 철수를 촉구하는 결의안
이 채택되었다.

미국은 맥아더를 통해 일본을 통치하며
전범처벌과 토지개혁 등 실시

한반도의 분할 점령 이후 남쪽에서 격렬한 반소 감정을 폭발시킨
모스크바 3상 회의 이후부터 남에서는 미군정과 우익세력이 득세할
기반이 조성되었다. 1945년 12월 이 회담에 대한 최초의 남쪽 보도
는 미·소 양측의 입장과 주장을 정반대로 보도한 가짜뉴스였고, 이를
사실로 믿은 이남 주민들은 소련에 대한 반감이 극에 달하며 신탁통
치 반대를 외쳤다. 한반도를 분할 점령한 미국과 소련에 대해 남쪽의
반소 감정이 격화되면서 미국 의도대로 남쪽만의 단독정부 수립이라
는 미국 정부의 목표가 추진되는 분위기가 형성된 것이다.

당시 남쪽의 미군정은 미국의 대일본 정책의 한 부분으로 시작되

어 소련이나 사회주의 세력의 남쪽 확산을 경계하는 것을 제1의 전략 목표로 삼았다는 점에서 남쪽의 소련에 대한 부정적 인식이 확고하게 자리 잡은 것은 매우 주목할 일이다. 당시 남쪽 언론을 통제하던 미군정이 모스크바 3상 회의에 대한 가짜보도에 대해 전혀 규제하지 않은 것은 미국의 노림수가 무엇인지를 짐작게 하는 부분이다. 이는 미군정의 총지휘부 역할을 한 맥아더가 미국 정부의 지침에 따라 일본을 통치한 것과 무관치 않다.

미국이 한반도의 이남 지역을 점령한 초기, 맥아더가 발표한 포고령도 일본 점령 정책과 큰 틀에서 유사했다. 맥아더가 일본을 점령한 기간에 미국의 정보기관은 맹활약했고 이는 한반도 남쪽에서도 마찬가지였다. 이런 점에서 항복한 일본에 대한 연합국의 점령정책과 막후 공작정치를 살펴보기로 한다.

맥아더는 1945년 10월 미 정부의 전후 일본 대책에 따라 일본에 대한 평화로운 점령과 재건을 목표로 삼아 혁명과 공산주의를 방지하라고 지시했다. 맥아더는 이어 1946년 1월 일왕에 대해 전쟁의 책임 등을 물을 경우 일본인들의 반발이 거셀 것이라며 일왕에 대한 전쟁범죄 기소를 중단하고 대신 도조 수상이 전쟁 책임을 지게 하는 것을 골자로 한 일본의 통치 방침을 미 정부에 전송했다.[115]

맥아더는 1945년 말까지 아시아의 여러 지역에서 전범 재판을 열고 일본인, 대만인, 조선인 5,700명을 체포해 4,300명을 기소(조선인 148명, 대만인 178명 포함)하고 그 가운데 984명에 사형선고를 한 뒤 920명을 집행했다.[116]

맥아더는 일왕과 왕족들이 전쟁범죄에 연루되지 않도록 일본 전범들의 진술 내용을 변조하기도 했다.[117] 미국은 731부대의 인체 실험에 대한 자료를 넘겨받는 조건으로 부대장에게 면책 조치를 내렸는데

이는 미국이 나치 고위관리 가운데 로켓, 제트 엔진 기술자들을 풀어준 것과 유사했다.[118]

맥아더는 1945~1948년까지 한반도 남쪽에 대한 미 점령군을 지휘하는 하지 중장에게 권한을 위임하고 그 결과를 자신에게 보고하도록 했다.[119] 맥아더는 1949년 일본 정부에 권력을 이양하고 1951년 4월 11일 트루먼 대통령에 의해 해임될 때까지 일본에 머물렀다.

항복한 일본에 대한 연합국의 점령정책은 전쟁 기간에 수차례의 연합국 협의를 통해 만들어졌다. 영국, 미국, 중화민국, 미국은 일본의 무장 해제와 한반도, 대만 등 일본의 식민지 처리 계획을 논의하고 일본의 경제를 안정시켜 재무장화를 방지할 방안을 협의했다. 그 결과 포츠담 선언에서 일본에 무조건 항복을 요구하고 1945년 9월 그 목표가 달성되었다.[120]

1945년 9월 맥아더는 연합군총사령부(SCAP) 사령관이 되어 일본 재건작업을 시작했다. 당시 영국, 소련, 중화민국이 연합국위원회의 일원이 되어 자문역할을 맡았지만 맥아더가 모든 결정의 최종권한을 행사했다. 일본의 점령은 세 단계로 실시되었는데 그것은 일본의 전쟁 범죄 응징과 개혁, 일본 경제 부흥, 평화조약 체결과 일본의 주권 회복을 순차적으로 시행하는 것이었다.

그에 따라 SCAP는 1945~1947년까지 군국주의자와 전쟁범죄자에 대한 재판을 열어 관련자들을 응징하고 일본군을 해체하는 것과 함께 전직 일본군 장교가 새 정부의 정치 지도자로 참여하는 것을 금지하는 조치 등을 취했다. SCAP는 경제 분야에서 토지개혁을 실시해 일본의 팽창주의를 지지하거나 전쟁을 옹호했던 지주들의 토지를 다수의 소작농에게 분배했다. 맥아더는 일본의 거대기업을 해체해서 일본 경제를 자유 시장에 기반한 자본주의 체제로 바꿨다.

1947년 연합국 자문기구는 일본의 새 헌법을 만드는 것을 관장해 공격 목적의 군대 배제, 전쟁 선포권 박탈, 그리고 일왕의 지위를 정치적 권한 등을 배제한 상징적 존재로 격하시키고 의회에 힘을 실어주는 내각책임제를 채택게 하면서 여권신장 등의 조항을 담도록 했다.

미국은 일본 내 공산주의의 확산을 우려하면서
6·25전쟁을 일본의 경제회복 기회로 삼아

1947~1948년 동안 일본에서 경제위기가 닥치고 공산주의가 확산될 우려가 커지면서 미국의 일본 점령정책이 수정되었다. 이 기간의 점령정책은 경제정책에 집중되어 1950년까지 지속되었다. 연합군 총사령부(SCAP)는 일본 경제가 약화되면 일본 국내에서의 공산주의 활동이 증대할 것을 우려했고, 이는 중국 내전에서 모택동이 승리하면서 동북아의 미래가 위태로워졌다는 위기의식 속에 더욱 심화되었다. 점령정책은 일본 인플레를 통제하기 위한 대책에 집중되었지만 원자재 부족으로 인한 일반산업과 시장문제가 심각했다.[121]

1950년 한국전쟁이 발생하자 SCAP는 일본의 경제 위기를 극복하는 기회로 보았다. 미국이 유엔 깃발을 사용한 연합군을 만들어 참전하자 일본은 유엔군의 병참기지가 되었다. 한국전쟁은 일본을 미국의 방위선 안에서 중요한 역할을 담당하는 계기가 되었고, 일본인들은 외부의 무력침략으로부터 보호받을 수 있을 것으로 확신했다.

SCAP는 1950년에 시작된 일본의 점령정책 3단계를 시작하면서 일본의 정치, 경제적 안정이 필요하다고 보고 전쟁과 점령을 동시에 종식시킬 평화조약의 체결에 착수했다. 미국 정부는 1945~1950년 동안 국제적 위협에 대한 인식이 크게 바뀌면서 일본의 재무장과 군사화가 미국을 위협하지 않을 것이며 진정한 위협은 특히 아시아에서 팽창하는 공산주의라고 여기게 되었다. 이 같은 인식에 따라 미국은 일본의 오키나와 등지에 기지를 만들어 군대를 주둔시키고 일본 정부와 안보조약을 체결했다.[122]

1951년 52개 국가가 샌프란시스코에 모여 대일 평화조약을 협의했고 소련, 폴란드, 체코 등 3개국이 거부한 가운데 대일 평화조약이 체결되었다. 이 조약은 샌프란시스코 강화조약으로 불리며, 1951년 9월 8일 미국 샌프란시스코 전쟁기념 공연예술 센터에서 맺어져 1952년 4월 28일에 발효되었다.

이 조약의 발효로 연합군 최고사령부에 의한 일본의 군정기가 끝나고, 일본은 주권을 회복했다. 당시 중화인민공화국과 중화민국은 영국과 미국의 견해 차이로, 한반도는 대한민국과 조선민주주의인민공화국 중 어디가 전체 한국인을 대표하는지의 문제로 초청 대상국에서 제외됐다. 미국이 거의 일방적으로 주도해 만든 샌프란시스코 평화조약은 일본을 미국이 대소 전초기지로 만드는 대신 일본에게 파격적인 특혜를 주어 오늘날 일본의 전쟁범죄 부인과 배상 거부의 근거를 제공했고, 동북아의 대립 구도를 형성했다는 비판을 받고 있다.

미국은 샌프란시스코 평화조약에서 독도 문제를 제외함으로써 일본의 독도 영유권 주장의 근거를 제공했다. 종전 후 한국에 취한 미국의 태도는 가쓰라·태프트 밀약에 근거를 둔 것이 아닌가 하는 의구심을 자아내게 하고 있다. 그렇지 않고서는 미국이 점령군으로 진주하고 샌프란시스코 조약 체결에서 한국을 배제한 것과 같은 일련의 태도가 설명되지 않는다. 그러나 미국은 오늘날까지 이에 대해 일체 함구하고 있다. 또한 미국은 오늘날 한미일 군사동맹을 목표로 위안부, 강제노역 문제 등에서 일본이 비이성적인 태도를 취하도록 하는 배후 세력의 역할을 하고 있다는 비판에서 자유롭지 못하다.

맥아더, 정보정치로 일본과 한반도 남쪽에서
좌익세력과 노동 운동 탄압

맥아더의 일본 점령 통치는 강력한 정보정치와 겸해졌는데 그 역할은 정보기구 G-2 부장 찰스 앤드류 윌러비(Charles Andrew Willoughby) 소장이 맡았다. 윌러비는 2차 세계대전과 한국전쟁 기간에 맥아더 장군 휘하의 정보기구 G-2의 국장을 역임하며 정보 참모 책임자 역할을 했다. 그는 맥아더가 일본을 점령한 최고연합사령부 사령관이 되면서 임무도 막중해졌다.[123]

윌러비는 강력한 반공주의자로 미군에 의해 붙잡혀 일본의 정치범으로 수감된 공산당원들의 석방을 주장하는 미국 고위관리의 주장에 반대하면서 사상범을 다루던 일본 특별고등경찰(이하 특고경찰) 출신들을 주요 공직에 복직도록 조치했다.[124]

한반도 남쪽에서 일제 치하에서 일제 경찰로 독립군을 탄압했던 친일세력이 다시 경찰에 복귀한 현상도 그의 입김이 작용했을 것으로 추정할 수 있다. 특고경찰은 1911년 만들어져 좌익운동과 노동 운동 탄압, 민간 범죄 수사와 방첩 업무를 담당했다. 조선에서도 여러 독립운동 색출과 탄압에 특별고등경찰이 나섰다.

미 점령사령부(GHQ)는 1945년 10월 4일 특고경찰과 치안유지법은 폐지했지만, 후에 특고경찰의 공직 추방 처분은 해제되어 자치성, 경시청, 공안조사청, 일본육영회 등의 상급기관으로 복직되었다. 또한 특고경찰 중에 고문이나 인권유린 등으로 문책받거나 처벌의 대상이 된 자는 없었다. 또한 냉전이 심화됨에 따라, GHQ는 일본 내의

사회주의자들을 견제하기 위해 특고경찰을 활용하는 정책으로 전환했다.[125]

백범 김구 선생을 암살한 안두희는 주한미군의 CIC 정보원

윌러비는 소련군의 포로로 잡혔다가 귀환하는 일본군 패잔병 9만 5천 명 가운데 섞여 있을지 모를 공산주의자의 색출에 전념했으며 이를 위해 방첩대(CIC)[126]를 만들었다.

1949년 6월 26일 백범 김구 선생을 암살한 안두희는 주한미군 CIC 정보원으로 활동하다 정식요원이 된 인물이다. 윌러비는 남쪽에도 별도의 정보부대를 창설했다. 1948~50년까지 한국에는 미국의 여러 첩보 기관들이 주재하고 있었고, 그 가운데는 CIA와 미 공군이 운영하는 특별수사대(OSI)도 포함되어 있었다.

윌러비는 1945년 8월 만주의 731부대 사령관에 임명되어 중일전쟁 중 일본 제국 군대의 생물세균전 실험을 담당했던 이시이 시로(1892년 6월 25일~1959년 10월 9일)에게 관련 정보를 넘겨받는 작전을 성공시킨 공로로 소장으로 승진되었다. 이시이에게 별도의 돈도 지급되었다.[127] 윌러비는 일본 언론에 대한 검열을 담당했고, 미 점령군의 남쪽 언론 검열도 그의 지침에 따라야 했다.[128]

미 정보 책임자가 중국의 한국전쟁 참전 가능성에 대한 정보를 변조, 왜곡하다

윌러비는 미군의 일본 점령정책을 실시하는 데에 필요한 정보 수집을 하면서 맥아더의 구미에 맞게 정보를 조작하기도 했다. 그는

1950년 2월 특별수사대(OSI)가 북의 남침 가능성과 그 침투 루트를 제시하자 이를 깔아뭉갰지만 1개월 뒤인 3월에 6월의 남침 가능성을 보고했다가 십여 일 뒤 그것을 뒤집는 정보를 올리기도 했다.

윌러비는 한국전쟁 기간 중국의 참전 가능성에 대한 정보를 의도적으로 변조, 왜곡했다는 비판을 받고 있다.[129] 그는 맥아더가 중국이 참전할 가능성이 없다고 단언한 것을 지지하기 위한 정보만을 상부로 올렸는데, 이는 맥아더가 압록강까지 진격할 수 있게 만들기 위해서였다는 것이다.

당시 트루먼 대통령은 맥아더에게 소련과 중국의 참전 가능성이 없을 경우에만 38선 이북으로 진격하라고 지침을 주었기 때문이었다. 그는 중공군의 참전과 관련한 정보를 축소, 왜곡하면서 결국 장전호 전투에서 중공군이 대승하고 미 8군과 한국군 등이 큰 피해를 입게 만들었다는 비판을 받았다.

윌러비가 맥아더의 해임과 함께 일본의 정보책임자 자리에서 물러난 뒤인 일본의 극우세력은 1952년 일본 정부를 전복하고 요시다 시게루 수상을 암살하려는 쿠데타 계획을 미국 정보기관과 함께 세웠던 것으로 비밀이 해제된 미 중앙정보국(CIA) 문서에서 2007년 밝혀졌다.[130]

일본 군국주의자들과 전범들이 결탁하고 미국 점령군이 개입한 이 쿠데타 음모는 당시 미 정부에 우호적이었던 요시다 수상을 몰아내고 강경 보수 세력인 하토야마 이치로가 앞장선 우익 정권을 만들어 일본의 재무장을 시도하려는 목적이었다.

이 쿠데타 음모의 주모자는 전범으로 1948년 사형당한 전시 수상 도조 히데키의 개인 비서였던 하토리 다쿠시로였다. 이 쿠데타 음모는 미군정이 1952년 종식되면서 시작되었으며 하토리에게 제공된 미국 쪽의 경제적 지원이 중단되면서 백지화되었다. 이 쿠데타 음모는

1945년 일본의 항복 이후 1950년 초까지 지속된 냉전 상황에서 미군 사령부의 정보기구였던 G-2가 일본의 우익과 반공세력 등과 함께 벌인 것으로 추정된다. 당시 미 중앙정보국은 G-2와 별도로 가동되었다.

미 CIA, 비밀작전 통해 수백만 달러 자민당에 지원

한편 미 중앙정보국(CIA)은 냉전 시대인 1950~1960년대에 행한 비밀작전을 통해 일본을 아시아의 반공 보루로 만들고 일본 내 좌파를 약화시키기 위해 수백만 달러를 자민당에 지원했다는 사실이 미 국무부가 기밀 해제한 정부 자료에서 최초로 발견됐다.[131]

CIA는 지난 1958년부터 1964년까지 일본 사회당을 분열시키고 자민당 정권을 강화하기 위한 비밀 자금 공작을 펼친 사실이 이 공문서로 확인됐다. 당시 미 정부는 중앙정보국에 대해 일본의 정치에 영향을 끼치기 위한 비밀공작 4건을 승인했다. 이 자료는 비밀 자금이 미국 기업인의 지지를 받기 위한 목적이라는 점만 통보되면서 전달됐는데 그 대상이 상세히 밝히지 않았지만 기시 노부스키, 이케다 아야토 수상인 것으로 추정됐다.

당시 미국은 일본에서 좌파 세력이 선거에서 승리할 경우 일본의 중립화를 촉진하면서 좌파 정권이 들어설 것을 우려해서 공작했던 것으로 밝혀졌다. 동시에 극좌 정치인의 선출 기회를 약화시키기 위한 목적이었다. 아이젠하워 정부는 1959년에 유사한 자금 지원 계획을 전개하면서 좀 더 친미적이고 온건한 야당을 출현시킬 목적으로 좌파 야당의 분열을 목표로 삼았다.

미국은 자민당 창당에도 관여했다. 1994년도 뉴욕타임스 보도에 따르면 일본이 사회주의 세력에 편입될 것을 우려한 중앙정보국 (CIA)은 경쟁 구도에 있던 보수파들에게 서로 합칠 것을 격려하며 수년간 자금을 지원했다. 그런 결과인지 일본은 1955년 이래 2021년까지 단 두 번을 제외하고 자민당이 집권해왔다. 자민당은 1955년에 생겨났는데 전후 일본이 미국의 점령에서 벗어난 지 3년이 지난 시점이었다.[132]

5. 미군정 군사고문단은 친일과 친미세력의 등장에 핵심적 역할

미군정은 6·25전쟁 전후에 발생한 민간인 학살에 책임져야

미국이 2차대전 후 일본과 한반도 남쪽에서 군정을 실시할 때 가장 중요시한 것은 소련이나 공산세력의 아시아 진출을 저지하기 위해 패전국 일본을 반공의 보루로 삼는 것이었다. 그에 따라 미국은 일본에 일왕제 유지와 전범 문제를 관대하게 처리하면서 일본 지배계급과 연대하는 방향으로 정책을 추진했다.

미국은 동시에 남쪽을 대륙 진출의 교두보로 삼으면서 공산주의 세력의 저지선으로 삼기 위해 일본 등과 연합해야 할 필요성이 크다고 보고, 한국 정부에 친일세력이 대거 진출할 수 있는 조치를 취했다.

미국은 한반도 남쪽의 점령군인 미군정을 통해 미 군사고문단(KMAG)을 만들어 신생국 정부의 필수 조직인 군과 경찰을 만들거나 이승만 단독정부 수립에 반대하는 세력을 제거하는 데 활용했다.

미 군사고문단은 주한미군의 하부 조직으로 이승만 정권의 등장, 친일군대와 경찰 조직, 한국 민간인 집단학살에 직간접적인 영향력을 행사한 가장 중요한 조직이었다. 슈퍼 갑의 위치였던 미 군사고문단에 대한 정확한 파악 없이는 한국 근현대사가 제대로 정립되기 어려울 것으로 보인다.

미 군사고문단 소속원은 외교관 면책 특권을 갖고 한국 군경의 예산지원과 함께 군사·치안 유지 분야에 대한 조언 및 자문 역할을 하면서 실질적으로 강력한 통제력을 행사했다. 미국은 한반도 남쪽에서의 미 군사고문단 사업이 미군의 해외 파병 역사에서 매우 성공적이었다고 자체 평가하고 베트남전 참전 때도 유사한 형식의 동맹 관계를 재현했다.[133]

미 군사고문단은 남쪽에서의 군사원조 집행, 미군의 장비 및 무기의 이양, 한국군의 편성 및 훈련 지도 등의 업무를 주관했다.

미 군사고문단은 '자문'하는 임무를 수행한 것으로 되어 있었다. 하지만 한국군과 경찰, 치안대의 조직을 관리하고 무장, 훈련시키면서 그에 따른 군사원조를 집행하고 무기를 이양하는 것이 업무이니 한국군과 경찰은 그 하부 조직이나 다름없었다.

즉 미 군사고문단이 슈퍼 갑이고 한국 군경은 을이었던 셈이다. 미군정 3년 동안 미군 7만 명이 그 하부 조직으로 조선인 군경을 거느린 상황에서 남쪽을 통제했다. 이런 사실은 행정안전부 국가기록원이 작성해 놓은 이승만 정부 수립 직후 주한미군과 관련한 아래의 간략한 자료에서 입증된다.[134]

"주한미군은 일본이 항복한 뒤 1945년 9월 8일, J. R. 하지 중장이 이끄는 제24군단 소속 미군 제7사단이 1진으로 인천에 상륙했고, 이후 9월 29일과 10월 8일에 제40사단과 제16사단이 각각 부산과 목포에 도착하여 본격적인 군정 업무를 시작했다.

1945년 11월 말 당시 남쪽에 주둔한 미군 제24군단 병력은 약 7만 명이었으며, 이들에 의한 미군정의 통치는 1948년 8월 대한민국 정부가 수립될 때까지 지속되었다. 정부가 수립되자 주한미군은 1948년 9월 15일부터 철수를 시작하여 이듬해인 1949년 6월 29일 군사고문단 500명만 잔류시키고 철수를 완료했다."

하지 사령관, 총독부 관리와 친일세력을 미군정에 포함시켜

주한미군 사령관 겸 미군정청 군정사령관 J. R. 하지 중장은 미국 정부의 동북아 점령정책에 따라 총독부의 행정기관을 그대로 존속시키고 일본인 직원을 행정고문이라는 명칭 아래 남아 있게 하면서 한국인 부일 세력의 복귀를 지시해 남쪽 전체 주민의 반발을 사는 등 큰 논란을 빚었다.

이 과정에서 미 군사고문단은 일본군 장교 출신의 친일인사들을 앞세워 군, 경찰 인력을 뽑도록 해 민족정기를 짓밟는 조치를 취하는 데 앞장섰다. 미 군사고문단은 미군정하에서 남쪽 내의 군, 경찰 초기 기구를 조직할 때 일본군 장교 출신의 친일인사를 우대하는 대신 독립군 출신의 참여는 배제하면서 친미세력의 확충 기반을 만들었다.

미군정은 한반도 남쪽 점령의 목표를 공산주의 세력을 저지하고 미국을 지지하는 정치세력으로 새 정부를 수립한다는 것에 두고 신생국 정부의 가장 중요한 조직인 군과 경찰을 친미세력으로 채우기 위해 해방정국에서 반드시 응징해야 할 친일세력들을 적극 기용하는 조치를 취했다.

이를 위해 미군정은 미 군사고문단을 앞세워 광복군이나 독립된 나라의 건국을 추진하던 남쪽 내 모든 정치세력을 인정치 않고, 대신에 미국의 이익관철을 위해 만든 국방경비대와 미국식으로 훈련하는 군사영어학교에 일본군 장교 출신들을 주로 입학시켜 이들이 새 정부의 군, 경찰 조직을 장악하게 만들었다.

미군정은 국방경비대와 군사영어학교에 참여시킬 한국인을 선발할 때 일본군 장교 출신인 이종찬, 백선엽 등을 앞세워 인선 작업을 주로 시키면서 "광복군 출신 등은 일본군 출신과 달리 미국 군대가 선호하는 기율이나 훈련이 되어 있지 않다"라는 식의 기록을 남겼다. 한국군 창설이 미군과 일본군 장교 출신들에 의해 이뤄지면서 그 창군 이념 등이 부실하다는 비판을 받고 있다.

미군정 실시 후 제주 4·3항쟁과 여순사건에서 많은 민간인 피해가 발생하고 6·25전쟁 직후부터 보도연맹사건, 대전교도소 집단학살 사건 등 수많은 민간인학살이 발생했다. 미군정 이후 정전협정이 맺어지는 기간에 미군은 한국의 민간인 학살사건이 자행되었던 군사작전을 지휘했고, 학살 현장에는 한국군에 대해 강력한 영향력을 행사하던 미 군사고문단이 존재했다.

미 군사고문단은 미국의 한국군에 대한 무기 등 군수품 공급과 재정지원을 집행하면서 한국군 총참모총장에서부터 대대장까지 같은 사무실을 쓰고 현장방문 등에 항상 동행해 조언하고 대안을 제시하는 역할을 했다.

미 군사고문단 소속원들은 제주 4·3항쟁, 여순사건 등 민간인 학살이 발생할 당시 학살 현장에서 자신의 모습이 담긴 사진을 찍어 오늘날까지 보관되고 있다. 미 군사고문단 소속원들은 중대하거나 긴급한 사안은 미국 정부에 직접 보고하기도 했는데, 학살 현장 사진은 보고용으로 만들어진 것이란 추정이 가능하다.

한국 민간인 학살 책임 문제에 대해 미군은 민간인 학살 현장을 기록했을 뿐 개입하지 않았다는 입장이지만 진실화해위원회는 미군이 통제하고 미 군사고문단이 개입한 제주 4·3사건은 미국 책임이라는 결론을 제시했다. 6·25전쟁이 일어난 직후 맥아더 장군이 유엔군 사령관으로 임명된 뒤 발생한 민간인 학살의 경우는 유엔과 미국이 책임을 져야 한다는 결론을 피하기 어렵다.

미군정은 조선총독부의 일본인 관리를 행정고문으로 앉히며 군사고문단 조직

미군정은 1945년 11월 미군정 법령 제28호로 국방사령부를 설치하고, 그 산하에 경무국과 군무국(軍務局)을 두고 남쪽의 치안 유지를 목적으로 군사기구를 조직하기 위해 미군 40보병사단 장교 18명을 차출해 남쪽 각 도에 하나씩 8개 자치경찰대를 조직게 했다.

맥아더 장군은 하지 중장이 자치경찰대를 군대 수준으로 무장시키는 방안을 건의하자 미국 정부에 제출해 승인을 받아낸 뒤 자치경찰대가 미군을 대신해 치안 유지 기능을 담당할 수준으로 미국 무기와 장비 등을 공급하라고 지시했다.[135]

그러나 1945년 12월 미소가 모스크바 3상 회의에서 한반도에 임시정부 수립을 결정하자 미국 정부는 맥아더에게 지시를 내려 소련이 오해할 수도 있으니 치안경찰 병력 2,500명에게만 치안 유지용 미군 무기를 공급하고 군대가 보유하는 무기는 모스크바 3상 회의 추가 결정이 내려질 때까지 연기하라고 지시했다.[136]

개개 자치경찰대는 미 군사고문단이 제시한 인력선발 기준에 따라 지역별로 인원을 선발했다. 당시 미 군사고문단이 제시한 인원 선발 기준에 따라 일본군 출신의 경력자가 주로 뽑히게 된 반면 중국 부대나 독립군 부대의 경력자들은 대부분 미국에 의해 제시된 근대적 기

준에 미달해 탈락했다.[137]

　미 군사고문단은 자치경찰대에 무기와 소요 경비 등을 제공하면서 일상적으로 군사 분야에 대한 조언 및 자문을 하게 되어 있어 이른바 선진국 군대가 후진국 군대를 지도하는 상하관계였다. 이에 따라 미군은 한국군에 대해 거의 절대적인 영향력을 행사하면서 자치경찰대 창설을 주도해 미군정의 희망대로 따라줄 친일 성향의 인력이 대거 자치경찰대에 참여하게 되었다. 1946년 4월 경찰자치대가 2천 명이 되었고 1948년에는 5만 명으로 불어났다.

　미군정은 군사영어학교를 개설해 일본군 장교 출신의 조선인들을 대거 입교시켜 친미세력의 배출처로 삼았다. 일제하에서 일본 경찰은 조선인에게 악명을 떨치면서 포악하게 굴어 해방정국에서 지탄의 대상이 되자 미군정은 종래의 경찰 조직을 해체하고 조선인 중심의 경찰을 조직하려 했는데 해산된 일본 경찰의 40%는 조선인이었다.

　미군정은 이들 일제 경찰 출신의 조선인들이 대부분 하위직이라는 점에서 경찰 간부를 양성하기 위해 해방과 함께 폐쇄된 일본경찰간부학교를 1945년 10월 다시 열어 1개월 단기 코스로 경찰 간부 교육을 실시했다.[138] 이는 결국 일제 경찰 출신들이 혜택을 보게 되고 경찰이 친일세력의 온상이 된 결정적 이유가 되었다.

1946~1968년까지 한국의 육군 사령관은 일본 육사와 군사영어학교의 졸업자

　미군정은 남쪽의 치안상태가 불안해 경찰만으로 대처가 불가능하다며 군대를 육성해야 한다는 방침을 세웠다. 이에 따라 자치경찰대를 국방경비대와 해안경비대, 경찰대로 분화시켰다. 미군정은 이어

1946년 5월 국방경비사관학교를 창설하여 간부 육성 체계도 확립했다.[139]

이를 위해 미 군사고문단은 일본군 장교 출신의 친일 조선인들을 앞세워 남쪽의 치안을 담당할 군경을 조직하는 작업을 벌였다. 그런 과정에서 친일인사를 우대하고 대신에 독립군 출신의 참여는 배제하면서 친미세력 확충의 기반을 만들었다.

미군정은 군사영어학교를 개설해 일본군 장교 출신의 조선인들을 대거 입교시켜 친미세력의 배출처로 삼았다[140]. 그 결과 1946년 남조선국방경비대 육군 사령관에 이어 이승만 정부 수립 이후 임명된 육군참모총장의 경우 초대부터 1969년 18대까지 일본육군사관학교나 미군정의 군사영어학교 졸업자들이었다.

오늘날 군 일각에서 주권국가의 당연한 위상인 자주국방보다 한미동맹과 미군 주둔을 통한 군사적 예속이 최상이라는 주장을 펴는 것은 미 군사고문단에 의해 의식화된 결과로 추정된다.

일제 치하에서 관리를 지낸 조선인 부역자들은 미군정 덕분에 반민족 세력으로 청산되기는커녕 하루아침에 해방정국의 가장 강력한 권력 집단으로 변신했다. 미군정은 행정 편의를 위한다면서 일제가 만든 관공서의 기능을 일부 부활시키면서 친일 부역자들을 기용한 것이다.

통계에 따르면 미군정 기간 전체 2만 5000명의 경찰관 중 일제 경찰 출신이 5000여 명으로 전체 20%였다. 독립투사를 고문하던 노덕술, 하판락 같은 악질 일제 경찰 출신들도 미군정하에서 경찰이 된 것이다.

그러면 당시 광복군 출신이 경찰이 된 경우는 얼마나 될까? 놀랍게도 달랑 15명이었다. 이런 사실이 밝혀진 것은 문재인 정부가 들어선 뒤인 2018년 12월이었다.

경찰청의 '임시정부 100주년 기념사업 TF'가 광복군 유공자 567명의 행적을 전수 조사한 결과, 경찰 입직이 이미 확인됐던 3명 이외에 12명이 경찰관으로 활동한 사실이 새롭게 발굴됐다. 광복군 출신 독립 유공자 중 15명이 대한민국 경찰에 투신했던 것으로 조사된 것이다.[141]

친일파들은 미군정하에서 군과 경찰 등에 광범위하게 포진해 있으면서 미군정의 친일 청산을 적극 저지했다. 이들은 민족반역자와 부일협력자의 선거권을 박탈하고, 고등경찰을 지낸 자에 대한 피선거권을 박탈하려는 특별조례법의 시행을 저지했다. 이들은 이 조례법의 입법 추진에 뇌물 제공 등을 통해 반대하는 로비활동을 벌이다가 통과되자, 미군정에 취소 탄원서를 제출해 결국 이 법이 시행되지 못하게 만들었다.

미군정은 친일 경찰을 비호하고, 경찰은 민중의 쇠몽둥이가 되다

미군정은 친일 경찰을 비호했다. 그것은 미군정이 친일 경찰의 청산을 주장한 경찰 간부를 파면한 것에서 드러났다. 미군정은 1946년 10월 1일 식량 수급정책에 반발하는 '대구 사건'이 발발하자 그 원인 분석 결과 일제 경찰의 청산 등 경찰 쇄신 문제가 제기됐지만 수용하기를 거부했다.

미군정 당시 경찰력의 20%가 일제 침략자들에게 부역한 인물들로 채워지면서 경찰은 민중의 지팡이가 아니라 민중을 고문, 학살하는 살인마와 같은 쇠몽둥이가 되어버렸다. 그들은 해방정국에서 살아남을 수 있는 유일한 무기가 반공, 멸공이라고 보고 민중을 빨갱이로 몰아가는 짓을 수없이 저질렀다.

친일 경찰은 미군정과 이승만 정권 치하에서 온갖 반민족적인 범죄행각을 자행했는데 그 선봉에 선 인물의 하나가 조병옥이었다. 제주 4·3사건진상규명 및 희생자명예회복위원회가 공개한 조병옥에 대한 관련 자료는 아래와 같다.

"조병옥은 4·3 발생 직후 일제 강점 시기에 수많은 독립운동가들을 살인적으로 고문한 친일 경찰들을 대거 현장에 투입해 진압하게 했고, 그 과정에서 수많은 제주 도민들이 학살당했다. 특히 조병옥의 비호를 받고 있는 서북청년단의 무차별적 테러가 4·3사건의 직접적 원인이라는 주장도 제기된 바 있다."

이승만 정권은 미군정이 기용한 일제 경찰들을 그대로 이어받은 데 이어, 서북청년단을 경찰 인력으로 흡수했다. 그 결과 경찰은 6·25를 전후해 수많은 양민을 불법적으로 살해하는 만행을 저질렀다.

친일 경찰의 만행 가운데 가장 심각한 것 중의 하나는 1949년 6월 6일 자행한 '반민족행위자 특별조사위원회'(반민특위)를 습격한 사건이다. 이승만은 친일파 처벌에 부정적인 입장을 가지고 반민특위의 활동을 비난하는 담화를 여러 차례 발표했다. 나아가 반민특위를 무력화시키기 위해 반민족행위처벌법 개정안을 국회에 제출하는 등 반민특위의 활동을 불법시하고 친일파를 적극 옹호하였다.

제주 4·3 발생 당시, 미군 대위가 현지의 경찰 통제

제주 4·3항쟁이 발생할 당시 제주도는 미군 대위가 책임자로 있던 수 명의 미군 부대가 남쪽의 경찰을 통해 통제하고 있었다. 미군은

두 대의 정찰기와 소해정 두 척을 운영하고 있었다.[142]

미 군정은 제주 4·3항쟁 발생 후 일 년이 지난 1949년 3월 제주도에 파견한 미군의 진상조사팀을 통해 남조선로동당의 사주에 의해 발생했다고 결론 내렸다.[143]

미군은 1949년 8월 제주 산악지역의 마을 전체를 파괴한 작전을 성공한 작전이라고 평가했다.[144] 또 미군은 민간인 학살을 기록했을 뿐 개입하지 않았다고 기록했다.[145]

1949년 5월 서울에 주재하던 미국 대사는 워싱턴에 제주 반란군과 동조자들이 살해되고 체포되거나 전향했다고 보고했다.[146]

6·25전쟁이 나자 미군은 미 군사고문단 단장이었던 윌리엄 로버트 준장을 제주지역 미군 사령관으로 임명했다.[147]

진실화해를위한과거사정리위원회는 제주 4·3사태가 미군정 치하에서 발생했고, 1948년 8월까지 미군 대위가 치안대의 책임자로 있었다는 점에서 미군정과 미 군사고문단의 책임이라고 결론 내렸다.[148]

여순사건이 발생해 한국군이 진압하는 과정에서 민간인이 최고 2천여 명이 사망했다. 당시 한국군 개개부대는 미군 사령관의 지휘와 미 군사고문단의 지원을 받았고 미군 항공기가 병력 이동에 동원되었다.[149]

이승만 정부 이후에도 미국이 한국군의 통제권을 유지

이승만 정부가 들어선 이후에도, 한미 두 나라는 1948년 8월 24일 한·미 군사안전잠정협정을 맺어 미군이 철수하지만, 한국 정부가 국가안보를 책임질 수 있을 때까지 미국이 한국군을 훈련시키고 무장시키기 위한 조치를 취하면서 한국군에 대한 통제권을 유지하기로 합의했다.[150] 이에 따라 한국군에 대한 훈련과 무기 공급 등 병참 지원 등을 담당할 주한미군사고문사절단이 설치되고 그 산하 기관인 임시군사고문단(PMAG)의 단장에 윌리엄 로버츠(W. L. Roberts) 준장이 임명되었다.

한국은 정부 수립 이후 1948년 8월 16일 국방부 장관 훈령 제1조에 의해 조선경비대는 '대한민국 국방군'으로 호칭되고 그해 1일 조선경비대와 조선해안경비대는 국군에 편입되었다. 이에 따라 조선경비대는 육군으로 개편되었고, 국군조직법의 의해 국방부 내에 참모총장과 참모차장을 두고 그 아래 육군본부와 해군본부가 설치되었다.

1948년 12월 한국 정부가 국방부를 발족하면서 육해공군이 구성됐고 이응준 소장이 초대 참모총장이 되었다.[151] 미군정은 새로 발족한 한국군에게 1949년 3월까지 보병 5만 명을 무장시킬 정도만의 무기를 공급했는데, 당시 한국군은 육군 65,000명, 해안경비대 4,000명, 경찰 45,000명이었다.[152]

미국은 남쪽에서 미군정을 종식시키고 미군 철수를 결정했지만 남쪽의 경제 성장이 일본 경제와 긴밀한 관계가 있으며 소련의 팽창을 저지하려는 미국의 이해관계와 부합한다면서 남쪽에 대한 경제 지원을 계속할 입장을 밝혔다.[153]

미 군사고문단은 한국에 대해 군사원조의 집행, 미군 장비 및 무기의 이양, 한국군의 편성 및 훈련 지도 등의 업무를 주관하였고 한국 육군, 해안경비대, 경찰로 구성된 한국치안대를 조직, 관리, 무장, 훈련시키는 임무를 수행했다.

이승만, 주한미군 사령관과 군사안전에 관한 행정협정 체결

점령군 미군이 철수했지만 미 군사고문단이 잔류해 한국 군경에 대해 실질적인 지휘권을 행사했다. 한미 두 나라는 주한미군 철수가 시작되기 직전인 1948년 8월 24일 서울에서 한·미 군사안전잠정협정을 체결했는데 이 협정은 당시의 한미관계를 설정하는 중요한 근거였다. 이 협정에 따라 주한미군으로부터 국군 창설에 필요한 장비와 교육 훈련의 지원을 받을 수 있게 되었는데, 이는 대한민국 정부의 수립과 동시에 이승만 대통령이 대미 관계를 중시하면서 유대강화를 위한 정책을 추진한 데 따른 것이었다.

대한민국 대통령과 주한미군 사령관 간에 체결된 과도기에 시행될 잠정적 군사안전에 관한 행정협정의 내용은 전문과 본문 5개 조로 구성되어 있다.

전문에서는 미군의 한국 철수와 한국점령 종결을 목적으로 주한미군 사령부가 대한민국 정부에 정권 이양을 점진적이고 질서 있게 이행하기 위한 각서의 교환 취지를 밝혔다. 동시에 대한민국 헌법 제61조에 의한 국군의 통수권자인 대통령과 주한미군 사령관 간에 한국에서 미군 철수의 완료 시까지 본 조약의 군사 및 안전보장에 대한 조치를 합의했음을 밝히고 있다.

각 조항의 세부 내용을 보면, 제1조에서는 주한미군 사령관은 본국의 지시나 자신의 직권 범위 내에서 대한민국 국방군을 계속적으로 조직, 훈련, 그리고 무장할 것에 동의한다. 제2조에서는 주한미군 사령관은 한·미 공동안전에 부합될 경우에 점진적이며 가급적 속히 전경찰, 해안경비대, 현존 국방경비대의 지휘 책임을 대한민국 정부에 이양하기로 동의한다.

제3조에서는 대한민국 대통령은 주한미군이 철수를 완료하기 위하여 필요한 중요 지역과 시설(항구, 진지, 철도, 병참선, 비행장, 기타)에 대한 통제권을 보유한다. 제4조에서는 대한민국 대통령과 주한미군 사령관은 이양에 따른 제반 세목은 대한민국 정부와 주한미군의 적당한 관리 간에 결정한다.

제5조는 협정 서명과 효력에 관한 확인란이다. 이러한 군사협정 체결 이후에 9월 11일에는 재정 및 재산에 관한 한·미 협정이 체결되었고, 다시 12월 10일 한·미 경제원조협정이 체결되면서 한미관계의 기본적인 틀이 형성되었다. 대한민국 건국 초기의 대미 관계는 미국의 경제 원조를 비롯하여 군사적으로도 주한미군의 지원에 의존하고 있었던 만큼 기본 정책 및 국방정책 역시 미국의 극동 전략의 일환으로서의 군사정책에 영향을 받았다.

정부 수립 초기부터 한국의 국방정책의 기본방향은 반공사상을 중심으로 형성되었으며 주변국에 대해서는 외교적 차원에서 유엔 헌장을 기본으로 한 집단 안전보장 체제를 강화시켜 나가는 한편, 안으로는 국방 역량의 육성과 방위력의 향상에 목표를 두었다.

미국은 당시 한국 내부의 경제안정에 비중을 두는 한편 한국 정부의 대북 공세적 자세를 우려하여 군사 지원에 지극히 소극적이었다. 이러한 미국의 소극적 지원 정책으로 인해 국방 역량의 육성 강화는 6·25전쟁 전까지 체계적으로 추진되지 못했다.

주한미군사고문단은 군정 당시 국방경비대를 비롯하여 해안경비대와 경찰대의 조직과 훈련을 담당했던 미 고문관들의 역할에서 비롯되었다. 정부 수립 직후 설치된 임시군사고문단은 1949년 6월 말 주한미군의 철수가 완료되자 7월 1일부로 주한미군사고문단[154]으로 발족하여 본격적인 활동을 전개하였다.

고문단의 활동은 미군정 당시인 1946년 1월 국방사령부에서 미군 장교 2명과 사병 4명으로 구성된 '연대 편성 및 훈련조'를 파견한 것이 효시가 되었다. 그 후 미 합참이 1948년 3월 10일 국방경비대의 5만 명 증강을 승인하자 군사고문단은 3개 여단 사령부(서울, 대전, 부산) 창설을 지원하는 한편 증강된 연대의 창설을 지원하였다. 군사고문단의 설치에 관한 협정은 1950년 1월 26일 서울에서 조인되었으나 소급 적용되었다.

1949년 4월 9일 미 육군부에서는 500명의 범위에서 군사고문단을 조직하도록 지시했다. 그러나 당시 실제 병력은 장교 92명, 사병 148명인 240명으로 주한미군의 철수 업무를 진행하다가 6월에 미 육군부의 임시조치로 480명의 인원을 배정받았고, 주한미군 철수 시 잔여 병력이 해당 고문단에 편입되어 500여 명이 되었다.

6·25전쟁 이전, 미군의 한국군 작전지휘권자는 무초 미 대사

주한미군 철수가 완료된 1949년 7월 1일 군사고문단으로 발족한 후 군사고문단의 행정감독과 한국군에 대한 작전지휘권은 무초 대사에게 있었다. 맥아더 장군이 주 필리핀 합동 군사고문단 시절의 경험을 토대로 건의한 결과 그렇게 되었던 것이다. 그러므로 전쟁 발발 당시 맥아더 장군에게는 미 군사고문단에 대한 지휘권이 전혀 없는 상황이었다.

그러나 주한미국사절단(AMIK)과 주한미군사고문단 관계는 군 문제에 집중되었을 뿐만 아니라 군사고문단의 내부 지휘권은 전적으로 로버츠 장군에게 있었다. 게다가 군의 지휘 및 행정에 관한 사항은 극동사령부, 육군부, 국방부 등에 직접 보고되었다.

미 군사고문단은 '치외법권' 신분으로
한국 내의 불순세력 제거 등 자문 역할

미 군사고문단은 미대사관 외교관과 같은 신분으로서 치외법권을 갖고 있으면서 한국 육군. 해안경비대. 경찰로 구성된 한국치안대의 조직, 관리, 그리고 무장, 훈련을 담당했다. 동시에 한국 국내의 치안과 질서 유지, 38도선의 방어. 불순세력 제거. 게릴라 침투방지와 방어 전쟁 수행, 그리고 해안 질서 및 치안 유지 등에 관하여 자문하는 임무를 수행했다.[155]

미 군사고문단은 1950년 6월 초, 북이 기동력을 갖춘 8개 사단과 기갑여단, 2개 보병사단과 T-34 탱크 부대 등을 보유하고 소련의 지원으로 전면전을 개시할 태세였지만 남한 전력은 매우 열세라면서 미 정부에 한국군의 전력 증강을 강하게 요청했다. 그러나 미국 정부는 전쟁이 날 때까지 아무런 조치도 취하지 않았다.[156] 1950년 8월 맥아더는 한국군의 병력을 필요한 만큼 증원하도록 주한미군에 지시했다.

미 군사고문단은 전쟁이 발생한 직후 한국군이 한강교에 폭약을 설치하는 작업을 지휘하고 서울을 포기할 경우에 대비했으나 한국군이 사전통고도 없이 폭파해 버리자 서울을 탈출하는 데 큰 곤욕을 치렀다.[157]

당시 수많은 피난민이 교량을 건너는 상황이어서 많은 사상자가 발생했다. 미 군사고문단은 그 후 1951년 중반까지 한국군의 상대역에 대한 직접적 통제권을 행사하면서 패퇴하는 남쪽 군의 병력을 규합해 북쪽 군대의 전진을 막는 데 기여했다는 평가를 받았다.[158]

1952년 6월 23일 소련이 정전 협상을 시작할 의향이 있다고 밝혔고, 미국은 한국군이 자체 방위력을 갖도록 집중 지원했다.[159] 미국은 미군 대신 한국군이 더 많이 전선에 투입되어 자체 방위력을 갖춰야 한다면서 미 군사고문단이 한국군에 대한 밀착 강도를 높이기 위해 그 인력을 1951년 12월 종래의 800명에서 1,800명으로 대폭 증원했다.

또한 미 군사고문단 소속원이 한국군 지휘관과 더욱 긴밀히 접촉도록 조치했는데, 예를 들어 미 군사고문단 단장의 경우 한국군 참모총장이 가는 곳은 어디든지 동행했다.[160]

한국군은 1953년 20개 사단, 병력 50만 명으로 급성장했는데 이는 미 군사고문단의 역할이 컸던 것으로 평가됐다.[161]

미 군사고문단은 한국군과 경찰의 실질적인 감독기구

주한미군이 1949년 4월 2일 한국에서의 철수를 준비하라는 명령을 받게 되면서 미 군사고문단은 그 조직을 확대 개편하라는 지시를 받는다. 이에 따라 미군은 한국군 부대의 대대에까지, 한국 경찰에는 지구대 사령부까지, 해안경비대는 전체 부대에 미 군사고문단의 소속원을 파견할 조치를 취했다.[162]

한국전쟁이 일어나자 미 군사고문단은 맥아더 장군의 극동사령부로 편입되었다가 다시 제8군의 지휘 통제를 받게 되었다(미 군사고문단은 1953년 협정체결로 임시 주한 군사고문단으로, 그해 9월에 임시 주한 미군 합동군사원조고문단으로 통합되었다. 1956년~1963년까지 인원이 2,878명으로 늘었다. 1971년 4월 1일 주한 미군 합동고문단으로 정식 조직이 되었다).

미 군사고문단은 맥아더 사령부와 긴밀히 접촉하면서 단장이 주기적으로 동경에 있는 맥아더 사령부를 방문해 한국군의 교육 문제 등

을 조율하면서 남한 내 정치 군사 상황에 대해 보고했다.[163]

미 군사고문단은 당시 무초 대사의 지휘를 받고 있었지만 로버트 대장에게 장악되어 있었다. 이것은 주한미국대표부(AMIK)와 미 군사고문단이 한국에 대한 군사원조 문제를 협의 결정해야 하는 긴밀한 관계였기 때문이었다. 하지만 미 군사고문단은 한국의 군정과 관련한 군사 및 행정 문제의 경우 미 국방부에 직접 보고했다.[164]

미 군사고문단과 그 소속원들의 법적 지위는 한미 정부 간 협정으로 보호받고 있었는데 미 군사고문단 간부와 그 가족들은 주한미국대표부의 외교관에게 부여된 면책 특권을 보장받고 있었다. 형식상 미 군사고문단은 주한미국대표부에 소속되어 있었기 때문이었다.[165]

미 군사고문단은 별도의 사무실 없이
한국 군경의 지휘관 옆에서 업무 수행

미 군사고문단은 그 소속원을 한국 국방부 장관, 참모총장, 각 군 총사령관실은 물론 일반 기술 및 행정군 부대와 해안경비대, 경찰에까지 파견했다. 이론적으로 미 군사고문단 소속원들은 파견된 한국군 부처 책임자들의 도움을 받아 업무를 수행하는 형식을 취했다. 미 군사고문단의 이런 임무 형식은 한국 군경이 민간인을 집단 학살하는 현장에 동행하는 식으로 이뤄졌다. 이런 한미관계는 미국이 갑, 한국이 을이었다는 점에서 한국 민간인 집단학살 사건에 미국이 직간접적인 책임이 있다는 비판을 자초하고 있다.

로버트 장군은 미 군사고문단이 업무를 제대로 수행하려면 한국군의 상대역과 같은 사무실에서 업무를 보면서 부대원을 점검하거나 매일매일의 업무와 문제를 공유해야 한다는 원칙을 강조했다.

이에 따라 미 군사고문단은 별도의 지휘부 건물을 마련치 않고 한국군 사령부의 상대역 옆에서 업무를 보는 방식을 취했다. 단지 로버트 장군과 그 참모 행정 요원 등만이 별도의 사무실을 사용했을 뿐이다.[166] 미 군사고문단은 한국군과 경찰의 실질적 감독기구였다.

국가보훈자의 96%는 군경이고 독립 및 민주유공자는 달랑 4%

미 군사고문단이 친일세력을 군경조직에 대거 발탁해 민족정기를 훼손하면서 한국에서는 광복 이후 70여 년이 흘렀지만 여전히 독립운동 유공자가 발굴되고 있다. 그렇지만 독립운동가들에 대한 발굴과 서훈 작업은 물론 독재정권에 항거해 민주주의의 확립에 기여한 민주인사들에 대한 처우는 지지부진한 상태다.

국가보훈처가 지난 수십 년간 독립운동 발굴과 서훈 등에 비판을 자초하는 듯한 태도를 취했다는 것은 이미 널리 알려진 이야기이며, 이런 부적절한 태도는 독재정권에 항거해 민주주의 쟁취에 기여한 민주인사들에 대한 정당한 예우에 소홀한 것에서도 반복되고 있다.

이승만 정권 이래 수년 전까지 실시한 국가유공자 지정 등 국가 차원의 보훈 결정 96%는 군과 경찰에 집중되어 있고, 독립유공자와 민주유공자는 모두 합쳐 4% 수준에 그치고 있다. 이것은 독립운동과 민주화운동을 하면 본인은 물론 가족이 대를 이어 고생한다는 말이, 참혹한 현실을 고발하는 진실이라는 것을 입증하는 수치다.[167]

국가보훈 대상자는 국가보훈기본법 제3조 제1항에 네 개의 범주로 나눠 규정하고 있다. 첫째 일제로부터 조국의 자주독립, 둘째 국가의 수호 또는 안전보장, 셋째 대한민국 자유민주주의의 발전, 넷째 국민의 생명 또는 재산의 보호 등의 공무 수행이다.

2019년 2월 발표된 국민중심 보훈혁신위원회의 의결 권고안에 따르면, 이 법에 따른 보훈 대상자는 2017년 12월 31일 현재 257만 3,100명으로 그 96.3%가 군인(일부 경찰 포함)이고 독립유공자는 2.9%(7만 5,068명), 민주유공자는 0.8%(2만 1,128명)에 불과하다. 민주유공자는 4·19혁명 및 5·18 유공자뿐이다.

4·19혁명 및 5·18민주화운동 외에 민주주의 발전에 기여한 민주인사들, 이른바 '민주 관련자'들을 민주유공자로 포함시키기 위한 입법 추진이 2000년 이후 최근까지 여섯 번째 발의되었지만 현재까지 국회 문턱을 넘지 못하고 있다.

이에 따라 전태일, 박종철, 이한열, 김세진, 이재호 등 자신을 희생해 민주주의의 발전에 기여한 인물 등도 국가유공자 대열에 끼지 못하고 있다. 이런 불합리를 시정해야 한다는 목소리가 지난 20년간 지속되었지만 아직도 실현되지 못하고 있다.

친일세력은 미국을 상전으로 모시고 제 민족을 총칼로 찔러

친일세력은 미군정의 비호 속에 독립운동가들이 해방된 조국에서조차 피눈물을 흘리게 만들면서 민족정기를 바로 세우려는 세력을 탄압하고 짓밟았다. 친일세력은 일제를 주인으로 모시고 제 민족을 탄압하고 괴롭히다가 새로 등장한 상전 미군에게 충성하면서 제 민족을 빨갱이라며 총칼로 찌른 것이다. 이들은 미국의 종이 되다시피 한 상황에서 경제 발전이 되자 미국의 덕이라며 앞으로 계속 미국을 상전으로 모시겠다는 다짐을 앞세운다.

동북아에서 냉전 시대가 재연된다는 우려가 커지고 있고, 우크라이나 전쟁에서 보듯 강대국들의 전횡이 심화되고 있는 상황을 직시해

볼 때, 한반도의 평화와 안전을 정착시킬 자주적이고 민주적인 민족 생존과 번영 전략에 대한 노력이 절실히 요구되고 있다. 이는 친일에 이어 친미로 변신한 세력과 그 잔재를 청산하는 작업에서 시작되어야 할 것이다.

미군정과 이승만 정권의 등장, 그리고 6·25전쟁 동안 발생한 민간인 집단학살 사건에 대한 책임 소재를 가리는 작업과 그 심판은 반드시 이뤄져야 한다.

당시 시대 상황을 살필 때 한반도 남쪽에 점령군으로 들어온 미군의 책임이 크다. 동시에 미군정의 기치 아래 민간인 학살에 직접 가담했던 친일 군경세력과 이승만에 대해서도 책임을 물어야 하는 것은 당연하다.

미군정이 경찰과 군인조직을 만들 때 기용한 친일파와, 미군정하에서 집권한 이승만은 해방공간 속 친일청산 주장에 노골적으로 반기를 들거나 탄압하고 반정부 인물로 분류된 민간인을 마구잡이로 학살하는 만행을 저질렀다.

이승만은 친일파를 적극 옹호, 두둔하거나 북진통일을 주장하는 반민족적인 호전적 성향의 독재정치를 자행해 미국이 암살 대상으로 삼았을 정도였다. 이런 인물에 대해 최근 여권 일각에서 그를 국부로 모시자거나 기념관을 만들자고 나오는 모습은 대단히 역겨운 일이다.

6. 미국, 제주 4·3항쟁과 여순사건의 진압 작전을 진두지휘

미국의 가짜뉴스 유포 속에
주민 1만 4천여 명과 3,400여 명이 살해돼

* 제주 4·3과 여순사건에 대한 아랫글의 주요 관련 내용은 대부분 '제주4·3특별법'에 의해 발족된 정부 기구인 진상조사위원회의 자료를 발췌 소개한 것이다.

제주 4·3과 여순사건은 미국이 남쪽만의 단독정부의 수립을 강행하는 과정에서 발생해 6·25전쟁이 휴전될 때까지 계속되었으며, 막대한 인명 피해가 발생했다. 제주 4·3은 "제주4·3특별법"에 의한 조사결과 사망자만 14,032명(진압군에 의한 희생자 10,955명, 무장대에 의한 희생 1,764명, 기타)에 달했고, 막대한 재산 피해가 발생했다. 여순사건의 경우 확인된 사망자는 3,400여 명으로 밝혀졌고 재산 피해도 막심했다.

제주 4·3 발생 당시 미국은 소련과 중국에 대한 견제 목적으로 한국에 친미 정권을 수립하려 했고, 이는 남북 분단을 초래한다며 반대하는 남쪽 사람들을 무차별 학살하는 데 주된 역할을 했다. 제주 4·3 발생 후 이승만 정부가 수립되고, 이어 1948년 10월 19일 전라남도 여수시에 주둔 중이었던 14연대 군인들이 제주 4·3사건의 진압을 위한 출동 명령을 거부하고 무장 반란을 일으켰다.

14연대 군인들은 여수를 점령한 뒤 순천으로 이동했으며 이후 전라남도 일대를 점령했다. 초기 진압 작전에서 반란군에 밀린 이승만 정부는 10월 20일 미국 군사고문단 수뇌부가 참석한 가운데 열린 긴급회의에서 광주에 '반란군토벌전투사령부'를 설치해 미군이 작전 전략을 주도해서 풀어가기로 결정했고, 21일 여순 지역에 계엄령을 발효했다.

정부군은 25일 장갑차와 박격포, 항공기, 경비정 등을 동원해 여수를 포위해나갔고, 27일 진압에 성공했다. 여수를 빠져나간 반란군은 지리산 인근으로 흩어져 11월부터 1950년 초까지 게릴라 활동을 전개했다. 이 사건 진압 과정에서 반란군과는 무관한 민간인들이 다수 희생당했다.

국가기록원 자료 – "미 군사고문단이 제주 4·3 학살을 주도"

미군의 4·3 관련 개입에 대한 제주4·3사건진상규명 및 희생자명예회복위원회의 자료에 보면 "미군은 미군정 시절에 진압 작전을 직접 지휘했을 뿐만 아니라 정부 수립 직후인 1948년 8월 24일 이승만 대통령과 하지 주한미군 사령관 사이에 체결된 한미 군사안전잠정협정에 따라 임시군사고문단이 설치돼 여전히 한국군의 작전통제권을 갖게 되었다."라고 되어 있다.

또 미군 고문단장 로버츠 준장은 1948년 9월 이범석 국무총리 겸

국방부 장관에게 "한국군의 작전통제권은 여전히 미군에게 있다. 군 작전에 관한 모든 명령은 발표되기 전에 해당 미군 고문관을 거쳐야 한다며 한미협정의 내용을 상기시켰다"고 썼다.

로버츠 미군 고문단장이 제주도에서 참혹한 초토화 작전이 벌어지고 있던 1948년 12월 이승만 대통령, 이범석 국무총리, 채병덕 참모총장에게 서신을 보내 "송요찬이 대단한 지휘력을 발휘했다. 이 사실을 대통령 성명을 통해 알리라"고 요구했고, 이에 대해 채병덕 참모총장은 "송요찬에게 훈장을 수여할 것"이라고 답했다.

학살극은 제9연대장 송요찬이 1948년 10월 17일 정부의 최고 지령에 따라 해안선에서 5㎞ 이외에 있는 사람은 이유 여하를 막론하고 총살하겠다는 포고령을 발표하면서 예고됐고, 11월 17일 계엄령이 선포됨에 따라 본격화됐다. 경비대는 중산간 마을 주민들이 무장대에게 협조하고 있다며 중산간 마을을 대상으로 대대적인 학살극을 벌였다.

제9연대는 모든 중산간 마을 주민들이 공공연하게 게릴라에게 도움과 편의를 제공하고 있다는 가정 아래 마을 주민에 대한 대량학살 계획(program of mass slaughter)을 채택했다. 1948년 12월까지 제9연대가 점령했던 기간 섬 주민에 대한 대부분의 살상이 발생했다.

미군이 당시 한국군의 작전통제권을 행사하면서 송요찬이 진두지휘한 학살계획에 대해 이승만 정부가 훈장을 수여하라고 요구한 것은 미군이 제주 4·3 학살을 진두지휘했다는 의미이다. 이것은 미 군사고문단의 임무에 대해 이미 앞 장에서 밝혔듯이 행정안전부 국가기록원이 작정한 자료에도 나와 있다.

이로 보면 한국 군경이 제주에서 이른바 토벌 작전을 전개할 때 그 기본 골격을 미군이 자문했다고 볼 수 있고, 미국이 제주 4·3 학살에 대해 전적으로 책임이 있다고 할 수 있다. 제주 도민에 대한 미국과 대한민국 정부, 경찰과 우익세력의 탄압과 공세는 7년 동안 계속됐다. 그것은 1954년 9월 21일 마지막 무장대원이 체포되고 한라산에 대한 입산 금지령이 해제되어 일반인들에게 공개됨으로써 끝났다.

제주 도민들은 불법으로 자행된 인권침해의 피해자가 되었지만 외부 세계의 어느 누구도 미국이 주도한 테러의 무고한 희생자들을 변호하려 시도한 적이 없었다. 외부에 이 비극의 진실을 밝히고자 하는 관심조차 보이지 않았고 대량 학살 책임자를 가려내려 하지도 않았다.

그러다 보니 불법행위의 피해자에 대한 보상과 시민권의 회복 노력은 물론이고, 거짓 주장으로 피해자를 욕되게 만든 허물을 벗겨주려는 시도조차 이루어지지 못했다. 제주 도민은 50년간 침묵을 강요당했고 그들의 고통을 짓누르면서 견뎌야 했다.

미국은 제주 4·3항쟁 발생하자 초기부터 강경 진압

제주 4·3의 발생 원인의 하나로 미국이 남쪽만의 단독정부 수립을 추진하자 그에 대한 반대 운동이었다는 점이 거론된다. 미국이 신탁통치가 아니라 유엔을 통한 남쪽만의 단독정부 수립으로 정책 변경을 시도하는 상황에서 이에 반대하는 운동이 남쪽 전역에서 벌어졌고, 1948년 5·10 선거를 한 달여 앞둔 4월 3일 제주에서 무장봉기가 일어났다. 미국의 점령 정책이 군정 통치로 집행되는 과정에서 발생한 제주 4·3은 미국식 정권을 남한에 수립해 미국의 영향권 아래에 두고자 했던 시도에 대한 조직적인 항거였다.

제주 4·3은 2차대전 종전 후에 전승국의 점령에 대해 강력한 저항이 발생해 장기간의 무장투쟁으로 비화한 것인데, 이런 항쟁은 한반도 남쪽 제주도가 유일했다. 미국 정부의 지침을 받는 미군정은 제주에서 4·3항쟁이 발생하자 종래의 한반도 남쪽 정책에 따라 소련의 공산주의가 침투하지 못하도록 한다는 논리를 앞세워 강력한 진압 작전을 펼쳤다. 미군정의 통제하에 남쪽 국방경비대와 경찰, 우익단체가 앞장서서 벌인 토벌 작전에서 수많은 민간인이 학살당했다.

제주 4·3을 일으킨 주역 중 이덕구는 1948년 6월에 경찰관 발포로 사살되었고, 김달삼은 그해 9월에 해주에서 열릴 예정이던 전조선 제정당 사회단체 연석회의에 참석하기 위해 제주도를 빠져나갔지만, 학살극은 1953년 7월 27일 6·25전쟁이 휴전된 후 1954년 9월 21일까지 계속되었다.

당시 희생된 많은 제주 도민은 교전 중 사망한 것이 아닌 집단학살이라는 형식 속에 참변을 당했다. 미군정은 살해 현장에서 직접 개입하는 모습을 드러내지 않고 배후에 숨는 방식으로 지휘했다. 그러나 그 목적은 분명했다. 소련의 공산주의 영향력이 남쪽에까지 확산되는 것을 저지한다는 것이었다.

미국은 이 목적을 위해 군사작전을 전개했고 그 과정에서 내놓은 제주 4·3에 대한 원인 분석이나 대처 방식은 가짜뉴스에 해당하는 것으로 문제가 심각했다. 미국은 난데없이 소련 개입설 등을 유포하면서 집단학살 사태에 대해 정당성을 부여하려 했다.

미국은 미군정 체제에서 발생한 제주 4·3에 대해 소련 공산당의 사주를 받았다면서 대량 학살이 발생토록 유도했다. 미국은 한국 정부가 수립된 뒤 미군을 철수한 후에도 미 군사고문단을 남겨 한국군이나 경찰을 지휘하게 했다. 미국은 6·25전쟁이 발생한 직후 한국군에 대한 작전 지휘권을 넘겨받아 전쟁을 총지휘했다. 따라서 미 군정과 6·25전쟁 기간에 발생한 한국 군경의 민간인 학살에 대해 미국이 직접 책임이 있는 것이다. 이런 참극은 미 군사고문단들이 참관한 가운데 자행되었고 미군은 학살 현장을 기록했지만 관여하지 않았다는 입장을 취했고 한국 정부는 침묵하고 있다.

6·25전쟁 발발 직후 한국군은 전국의 좌익세력에 대한 예비검속을 지시했고, 각각의 안보에 미치는 위해 요인에 따라 a, b, c, d 등급으로 분류했다. 그해 8월 30일 한국 해군 정보장교는 제주 경찰에 전문을 보내 긴급지시를 내렸다.

"9월 6일 이전에 c, d 그룹을 전원 총살하라."

6·25전쟁이 벌어졌을 때, 1948년 12월과 1949년 6~7월 등 두 차례에 걸쳐 열린 불법적인 군법회의의 결과로 전국 각지의 형무소에는 제주 도민 2,500여 명이 수감돼 있었다. 이들 대부분은 이승만 정부에 의해 1950년 7월경 집단 학살됐다.

제주 도내 4개 경찰서에 구금된 예비검속자들은 1950년 8월 중순경 군인들에게 학살됐다. 제주경찰서 예비검속자는 바다에 수장되거나, 제주비행장에서 총살돼 암매장됨으로써 시신조차 수습되지 못했다. 서귀포·성산포 경찰서의 예비검속자는 어디에서 희생됐는지도 밝혀지지 않았다.

1950년 8월 20일 검속된 모슬포 지역 주민 194명은 군인들에 의해 섯알오름 학살터에서 집단 학살되었으며, 희생자 중 한림지역 62명의 시신은 유족들에 의해 1956년 3월 몰래 수습되어 한림면 '만뱅디 공동장지'에 묻혔다. 나머지 희생자 132명의 시신은 1956년 5월 유족들의 청원을 당국에서 받아들임으로써 사계리 공동묘지에 안장하면서 '백 할아버지의 한 자손'이라는 의미로 '백조일손지지(百祖一孫之地)'

란 위령비를 세웠다.

하지만 5·16 이후 위령비가 파괴되는 수난도 있었다. 학살 현장에서는 총기류, 실탄, 뼛조각 등 유물들이 발굴되었다. 섯알오름 학살터는 일본군이 1945년 초부터 '알뜨르' 지역을 군사 요새화하는 과정에서 만든 일본군 탄약고 터로서, 6·25전쟁 발발 직후 모슬포경찰서 관내 예비검속된 사람들이 집단 학살된 장소이다.

제주 4·3항쟁의 배경은 단정 수립 반대, 서북청년단 반감 등 복합적

제주 4·3은 1947년 3월 1일 경찰의 발포사건을 기점으로 하여 1948년 4월 3일 발생한 봉기로부터 1954년 9월 21일까지 제주도에서 발생한 무력 충돌과 진압 과정에서 민간인들이 희생당한 사건으로 "제주 4·3사건 진상규명 및 희생자 명예회복에 관한 특별법"에 규정되어 있다.

제주 4·3사건 진상규명 및 희생자 명예회복위원회의 조사 결과에 의하면, 제주 4·3사건 당시의 제주도 상황은 해방으로 부풀었던 기대감이 점차 무너지고, 미군정의 무능함에 대한 불만이 서서히 확산되는 분위기였다. 약 6만 명에 이르는 귀환인구로 초래된 실직난, 생필품 부족, 전염병(콜레라)의 만연, 대흉년과 미곡정책의 실패 등 여러 악재가 겹쳤다.

특히 과거 일제강점기 당시의 경찰 출신들이 미군정 경찰로의 변신, 밀수품 단속을 빙자한 미군정 관리들의 모리배 행위 등이 민심을 자극하고 있었다. 제주 4·3사건의 배경에는 남쪽만의 단독정부 수립을 반대하는 남조선로동당 계열의 좌익 세력들의 활동과 군정 경찰,

서북청년단을 비롯한 우익 반공단체에 대한 제주 도민들의 반감 등이 복합되어 발생한 쌍방 간의 적개심 등을 들 수 있다.

제주도는 광복 후 도민들의 적극적인 지지 속에 건국준비위원회와 인민위원회가 활발히 활동했다. 특히 제주도 인민위원회는 다른 지역과 달리 미 군정청과 협조적이었다. 그러나 1947년 제주 북초등학교 3·1절 기념식에서 기마 경관의 말발굽에 어린아이가 치이는 일이 벌어졌고, 이를 본 시위 군중들은 기마 경관에게 돌을 던지고 야유를 보내며 경찰서까지 쫓아갔다.

그런데 경찰이 이를 경찰서 습격으로 오인하여 시위대에게 발포해 6명이 사망하고 6명이 중상을 입었다. 미군정 당국은 이 발포사건의 잘못을 시인하면서도 정당방위로 주장하고 사건을 '시위대에 의한 경찰서 습격 사건'으로 규정지은 뒤 3·1절 기념행사를 준비하던 사람들을 연행하기 시작했다.

한편 경무부에서는 3만여 시위군중이 경찰서를 포위 습격하려고 했기에 불가피하게 발포했다고 해명하면서 민심이 들끓었다. 이에 남로당은 이런 민심의 흐름을 놓치지 않고 조직적인 반경 활동을 전개했다. 처음에는 전단지를 붙이는 일과 사상자 구호금 모금 운동을 벌였다.

3월 10일부터 제주 도청을 시작으로 민관 총파업이 발생하여, 제주도의 경찰 및 사법기관을 제외한 행정기관 대부분인 23개 기관, 105개의 학교, 우체국, 전기회사 등 제주 직장인 95%에 달하는 4만여 명이 참여하였고, 심지어 제주 경찰의 20%도 파업에 동참했다. 경찰은 3월 15일부터 파업 관련자 검거에 나섰고 이 과정에서 3월 17일 수감자 석방을 요구하는 군중에 또다시 발포하는 사건이 일어난다.

경찰은 4월 10일까지 500명가량을 검거하였는데 그 가운데 포함됐던 66명의 경찰이 파면되었고, 그 자리는 서북청년단 소속으로 충원됨으로써 제주 도민들과 군정 경찰 및 서북청년단 사이에서는 대립과 갈등이 더욱 커져 갔다.

제주 4·3사건 발단의 명분은 8·15 광복 이후 남쪽만의 단독정부 수립을 위한 5·10 총선을 저지하고 통일국가를 세운다는 것으로 1948년 4월 3일 새벽 2시, 남로당 제주도당 골수당원 김달삼 등 350여 명이 무장하고 제주도 내 24개 경찰지서 가운데 12개 지서를 일제히 급습하면서 시작되었다. 여기에 제주도에 파견되어 행패가 심했던 우익단체에 대한 제주 도민들의 반감, 공포가 합해져 양측의 대립은 급속도로 제주도 전역으로 번져나갔다.

미 군정 조사단은 '제주 도민의 70%를 좌익 동조자'로 기술

미군정은 1947년 3월 제주도에서의 경찰 발포사건에 항의해 세계적으로도 유례가 없는 민·관합동 총파업이 시작되자 카스티어(Casteel) 대령이 인솔하는 조사단을 제주에 파견했다.

미군 보고서는 파업 원인을 "경찰 발포로 인해 도민 반감이 고조된 것을 남로당 제주조직이 선동해 증폭시켰다"고 분석했다. 또한 "제주도 인구의 70%가 좌익의 동조자"라고 기술했다. 한술 더 떠 경무부 최경진 차장은 기자들에게 "제주도 주민 90%가 좌익 색채"라는 발언까지 했다.

카스티어 대령이 제주를 떠난 다음 날인 3월 14일 조병옥 경무부장과 응원경찰 421명이 급파됐다(당시 제주 경찰은 330명). 조병옥은 15일 파업 주모자를 검거하라는 명령을 내렸다. 이틀 새 200명이 연행됐다.

이후 본토에서 파견된 수사요원들에 의해 연행자에 대한 고문이

시작되고 1947년 4월 중순께 검속자가 500명으로 늘어났다. 수감자들은 유치장 안이 비좁아 앉지도 못한 채 서서 수감생활을 해야 하는 최악의 상황을 맞았다. 이에 대해 미군 감찰보고서는 "10×12피트(약 3.3평)의 한 방에 35명이 수감됐다"고 기록했다.

중문 발포사건(3월 17일), 종달리 6·6사건(6월 6일), 북촌 발포사건(8월 13일)과 1948년 2·7사건 등 민중과 경찰이 충돌하는 사건이 잦아지면서 검속자들은 계속 늘어났다. 1947년 3·1 발포사건 이후 1948년 4·3 발발 직전까지 1년여 동안 검속자가 무려 2,500명에 이르렀다.[168]

1948년 4월 3일 새벽 2시, 한라산 기슭 오름마다 봉화가 붉게 타오르면서 남로당 제주도위원회가 주도한 무장봉기가 시작되었다. 350명의 무장대는 12개 경찰지서와 서북청년회 등 우익단체 단원의 집을 지목해 습격했다.

무장대는 무장봉기가 경찰의 탄압에 대한 저항임을 주장했다. "탄압이면 항쟁이다"라는 삐라의 구호가 이를 함축적으로 보여준다. 또한 "조국의 통일독립과 완전한 민족해방"이라는 구호를 통해 남쪽만의 단독선거와 단독정부를 반대한다는 뜻을 밝혔다.

무장대는 4월 3일부터 경찰과 서북청년회, 대동청년단 등 우익청년 단원을 지목해 살해했다. 5·10 선거를 전후한 시기에는 선거 관련자를 집중 공격했다. 무장대는 이 과정에서 경찰과 우익인사뿐만 아니라 그 가족들까지 학살했다.

미군은 우익청년 단원이 자행한 '오라리 방화'를 무장대의 소행으로 조작

딘 군정장관은 4월 17일 경비대 제9연대가 진압 작전에 나설 것을 명령하면서 맨스필드 중령에게 "대규모 공격에 앞서 항복을 유도하라"고 지시했다. 이에 맨스필드는 제9연대장 김익렬 중령에게 무장대와의 협상을 명령했다.

대규모 유혈사태를 막기 위해 노력하던 김익렬 제9연대장은 4월 22일 평화협상을 제안하는 전단지를 만들어 비행기를 통해 살포했다. 제9연대장의 전단지의 내용은 아래와 같았다.

"친애하는 형제 제위에

우리는 과거 반삭(半朔) 동안에 걸친 형제 제위의 투쟁을 몸소 보았다. 이제부터는 제위의 불타는 조국애와 완전 자주통일 독립에의 불퇴전의 의욕을, 그리고 생사를 초월한 형제 제위의 적나라한 진의를 잘 알았다. 이에 본관은 통분한 동족상잔, 골육상쟁을 이 이상 백해무득이라고 인정한다. 우리 국방경비대는 정치적 도구가 아니다. 나는 동족상잔을 이 이상 확대시키지 않기 위해서 형제 제위와 굳은 악수를 하고자 만반의 용의를 갖추고 있다. 본관은 이에 대한 형제 제위의 회답을 고대한다. 우리가 회합할 수 있는 적당한 시일과 장소를 여하한 방법으로든지 제시해주기 바란다.

1948년 4월 22일
제9연대장 육군 중령 김익렬"

그 결과 4월 28일 마침내 김익렬 연대장과 무장대 총책 김달삼 간에 평화협상이 성사됐다. 평화협상 결과는 ① 72시간 내에 전투를 완전히 중지한다 ② 무장해제는 점차적으로 하되 약속을 위반하면 즉각 전투를 재개한다 ③ 무장해제와 하산이 원만히 이뤄지면 주모자들의 신병을 보장한다는 내용이었다.

하지만 전투 중지 사흘 만인 5월 1일 대낮에 제주읍 오라리에 괴청년들이 들이닥쳐 민가에 방화하는 사건이 발생했다. 경찰은 "폭도의 소행"이라고 몰고 갔으나 김익렬 연대장은 현장조사를 벌인 끝에 우익청년 단원들이 자행한 방화임을 밝혀냈다.

그러나 미군 방첩대(CIC)는 김익렬 연대장의 보고를 묵살한 채 "폭도의 소행"이라는 경찰의 주장만 받아들였다. 김 연대장은 방화 주동자를 체포·감금하는 등 평화협상을 유지하려 애썼으나, 미군이 경비대에게 총공격을 명령함에 따라 평화협상은 결국 무산되었다.

미군은 불타는 오라리의 모습을 마치 기다렸다는 듯이 지상과 상공에서 촬영했고, 각종 동영상 필름을 덧붙여 '제주도 메이데이'(May Day on Cheju-Do)라는 무성 영화를 만들었다. 그런데 이 영화는 마치 '오라리 방화'가 무장대가 저지른 것처럼 편집되어 있었다.

딘 군정장관은 군경 수뇌부를 이끌고 제주를 방문해 비밀회의 열어

1948년 5월 5일 딘 군정장관은 안재홍 민정장관, 조병옥 경무부장, 송호성 경비대 사령관 등 군경 수뇌부를 이끌고 제주를 방문해 비밀회의를 개최했다. 이 회의에는 제주 주둔 제59군정중대장인 맨스필드, 제주도지사 유해진, 제9연대장 김익렬, 제주 경찰감찰청장 최천, 딘 장관 전속통역관 등 모두 9명이 참석했다.

당시 조병옥 경무부장은 4·3사건을 '계획된 공산폭동'으로 규정하며 강경작전을 주장했다. 그러나 김익렬 연대장은 입산자들이 늘어나는 것은 경찰의 실책 때문이라고 분석하면서, 무장대와 주민을 분리시키고 무력위압과 선무공작을 병행해야 한다고 주장하다 조병옥과 몸싸움을 벌였다. 미군정은 군경수뇌부 회의 다음 날인 5월 6일, 그동안 사태의 평화적 해결을 위해 노력하던 김익렬 연대장을 전격 해임하고 후임에 박진경 중령을 임명했다.

5·10 선거를 반대하는 유혈사태가 전국적으로 줄을 이어 발생하고 좌파뿐만 아니라 대중의 지지를 받는 김구, 김규식 등 우익과 중도파 민족주의자들까지 선거 반대에 나서는 가운데 '단선·단정 반대'를 기치로 한 무장봉기가 제주도에서 벌어지자 미군정은 크게 긴장했다.

무장대는 5·10 선거를 무산시키기 위해 주민들을 산으로 올려보냈다. 선거 당일 마을에서는 경찰 가족이나 우익청년단 간부, 선거관리위원 등 극소수를 제외하고 사람의 모습을 찾아볼 수 없었다. 주민들은 산이나 숲으로 가서 머물다 선거가 끝난 후에야 돌아왔다.

1948년 5월 10일 200개 선거구에서 일제히 실시된 선거 결과, 제주도는 남제주군과 제주 읍내를 제외하고 대부분 선거가 치러지지 못했다. 남제주군 선거구에서는 무소속 오용국 후보가 당선됐으나, 북제주군 갑구와 을구는 투표율이 과반수에 미치지 못했다.

미군정은 북제주군 갑구와 을구에 대해 선거무효를 선언하며 재선거를 명령했다. 그러나 사태가 진정되지 않자 재선거마저 무기한 연기했다. 미군정은 제주도에서 5·10 선거가 무산되자 미군 제6사단 제20연대 연대장 브라운(Brown) 대령을 제주지구 미군사령관으로 파견해 모든 작전을 지휘·통솔하도록 했다.

브라운 대령은 당시 사태가 억압 때문에 민심이 폭발한 것이므로 그 원인을 치유하라는 여론이 높았으나 "원인에는 흥미 없다. 나의 사명은 진압뿐"이라며 강경 진압 작전을 본격화하겠다는 뜻을 분명히 밝혔다.

브라운 대령은 "계획대로만 간다면 2주일이면 평정될 것"이라면서 경찰은 해안에서 4㎞까지 지역의 치안을 확보하고, 경비대는 제주도 서쪽부터 동쪽까지 빗자루로 쓸듯 휩쓸어버리는 작전을 펴고, 해안경비대는 제주 해안을 봉쇄하도록 각각 역할을 분담시켰다.

박진경 신임 연대장은 미군 사령관의 명령에 따라 강경작전을 벌였다. 미군 보고서는 대대적인 체포 작전의 전과에 대해 "6주간 4천명을 체포했다"고 기록했다. 미군정은 경비대의 이 체포 작전을 '성공적 작전'으로 평가하면서 제주에 부임한 지 한 달도 채 되지 않은 박진경 연대장을 대령으로 특진시켰다.

그런데 1948년 6월 18일 새벽, 박진경 연대장은 진급 축하연을 마치고 잠을 자던 중 부하의 총에 맞아 피살되었다. 이 암살사건 연루 혐의를 받은 문상길 중위와 손선호 하사가 총살됐다.

이승만 정권의 수립 이후 발생한 제주 4·3 학살극은 제9연대장 송요찬이 1948년 10월 17일 '정부의 최고 지령'에 따라 "해안선에서 5㎞ 이외에 있는 사람은 이유 여하를 막론하고 총살하겠다"는 포고령을 발포하면서 예고됐고, 11월 17일 계엄령이 선포됨에 따라 본격화됐다. 그 포고령 내용은 아래와 같다.

"포고령

본도의 치안을 파괴하고 양민의 안주를 위협하여 국권 침범을 기도하는 일부 불순분자에 대하여 군은 정부의 최고 지령을 봉지(奉持)하여 차등(此等) 매국적 행동에 단호 철추를 가하여 본도의 평화를 유지하며 민족의 영화와 안전의 대업을 수행할 임무를 가지고 군은 극렬분자를 철저 숙청코자 하니 도민의 적극적이며 희생적인 협조를 요망하는 바이다.

군은 한라산 일대에 잠복하여 천인공노할 만행을 감행하는 매국 극렬분자를 소탕하기 위하여 10월 20일 이후 군 행동 종료 기간 중 전도 해안선부터 5㎞ 이외의 지점 및 산악지대의 무허가 통행금지를 포고함. 만일 차(此) 포고에 위반하는 자에 대하여서는 그 이유여하를 불구하고 폭도배로 인정하여 총살에 처할 것임. 단 특수한 용무로 산악지대 통행을 필요로 하는 자는 그 청원에 의하여 군 발행 특별통행증을 교부하여 그 안전을 보증함.

1948년 10월 17일
제주도주둔 제9연대장 송요찬 소령"

미군의 비밀보고서는 "제9연대가 대량학살계획을 채택했다"고 기록

제9연대는 중산간 마을 주민들이 무장대에게 협조하고 있다며 중산간 마을을 대상으로 대대적인 학살극을 벌였다. 그래서 미군의 비밀보고서는 이 작전에 대해 "제9연대가 대량학살계획(program of mass slaughter)을 채택했다"고 기록하고 있다.

1948년 12월 말, 경비대 총사령부는 섬 주민을 대대적으로 살상했던 제주 주둔 제9연대를 대전 주둔 제2연대와 맞교대시켰다. 제9연대장 송요찬과 마찬가지로 제2연대장 함병선도 일본군의 지원병 준위 출신이었다. 제2연대는 여순사건 때 전투경험을 했고, 특히 제3대대는 서북청년회 출신으로만 구성됐다.

1949년 1월 군인 2명이 북촌리 인근에서 무장대 기습으로 사망하자, 대대 병력이 출동해 마을을 불 지르고 주민들을 무차별 학살해 이틀 동안 300명 이상이 희생됐다. 젊은 남자가 다수 희생돼 한동안 북촌리는 무남촌(無男村)이라 불렸다.

1949년 3월 2일 제주도지구전투사령부(사령관 유재흥 대령)가 설치됐다. 이 전투사령부는 제2연대와 유격대대 그리고 제주 경찰과 새로 증파된 경찰특별부대를 통합 지휘했다. 이처럼 제주 토벌부대 전투력을 강화한 까닭은 1년 전 무효화된 제주 일부 지역의 선거를 재실시하는 문제와 미국 원조에 관한 대통령의 초조감 때문이었다.

국군 제14연대가 제주 4·3항쟁의 진압 명령을 거부하고 봉기하여 여순사건 발생

여수·순천 10·19 사건, 여수순천반란사건, 여수 14연대 반란사건, 여순봉기, 여순항쟁, 여순군란이라고도 부르는 여순사건은 제주 4·3사건과 함께 대한민국 정부의 수립 과정에서 발생한 비극적 사건이다. "현대사에서 가장 아픈 손가락"으로 불리던 여순사건은 그 발생 73년 만에 국회에서 2021년 6월 29일 '여순사건 특별법'(여수·순천 10·19사건 진상규명 및 희생자 명예회복에 관한 특별법)이 통과되어 사건의 진상을 규명하고 희생자를 지원하기 위한 법적 근거가 마련됐다.[169]

여순사건 특별법은 여순사건의 시기적 범위를 14연대가 제주 4·3항쟁의 진압 명령을 거부하고 봉기한 1948년 10월 19일부터 지리산 입산 금지 조처를 해제한 1955년 4월 1일까지로 규정했다. 또 장소적 제한은 여수·순천을 비롯해 전남·북, 경남 일부 지역으로 명시했으며, 역사적 성격은 당시의 혼란과 무력 충돌, 이의 진압 과정에서 민간인 다수가 희생당한 사건으로 명시했다.

이 특별법은 국가가 희생자에게 의료·생활지원금을 지급할 수 있는 규정이 포함됐으며, 여순사건 희생자를 추모하는 위령 묘역과 위령탑, 여수·순천 10·19 사건 사료관, 위령 공원도 조성할 수 있게 되었다.

여순사건 희생자는 재판절차도 거치지 않은 '학살 피해자'

여순사건은 1948년 10월 19일 여수 주둔 국방경비대 제14연대가 남쪽만의 단독정부 수립에 반대하는 제주 4·3사건의 진압 출동을 거부하면서 시작됐다. 이에 이승만 정부는 10월 21일 여수, 순천 일대에 계엄령을 선포하고 토벌 작전을 전개하기 시작했다. 그 과정에서 수많은 민간인이 군·경의 진압 작전이나 일부 좌익세력에 의해 무고하게 희생됐다.

이승만 정부는 초기 진압 작전에서 봉기군에게 밀리자 여순 지구에 계엄령을 선포하고, 동원 가능한 모든 군대는 물론 박격포·장갑차·경비정 등 모든 수단까지 동원해 해당 지역에 대한 무차별적인 공격을 가했다. 이후 14연대는 광양의 백운산과 지리산, 산청 웅석봉 등으로 숨어들어 본격적인 유격 투쟁을 전개했으나 순천은 10월 23일에, 여수는 10월 27일 군경에 의해 완전 진압되었다.

진압군의 무차별 초토화 작전으로 인해 1949년 1월 10일까지 인명 피해는 총 5,530명(사망 3,392명, 중상 2,056명, 행방불명 82명)이고, 가옥 피해는 8,554호(전소 5,242호, 반소 1,118호, 소개 2,184호)였다.[170]

희생자의 연령별 분포를 보면, 전체 124명 가운데 10대에서 30대가 117명으로 91.9%를 차지하였다. 성별 분포를 보면, 남자가 93.6%로 희생자의 대부분을 차지한다. 이는 가장 활동적인 시기의 청년 남성이 민간인 희생의 주요 대상이었음을 보여준다. 특히 여수 도심권 사건이 59.6%에 달했다.

희생자는 여수 진압 작전과 반군 협력자 색출작업이 주로 이루어진 이 지역에서 피해가 집중되었다. 사건 당시 반군 활동 지역에 거주했던 주민들은 처형의 이유가 된 가담혐의의 경우엔 추정만 있을 뿐, 구체적인 가담 사실을 확인하는 절차를 거치지 않았기 때문에, 군경의 가해는 자의적인 성격이 강했다.

군경이 작전하는 과정에서 민간인을 살해하는 근거는 계엄령에서 비롯된다. 계엄령 아래에서 이루어진 군의 '즉결처분권'은 민간인 살해나 처형을 정당화하는 주요한 근거였으나, 법의 일반적 요건이나 정당성을 결여하고 있었다.

군경당국은 법적 통제를 받지 않고 작전의 편의성이나 효율성만을 고려하여 '즉결처분'을 남용했다. 이에 많은 민간인들이 반군에 협조한 혐의만으로 재판절차를 거치지 않고 사살됐으며, 이 '즉결처분'은 사실상 학살이었다.[171]

이승만 정부는 여순사건을 계기로 좌익계와 광복군계를 포함한 모든 반(反)이승만 성향의 군인들에 대한 대대적인 숙군 작업에 착수하였고, 이에 전군의 5%에 달하는 4,750명이 축출되는 결과로 이어졌다.[172] 박정희는 여순사건과 연루되어 고초를 겪었지만 숙군 작업에 적극적으로 협조하여 살아남는다.

사건 발생 당시 정부는 이 사건을 여순반란사건 또는 전남반란사건이라고 불렀으나 1995년부터 국사 교과서에 '여수·순천 10·19사건'이라고 명명하였으며, 일반적으로는 여순사건이라 부른다. 여순사건은 제주 4·3사건과 직결된 비극으로 그 전말은 여수시가 운영하는 디지털여수문화대전이라는 사이트에 아래와 같이 나와 있다.[173]

"1948년 10월 19일 여수에 주둔한 국군 제14연대 병사들이 제주 4·3사건의 진압 명령을 거부하고 단독정부 수립 반대, 미군 철수를 주장하며 여수, 순천 등 전라남도 동부지역을 점령한 이 사건을 계기로 이승만 정부는 국가보안법을 제정하고 강력한 반공국가를 구축하였다.

1948년 4월 3일 제주도에서 시작된 단독선거·단독정부의 수립을 반대하는 무장봉기가 진정되지 않자, 국군과 경찰은 여수에 주둔하고 있던 제14연대 일부 병력을 제주도로 파견하기로 했다. 이에 1948년 10월 19일, 지창수(池昌洙)를 비롯한 제14연대 병사들은 제주도에서 일어난 항쟁을 진압하러 갈 수 없다며, 파병 명령을 거부하고 주둔지인 여수에서 봉기를 일으켰다.

14연대 봉기는 남로당 중앙은 물론이고 전라남도 도당이나 여수·순천의 지역당도 사전에 알지 못했다. 봉기를 처음 계획한 하사관들은 소수에 불과했다. 14연대 봉기의 가장 중요한 원인은 제주도 파병 반대였지만, 이전부터 쌓여왔던 군과 경찰 간의 갈등도 주요한 배경으로 작용했다. 장비가 우세했던 경찰은 경찰 보조병력으로 창설된 국방경비대를 깔보았고, 국방경비대는 경찰을 민족과 국가를 팔아먹은 매국노 친일 집단으로 간주했다.

10월 19일 늦은 밤에 시작된 봉기는 다음 날 오전 여수와 순천으로 확대되었다. 순천에서는 경찰관들이 봉기군을 막으려 했지만, 순천에 주둔하고 있던 14연대 파견대(홍순석 지휘)가 봉기에 합류하여 저지에 실패하였다. 며칠 만에 여순사건은 광양, 구례, 보성(벌교) 등 전라남도 동부지역으로 빠르게 번져나갔다.

14연대는 여수에 들어온 후 '제주도출동거부병사위원회'란 이름으로 '애국 인민에게 호소함'이라는 성명서를 발표했다. 14연대는 성명서를 통해 "모든 애국 동포들이여! 조선 인민의 아들인 우리는 우리 형제를 죽이는 것을 거부하고 제주도 파병을 거부한다. 우리는 조선 인민의 이익과 행복을 위해 싸우는 진정한 인민의 군대가 되려고 봉기"했다고 밝히고, '동족상잔 결사반대'와 '미군 즉시 철퇴' 등을 요구하였다.

10월 20일 오후, 여수에서는 수천 명이 참가한 인민대회가 열려 '인민위원회의 여수 행정기구 접수', '대한민국 분쇄 맹세', '친일파 민족반역자 경찰관 등을 철저히 소탕', '무상몰수 무상분배의 토지개혁 실시' 등을 결의하였다. 여수, 순천에서는 지방 좌익세력과 청년·학생들이 봉기에 참여하면서 대중봉기로 전환하였다.

인민위원회가 재건된 여수에서는 경찰을 체포하고 친일파의 은행 예금을 동결하거나 재산을 몰수하는 한편, 식량영단 창고를 개방하여 쌀과 물자를 시민들에게 배급하였다. 여수 외 다른 지역에서는 경찰이나 우익인사에 대한 인민재판을 실시하기도 했다. 순천까지 장악한 14연대는 10월 20일 밤 세 그룹으로 군대를 재편했다. 3개 편대 중 첫 번째 부대는 벌교 방면(서쪽), 두 번째 부대는 학구 방면(북쪽 방향), 세 번째 부대는 광양 방면(동쪽)으로 진출하였다.

이승만, '아동'을 포함한 철저한 진압을 강조함으로써
양민에 대한 무차별적인 학살의 계기가 돼

이승만 정부는 여순사건이 발생하자, 처음에는 이 사건이 극우세력과 극좌세력이 합심해서 일으킨 사건이라고 발표했다. 이범석 국무총리는 10월 21일, 여순사건은 '공산주의자가 극우의 정객들과 결탁'한 '반국가적 반란'이라는 이른바 '혁명의용군 사건'을 발표했다. 그러나 혁명의용군은 조직적 실체도 없는 허상의 군대였고, 이후 재판에서 무력공산혁명 혐의는 인정되지 않았다.

혁명의용군 사건에서 가리키는 '극우 정객'이란 김구 등의 한독당 세력을 가리키는 것이었다. 그러나 김구는 극우세력이 관련되었다는 정부 발표에 대해서 곧바로 부정하였다. 김구가 여순사건 관련 주장을 부정하고 일반 여론도 이에 동조하지 않자, 김형원 공보처 차장은 말을 바꾸어 "여순사건은 전라남도 현지 좌익분자들이 계획적이고 조직적으로 일부 군대를 선동하여 일으킨 것"이라고 발표했다.

한편, 국방부는 여순사건을 "소련 제국주의의 태평양 진출 정책을 대행하려는 공산당 괴뢰정권의 음모"라고 규정하였다. 여순사건을 반도 남쪽의 한 지방에서 이승만 정부에 반항한 사건이 아니라 한반도에서 소련 지배권을 확대하려는 국제 공산주의운동의 한 부분으로 몰아갔던 것이다.

이에 따라 정부는 철저한 진압 방침을 세웠다. 이승만은 "모든 지도자 이하로 남녀 아동까지라도 일일이 조사해서 불순분자는 다 제거하고 조직을 엄밀히 해서 반역적 사상이 만연되지 못하게 하며, 앞으로 어떠한 법령이 혹 발포되더라도 전 민중이 절대 복종해서 이런 비행이 다시는 없도록 방위해야 될 것"이라는 강경한 담화를 발표하였다.

이승만이 사태의 원인이 공산주의, 좌익세력에 있다며 '아동'까지 포함한 철저한 진압을 강조하면서 진압군이 잔혹하게 민간인을 학살하는 계기가 되었다. 이승만의 무차별적인 동족학살 지시는 6·25전쟁을 전후해 미군의 직간접적 개입 속에 발생한 보도연맹 학살사건, 거창학살 사건 등 수많은 양민학살로 꼬리를 물고 이어졌다.

진실화해위원회는 2009년 "이 대통령의 경고문이 진압 작전의 지휘관으로 하여금 민간인을 상대로 무리한 작전을 펼치게 하는 결과를 낳았다"고 지적, 수십 년 전의 학살 사태에 대해 뒤늦었지만 국가 원수의 책임을 추궁했다.

미 군사고문단이 한국 장교 대동한 군·경의 진압 작전으로 민간인이 다수 희생

반란 소식을 들은 서울의 미 군사고문단 수뇌부는 10월 20일 오전에 관계자 회의를 열고, 진압 작전을 지휘하기 위해 광주에 반란군토벌전투사령부를 설치하기로 결정했다. 이 회의를 주도한 것은 미국 임시군사고문단이었다.

10월 20일 오후, 서울에서 군 지휘부가 광주에 도착하자 구체적인 진압 작전이 수립되었다. 육군 총사령부는 10월 21일 반란군토벌전투사령부를 광주 제5여단 사령부에 설치하고 총사령관에 송호성 준장을 임명하는 한편, 진압 작전에는 작전 가능한 병력을 동원하기로 결정하였다.

이에 따라 대전(제2연대), 전주(제3연대), 광주(제4연대), 부산(제5연대), 대구(제6연대), 군산(제12연대), 마산(제15연대)에 주둔하고 있는 병력 가운데 총 11개 대대가 진압에 투입되었다. 이들 병력 중 제2연대·제6연대·제12연대·제15연대는 원용덕이 지휘하는 제2여단으로 소속되었고, 제3연대와 제4연대는 김백일이 지휘하는 제5여단에 소속되었다. 부산의 제5연대는 해안경비대와 함께 여수 앞바다에서 해상작전을 전개했다.

진압군은 순천 북방에서 벌어진 학구전투에서 최초의 승리를 거두었다. 그 뒤 진압군은 순천을 공격했으나 봉기군의 저항에 직면하여 쉽게 순천을 공략하지는 못했다. 봉기군은 진압군의 강력한 화력 앞에 더 이상 저항할 수 없음을 깨닫고 밤을 이용해 순천에서 퇴각하였다. 이후 진압군은 비교적 손쉽게 순천을 점령할 수 있었다.

한편 10월 24일부터 시작된 진압군의 여수 공격은 치밀한 작전 계획을 갖고 진행되지 못했기 때문에 봉기군과 지방 좌익세력의 저항에 부딪혀 실패했다. 여수에 대한 초기 진압 작전에 실패하자 진압군은 기계화 부대와 해안경비대, 그리고 연락용 비행기까지 동원하여 초토화 진압 작전에 나섰다. 여수·순천 진압에서 군 역사상 최초로 육군과 해군, 공군의 합동작전이 실시되었다. 결국 여수를 방어하던 봉기군과 지방 좌익세력도 더 이상 여수를 지킬 수 없어 인근 지역으로 후퇴했다.

진압군이 여수 공격을 감행 중이던 10월 25일, 국무회의는 여순 지역계엄령(대통령령 제13호)을 통과시켰다. 계엄법은 일 년이 지난 1949년에야 만들어졌기 때문에, 당시는 계엄법이 아직 존재하지도 않았을 때였다. 국무회의에서 계엄령이 통과된 다음 날, 호남방면 사령관은 여수·순천 지구에 임시계엄을 선포했다.

순천과 여수를 점령한 진압군과 경찰은 우익청년단원들과 지방 우익세력의 도움을 받아 협력자 색출에 나섰다. 혐의자들에게는 아무런 법적인 변호의 기회도 주어지지 않은 채, 우익세력의 '손가락 총'에 지목되어 즉석에서 참수, 사형되거나 군법회의에 넘겨졌다.

국군의 여수·순천에 대한 진압 작전이 시작되었을 때, 반란을 일으켰던 14연대 정규 병력은 이미 산악지대로 탈출한 상황이었다. 이로 인해 진압군 작전은 정규 반란군만을 대상으로 한 것이 아니라, 전 시민을 반란군으로 간주하고 이들을 모두 적으로 삼는 무차별적인 공격이 되었다.

진압군은 여수와 순천을 점령하고 전 시민을 학교운동장에 모이게 하여 협력자를 색출했다. 당시 심사의 기준이 된 것은 교전 중인 자, 총을 가지고 있는 자, 손바닥에 총을 쥔 흔적이 있는 자, 흰색 지까다비(일할 때 신는 일본식 운동화)를 신은 자, 미군용 군용팬티를 입은 자, 머리를 짧게 깎은 자였다. 주민들 가운데 흰 고무신을 신고 있는 사람도 봉기군으로 간주되었다.

흰 고무신은 지방 좌익 세력에게 처형당한 우익인사 김영준이 운영하는 천일고무공장에서 제조한 것이었는데, 봉기 기간에 인민위원회가 이를 배급했기 때문이었다. 또 국방경비대가 입고 있던 군용 표시가 있는 속옷을 입고 있는 사람도 혐의 대상이었다. 진압된 뒤 겉옷은 버릴 수 있지만 속옷은 갈아입지 못했을 것이라는 추측에서였다. 이 기준들은 원래 제14연대 반란군을 색출하기 위한 기준이었지만, 진압군은 이런 외모를 봉기군 협력자로 간주하는 절대적인 기준으로 사용했다.

부역자 색출 과정에서 이 지역의 존경받는 우익인사들도 많은 피해를 입었다. 인민재판 배석판사로 참가했다는 누명을 쓴 황두연(순천 갑구 국회의원)은 간신히 목숨을 구할 수 있었지만, 박찬길(광주지방검찰청 순천지청 차석 검사)은 진압군에게 총살당했고, '민중을 총연합 지휘하는 최고사령관'이라고 잘못 알려진 여수여자중학교 교장 송욱은 행방불명되었다.

진압군의 부역자 색출 과정은 12월 중순까지 약 한 달 반 동안이나 계속되었다. 또한 계엄령하에서 군법재판이 열려 많은 수의 민간인이 회부되었다. 군법회의는 계엄사령부가 있었던 광주와 중앙고등군법회의가 설치된 대전 등지에서 열려, 수천 명의 혐의자들을 한 달이라는 짧은 기간 안에 빠른 속도로 처리해 갔다.

여순사건이 끝난 뒤 정부는 조사관을 파견하여 여수, 순천, 구례,

곡성, 광양, 고흥, 보성, 화순 등지의 피해 상황을 조사하게 했다. 이에 따르면 1949년 1월 10일까지 인명 피해는 총 5,530명이고, 가옥 피해는 8,554호였다. 가옥을 비롯한 총 재산 피해 추정액은 99억 1763만 395원에 달했고, 가장 긴급한 구호가 필요한 대상 주택은 1만 3,819호로서 그 인원은 6만 7,332명이었다. 단 일주일간의 피해가 이처럼 막대했는데, 이런 피해 대부분은 진압군의 강경 진압 과정에서 발생한 것이었다.

이승만, 여순사건 후 군 내부 좌익세력의 색출과 국보법의 제정

여순사건이 진압된 후 이승만 정부는 내부 치안을 확보하기 위해서는 강력한 물리력이 필요하다는 인식을 갖고 군대와 경찰을 정비했다. 경찰관을 증원하는 한편 우익 청년단체들은 대한청년단으로 통합하고, 학교에는 군사훈련을 위해 학교별, 지역별로 학도호국단을 창설했다. 군대에서는 좌익세력 색출을 위한 숙군(肅軍)이 본격적으로 시작되어, 1949년 7월까지 국군 병력의 약 5%에 이르는 총 4,749명이 숙청되었다.

이승만 정부는 또 좌익세력 색출을 위한 강력한 법제를 마련했다. 급속하게 만들어진 국가보안법은 1949년 한 해 동안 전국 교도소 수용자의 70%에 달하는 11만 8천 명에 적용될 만큼 광범위하게 사용되었다. 무엇보다 여순사건은 공산주의자를 민족과 국민의 범주로부터 추방함으로써 반공체제를 강화하는 중요한 계기가 되었다.

여순사건을 집중적으로 보도한 언론은 반란군의 잔혹한 학살을 부각시켰고, 진압 후에 현지에 파견된 문인조사반은 '잔인무도한 귀축(鬼畜)들', '악의 승리' '인간성 상실' 등의 용어를 사용하여 봉기군의 만행을 표현했다. 이에 따라 봉기군은 인간이라기보다는 잔인한 짐승으로 여겨졌고, '절대 악'이었기 때문에 같은 민족이 될 수 없었다.

　이승만의 표현처럼 반란자들은 "한 하늘 아래 두고는 같이 살 수 없는" 존재가 되었다. 진압군에 의해 전라남도 동부지역은 10월 말에 완전히 장악되었지만, 14연대 반란군은 지리산 등 산악지대로 입산하여 유격투쟁을 계속 전개하였다. 여순사건은 지역적 사건으로 그치지 않고 전국적인 정치적·사회적 관심을 집중시켰고, 이 사건을 계기로 형성된 반공체제는 한국 현대사에 큰 영향을 남기게 되었다.

3장

6·25와 정전협정,
이승만이 침묵한
'엉터리' 샌프란시스코 조약

1. 6·25 6개월 전부터 남북은 4백 번의 총격전, 남한군의 38선 이북 진출도 이루어져

미국, 모택동 천하 통일 성공 후 극동 방어전략 수정

미국은 동북아, 특히 중국의 공산화를 저지해서 소련의 영향력 확대를 막는다는 전략이었지만 중국의 공산화가 기정사실이 되자 북이 소련과 중국의 지원을 받아 남을 공격한다면 미국은 이를 감당하기 힘들 것으로 판단했다. 그래서 미국은 소련과 중국이 지원하는 북의 남침에 개입할 경우 득보다 실이 크다고 보고 소련의 남침 저지선을 동북아에서 남한을 빼고 일본으로 후퇴하는 전략을 택했다.

1948년 8~9월 남북이 각각 정부를 수립한 뒤 미국과 소련은 한반도에 주둔시킨 군대를 철수하기 시작했다.¹⁷⁴ 미국은 1948년 제주도 등지에서 무장대가 미군정이 지원하는 한국군과 경찰에 저항하는 움직임이 커지자 미 대통령은 더글라스 맥아더 극동 사령관에게 한국에 예비군 병력 7천 명을 무기한 주둔시키라고 지시했다. 맥아더는 1949년 1월 미 대통령에게 회신을 보냈다.

"남한은 북으로부터의 침략이 있을 경우 버티지 못할 것이며 미국은 그런 상황에서 한국을 군사적으로 지원할 책무가 없습니다. 일본이 소련의 동아시아 진출을 막을 채비를 갖춰야 합니다."

트루먼 미 대통령은 1949년 3월 한국에 대한 정책을 발표, 소련이 한반도 전역을 공산화할 가능성이 크다면서 한국에서 미군을 1949년 6월 30일까지 군사고문단만 잔류시키고 철수한다고 발표했다.[175]

그러나 트루먼 대통령은 미군이 철수해도 미국은 한국 군경에 대해 미 군사고문단을 잔류시켜 경제, 군사, 기술적 지원을 지속할 것이라고 덧붙였다. 이는 한국이 홀로서기를 해야 한다는 의미였다. 이승만이 강력 반대했지만 미군 전투부대는 1949년 6월 남한에서 철수했다.

미국 국방부는 "미국은 김일성의 남침 시 남한을 구하기 위해 무력개입할 의사가 없다"고 밝혔다. 미 국무부도 같은 의견이었으며 1949년 7월 맥아더 장군은 북의 남침에 대한 미군의 방안을 대통령에게 보고했다.

"북이 남침할 경우 미국은 즉각 남한에서 미국 시민과 미군 및 지정된 외국인을 일본으로 소개시킬 예정입니다."

1949년 12월 트루먼 대통령은 미국은 공산주의가 태평양으로 진출하는 것을 저지하기 위해 필리핀과 일본, 류큐 열도를 방어선으로 삼는다고 밝혔다.[176]

미국은 한국에 대해 지나가는 말투로 경제, 군사 및 기술적 지원을 지속할 것이라고 밝혔을 뿐이다. 미 국무장관 딘 애치슨은 1950년 1월 12일 워싱턴 내셔널 클럽에서 극동에서의 미 군사전략에 대한 유

명한 연설을 하게 된다. 이른바 애치슨 선언이었다.[177]

"미국은 한국과 대만을 제외한 극동지역의 독립을 보호하기 위해 유엔 헌장에 입각해 전체 문명 세계와 함께 싸울 것이다."

애치슨 선언, 한국과 대만을 제외한 미국의 새 극동지역 전략

애치슨 장관의 선언에 서울은 발칵 뒤집혔다. 한국 정부는 미국이 극동의 방어선 안에 한국을 포함시켜야 한다고 주장했다. 애치슨 장관은 그러나 미 의회에서 완강한 자세로 자신의 선언이 정당하다는 점을 역설했다.

"남한은 소련과 중국의 지원을 받는 북의 침공을 격퇴하기는 어렵다. 미국도 그런 침략을 군사적으로 감당할 수 없다고 생각한다."

애치슨 장관은 나아가 북의 침략을 저지하기 위한 결의안이 유엔 안보리에 제출된다 해도 소련의 거부권에 걸려 성사되지 못할 것이라는 전망을 내놓았다. 미 상원 외교위 위원장은 1950년 4월 한국의 지도자들을 화나게 하는 발언을 내놓았다.

"미국이 한국을 군사적으로 보호하지 못한다는 것은 확실하다. 애치슨 장관은 미국이 한국의 독립을 존중하지만 미국은 남한이 북의 침략으로 희생되는 경우에도 군사적 지원을 할 수 없다고 발언한 바 있다. 미국은 소련에 맞서거나 소련이 전 세계를 향해 팽창정책을 강행한다고 해도 미국 정부는 한국에 대한 결정을 바꿀 수는 없다."

6·25 발발 후 미국은 태도가 급변해 유엔 깃발 들고 한국에 파병

미 국무장관 딘 애치슨이 1950년 1월 애치슨 선언을 발표한 5개월 뒤인 6월 25일 전쟁이 발발했다. 중국에서 모택동 군이 천하 통일에 성공하면서 미국은 공산주의 방어선을 남하시켜 대만과 남한을 제외하는 애치슨 선언을 발표하였는데, 그 직후 6·25전쟁이 일어난 것이다. 그러자 미국의 태도가 급변했다.[178]

트루먼 대통령은 북의 침략 사실이 알려지자 한국에 대한 태도를 180도 바꿔 미군이 한국을 지원하라고 지시했다. 이런 태도 때문에 미국이 북의 전면 공격을 유발했다는 일부 비판이 나왔다. 실제 6·25 전쟁이 일어나기 전 미군과 외교관이 미 정부에 보낸 기밀서류에 의하면 북이 1949~1950년 사이에 38선을 넘어 전면 남침할 것이라는 내용이 포함되어 있다.

그러나 당시 휴전선에서 남북 군대가 크고 작은 충돌을 지속하고 있었기 때문에 북의 전면 공격은 돌발적인 남침이 아니라는 해석이 나왔다. 트루먼 대통령은 먼 훗날 자신의 회고록에서 당시 상황에 대해 기록했다.[179]

"미 정보부에서 1950년 봄 북이 전면전을 개시할 가능성이 있다고 보고했었다.

맥아더의 정보원들도 1950년 3월 북이 그해 가을이나, 3개월 이전에 남침을 준비하고 있다고 추측했다. 미국은 당시 북의 남침은 중국과 소련의 지원을 받고 있어 한국이 격퇴하는 것이 불가능하다고 여겼다는 것은 애치슨 장관의 발언 등에서 유추된다.

맥아더도 남한이 북 공산주의자들의 공격을 저지하지 못할 것이라고 생각했는데, 이는 미군정 군사고문 책임자 윌리엄 로버트 장군이 1950년 3월 내린 결론과 유사했다.[180]

1950년 6월 1일 극동 미 공군 정보기관은 한국이 북의 침략이 있기 전에 망할 것이라고 했고, 그 후 10여 일 후 북의 남침 전에 주한 미 대사 무초도 비슷한 견해를 표명했다.[181]

당시 미국 정부가 한국에 대한 군사적 지원 쪽으로 태도를 바꿀 때 남한이 북에 점령당하도록 미국이 방치할 경우 동북아시아에서 연쇄적인 공산화 사태가 발생해 결국 세계 대전으로 비화할 것이라는 우려와 함께 일본 안보에 한국이 중요하다는 주장이 제기되기도 했다.[182]

미국 정부와 군이 한반도 급변사태 발생과 관련해 정보의 혼선을 빚었지만, 애치슨 장관의 선언에 따른 정책이 추진된 뒤 한반도에서 전쟁이 발생한 것은 사실이었다. 미국은 손바닥 뒤집듯 한반도 사태에 적극 개입하려는 태도로 돌변했고 유엔 안보리를 통해 북측 군대의 움직임을 침략으로 규정하고 유엔군을 구성해 한반도에 파견할 결의안을 통과시켰다.

안보리는 결의안 82호를 채택, 북이 적대행위를 중단하고 38선에서 철수할 것을 촉구했고, 이틀 뒤 결의안 83호를 채택해 유엔 회원국들이 한국을 지원해 군사적 공격을 격퇴하고 국제 평화와 안전을 회복할 것을 촉구했다.[183]

6·25전쟁 발발 당시 소련은, 중국 대륙을 통일한 중공이 대만으로 쫓겨 간 중화민국을 대신해 안보리 회원국이 되어야 한다면서 안보리 참여를 거부하고 있었다.[184]

1950년 7월 7일 안보리는 소련이 여전히 불참한 가운데 통과시킨 결의안 84호를 통해 한국에 군사력 등의 지원을 하는 회원국들은 미국의 연합지휘를 받을 것을 촉구했다.

안보리, 미국에 유엔군 사령관의 임명 권한을 부여

유엔 안보리가 미국에게 유엔의 기치 아래 연합군의 지휘권을 행사하는 권한을 위임하면서 미국 정부에게 유엔군 사령관으로 맥아더를 임명할 권한을 부여했다.[185]

유엔사는 유엔 기구가 아닌 미 정부의 지휘를 받는 다국적군

유엔사는 이처럼 유엔 안보리 결의 82, 83, 84호에 의해 만들어진 다국적 군사기구로 1950년 7월에 창설됐다. 당시 미국이 주도한 유엔군 구성에 21개 국가가 참여했지만 전체 병력의 90% 이상이 미군이었다.[186]

6·25전쟁 발발 직후 열린 안보리 회의에서 소련이 미국의 유엔군 파병 결의안에 거부권을 행사했다면 한반도의 정치적 지형은 오늘날과 크게 달라졌을 것이다.

그런데 소련이 세계사적으로 중요한 안보리 긴급회의에 세 차례나 연이어 불참함으로써, 미국 애치슨 장관이 불가능하게 생각했던 북의 전면공세에 대한 유엔의 군사적 저지가 가능해진 것이다. 소련은 안보리 불참 시 어떤 사태가 벌어질지 알고 있었을 터인데 왜 그런 결정을 했을까? 이에 대해서는 여러 추정이 제기되고 있는데 그중 하나를 소개하면 다음과 같다.

"스탈린은, 미국과 중국이 한반도에서 전면 전쟁을 벌일 경우 두 나라 국력이 소모되어 소련이 상대적으로 안전해질 것이라는 결론을 내린 결과이다."

믿거나 말거나 식의 추리 소설 같은 이야기지만, 강대국들은 다른 강대국들을 의식하면서 항상 최악의 힘겨루기를 상상해서 전략을 세우는 일이 적지 않은 듯하다. 미국의 경우 20세기 초 강대국 일본을 의식해 일본의 조선 침략에 동의했다. 이어 2차대전 종전 직후의 아시아에서 누가 패권을 차지하느냐를 놓고 소련 압박의 수단으로 이용한 측면이 있었다.

북진통일의 주장 속에 남한군이 38선 이북에 방어진지의 구축을 시도하기도

미군정은 한국 군경에 대한 무기 지원 등을 한 뒤 1948~1949년 38선 경비를 담당하게 했다. 당시 이승만은 북진통일을 주장하면서 미국에 중무기 제공 등을 요구했지만 미국은 소련을 의식해 이를 거부했다. 남북은 1949년 5월 이전까지 38선에서 소규모 총격전을 벌이다가 그 이후 6개월 동안 400여 차례의 총격전을 벌였다.

그 대부분은 수색대 간의 총격에 그쳤으나 개성, 춘천, 옹진 등에서 벌어진 충돌은 양측에 큰 피해를 입혔다. 당시 가장 심각한 충돌은 남한군이 38선 이북까지 방어진지를 구축하려다가 북의 강력한 반격을 받으면서 일어났다고 미 군사고문단이 상부에 보고했다.[187] 당시 이승만은 북진통일을 계속 주장하고 있었다.

이승만은 존 포스터 덜레스 상원의원이 한국을 방문한 1950년 6월 18일에도 자신은 북을 점령하고 싶다는 의사를 밝혔다.[188] 덜레스

의원은 1953년부터 1959년까지 아이젠하워 대통령 아래 제52대 국무장관을 지내면서 이승만의 북진통일 주장을 심각하게 우려하기도 했다.

6·25전쟁이 임박한 시점에서 한국 및 미국 정보 장교들은 북의 남침 가능성을 경고했지만 미 CIA는 북의 남쪽 이동이 통상적인 방어 작전이며 남침 가능성은 없다고 결론 내렸다. 6월 23일에도 유엔 감시단은 38선을 시찰한 뒤 전쟁이 임박한 징후는 없다고 밝혔다.[189]

북은 6월 25일 총공격을 개시해 수 시간 만에 38선을 넘어 남쪽으로 진격했다. 그다음 날 북이 서울을 점령할 가능성이 높아지자 이승만은 라디오 방송을 통해 정부는 서울을 방어하기 위해 최선을 다할 것이니 국민들은 동요하지 말고 일자리를 지키라고 당부하는 방송을 내보냈다.

하지만 이승만은 정부와 함께 27일 서울을 떠나 국민을 기만했다는 비판을 받았다.[190] 이승만은 내란이 발생할 것이 두려워 그랬다고 변명한 것으로 알려졌다.

이승만은 서울을 사수하겠다고 거짓 방송한 뒤 한강 다리 폭파해

그러나 더욱 한심한 것은 6월 28일 밤 한국군은 피란민들이 건너고 있는 한강 다리를 폭파해 많은 사상자가 나오게 만들었다는 점이다.

이승만은 6·25전쟁 직후인 1950년 6월 27일 보도연맹원이나 남로당원들을 처형하라는 지시를 내렸다.[191] 이에 따라 퇴각하던 한국 군경이 강원도 횡성군에서 그다음 날인 28일 보도연맹원에 대한 첫 처형이 집행됐다.[192]

이승만은 6·25전쟁에 대한 정전협정 논의가 시작되자 전쟁 중단을 반대하면서 무력에 의한 통일을 주장했다.[193] 이승만은 "한국은 정전 협정을 결코 수락하지 않고 통일을 위해 계속 싸울 것"이라고 밝히면서 1953년 6월 18일 반공포로 석방을 단행했다. 이에 대해 미국 덜레스 국무장관은 서신을 보내 "한국이 휴전을 위태롭게 할 권리가 없다"며 비난했다.[194]

미 정부, 정전협정을 반대하는 이승만 제거 비밀계획

미 행정부는 이승만이 한국군에게 '북진 명령'을 내리는 등 돌출행동을 할 경우 등을 우려해 1953년 중반 이승만이 정전협정 내용에 반대하거나 주한미군 철수를 주장할 경우 미국이 제거한다는 비밀계획인 '에버레디 작전(Operation Everready)'을 만들기도 했다.

그러나 이승만은 4가지 요구사항을 들어 주면, 정전협정을 받아들이겠다며 상호방위조약 체결과 경제 원조, 한국군 20개 사단 증강 지원 등을 요구했다. 그 결과 미국은 '무력침략을 받을 경우, 즉각 개입' 요구를 제외한 이승만의 요구를 대부분 수용했고, 1953년 8월, 한미 간에 상호방위조약이 가조인되었다.

이승만은 4·19혁명으로 하야하기 6개월 전인 1959년 10월까지 북진 통일론을 미국 측에 주장했고, 이로 인해 미국의 심각한 경계 대상이 되었다. 이는 1959년 10월 방한한 미국 국무부 부장관 더글러스 딜런이 이승만 대통령과 회담하고 이틀 뒤인 10월 25일 미국 국무부 앞으로 타전한 기밀문서에서 밝혀졌다. 딜런 부장관은 이 대통령이 "통일을 달성할 수 있는 유일한 방법은 오직 무력뿐이라는 신념을 표현했다"고 기록했다.[195]

이승만은 국내 정치를 하면서 논란이 심했다. 예를 들어 1952년 개

헌을 통해 대통령 직선제를 추진하면서 계엄령을 선포하고 자신의 정치 노선에 반대하는 국회의원들을 투옥한 후 대통령에 당선되었다. 그는 1954년 초대 대통령에 대한 연임제한을 철폐하는 것을 주요 내용으로 하는 사사오입 개헌을 강행했다.

또 이승만은 1952, 1956년 대통령선거에서 자신에게 도전했다 낙선한 조봉암 진보당 당수를 사법살인을 했다는 비판을 받고 있다. 조봉암은 대선공약으로 '평화통일'을 주장했는데 1958년 국가보안법 위반으로 체포되어 1959년 사형선고를 받고 처형당했다.

이승만은 1960년 3월 15일 치러진 선거에서 이기붕이 부통령으로 당선되었으나 유례없는 부정선거라는 주장이 야당을 통해 제기되면서 4·19혁명이 발생하고 그해 4월 26일 하야했다.

미군은 인천 상륙작전 때 일본인 참전시켜

유엔군은 1950년 9월 인천 상륙작전이 성공한 뒤 남쪽 지역에 있는 북 군대의 보급로를 차단했고 그 여파로 북이 북쪽으로 퇴각하기 시작했다. 미국이 인천 상륙작전을 시도할 때 인천 앞바다의 지리에 밝은 일본인 전문가의 도움을 받고 상륙정 운전도 일본인에게 시켰다. 일본은 한국전을 통해 전후 복구 작업의 상당 부분을 성공시켰다.

트루먼 대통령은 9월 11일 맥아더에게 38도 이북으로 진군할 것을 명령했고, 10월에 맥아더를 웨이크섬으로 불러 대담할 때 중국군의 위협에 관해 물었는데 맥아더는 그렇지 않다고 대답했다. 당시 맥아더는 그해 연말까지 한반도 전쟁이 종식될 가능성과 함께 미 8군을 일본으로 철수시키고 1개 사단을 1951년 1월에 유럽으로 이동시킬 것을 희망한다면서 소련의 개입을 우려한다고 말했다.[196]

당시 미 정보기관 G2, CIA 등은 상황을 오판했다. G2 사령관 윌러비는 중공군이 30만 명에 가까운데도 7만 1,000명이라고 추정해 맥아더에게 보고했고 CIA도 중공군이 20만 명이지만 한반도를 공격할 가능성은 없다고 트루먼 대통령에게 보고했다.[197]

그러나 한 달 뒤 상황이 급변했다. 유엔군이 운산 전투에서 조우한 적군은 중공군이었다. 10월 15일 중국 인민해방군이 압록강을 넘어 참전해 12월 휴전선 이남으로 진군했다. 중공군은 서울을 점령했지만 유엔군의 반격으로 휴전선 부근까지 퇴각했다.

맥아더는 중공군의 참전을 예상치 못한 데다 중국 만주 지역의 폭격을 주장하다가 경질되었고, 미국은 전세를 역전시키기 위해 핵무기 사용을 검토하는 과정에서 3차 대전을 우려한 유럽 국가들의 우려 등을 고려해 중단했다. 이후 전투가 소강상태에 빠지면서 2년여 동안 소모전이 계속된 상황에서 미군의 대대적인 공습이 가해졌다. 미국은 제한전쟁의 원칙을 세웠지만 공습을 강화해 세계 전사에서 가장 많은 폭탄을 이북 지역에 투하했다.

유엔군은 1953년 정전협정 체결 당시 한국군 59만 명을 포함해 17개국 총 93만 2,964명의 병력을 보유하고 있었다.[198]

2. 6·25전쟁은 국제전으로 비화되어 엄청난 피해 발생

미국의 북 지역에 대한 대규모 공습과 핵무기의 사용 검토, 세균전 논란

6·25전쟁은 2차대전 종전 5년 만인 1950년 6월 25일 한반도에서 전면전 형태로 발생해 유엔군이 참전하고 중국군이 개입하는 국제전으로 비화되어 엄청난 인명 피해 등이 발생했다. 3년 1개월간 지속된 한반도 전쟁에는 21개국이 전투병과 의료진을 보내 참전했고, 자유진영과 공산진영의 대결장이 되었으며, 대략 6백여만 명의 인명 피해가 발생했다.

남북이나 미국, 중국 등의 집계가 서로 달라 혼란스러운 가운데 남측의 인적 손실은 모두 230만여 명, 북측의 인적 손실은 292만여 명으로 추정됐다. 또한 1천만 명의 결핵 환자, 1천만 명의 이산가족이 발생했다. 인적 피해는 2차 세계대전과 베트남 전쟁 때보다 피해가 더 컸다. 모든 도회지는 거의 파괴되었고 양측의 학살과 고문, 기아로 인한 사망 등이 속출했다.[199]

참전국 군대의 인적 손실은 정확히 집계된 적이 없고 여러 종류의 자료가 존재하는데 남측 군대 75만 명 사상, 북측 군대 50만 명 사상, UN군 18만 명 사상, 중공군 95만 명 사상으로 추정된다. 남북 전역이 초토화되고 주요 시설 파괴는 52%에 달했다.

6·25전쟁 중 남쪽의 민간인 피해는 모두 99만 968명으로 이 가운데 37.7%인 37만 3599명이 사망했다. 북에서 발생한 민간인 피해는 150만 명으로 추정되는데 북측 당국은 사망자를 별도로 밝힌 바가 없다.[200]

남북 전 지역에서 학교·교회·사찰·병원 및 민가를 비롯해 공장·도로·교량 등이 무수히 파괴되었다. 특히 민족 내부의 불신과 적대감이 커지면서 남북 간 분단의 벽이 더욱 높고 견고해졌다.

북은 미국의 대대적 공습으로 2차대전 시기 독일이나 일본의 도시보다 더 큰 피해 입어

1950년 6월 25일 발발한 한국전쟁은 미국이 1945년 세계 2차대전의 종전 이후 승리하지 않고 휴전했던 최초의 전쟁이라고 하지만 당시 북 지역 도시들이 입은 공습피해는 2차 세계대전 당시 독일과 일본 도시가 공습으로 입은 피해보다 더 심각했다. 미 공군은 전쟁 3년 동안 평양 등 북의 주요 도시들 대부분을 네이팜탄과 소이탄 등을 투하해 철저히 파괴했다.[201]

극동공군(FEAF) 소속 폭격기들은 6·25전쟁 개전 초 전쟁 수행에 긴요한 산업 시설이나 철도와 같은 교통 통신 수단 등에 대해 정밀폭격을 실시했다고 했지만 실제로는 거의 무차별적인 폭격이 이뤄졌다.

정밀폭격은, 2차대전 당시 독일과 유럽에서 융단폭격식의 야만적인 폭격이 광범위하게 실시되어 대규모 민간인들에 대한 살상과 피해 등이 속출하자 그에 대해 비도덕적이고 비생산적이라는 비판이 제기되었고, 이에 대응해 미 공군이 채택한 공격 원칙이었다.[202]

이 원칙은 중공군의 참전 이전까지 유효했다고 하지만 북의 군수 시설 등이 인구밀도가 높은 주요 도시에 세워져 있어서 미군 폭격 시 많은 민간인 피해가 발생했다. 하지만 중공군의 참전 이후에는 이 원칙도 실질적으로 폐기되었다.

1950년 11월 맥아더 사령관은 강계, 신의주와 수 개의 작은 도회지를 화염 공격하는 방안에 동의했다. 그 당시 미 공군은 북의 모든 도시와 부락, 공장, 건물, 통신 시설 등을 파괴하라는 명령을 하달받은 것으로 알려졌다. 그에 따라 11월 5일 22대의 B-29가 강계에 출동해 이 도시의 75%를 파괴했고, 그 후에도 여러 도시에 대한 공격이 실시되었다.

1951년 8월 한 종군기자는 "압록강과 평양 사이는 철저히 파괴되어 도회지는 보이지 않았다. 사람이 살았던 곳은 철저히 파괴되고 굴뚝만 남아 있어서 마치 달나라를 여행하는 것 같았다"라고 썼다.

종전 당시 북 지역 22개 주요 도시는 대부분 60~95% 정도 파괴된 것으로 미 공군은 평가했다. 맥아더는 중공군이 참전하자 중국과 북 지역의 접경인 만주 부근에 34개의 핵폭탄을 투하해 최소 60년 동안 북의 남침이 불가능하게 만들어야 한다고 미 정부에 요구하다가 경질되었다.[203]

1953년 5월 미군 폭격기들은 정전협정에서 협상력을 높이기 위해 북 지역에 있는 수력발전 시설이나 관개용 댐을 공격해 농지에 홍수가 나거나 작물을 파괴했다. 특히 독산댐, 자산댐, 구원가댐, 남시댐 등을 공격해 북 주민 수백만 명이 굶주림에 시달리도록 만들었다. 북 지역에 대한 화염 폭격을 멈출 즈음에는 미군 폭격기들이 목표물을 찾기 어려워 개천에 놓인 작은 다리를 폭격하거나 바다에 폭탄을 버리기도 했다.

미 공군은 6·25전쟁에서 3만 2,557t의 네이팜탄을 포함해 모두 63만 5,000t의 폭탄을 투하했다. 이는 미국이 2차대전 당시 유럽에 106만t을, 태평양전쟁 때 일본에 16만t을 포함해 총 50만t을 투하한 것과 비교된다. 참고로 미국이 참전해 폭탄을 가장 많이 투하했던 국가는 캄보디아 50만t, 라오스 200만t, 남부 베트남 400만t이었다.

북 지역은 미국의 화염 공격으로 민간인 최고 150만 명 사망

미국이 1950~1953년까지의 6·25전쟁 때 실시한 북 지역에 대한 화염 공습으로 북 민간인 99만 5천 명(최저 64만 5천~최고 150만 명)이 사망했으며 이는 세계 전사에서 가장 많은 인명과 재산 피해를 초래한 것으로 일부 국제기구나 전문가들은 추정하고 있다.[204]

북의 민간인 사망자를 99만 5천 명으로 추정할 경우에도 세계 주요 전쟁에서 발생한 사망자의 수를 능가한다. 즉 2차대전 당시 독일에 대해 연합군이 실시한 화염 공습으로 민간인 40만~60만 명이, 일본에 대한 화염 공습과 핵무기 투하로 33만~90만 명이 각각 사망했다.

미국은 1945년 3월 9~10일 도쿄에 화염 공습을 실시해 민간인 10만 명이 죽고 1백만 명의 가옥을 불태웠다. 또한 인도차이나에서 1964~1973년 동안 실시된 여러 작전으로 발생한 민간인 사망자는 12만 1천~36만 1천 명으로 추정됐다.

하지만 이와 같은 여러 지역에서 발생한 민간인 사망자 수는 그 비극이 발생할 당시 전체 인구와 비교하면 북 지역의 경우가 가장 심각했다. 즉 북은 1950년 당시 전체 인구가 970만 명이었고 2차대전 종전 당시 독일의 전체 인구는 6,500만 명, 일본은 7,200만 명이었다.

미 공군이 북 지역에 실시한 화염 공습은 2차대전 당시 유럽과 일본에서 자행되는 방식이었다. 단 20분 정도의 짧은 시간에 행해지는 공습으로 전체 도시가 약 1500~2000℃의 고온 속에 불타는 화재 폭풍에 휩싸이게 만들었다. 즉 강력한 폭약으로 건물을 파괴하고 네이팜탄과 다른 소이탄으로 거대한 화염을 일으켜 소방관들이 불길을 진화하지 못하도록 해 해당 지역의 주민들을 질식시키는 방식이었다.[205]

그러나 2차대전 종전 후 화염 공습 방식이 민간인에게도 사용되는 것은 전후에 활용 가능한 자원을 불태움으로써 비생산적일 뿐만 아니라 세계 보편적인 개념인 도덕률에 반하는 것이란 비판을 받았다.

북에 대한 미국의 공습은 미국이 타민족에게 가한 가장 극단적인 폭력이었다

2차대전 이후에 전쟁범죄에 대한 경각심이 잠시 부각되었고 6·25전쟁 발발 초기엔 미국도 민간인을 살상하는 전면전 형태인 화염 공격을 금지했었다. 하지만 개전 5개월 만에 중공군이 참전해 미군 등이 철수하는 사태가 발생하자 이를 번복했다. 미 공군은 북 지역에서 군대, 보급, 군수공장과 통신 시설, 은신처로 사용 가능한 건물을 포함한 모든 목표물을 파괴하라는 지시를 받았다.

미국은 2차대전 종전 후 독일에 대한 화염 공습에 대해서는 1천 명에 달하는 조사단을 현지에 파견하여 정밀 조사해 독일 현지 공장의 피해 등에는 배상을 했지만, 일본과 북 지역에 실시한 동일한 공습에 대해서는 아무런 조사 등을 실시하지 않았다.[206]

미국의 역사학자 브루스 커밍스는 한국전쟁 기간에 강행된 북 지역에 대한 공습은 미국이 타민족에게 가한 가장 극단적인 폭력의 하나이면서 미국인들이 그 사실을 거의 모르고 있다고 지적했다.

미군은 1958~1990년까지 남한에 수백 개의 핵폭탄을 배치하고 북의 침공 초기에 사용한다는 계획을 세워두었다. 북이 6·25전쟁에서 겪은 공습에 대한 피해와 공포는 결국 북이 핵 보유를 시도한 원인의 하나가 되었다는 식의 견해도 있다.

미국 대통령 등이 북에 대한 선제공격을 위협하는 발언을 하면서 한반도에서 전쟁 수행권을 미국이 가지고 있는 것처럼 행동하는 경우가 적지 않은데 한반도의 특성상 남북의 주민들이 엄청난 인명 피해를 입을 가능성을 고려할 때 대단히 부적절한 일이다.

남 주민 5,000만 명, 북 주민 2,500만 명이 엄청난 인명 피해를 입을 가능성을 상정한다면 감히 그런 말을 해서는 안 되고 한미동맹 관계가 엄존한다 해도 한국 정부가 그런 발언이 나오지 않도록 안전 조치를 취해야 할 것이다.

미국은 중국과 북 지역에 핵무기의 사용을 검토하고 투하 직전까지 추진

미국은 6·25전쟁 발생 직후와 중공군이 참전해 전세가 불리해졌을 때 중국과 북 지역에 핵무기를 투하할 계획을 추진하면서 중국 정부에 그 사실을 통고하는 등의 조치를 취했다. 그러나 미국은 소련이 핵무기로 일본을 공격할 가능성 등을 우려해 결국 한국전에서 핵무기의 사용 계획을 백지화했다.[207]

트루먼 대통령은 한국전쟁이 발발하자 소련이 참전할 경우 소련을 공격할 계획을 세우라고 지시했다. 그리고 그해 7월 트루먼 대통령은 미국의 공격 능력을 소련에 주지시키기 위해 B-29 폭격기에 핵심 부품을 제외한 핵무기를 탑재해 영국에 배치하도록 명령했다.

그 당시 미국 뉴욕타임스 신문은 미국이 괌에 동일한 조치를 취했다고 보도했다. 중공군의 참전으로 유엔군이 부산까지 퇴각했을 때 미 중앙정보국(CIA)은 중국이 대만을 공격할 준비를 하고 있다고 트루먼 대통령에게 보고했다. 미 국방부는 한국전에 핵무기 사용이 불가피해질 경우 미 의회와 미 여론이 그것에 동의해줄 것이라고 확신했다.[208]

미국 합동참모본부는 1950년 11월 5일 중공군이 한국전에 참전할 경우 만주에 있는 중공군 기지를 핵무기로 공격할 작전을 추진토록 명령했다. 트루먼 대통령은 전술 핵무기 '마크 4 핵폭탄' 9발을 미 공군 B-29 폭격기 부대로 옮기도록 지시했는데 이는 중국과 북을 겨냥한 것이었다.[209]

1950년 11월 30일 유엔군이 중공군에 밀려 압록강에서 남쪽으로 후퇴했을 때 트루먼 대통령은 기자회견을 통해 핵무기 사용은 미 야전 사령관의 판단에 의해 결정될 수 있는 통상적 고려 사항이라고 말했다.[210]

이에 대해 워싱턴 주재 인도 대사는 본국에 타전한 전문에서 "트루먼 대통령은 한반도에서 핵무기의 사용을 고려하고 있다고 발표했지만 중국 지도부가 겁먹지 않을 것이다. 중국 지도부는 국내 결속과 대만에 대한 공세를 강화하기 위해 트루먼 대통령의 발언을 이용할 가능성이 크다"고 보고했다.[211]

트루먼 대통령은 한반도에서의 핵 사용에 대한 자신의 발언으로 유럽에서 우려가 커지자 1950년 12월 4일 영국 수상, 프랑스 수상 등을 만나 핵전쟁과 그것이 유럽으로 확산될 가능성 등에 대해 협의했다. 영국과 프랑스 지도자들은 미국이 구상하는 핵전쟁은 소련이나 중국에게 한반도 전쟁의 확산을 저지하게 하는 것보다 소련이 서유럽을 공격할 빌미가 될 수 있다는 점을 우려했다. 즉 미국이 중국과 싸우는 동안 유럽이 미국의 핵 보호를 받지 못하게 되어 심각한 안보위기에 처할 가능성이 크다는 점을 지적한 것이다.[212]

그 후 미국 합동참모본부는 트루먼 대통령에게 미국은 유엔군의 퇴각을 지원하거나 심각한 군사적 재앙을 방지하는 등의 필요한 경우에만 핵무기를 사용한다는 점을 영국 정부에 전달하도록 건의했다.[213]

1950년 12월 6일 중공군이 유엔군을 패퇴시키자 미 합동참모본부 사령관과 맥아더 장군 등 군 수뇌부는 도쿄에서 만나 중국군의 참전에 대한 대책을 논의하고 향후 수주 또는 수개월 동안 벌어질 전쟁의 양상이 유엔군에 심각하게 불리하게 될 경우 핵무기의 사용을 고려할 것을 협의했다.[214] 당시 미군 수뇌부는 중공군이 전면전을 벌이면서 유엔군 증파가 1951년 4월까지 이뤄지지 않을 경우 핵무기의 사용을 검토할 수 있다고 트루먼 대통령에게 건의했다.[215]

그러나 트루먼 대통령과 미 국방부는 핵무기 사용은 중국과의 전면전을 벌여야 할 위험이 있고 외교적 파급효과가 크다는 점을 들어 신중한 입장을 취하면서 1950년 12월 전황이 유엔군에 불리했지만 핵무기의 사용을 심각하게 검토하지 않았다.[216]

1951년 중국이 신규 병력을 한국전에 투입하자 미국은 일본 카데나, 오키나와 미군 공군기지에서 한반도에 사용할 핵무기를 최종 부품만을 제외하고 조립하는 등의 조치를 취했다. 1951년 10월 미국은 B-29 폭격기들이 오키나와에서 북측 지역으로 비행해 모의 핵폭탄과 재래식 폭탄을 투하하는 작전을 실시했다.

미국은 당시 실제 핵폭탄 투하에 필요한 모든 과정에 대한 모의 훈련을 실시했다. 그 결과 핵폭탄이 대규모 보병 부대를 목표로 삼는 것은 전술적으로 비효율적인 것으로 나타났는데 그 이유는 다음과 같았다. '대규모 병력이 한곳에 집결하는 경우가 많지 않고, 설령 그런 경우가 있다고 해도 적시에 파악해 타격하는 것이 쉽지 않다'.217

매슈 리지웨이 유엔군 사령관은 1952년 초 한반도 외부에서 항공기에 의한 대규모 공격이 발생할 경우 핵무기를 사용할 권한을 위임받았다. 이와 관련해 당시 미국의 한 특사가 미국의 '핵무기 사용 의향'을 중국에 전달하기 위해 홍콩을 방문했다.

그 결과 중국 지도자들은 미국의 '핵무기 사용 계획'에 대해 신중한 태도를 가지게 된 것으로 추정된다. 중국 지도자들이 미국의 B-29 배치에 대해 사전에 알고 있었는지는 분명치 않다. 그러나 1952년 6월 중국이 취한 두 차례의 대규모 공세가 실패로 끝나면서 중국의 전략이 방어 쪽으로 전환했고 미 B-29 폭격기들도 미 본토로 귀환했다.218

핵무기의 파괴력이 가공할 만하지만 그것이 6·25전쟁에서 사용됐다 해도 그로 인한 효과는 크지 않았을 것으로 추정됐다. 그 이유는 당시 중공과 북의 군대가 한곳에 밀집되어 있지 않고 넓은 지역에 분산 배치되어 있었고, 군대가 집결할 기본 시설이나 병참 기지 등이 상대적으로 열악했기 때문이었다.

특히 당시 미국의 전술 핵무기는 소련을 목표로 비축되어 있었다. 그 결과 중공군에 핵 공격이 가해졌다 해도 중공군의 이동이나 작전에는 제한적 영향을 미치는 데 그쳤을 것으로 분석됐다.

만약 전략적 목적으로 중국의 도시들을 공격해 민간 기업이나 시설을 파괴했다면 중국 지도부에게 타격을 주겠지만 중국 지도자들이

중국인들을 한국전쟁에 동원할 명분을 준다는 점도 지적됐다.[219]

소련은 자체 보유하고 있는 핵무기로 중국이나 북을 지원할 것으로 보이지 않았지만 전면적인 핵전쟁의 가능성을 고려해야 했고 동시에 그런 상황이 벌어질 경우 장래 전투에서 핵무기를 보유하지 않은 국가에 핵무기의 사용 가능성을 높이는 전례가 될 위험성도 지적됐다.

1953년 초 트루먼 대통령이 물러나고 집권한 아이젠하워 대통령은 한반도에서의 핵 사용에 대해 신중한 입장이었다. 아이젠하워 행정부도 중국에 대한 전략을 수립했지만 그것을 실행할 경우 소련이 일본을 공격할 것을 우려했다. 그 결과 한국전쟁은 미국이 핵무기의 사용을 실전에 적용하지 않은 상태에서 정전 상태가 되었다.[220]

미국의 세균전 논란은 731 부대원에게
면책 특권을 부여했던 행각과 무관치 않아

미국이 6·25전쟁 기간 중국과 북의 군대를 상대로 세균전을 전개했다는 논란은 오늘날까지 지속되고 있다. 이러한 주장은 중국과 북이 먼저 제기했고 소련이 국제 조사 기구를 발족시켜 그것이 사실이라는 근거를 제시했지만 미국은 계속 부인하고 있다.[221] 미국은 한국전에서 세균전과 한탄(Hantan) 바이러스 등 생물무기를 사용했다는 의심을 사고 있다.

미국은 중국과 북의 군대에 포로로 잡힌 미군 전투기 조종사가 미국의 세균전 작전에 대해 증언한 뒤 귀국했을 때 적에게 협조한 반역죄 혐의가 성립된다는 점 등을 앞세워 과거의 증언을 번복하도록 만들었는데 이의 정당성 여부를 놓고 오랫동안 논란이 빚어졌다.[222]

미국이 한국전에서 세균전을 전개하려 했다는 의혹의 대상이 된 것은 미국이 일제가 2차대전 기간에 만주에서 자행한 731부대의 세균 폭탄 개발 등을 목적으로 한 인간 생체실험 자료를 731 부대원으로부터 면죄부를 주는 조건으로 전달받은 반인륜적 행각으로 빚어진 측면도 강하다.

731부대에 의한 인간 생체실험 대상으로 3천여 명이 희생됐는데 조선인이 중국인 다음으로 많았다는 것은 널리 알려진 사실이다. 731부대는 생체실험 과정에서 개발된 세균탄을 만주의 중국인들을 상대로 실험을 해 수십만 명이 사망했다.[223]

미국은 일본의 전쟁범죄를 눈감아 주는 대가로 넘겨받은 731부대의 자료로 세균전에 대비한 실험을 계속했으며 그 과정에서 6·25전쟁 기간 일본의 731 부대원이 주한미군과 함께 활동했다는 기록도 제시되었다.[224]

미국이 세균전에 대한 개발을 계속하고 있다는 논란이 큰 가운데 오늘날에도 미국이 주한미군 기지 3곳에서 세균전 실험을 계속하고 있다. 한국 시민단체 등이 앞장서서 미국을 향해 그것을 즉각 중단해야 한다는 주장을 제기하고 있지만, 미국은 SOFA(일명 한미 주둔군 지위협정) 등으로 보장된 특권을 앞세워 시정할 움직임을 취하지 않고 있다. SOFA는 한미상호방위조약 4조에 따른 후속협정으로 주한미군에 탁송된 군사화물에 대해 한국의 통관 절차를 면제하는 등 주한미군에 엄청난 특권을 부여하고 있다.

주한미군은 2013년 6월부터 서울 용산, 경기 오산 등 국내 3곳의 미군기지 내 연구실에서 생물학적 대응실험을 하는 '주피터(Jupiter) 프로젝트'를 진행해왔고, 2015년 주한미군이 용산 기지에 '살아 있는 탄저균'을 반입해 한국 내에서 큰 문제가 되었다.

탄저균은 그 주피터 프로젝트의 일환으로 알려졌다. 세계 25곳에 있는 미군의 생물무기 관련 연구소는 실험 시료나 정보, 자료를 미국 본토로 보내지 않고 분석하기 위해 한국으로 보낸다는 것이고, 그것이 바로 '쥬피터 프로젝트'이다.[225]

2013년 3월 '화학 생물학 방어계획 포럼'에서 미군의 주피터 프로그램을 이끌고 있는 피터 이매뉴얼 박사는 발표 자료를 통해 "주피터 프로젝트는 주한미군이 한국에서 북측의 생물학무기 공격을 방어하기 위해 2013년 6월부터 착수하는 군사 프로젝트"라며, 이 프로젝트의 독소분석 1단계 실험 대상이 "탄저균과 보툴리눔 에이(A)형 독소"라고 밝혔다.[226]

이매뉴얼 박사는 보툴리눔과 탄저균 실험을 주도하는 연구소로 서울 용산 65의무연대와 경기 오산의 51의무전대, 위치를 명확하게 명시하지 않은(충남) 미 육군공중보건국 산하 환경실험실 등 3곳을 구체적으로 적시했는데, 이로써 단 1g으로 100만 명을 몰살할 수 있는 보툴리눔 등의 세균전 물질들이 한국 정부도 모르는 사이에 주한미군 실험실로 반입되었다는 것이 사실로 확인되었다.

중공군의 공세가 개시된 후 미국은 한반도 전쟁을 전면 재검토

중공군의 공세가 시작된 수주 후 맥아더는 북측 지역에서 미군을 철수시키고 1951년 1월 서울이 함락됐다. 트루먼과 맥아더는 당시 전황을 살피면서 한반도를 완전 포기할 가능성을 검토했다.[227] 당시 유럽 주요 국가들은 미국의 정책 중심이 유럽이 아닌 아시아를 향하는 것을 반대하면서 미국의 정책 변경이 자칫 중국과의 전면전은 물론 소련과의 핵전쟁으로 비화할 것을 우려했다.

소련과 중국은 1950년 2월 중소우호동맹상호원조조약을 체결해 전쟁이 날 경우 서로 돕기로 함으로써 미국이 중국을 공격할 경우 3차 세계대전으로 비화할 가능성이 우려되었다. 이런 점이 미국 정계 등에 전달되면서 트루먼 대통령은 한국전쟁의 확전을 경계했다.

1951년 3월 미국이 주도한 유엔군은 반격을 시작해 서울을 재탈환한 뒤 38선까지 북진했다. 그해 4월 5일 맥아더가 트루먼 대통령의 유럽 중시정책과 한반도에서의 제한전쟁 전략을 비판하는 서한이 공개됐다.[228]

그러자 트루먼 대통령은 맥아더를 경질하기로 결정하고 4월 10일자로 매슈 리지웨이 장군을 후임으로 지명했다.[229] 이후 미군과 중공군은 소모전을 전개하는 양상으로 전개되었다.

3. 70년 넘은 세계 최장의 정전협정을
   평화협정으로 전환해야

미국은 정전협정 뒤 핵무기를 남한에 배치하고 주한미군 주둔 강화

6·25전쟁은 정전협정으로 일단 총성이 멈추고 70여 년의 세월이 흘렀다. 그러나 정전협정은 한반도에서 전투 행위를 잠정적으로 중단시켰을 뿐이다. 정전협정은 한반도의 전쟁을 완전히 종식시키고 정치적으로 항구적인 평화를 정착시킬 평화협정을 추진한다는 조항을 담고 있지만 아직껏 실현되지 못하고 있다.

정전협정이 70년 이상 지속되는 경우는 세계 역사상 그 유례가 없고, 평화협정이 체결되지 않으면서 한반도는 세계에서 전쟁이 발생할 가능성이 가장 높은 지역의 하나가 되었다. 남북은 물론 미국 등이 정전협정을 위반했다고 지적받는 사례는 헤아릴 수 없이 많고, 그 과정에서 한반도의 남북 양쪽에서 군비 증강이 가속화되었으며 미국의 북에 대한 핵 공격 전략의 상시화는 북의 핵 개발 맞대응으로 이어졌다.

미국은 정전협정과 관련된 유엔사를 존속시켜 제2의 6·25가 발생할 경우 1950년과 같은 다국적군을 모집해 한반도로 보낼 중간기지시스템을 일본 유엔사 후방기지 7곳에 유지하고 있다. 즉 일본의 7개 항구에 가동 중인 유엔사 후방기지는 함선과 병력의 접안과 수용시설을 갖추고 있고, 현재 공해상에서 북의 함정을 검색하는 영국, 독일 군함들의 기착지가 되어 있다.

한미상호방위조약은 미국의 군사력을 남한에 배치할 권리를 보장하고 미국이 북 지역을 선제타격할 근거를 제공하고 있다. 주한미군 사령관은 유엔사와 한미연합사 사령관 등 3개 사령관을 겸직하고 있어 한국에서 발생할 수 있는 모든 군사적 돌발 사태에 대비할 체제를 갖추고 있는데 이는 한국 입장에서 보면 군사적 주권이 상실된 것을 의미한다. 이른바 주권 국가로서 필요하고 충분한 조건을 갖추지 못하고 있는 것이다.

유엔 등은 정전협정의 협상을 전쟁이 발생한 6개월 뒤부터 시작

정전협정은 6·25전쟁이 세계 대전으로 비화되어서는 안 된다는 국제 여론이 높아지면서 그 체결을 위한 노력이 6·25 발발 이후 유엔을 중심으로 여러 차례 시도되었다. 1950년 12월 14일, 유엔은 정전을 위한 총회결의를 했고 이를 위해 중국과 협상을 시작했다. 중국과의 협상이 실패로 돌아가자 미국은 1951년 6월 야콥 말리크 유엔 주재 소련대사를 만나 논의한 뒤 소련에서 먼저 협상을 제안하기로 결정했다.

이후 7월 1일, 조선인민군 총사령관 김일성과 중국인민지원군 총사령관 펑더화이가 공동으로 휴전협정 동의를 발표한 뒤 2년 가까이 휴전협정에 대한 논의가 진행됐다. 그러다가 1953년 7월 27일 판문점에서 열린 제159차 휴전회담 본회의에서 유엔군 측 수석대표 W.K. 해리슨과 공산군 측 대표 남일이 세 통의 휴전협정서와 부속 문서에 각각 서명한 뒤 유엔군 총사령관 M.W. 클라크, 조선인민군 총사령관 김일성, 중국인민지원군 총사령관 펑더화이가 각각 후방사령부에서 서명했다.

협정서는 5조 63항으로 구성된 전문, 11조 26항의 부록으로 이루어져 있으며, 국문·영문·한문으로 작성되었다. 전문에 의하면 한국에서의 분쟁을 종결시키기 위하여 한반도에서의 전투 행위와 모든 무력 행동을 완전히 종결시킬 정전을 목적으로 체결되었다. 휴전의 성격은 순전히 군사적인 것으로 6·25전쟁에서의 교전국에게만 해당되었다.

주요 내용은 ① 군사분계선을 설치하고, 양측은 군사분계선으로부터 2km씩 후퇴하여 완충지대로서 비무장지대를 설치한다. ② 군사정전위원회를 구성하여 휴전협정의 이행을 감시하며, 스웨덴·폴란드·스위스·체코슬로바키아 등 4개국으로 중립국감시위원단을 구성하여 군비증강을 감시·조사하게 한다. ③ 양측이 억류하고 있던 포로를 송환할 것과 본국 송환을 거부하는 포로는 중립국송환위원단에 인도하는 것을 결정했다. 이 협정으로 6·25전쟁이 일어난 지 3년 1개월 2일 만에 휴전되었다.

이승만은 '엉터리' 샌프란시스코 강화조약의 협상 과정을 방관

이승만은 전쟁 기간에 미국이 일본과의 샌프란시스코 강화조약을 체결하는 과정에서 한국을 철저히 배제하는 것도 모자라 우리 민족사에 대해 엉터리 자료까지 배포하는 행위에 대해 방관하는 입장이었다. 그는 말로는 반일을 내세운 것으로 알려졌지만 패전국 일본이 재기하는 데에 가장 결정적 역할을 한 장본인 역할을 했다. 미국은 일본을 미국의 반공 보루로 만들기 위해 1952년 발효된 샌프란시스코 강화조약을 맺으면서 일왕제 유지와 전범 처리 최소화 내지는 눈감아 주기, 일본의 전쟁범죄 배상 부담을 경감시켜주는 반국제법적 특혜를 제공했다. 이 강화조약의 협의 과정에서 미국은 독도에 대해 일본이 그 영유권을 주장할 근거를 마련해줌으로써 미래 언젠가 한일 전쟁이 발생할 빌미를 제공했다.

미국은 이 강화조약의 서명국에서조차 한국을 배제했고 한국 정부는 그에 대해 침묵했다. 오늘날 일본군 성노예, 강제노역 문제 등이 지속되는 근거를 미국이 제공했고 이승만은 방관한 꼴이었다.

미국은 이 강화조약을 통해 패전국 일본이 신속하게 경제 회복을 실시할 수 있도록 그 배상책임을 최대한 가볍게 하는 방식으로 강행했다. 베르사유 강화조약처럼 독일에 대해 가혹할 정도의 무거운 배상책임을 지게 하는 방식은 문제가 있다면서 일본에게 적용치 않은 것이다. 이 과정에서 한반도가 일제에 의해 가장 큰 피해를 입은 경우인데도 미국은 일본과의 강화조약 체결을 위한 협의 단계나 최종 협정 서명국에서 한국을 배제했다.

미국이 샌프란시스코 강화조약 추진 과정에서 한국을 배제하는 것을 일본도 찬성했다. 결과적으로 샌프란시스코 강화조약은 일본의 경제적 배상 문제는 일제에 의해 피해를 당한 국가들과 일본이 개별적 협상을 통해 추진토록 하는 방식으로 결론이 나면서 일본이 전후 급속한 경제성장을 이룰 토대가 되었다. 이승만이 6·25전쟁 중이라고 해도 이 강화조약 체결 과정에서 국제법적 상식에 어긋나는 미국의 정책에 침묵하고 방치한 것은 엄청난 외교적 실책이라 할 것이다.

당시 이승만은 북진통일을 주장하며 정전협정 반대에만 골몰했다. 이승만은 북과 중국을 군사적으로 제압해야 한다는 맥아더의 주장에 적극 동조하면서 미국과 소련이 정전협정을 추진하는 것에 대해 격렬하게 반대하며 반공포로 석방을 강행했다. 또한 한국군이 단독으로 북진을 하겠다며 군사 무기를 미국이 공급해 달라는 식의 주장을 미국 대통령을 상대로 계속 전개했다. 그러다가 이승만은 정전협정을 평화협정으로 전환하는 것에 역행되는, 즉 한미상호방위조약을 체결하는 조건으로 정전협정 체결에 동의했다.

이승만, 북중에 대한 과도한 공포와 적개심만을 표출했을 뿐 자주국방은 뒷전

이승만은 정전협정에 반대하면서 한국군이 단독으로 북진할 수 있다는 의지를 밝히고 미군이 향후 한반도 유사시 무조건 개입하는 식의 한미군사동맹을 미국에 압박했지만 관철시키지 못했다. 이승만이 미군의 참전에 대한 미국의 국내법 절차 등을 외면한 채 막무가내로 미국에 매달리고 압박했을 뿐 정전협정 당시 한국군의 병력을 기반으로 어떻게 자주국방을 이룰 것인가에 대한 의식이 전무했던 것은 정치 외교적 자질이 부족했던 탓이라 보인다.

정전협정 당시 한국군은 전체 유엔군 93만 2,964명 가운데 절반 이상인 59만 911명이었고 미군은 30만 2,483명이었다. 당시 미국은 정전협정의 대가로 파격적인 경제원조 등을 한국에 약속한 상태였다.[230]

한국군은 전쟁 이전에 비해 엄청난 규모를 갖추고 있었는데도 이승만은 정전협정 체결로 유엔군이 철수한 상태에서 북과 중국의 재침 시 절망적인 사태가 닥칠 것이라는 식의 과도한 적대감, 공포감을 앞세우면서 자주국방의 조건을 갖추려는 태도를 전혀 보여주지 않았다. 당시 미국 대통령은 이승만의 주장대로 될 경우 미국의 대외정책

실패로 비치어 미국 내 선거에서 패배할지 모른다는 점을 우려해 이승만 제거 계획까지 세웠는데, 오늘날에 이르러 이승만의 당시 대미정책이 탁월했다고 칭송하는 견해가 나오는 것은 참으로 이해하기 어렵다.

이승만은 정전협정 체결 이후 그 규정에 따라 평화협정으로의 전환을 위한 협상에 대표단을 보내지 않고 북과 중국의 재침 가능성을 우려하면서 정전협정을 파기해야 한다고 주장했다.

이승만은 정전상태가 지속되는데도, 자신의 북진통일론을 1960년에 실각할 때까지 계속 주장하고, 또 샌프란시스코 강화조약이 미국의 대아시아 전략의 출발점이었고, 거기서 한국을 배제한 것은 국제법적 상식에 비추어 설득력이 없는 것인데도 그 조약에 대해 침묵한 것은 외교적 역량이 크게 부족했거나 엄청난 실책이라는 비판을 자초한다. 이승만이 자신의 북진통일 주장에 쏟았던 열정의 몇십분의 일이라도 샌프란시스코 평화협정에 쏟으면서 국제여론전을 주도했다면 한반도는 물론 동북아의 판도가 오늘날과 크게 달라졌을 가능성도 있다.

이승만은 정전협정 체결의 대가로 한미상호방위조약을 만들 때 미국이 한반도의 유사시에 즉각 개입하는 조항을 넣어야 한다고 주장했으나 관철하지 못했고, 대신 주한미군의 한국 배치를 '권리'로 인정해주면서 주한미군의 부지, 시설, 주둔 비용까지 부담하는 식의 퍼주기 조약을 만드는 데 그쳤다.

오늘날 이승만을 평가할 때 한미상호방위조약 체결로 한국의 경제발전이 가능했다며 '국부'로 칭송해야 한다는 식의 견해가 수구세력 등을 통해 제기되는 것은 가짜뉴스라는 비판을 벗어나기 어렵다. 미국이 샌프란시스코 강화조약 체결 당시 한국을 서명국에서도 배제했는데도 이를 방관했기에 40여 년 동안 일제에 의해 전방위적으로 탄압받고 수탈당한 것에 대한 배상문제를 원천 배제당하게 만들었다는 점에서 이승만의 책임은 매우 크다고 볼 수 있기 때문이다.

미국은 이승만이 한국군만으로 북진통일을 추진한다는 것을 줄기차게 주장한 것 등과 관련해 지난 수십 년간의 대한국 군사전략으로 남한군이 북을 상대로 전쟁을 일으킬 가능성에 대한 대비를 최우선으로 철저히 고려하고 있다. 최근 윤석열 대통령이 북에 대해 선제타격 발언을 한 것에 대해 미국이 어떤 식의 판단을 했을까 하는 점은 바이든 대통령의 방한 시 문재인 전 대통령과의 면담 계획을 추진했던 것에서 그 윤곽이 드러난다고 하겠다. 미국은 대한반도 전략을 미국의 동북아, 세계전략의 한 구성 부분으로 바라보고 있기에 한국의 독자적인 군사행동을 철저히 차단하려는 모습을 지난 수십 년 동안 지속하고 있다.

1956년에 미국이 한국에 핵무기를 배치하기로 공식화한 것은 일방적인 정전협정 위반

정전협정 60항은 이 협정 조인 후 3개월 이내에 정치적 협상을 벌여 평화협정을 추진하도록 촉구하고 있다. 그래서 1954년 4월 스위스 제네바에서 관련 회의가 열렸지만 합의에 도달하지 못했다. 미국은 이 협정 13항에 규정된 새 무기의 도입 금지 규정을 어기고 1956~1957년 남한에 핵무기의 배치를 공식화하면서 정전협정을 일방적으로 위배했다. 미국은 정전협정 이후 최초로 이 협정문의 일부를 공식 폐기할 의사를 밝힌 것이다.

한국전에 참전한 유엔군까지 대표하는 미군은 1957년 6월 21일 판문점에서 열린 군사정전위원회에서 "유엔군 사령부는 정전협정 13

항의 적용을 받지 않는다"고 북측에 통보했다. 미국은 이런 통보를 하기 전에 북측이 이 조항을 위반했다고 주장했지만 그 근거를 제시하지 못했다. 미국은 그다음 해인 1958년 1월 단거리 핵미사일과 280mm 핵 발사 대포를 주한미군에 배치하고, 이어 1959년 중국과 소련을 사정권 안에 둔 크루즈 핵미사일을 반입했다.

당시 북은 핵전쟁에 대비하기 위해 군대를 전방에 배치해 미국이 핵무기 사용 시 미군이나 한국군도 동시에 핵 피해를 입도록 하는 조치를 취했으며, 1963년 소련과 중국에 핵무기의 개발 지원을 요청했으나 거절당했다. 남측에서 논란이 된 전방 지역의 땅굴도 북이 핵전쟁에 대비하기 위한 것이라는 평가도 있다.

정전협정과 관련해 남북이나 유엔 등은 1970년대 이래 이런저런 움직임을 보였지만 평화협정의 추진 동력으로 이어지지 못했다. 남북은 1972년 7·4공동성명과 1992년 남북기본합의서에서 상호 간 불가침을 선언했지만 이는 정식 조약이나 평화조약이 아닌 것으로 북측은 주장하고 있다.

유엔 총회는 1975년 유엔사령부를 해체하고 정전협정을 평화협정으로 대체할 것을 촉구하는 결의안을 채택했지만 이행되지 않았다. 당시 미국은 한미연합사령부를 만들어 미군이 평화협정 체결 이후에도 계속 한국에 주둔할 수 있는 장치를 마련하는 꼼수를 썼다. 1996년 유엔안보리는 의장성명을 통해 평화협정으로 대체되기 전에 정전협정이 철저히 준수될 것을 강조했다.

북은 정전협정 무용론을 오래전부터 주장하고 있다. 북은 정전협정을 준수치 않을 것이라고 1994, 1996, 2003, 2006, 2009, 2013년에 최소 6차례에 걸쳐 발표했고, 미국이 남쪽에 패트리어트 미사일을 배치하면서 실질적인 정전협정이 파기된 것이라고 주장했다. 중국은 북과 함께 1994년 군사정전위원회 참가를 중단하고 대표단을 철수시켰다. 그러나 북은 판문점에서 연락관을 통해 접촉하는 등 정전협정의 일반적 조건을 유지하고 있다.

미국 부시 대통령이 2002년 북을 악의 축이라고 규탄한 뒤 북은 2006년 10월 첫 핵실험을 실시했고, 미국은 2010년 북이 핵무기를 폐기하는 불가역적 조치를 취할 경우 평화협정을 고려하겠다는 입장을 밝혔다. 그러나 북은 2013년 3월 남북 간의 불가침협정을 폐기한다고 발표하면서 핵 선제공격을 할 권리가 있다고 주장했다.

6·25전쟁의 승패가 가려지지 않으면서 그 전쟁의 책임이나 보·배상 문제 등은 전면 보류된 상태다. 이 전쟁은 여전히 논란이 많아 앞으로 여러 각도에서 점검되어야 하고, 그에 따른 시시비비를 가려야 할 역사적 과제로 방치되어 있다. 특히 국가보안법이 버티고 있는 상황에서 이 전쟁에 대한 다각도의 접근과 해석 등은 이루어지지 못하고 있다. 그러나 분명한 것 한 가지는 인명 피해가 막대했다는 점이다.

남북 간에 전쟁 재발 방지를 위한 노력이 성사되기 위해서는 여러 부분이 필요하겠지만 그 가운데 하나는 북의 법적 위상이 이중적이라는 사실이 지적되어야 한다. 북은 남과 같이 유엔 회원국으로 국제법상으로는 국가인데 반해, 국가보안법과 같은 한국의 국내법에서 보면 민간인 간의 접촉도 불가능한 반국가 단체가 될 뿐이다.

이런 이중적인 북의 법적 위상은 국내에서 평화통일 운동이 친북운동으로 처벌 또는 탄압받는 빌미가 되고 있다. 수구보수 정권은 간첩단 사건 조작 등을 통한 공안정국 조성을 통해 민중을 탄압하는 일을 반복했다. 과거 되풀이되었던 공안정국에 앞장섰던 정부 기관들은 평화통일 운동을 친북반미로 규정하고 국보법을 앞세워 탄압에 앞장섰지만 민주화된 뒤에도 그에 대한 반성이나 청산은 없었다.

미국은 남한에 다양한 핵무기를 지속적으로 배치하고 북을 위협

미 극동사령부는 1956년 11월부터 남쪽의 의정부와 안양에 핵무기를 배치하거나 처리할 시설을 갖췄다고 밝혔다. 그러다가 미국이 남한에 핵무기를 최초로 들여온 것은 1958년 1월이고 그 이후 핵무기의 종류와 수량이 더욱 증강 배치되면서 1960년대 후반에는 8가지 종류로 가장 많을 때는 950기에 달했다가 33년 만인 1991년에 완전 철수했다.[231]

미국이 6·25전쟁 정전 이후 4년여 만에 남한에 들여온 핵무기는 오니스트 존 지대지 미사일, 크루즈 미사일, 핵 지뢰, 280mm 핵무기 발사 포와 8인치 곡사포 등이었다. 폭격기 탑재용 핵무기는 1958년 3월에 처음 들여왔다.

미국이 남한에 배치한 핵무기는 전략용과 지역용으로 구분되었다. 전략용 핵무기는 폭격기와 곡사포 등에 의해 목표를 타격하게 되어 있었으며, 그 부대는 군산에 주둔한 미 제8전투비행단(제7공군 예하 전투비행단)이었다.

1974년의 경우 군산 미 공군기지 활주로에는 F-4D 팬텀기 4대가 핵탄두를 탑재하고 QRA비상대기상태를 유지했다. 이 전투기들은 소련 태평양함대 사령부가 있는 블라디보스토크로부터 1천km 떨어진 북경과 890km 떨어진 상해를 목표로 대기했다. QRA(Quick Reaction Alert)는 미국이 전 세계를 대상으로 적대세력의 공격에 대응해 전투기를 항상 대기시키는 작전이다. 경계 대상은 우주에서 접근하는 미확인 비행체, 납치된 항공기, 군사적 침략이 포함된다.[232]

2005년 관련 자료에 따르면 전략용 핵무기는 미 제8전투비행단 소속 F-4D 팬텀기 4대가 활주로 끝에서 이를 탑재한 채 대기 상태를 유지하면서 미 태평양공군 사령부의 지휘를 받았고 폭격 목표는 군산에서 390km 떨어진 중국이었다. 미 제8전투비행단은 비전략용 핵무기도 갖추고 있었고, 북 지역을 폭격 목표로 삼았던 것으로 추정된다.

중국 외곽에 포진되어 미 태평양사령부의 지휘를 받았던 미 공군의 전략 핵무기 기지는 1974년 현재 군산 미 제8전투비행단과 일본 오키나와 가데나 공군기지와 필리핀의 클라크 미 공군기지였다.

1977년 남한의 핵무기는 군산과 오산 미군기지에 배치되었다. 오산 기지는 1977년 말에 폐쇄되고 그 후 남한 내 핵무기 배치량은 계속 감소해서 1976년 540기에서 1985년에는 핵포탄과 핵폭탄을 합해 150기로 줄었다. 미 대통령이 전략무기 핵 감축을 시도한 1991년 초에는 남한에 약 1백 기의 핵무기가 남아 있었지만 그해 12월 모두 철수했다.[233] 미국의 핵무기 철수 이후 한국 정부는 미국의 핵우산 제공을 받아야 한다고 주장했다.

미국이 남한에서 핵무기를 1991년 12월 완전히 철수한 것은 조지 부시 대통령이 그해 9월 제기한 군축 방안에 따른 조치였다. 당시 부시 대통령은 해외의 육상과 함정에 배치했거나 공중 폭격용 원폭 등 모든 전술 핵무기를 미국 본토로 철수하면서 유럽의 나토 회원국의 절반 국가에 배치해 놓은 공중 투하 원폭만 그 조치에서 예외로 했다.[234]

군산에 주둔했던 미 공군은 1991년 1~6월까지 북 타격용 핵무기를 비축했다가 그 후 철수한 사실이 확인됐다.[235] 군산 미군기지의 미군 조종사들은 핵 폭격 훈련을 받는데 그것은 일반적인 핵 투하 자격 등을 인정받아야 했다. 당시 군산 비행장에는 F-16 파이팅 팰컨 전투기가 주둔해 있었고, B61 핵폭탄을 장착하고 있었다. B61 핵폭탄은 미국의 전술·전략 양용 수소폭탄이었다.

미국은 북에 대한 핵 공격 계획을 계속 발전시키고 압박 가속

최신 버전인 지하 관통형 핵폭탄 B61-11은 미국이 유사시 북의 지하시설 공격용이었다. 군산 비행장의 핵무기가 1991년 12월 철수하면서 북에 대한 전술핵 공격 임무는 미 본토의 노스캐롤라이나에 있는 시모어 존슨 공군기지 4 비행대 등이 담당하게 되었다.[236]

1998년의 경우 시모어 존슨 공군기지에는 미국의 전천후 전폭기인 맥도넬 더글러스 F-15E 스트라이크 이글 16기가 주둔해 있었고, 북에 대한 핵 공격 모의 훈련을 플로리다에서 모조 핵탄두를 투하하는 식으로 실시했다. 당시에 북에 대한 전술핵 공격은 잠수함 발사 탄도미사일 공격도 포함됐다.

이 훈련에 동원된 탄도유도탄 전략 잠수함(SSBNs) 2~3척은 태평양에서 항상 경계태세를 취하고 있으면서 중국과 북 지역에 탄도미사일을 발사할 수 있는 상태를 유지했다. 또한 장거리 전략 폭격기 B-2도 북에 대한 핵 공격 임무를 맡았으며 지하시설을 공격하기 위해 지표를 뚫고 들어가는 B61-11 핵탄두를 탑재했다. B-2 스텔스 폭격기는 그 성능이 개발되어 1988년에는 25시간 걸렸지만, 최근에는 8시간 안에 북에 대한 핵 공격 임무를 완수할 수 있게 되었다.

미국은 남한에서 전술핵을 철수한 뒤에도 대북 핵 공격 계획은 계속 발전시켰다. 그것은 미 본토에서 폭격기나 트라이던트 핵잠수함, 장거리 전략 폭격기 등 3가지 공격 방식으로 추진됐다. 미국이 2001년 북을 즉각적인 핵 공격을 가할 대상으로 삼은 것이 확인되었고, 2003년에는 북을 선제타격 대상으로 삼는 CONPLAN 8022 전략에 포함시켰다. 북이 2006년 10월 핵실험을 실시한 뒤 미국의 대북 핵 전략은 더욱 강화되었다.[237]

미국은 작전계획 CONPLAN 5029를 보강해 재래식 무기로 북의 핵무기를 선제 타격하는 작전을 포함시켰다. 작전계획 5029는 북의 쿠데타, 혁명, 대규모 망명, 대량 탈북, 대량살상무기 유출, 북 내의 한국인 인질 사태, 대규모 자연재해 등이 발생한 경우에 대비해 만든 군사작전 계획이다.

군산 미군기지는 중국을 타격하기 위한 동북아의 최북단 전략기지

군산 미군기지에 주둔한 제8 비행대대는 기지 시설을 계속 개선해 2018년 격납고 건설 등을 완료했으며, 2018년 2~3월에 무인기 MQ-1C 그레이 이글 12기를 항구적으로 배치할 것으로 보도되었다.[238] MQ-1C 그레이 이글은 비행 거리 400km로 MQ-1 프레데터 무인기의 개량형 무인기이다.

주한미군은 2020년 최신형 무인기 MQ-9 리퍼 4기를 군산 미군기지에 잠정적으로 배치할 것이라는 국내 일간지 보도를 확인하는 것을 거절했는데 이 무인기는 비행 거리가 1,850km에 달한다. MQ-9 리퍼는 2020년 1월 초 이란 군사령관을 공격해 살해하는 데 동원되었다.

주한미군은 2018년 2월부터 미 2사단에서 무인 공격기 MQ-1C 그레이 이글 12대를 보유하고 있다는 사실도 보도되었다. 무인 공격기 MQ-1C는 비행 거리 400km로 지대공 미사일과 장갑차 공격 미사일 4기를 장착하고 있으며 휴전선 넘어 북의 기지를 공격하기 위한 목적으로 알려졌다.[239]

군산 미군기지가 중국을 타격하는 동북아 최북단 전략기지가 되면서 그에 대한 중국의 대응은 어떻게 이뤄지고 있을까? 중국은 미국이 군산 공군기지를 이용해 자국을 타격할 태세를 갖추고 있다는 사실을 알고 대비했던 것으로 알려져 있다. 1958년 군산 미군기지로 남한에 핵무기가 최초로 도입된 뒤 중국을 타격할 핵 탑재 폭격기가 활주로에 24시간 대기했기 때문이었다.

그러다가 미국의 전술 핵무기가 남한에서 반출된 뒤에는 재래식 무기가 중국 군사시설 타격용으로 대체되었다. 필리핀에 있던 클라크 공군기지가 1991년 폐쇄된 이후, 오산 미군기지가 태평양 지역에서 가장 큰 미 공군기지가 되어 미 태평양공군예하 제7공군사령부 본부가 자리 잡았다. 이런 변화를 겪으면서 2010년 현재 중국 외곽에 주둔한 미군기지 6곳 가운데 중국이 가장 경계하면서 유사시 타격할 무기를 가장 많이 배치해 겨냥한 지역은 한국의 군산과 오산 기지이다.[240]

미 의회에 2010년 보고된 미중 군사경제 관련 자료에 따르면 군산과 오산은 중국으로부터 약 4백km 떨어져 있어 유사시 중국 인민해방군으로부터 탄도미사일 480기, 크루즈 미사일 350기의 공격을 받는 것으로 되어 있다. 중국의 이런 방어태세는 군산, 오산의 전략적 중요성이 일본에 있는 대중국 공격태세를 갖추고 있는 3개 미군기지보다 더 크다고 판단하고 있기 때문이다. 이는 한국의 두 기지가 중국에서 가까운 지리적 특성 때문인 것으로 지적됐다.

일본의 가데나 미군기지는 중국에서 650km 떨어져 있는데 이곳과 미사와 및 요코타 미군 공군기지에 대한 중국 인민해방군의 방어태세는 탄도미사일 80기, 크루즈 미사일 350기로 미 의회 자료에 기재되어 있다.[241] 오산과 군산을 겨냥하고 있는 탄도미사일 수가 일본의 2배 가까이 된다는 것은 중국이 군산, 오산 미군기지를 얼마나 부담스러워하는지 알 수 있게 해준다.

미 의회 보고서는 유사시 중국의 화력이 군산과 오산 미군기지를 타격할 경우 공군기와 기지 등이 파괴되어 전투 불능 상태가 될 것이라고 우려했는데 미 공군기지 부근의 남한 주민들의 피해도 막중할 것으로 추정되고 있다.

한국 정부는 이런 부분에 대해 국민의 생명과 재산을 어떻게 보호할 것인지에 대한 대비책을 강구해야 할 것이다. 미국은 렌스 지대지 미사일을 남한에 배치할 것을 결정했는데 그 이유는 한반도가 지상 핵무기를 사용하기 가장 적합한 장소이며 괌 미군기지에 배치하는 것보다 비용이 덜 든다는 이유였다.[242]

2021년부터 미중 두 나라가 대만을 무대로 군사적 힘겨루기를 강화하고 있고, 미국은 대만에서 무력충돌이 발생할 경우 주한미군이 즉각 투입될 것이라고 공언하고 있다. 이 때문에 미중의 군사적 충돌 시 군산 지역이 큰 피해를 입을 가능성이 큰 실정이다. 군산 미군기지가 미국의 전략적 목적으로 이용되고 있는 국제법적 근거 등에 대한 범사회적 검토와 대책 마련이 시급하다.

미국이 한미상호방위조약 4조 등을 근거로 군산 미군기지를 중국 타격 전략기지로 삼으면서 한국민의 생존권이 위협을 받는 것이 타당한지에 대해 규명해야 할 필요성이 높아지고 있다. 미국과 한국 정부는 그에 대해 명쾌한 해답을 내놓아야 한다. 성주 사드의 경우처럼 현지 주민들과 경찰이 계속 충돌하는데 미군은 뒷짐 지고 지켜보는 식의 비극은 이제 멈춰야 한다.

미중의 갈등이 더 심화되기 전에
한국은 한반도 주권자 위상을 확보해야

오늘날 미국과 중국이 경제, 외교, 국방 등 전방위에 걸쳐 대치와 갈등의 수위를 높이는 패권경쟁을 벌이면서 동북아에 신냉전의 시대가 재연되는 것 아니냐는 우려가 높아지고 있다. 이런 가운데 한반도의 비핵화는 뒷전으로 밀려나면서 정전협정 상태가 계속 유지될 개연성이 높아지고 있다.

특히 미국이 중국에 대한 공세를 강화하면서 지속적으로 미국에 대한 한국의 추종을 의미하는 동맹을 강조할 경우 최근 수년간의 한미관계처럼 한국이 전방위적으로 미국에 심각하게 예속될 가능성도 배제할 수 없다. 최근 동북아 정세는 한미일 공조에 대항해 중국, 러시아, 북의 관계 긴밀화가 강화되고 있는 것도 주목해야 할 것이다.

미중 두 나라의 패권경쟁은 중국의 경제력과 군비증강이 미국의 동북아 군사 구도에 균열이 생길 수준에 다다르면서 심화되는 양상이다. 미중 간의 군비 상태나 국방 예산 규모 등 전체적인 군사력 측면을 바탕으로 비교할 경우 중국은 미국의 적수가 되지 못한다. 예를 들면 2020년 국방 예산의 경우 미국은 7,780억 달러, 중국은 2,520억 달러이고 재래식 무기의 상징인 항공모함은 미국이 20척, 중국은 2척을 각각 가동 중이다.[243]

그러나 자국과 그 주변의 군사적 방위태세로 국한할 경우 중국은 미국의 군사적 압박에 대처할 수 있을 정도의 군사력을 지닌 것으로 평가되고 있다. 중국과 그 주변에서 미중이 재래식 무기체계로 충돌할 경우 미국이 낙관할 수 없는 지경이 되었다는 것이다. 전략 핵무기의 경우 중국은 미국의 20~30분의 1 수준에 그치지만 미국에 상당한 정도의 핵 보복 능력을 행사할 수 있다는 점도 지적되고 있다.

오늘날 동북아의 긴장이 고조되는 이유의 하나는 미국이 중국에 대해 적극적인 공세를 취하는 것을 들 수 있다. 그러나 미국과 중국이 처한 국내외 정세로 볼 때 군사적 충돌이나 제한전쟁이 일어날 가능성은 매우 낮다는 것이 전문가들의 견해다. 미국이 중국 포위 전략에 동원하고 있는 인도, 호주, 일본, 한국 등이 중국과 긴밀한 경제관계를 맺고 있다는 점 때문이다.

미국이 중국에 대한 공세를 강화해도 미국에 대한 이들 국가의 협조가 제한적일 수밖에 없다는 것이다. 중국도 대만에 대해 무력공격 가능성을 위협하고 있으나 양안 경제협력 관계 등으로 실제 그런 일이 일어날 가능성은 높지 않을 것으로 관측되고 있다.

미국은 중국의 군사력 증강이나 경제력이 중국 건국 100주년이 되는 2049년이나 그 10년 전후로 미국을 능가할 가능성이 적지 않을 것으로 보고 중국에 대한 압박 수위를 최대한 끌어올리고 있다. 이런 점을 고려할 때 미중의 패권경쟁이 더 심화되기 전에 한국은 국방 부문에서의 자주권을 확보하기 위해 노력해야 할 것이다.

현재와 같은 미국에 대한 한국의 군사적 예속 상태가 방치될 경우 미국으로의 편입이 더욱 강화될 우려가 크다는 점에서 늦어도 향후 5~10년 안에 군사적 자주권을 확보할 수 있는 조치를 취해야 할 것으로 보인다. 이는 한미동맹의 핵심인 한미상호방위조약의 정상화를 통해 그 교두보가 확보될 것이며, 그렇게 될 경우 평화협정의 추진도 탄력을 받을 가능성이 크다.

북의 핵, 미사일 개발에 대해 어떻게 대응해야 할까?

북은 자체 보유한 핵무기가 아니면 중동의 이라크나 리비아 꼴이 될 것이라면서 핵무기와 미사일 개발을 멈추지 않고 있고 이를 지속할 기세다. 이라크, 리비아가 핵무기 개발을 포기했다가 엄청난 비극을 겪었고, 냉전 시절 핵무기를 포기했던 우크라이나가 러시아 침공을 받는 사태가 벌어지면서 북의 핵무기에 대한 집착과 비축이 강화될 전망이다.

이에 대해 윤석열 정권은 문재인 정부의 대북 정책이 실패했다면서 북의 미사일 발사 실험을 도발로 규정하고 미국 전략 자산의 남한 배치 등 한미 간의 군사적 대응을 강화할 방침을 강조했다. 동시에 '유사시 도발 원점 타격'을 공언하면서 전투기 발진과 미사일 발사 등으로 맞대응의 조치를 취하고 있다.

이런 태도는 미국의 동북아 전략에 동조하는 측면이 강해 남북 간의 전쟁 발생 방지나 교류협력, 평화통일의 노력 공간을 더욱 축소시킬 수밖에 없는 것이다. 박정희, 노태우, 김대중, 노무현, 문재인 정부 등이 북과 지속적으로 평화와 안정, 통일을 지향하는 합의를 내놓은 것이 무엇을 의미하는지 윤석열 정부는 깊이 살펴야 할 것이다.

미국이 중국의 대만 침공 시 대만에 대한 군사적 지원을 공언하면서 주한미군은 물론 한국의 동참이 필요하다는 방침을 밝히자, 중국과 러시아가 군사적 대응태세를 취하는 등 동북아에서 위기 지수가 높아지고 있는 상황이다.

한반도가 정전협정의 체제 속에서 미국의 대중 공세나 대북 선제 공격 전략이 보장되는 등의 전쟁 발발의 위험성을 안고 있는 한 동북아의 평화와 안전은 달성될 수 없다. 한반도 문제 해결에서 당사자의 하나인 한국 정부는 한반도의 전쟁 발생의 위기 지수가 높은 구조적인 원인의 하나가 정전체제라는 것을 인정하고 전쟁 위기 해소를 위해 발 벗고 나서야 한다.

한국이 향후 자주국가로서의 존엄성을 유지하면서 외교, 경제적으로 성공하는 국가가 될 것인지의 여부는 정전협정을 평화협정으로 전환하는 것 등에 달려 있다. 전쟁의 위협을 근원적으로 제거하면서 평화와 안정, 번영을 정착하고 증대시킬 안전장치의 하나로 평화협정이 체결되어야 한다.

미국은 북의 달러 위폐 사건을 터뜨려 6자회담 추진 중단시켜

오늘날 북이 핵과 미사일 전력을 강화하고 남에 대한 미국의 핵우산 제공 시스템이 보강되면서 중국이 주도한 한반도 비핵화를 위한 6자회담에 대해 되돌아보게 된다. 이 회담 관련국들은 한때 한반도 핵문제 해결의 로드맵까지 만드는 성과를 거뒀지만 실행 단계에서 미국의 돌발적 행동 등으로 백지화되었다.

6자회담은 지난 2005년 9·19 공동성명을 통해 북이 모든 핵무기를 파기하고 핵확산금지조약(NPT), 국제원자력기구(IAEA)로 복귀하며 한반도 평화협정, 북미 간의 신뢰 구축 등을 골자로 하는 한반도 비핵화를 위한 합의를 이끌어냈다.

하지만 미국이 그해 10월 북의 달러 위폐 사건을 터뜨리면서 그 이행이 중단되었다. 외국의 화폐를 위조하는 것은 전쟁 선포와 같은 중대한 도전으로 인식되는 중차대한 범죄행위다. 그러나 미국은 지금까지도 북이 가짜 달러를 만든 증거를 제시하지 못하고 있다.

한반도 평화협정이나 비핵화를 거론할 때 북이 핵무기를 감추거나 비밀리에 제조할 가능성을 검증하기 어렵다는 점을 미국이나 한국 일각에서 주장한다. 그러나 이는 한반도의 정전협정 상태를 계속 유지하려는 속셈으로 내세우는 비현실적인 주장이라는 비판을 자초한다. 그것은 현대 과학의 발달로 미국과 러시아가 상호 검증 속에 전략 핵무기 감축 협상을 수십 년간 지속하고 있다는 점에서 더욱 그러하다.

미국과 러시아는 위성과 항공기 감시, 검증 전문요원 등을 통해 서로 상대방의 핵무기 감축 사실을 확인하는 것이다. 이런 검증 기술을 한반도에도 적용하면 되지만 미국은 '북을 믿을 수 없다'는 태도로 현상 유지를 고집하고 한국도 같은 태도를 취하고 있다.

정전협정 유지는 미국의 동북아 군사전략 수행에 크게 기여하고 있다. 평화협정이 맺어지면 주한미군의 계속 주둔 여부가 불투명해지기 때문이다. 주한미군은 중국의 목을 겨누는 칼로 비유되고 있다. 미국은 정전협정을 계속 유지하면서 현재와 같은 전략적 이익을 동북아에서 유지, 증대하고 있다.

미국은 주한미군 사령관이 유엔군 사령관을 겸하고 있는 점을 이용해 전작권을 한국군에게 넘긴 뒤에도 유엔사를 통해 한국에 대한 군사적 통제권을 행사하려는 움직임을 보이고 있고, 한국은 이에 끌려가는 형국이다.

정전협정을 평화협정으로 전환하는 것을 더 이상 미룰 수 없다

한반도의 전쟁 방지 장치는 정전협정이 유일하다. 하지만 정전협정은 껍데기만 남은 상태다. 한반도의 위기는 정전협정을 실효적인 군사, 정치적 협정으로 대체하지 않는 한 해소될 수 없다. 한국은 군의 전시 작전지휘권을 미국에게 계속 행사하도록 맡긴 형편으로, 군사적 자주권의 행사를 통해 한반도 문제의 당사자다운 홀로서기를 거의 하지 못하고 있다.

미국은 6·25전쟁 당시부터 북에 대해 핵무기 사용을 집중적으로 검토했고, 정전 이후에도 북에 대한 핵 위협을 그치지 않았다. 미국은 한반도를 사활적 이해관계가 걸린 주요한 전략 지역으로 삼아 90년대 초까지 매년 팀 스피릿 훈련을 통해 핵무기 및 재래식 무기를 동원해 북을 압박하는 군사훈련을 실시했다.

이런 상황에 큰 위협을 느낀 북이 핵무기 자체 개발을 시작해 결국 대륙간탄도미사일(ICBM)에 탑재할 만한 소형 핵무기를 개발해 미 본토까지 위협하게 된 것으로 미국 안보 전문가들도 언급하고 있다. 핵무기를 둘러싼 미국과 북의 대치와 상호위협의 모습을 볼 때 한반도 평화협정이 진즉 체결되었으면 하는 아쉬움이 크다.

미국이 1958년 핵무기를 한국에 처음 들여온 것은 한미상호방위조약에 의해서다. 이 조약에 따라 미국은 원하는 모든 무기를 한국에 반입할 수 있고, 한국은 이를 승인해야 한다. 미국의 무기 반입 의사에 한국은 수용할 뿐 반대할 수는 없게 되어 있다.

미국의 고고도미사일방어체계 즉 사드의 한국 반입 문제도 마찬가지였다. 이 조약에 따르면 사드 문제는 미국이 맘만 먹으면 언제든지 주한미군에 배치할 수 있고, 단지 한국이 한미행정협정, 즉 SOFA에 의해 그 비용을 얼마나 대느냐 하는 것만이 협의 사항이 될 뿐이었다.

그런데도 국내 정치권이나 대부분의 언론은 한국이 마치 반대할 권한이나 있는 것처럼 착각하기 쉬운 정보만을 양산할 뿐 군사 주권이 원천적으로 전무한 한국의 실상에 대해 입을 다물고 있다. 향후 미중 간에 패권경쟁이 심화되면서 미국의 대중전략에 한국이 동원될 경우 중국이 반발해 한국에 대한 경제보복 조치 등을 취할 가능성이 크고, 그러면 미국이 주도하는 정전협정의 구도는 더욱 강화되면서 평화협정으로의 전환 가능성은 더욱 멀어질 것으로 우려된다.

4. 미국, 샌프란시스코 조약에서 한국 배제하며 엉터리 주장 내놓아

미국이 일본 챙기면서 독도, 강제노역 등의 논란 발생의 근본 원인을 제공해

미국은 한국전쟁 기간에 협의해서 1952년 공표한 샌프란시스코 강화조약에서 한국을 논의 과정에서 아예 배제하였으며, 한국에 대한 일본의 배상액에 대해서도 가짜뉴스를 만들어 유포하는 식의 해괴한 짓을 저질렀다. 한국은 일제에 의해 가장 큰 피해를 입었지만, 미국은 한국을 제외하는 방식의 배상 기준을 만들고 일제 식민지배가 한반도의 근대화에 기여했다는 엉터리 주장을 내놓았다.

오늘날 국내 일부 학자 등이 내놓는 일제의 한반도 강점에 대한 반역사적, 반민족적 주장의 상당 부분을 미국이 이 조약 협의 과정에서 내놓은 것이다. 이승만은 미국의 반국제법적 행태에 대해 전혀 문제삼지 않고 항의하지 않아 실질적으로 일본을 도와주는 짓을 저질렀다. 오늘날 한일 간에 전쟁범죄 인정, 배상 등을 놓고 갈등이 벌어지는 원인을 미국이 만들어 놓은 것이다.

미국은 일본에 대한 전후 처리를 통해 그들의 전진기지로 만들려는 전략을 치밀하게 추진했다. 미국은 태평양전쟁의 종전이 가까워져 오면서 소련이 동북아시아로 진입할 경우에 대해 극도의 경계심을 보였으며, 이런 태도는 일본의 항복 이전과 이후에 일관되게 미국의 동북아 정책에 반영되었다. 한반도에 대한 미국의 전후 점령정책도 이런 기조에 맞춰져 집행되었다.

미국은 전후 동북아에서 소련을 견제할 구도를 만들기 위해 샌프란시스코 강화조약을 추진했으며, 이 조약을 통해 일본이 미국의 대소 동북아의 전진기지 역할을 하게 만드는 것이 목적이었다. 미국은 이에 따라 전범국 일본에 대해 전범 처리와 전후 배상문제를 최대한 가볍게 하는 방식을 만들어 오늘날 한일 간에 논란이 되고 있는 일제 치하의 강제노역, 성노예 문제가 발생할 근본적 원인을 제공한 셈이 되었다.

샌프란시스코 강화조약 또는 대일 강화조약은 제2차 세계대전의 전쟁 상태를 종결하고 국교를 회복하기 위해 1951년 9월 8일 미국 샌프란시스코 전쟁기념 공연예술 센터에서 일본이 미국·영국 등 48개국과 맺은 평화 조약으로 1952년 4월 28일에 발효되었다.

미국은 '일본의 식민지배가 한반도의 근대화에 기여'했다고 유포

태평양전쟁 종전 후 미국은 소련을 견제하기 위해 일본을 미국 편으로 만든다는 것을 최우선 목표로 삼으면서 일본의 전쟁범죄 등에 눈을 감고 한국에 대한 일본의 배상 문제도 외면했다. 미국이 패전국 일본에 대해 솜방망이 정책을 앞세우면서 한반도의 점령과 군정 실시도 그 기조에 따라 취해졌다.

미국의 한반도 군정은 일본에 대한 점령정책의 일부로 집행되면서 조선인의 독립 열망 등은 점령기의 초기 정책에서부터 배제되었다. 일본의 항복 뒤 미국이 한반도 남쪽에 점령군으로 진주한 것도 일본의 한반도 국권 강탈에 대한 기득권을 인정한다는 의미로 해석되는데, 이는 가쓰라·태프트 밀약에 그 뿌리가 닿아 있다는 추정이 가능하다.

미국은 특히 모택동에 의해 중국이 공산화되자 일본을 소련과 중국을 견제하기 위한 주요 전진기지로 만든다는 계획을 더욱 중시하면서 한반도의 전후 배상 문제 등에 대해 일본 편을 들거나 일본을 대신해 한국을 불리하게 만드는 자료를 만들어 배포하는 등의 태도를 취했다.

그것은 미국이 1952년 4월 일제의 2차 대전의 전쟁범죄에 대한 배상문제나 일본에서의 정부 수립의 문제 등을 협의해서 표명한 샌프란시스코 강화조약에 구체적으로 반영되었다. 미국은 이 조약의 협의과정에서 한국의 협의 참여나 조약 서명국에서 배제하는 것 등은 물론이고 일본의 전쟁범죄에 대한 배상 조건을 협의할 때 한반도를 제외시켰다.

미국은 협의가 진행되는 과정에서 일제가 한반도를 지배하면서 근대화에 기여한 공로를 금전으로 환산할 경우 배상 추정액보다 훨씬 많다는 식의 괴문서를 배포하기도 했다.

오늘날 일본의 한반도 식민지배가 한반도의 근대화에 기여했다는 논리는 당시 미국 쪽에서 만든 것이다. 미국은 이 조약을 통해 일제의 전쟁범죄에 대해 일본과 피해국이 1:1로 협상해 해결하는 식으로 만들어 주어 일본의 입장을 강화시켜 주었다. 오늘날 강제노역 문제 등이 발생할 소지를 미국이 마련해 준 것이다.

미국은 또 독도 문제를 강화조약의 논의 과정에서 제외함으로써 일본의 독도 영유권 주장의 근거를 제공했다. 미국이 주도한 샌프란시스코 강화조약의 초안은 모두 9차례 작성됐다. 5차 초안까지는 독도가 한국 땅으로, 6차 초안에서 유일하게 일본 땅으로, 7차 초안부터는 아예 이름이 빠졌다.[244]

미국은 가쓰라·태프트 밀약 이후 한반도를 일제의 식민지로 여기면서 조선의 독립을 외면하는 태도를 취했는데, 그런 태도는 일본의 항복 이후 취해진 한반도 남쪽에 대한 미군정의 조치에서도 이어진 것으로 추정된다. 미국의 그런 태도는 이승만이 친일세력과 야합해 집권하는 데 결정적 요인으로 작용했다. 일제 잔재의 미청산과 이승만 이후 독재의 뿌리가 가쓰라·태프트 밀약에서 비롯된다는 평가를 피할 수 없는 이유다.

미국은 6·25전쟁을 거치면서 한국군의 작전지휘권을 이양받았고 한미상호방위조약이 조인된 1953년 이후 미군이 슈퍼 갑으로 공인되면서 한국의 군사적 주권을 장악했다. 한국에 대한 미국의 영향력이 거의 절대적 수준이 되면서 미군정 기간에 발생한 제주 4·3, 6·25 기간에 미군 사령관의 지휘를 받은 한국군의 민간인 학살 등에 대한 객관적 평가가 이뤄지지 않고 있다. 정치권이나 언론이 미국이나 미군에 대해 객관적으로 평가 해석하지 않고 친미 일색이고 반미는 친북이라는 색깔론이 지배적인 것은 한심한 일이다.

미국은 한국을 원천 배제한 채
일본에 솜방망이 배상의 강화조약을 만들어

미국은 1947년 7월부터 샌프란시스코 강화조약 체결을 위한 예비회담을 제의하였으나 회의 방식을 놓고 소련과 충돌해 실현되지 못하다가 1950년 6·25전쟁을 계기로 속도를 내기 시작해, 주최국 미국과 영국을 포함한 52개국 중 체코슬로바키아, 소련, 폴란드를 제외한 49개국이 이 조약에 서명했다.

미국이 주도한 이 조약은 일본의 침략을 받은 아시아에 북대서양 조약기구(NATO)와 같은 집단안보체제가 아닌 미국이 일본을 반공 진영에 편입시켜 소련과 중국을 견제하려는 정치적 성격이 강했다. 이를 위해 미국은 일본이 신속히 경제적으로 안정, 발전할 수 있도록 전범국 일본이 피해 국가에 대해 배상 책임을 지는 방식을 베르사유 조약과 크게 다르게, 즉 약하게 규정했다.

베르사유 조약은 독일에 대해 제1차 세계대전에 대한 책임으로 다시는 전쟁을 시도하지 못하도록 민간인 피해 등 모든 전쟁 피해에 대해 엄청난 배상액을 요구하는 등 가혹한 제재를 가했다. 그러자 독일이 해외 식민지 상실과 엄청난 배상액의 요구에 대해 적개심을 표시하는 등 반발하자 조약 비준이 이루어진 수년 뒤 조약의 상당 부분이 개정, 철회되었다. 무자비한 전후 보복과 용두사미식의 조약 실행으로 1930년대에 독일 나치주의가 발호하면서 2차대전을 부추기는 계기가 되었다는 비판을 받았다.

베르사유 조약은 패전국 독일이 피해 국가들에 대해 엄청난 배상을 하도록 만든 것이었는데 미국은 이 방식을 피하고 일본이 개별 피해국들과 협상을 통해 배상문제를 해결토록 했다. 미국은 일본에게 40년 가까이 식민지배의 피해를 당한 한국을 이 조약의 협상 과정에서 배제하고 서명국에 포함시키지 않았다. 미국은 한국이 참여할 경우 과도한 배상 요구를 할 것이라는 점을 내세웠으나 일본에 의해 피해를 본 국가 중 한반도가 가장 심각했다는 점에서 미국의 태도는 비판을 면키 어렵다.[245]

베르사유 조약에 문제가 있었다 해도 일본의 침략행위와 전쟁범죄에 대한 정당한 청산절차를 아예 생략한 것은 미국이 일본을 친미 일변도의 반공 보루로 삼아 소련을 견제하기 위해 파격적 혜택을 주었다는 점에서 문제가 컸다. 미국은 이런 의도를 감추기 위해 일본의 배상 책임의 시기를 2차대전 기간에 국한한다는 식으로 제한하고 민간인 배상은 도외시하기도 했다.

이런 과정에서 이승만은 '일본은 대화 상대가 아니다'라는 식의 태도만 표명했을 뿐 공개적으로 미국에 항의하거나 문제를 제기하지 않았다. 그러나 이승만은 6·25전쟁을 전후해 북진통일만을 집요하게 주장하는 내용의 친서를 미국 아이젠하워 대통령에게 보내 압박했다.

미국이 난색을 표하자 한국이 외부의 공격을 받을 경우 미군이 즉각 개입할 수 있게 한미 간의 상호방위조약을 맺자고 주장하면서 반공포로를 일방적으로 석방해 정전협정을 무산시키려 했다. 결국 한미상호방위조약은 체결되었지만 거기엔 미국의 즉각적인 참전 요구는 포함되지 않았다. 대신에 미국은 한미상호방위조약에서 미군의 한국 주둔을 '권리'로 규정함으로써 한국의 군사적 주권을 미국에 예속시키고 주한미군을 동북아 전략용으로 활용할 여건 확보와 같은 실리 등을 챙겼다.

당시 미국의 아시아 정책은 다국적 참여를 통한 장기적인 평화체제 구축이라는 목표는 외면한 채 냉전에 대한 대비라는 단기적 목표에만 집중되었다. 그 결과 미국 정부는 태평양전쟁 후 아시아의 여러 나라가 참여하는 태평양집단안보기구의 창설을 추진하지 않았다.

미국의 관심은 일본에 집중되었다. 미국은 냉전체제 속에서 일본을 미국의 우방으로 만들어 미국의 통제하에 전략적 이익을 취할 수 있도록 하는 것이었다. 이를 위해 미국이 맨 먼저 취한 조치는 샌프

란시스코 강화조약의 추진과 미일 방어전략의 수립 과정에서 한국을 배제하는 작업이었다.[246]

일본이 항복한 뒤 맥아더 장군의 연합군 최고 사령부는 1945~1952년까지 일본을 통치했다. 이 기구는 미국, 소련, 중국, 영국 등이 참여하는 다국적 형태로 보이지만 실제 미국이 전담했다. 맥아더는 동경에서 일본 전 지역에 파견된 연합군 사령부 통치기구와 일본 관료들의 지원을 받았는데 이는 외국군이 직접 통치했던 독일의 경우와 확연히 달랐다. 연합군 최고 사령부는 과거 일본 정부와 관변 기구, 특히 구 관료조직의 지원을 받아 워싱턴의 지시 사항을 이행했다.[247]

이 기구의 주된 업무는 일본의 탈군국주의와 민주화, 민주화된 일본을 적절히 지탱해줄 경제 질서의 확립이었다. 맥아더가 이 업무를 총지휘하면서 미국의 우방이 될 일본을 창조하는 업무에 열중했다.

당시 미국은 오키나와, 류큐 열도를 점령하고 있었고 소련은 전체 쿠릴열도와 남부 사할린을 지배하고 있었다. 샌프란시스코 강화조약을 추진하기 위한 회의가 1951년 9월 열렸을 때 소련은 회의에 참석했지만 서명을 거부했다. 이 샌프란시스코 조약으로 미일관계가 정립되었다. 일본은 일본 영토에 미군 기지를 유지토록 해주는 대신 미국 시장에 접근해 경제발전을 꾀할 수 있었다.[248]

미국은 대일 강화조약을 초기에 추진할 때만 해도
한반도 등에 충분한 보상원칙 정해

미국은 일본의 배상원칙에 대해 초기엔 합리적으로 전개했지만 시간이 지나면서 180도 뒤집혀 일본의 부담을 파격적으로 가볍게 만드는 것으로 변질됐다. 미국은 1945년 10월 일본과 강화조약을 추진할 때는 일본이 한국을 포함한 아시아 피해국들에게 충분한 배상을 해야한다는 입장이었다. 이는 베르사유 조약의 취지에 부합하는 배상원칙을 정한 것이었다.[249]

미국은, 포츠담 선언에서 연합국들이 일본의 무조건 항복을 요구하면서 일본이 전후 연합국과 그 국민들이 입은 전쟁 피해에 대해 배상을 추진해야 한다고 밝혔다는 것, 이로 비추어 볼 때 한반도가 일본으로부터 배상을 요구하는 청구자가 되어야 한다는 점을 지적하면서 동시에 그런 점에서 한반도가 미일 강화조약에 큰 관심을 보이고 있는 사실에도 주목했다.[250]

샌프란시스코 강화조약을 담당한 미국 정부대표단은 1945년 10월 일본의 전후 배상원칙에 대한 초안을 마련할 때 "미국의 일본 점령은 징벌이 목적은 아니지만 일본의 산업시설은 일본이 일으킨 전쟁으로 파괴된 아시아 국가들의 경제회복을 위해 제공되어야 한다. 그래야 일본의 전쟁 재발 능력을 제한하고 아시아 지역경제의 안전을 달성할 수 있다. 한반도는 일본의 식민지배 후유증으로 심각한 경제난을 겪고 있어 일본 배상을 받아야 한다."고 밝혔다.[251] 미국 정부가 일본의 배상 대상에 한반도를 포함시킨다는 원칙은 1945~1946년 동안 유지되었다.

1945년 12월 8일 미국 대표단은 맥아더와 태평양사령부에 보낸 전문에서 "대표단은 일본 본토의 산업시설과 장비는 한반도를 착취하기 위해 사용됐다는 점에서 한반도에 이전되어야 한다는 점을 트루먼 대통령에게 건의했다"고 밝혔다.[252]

제임스 F. 번즈 당시 미 국무장관은 1946년 2월 28일 전문에서 "미국 정부와 미 극동위원회는 연합국 관리하에 있는 일본 재산은 배상의 형태로 분배되어야 한다. 미군정은 한반도 남쪽 지역의 일본 재산에 대해 일본 정부의 고통을 한국인들이 받았다는 점을 인정하는 차원에서 남쪽에 인도되도록 해야 한다."고 언급했다.[253]

당시는 독일과 일본의 전범 재판이 진행되는 상황이어서 군사적 침략으로 발생한 피해자가 배상을 받아야 하는 것은 국제적으로 당연시되었고, 미국 정부의 입장에서 보더라도 한반도는 역사적으로나 도덕적으로 충분한 배상을 받을 자격이 있는 것으로 인정된 것이다. 당시 한반도에는 한국인의 정부가 없었고 한국인 해외 망명정부에 대해 미국은 큰 관심이 없었던 상황이었지만 한반도가 배상 자격이 된다는 점에 대해서는 확고한 상태였다.[254]

한국의 샌프란시스코 조약의 참여 원칙에 대한 미국의 입장은 1949년에 정반대로 바뀌

그러나 미국 정부의 이런 입장은 1949년 후반 이후 정반대로 뒤집혔다. 미 국무부의 문서들은 한반도가 샌프란시스코 강화조약에 포함되거나 일본의 배상 대상에 포함되는 것에 반대하면서 한국인 망명정부는 2차대전 전쟁 기간 미국에 의해 인정받은 바 없어서 한반도는 연합국의 자격을 상실한다고 밝혔다.

이승만은 집권 전후를 통해 한국은 일본의 배상을 받아야 한다고 큰 목소리로 주장했다. 한국은 1905년부터 일본의 실질적 지배를 받은 식민지였기 때문에 40년 동안의 피해에 대한 배상을 받아야 한다고 요구했다.[255]

한국 정부는 일본의 강제노역은 물론 문화재, 금, 토지 강제 수용 등을 배상 대상으로 포함시켰다. 그러자 미국 정부는 일본의 전후 처리 문제가 복잡해질 것을 우려해 한국을 세계 2차대전의 연합국에 포함시키지 않았고, 단지 일본제국의 식민지로 일본의 지배를 받고 있었다고 규정했다. 필리핀에 대한 배상의 경우도 2차대전 당시 일본에 당한 피해에 국한하는 것으로 조정됐다.

당시 미국이 일본의 배상문제를 놓고 가장 크게 고려한 부분은 소련이었다. 미국 정부는 소련의 영향력 증대에 대처할 아시아의 교두보로 일본을 만들어야 한다는 필요성을 앞세워 한국의 배상 요구에 대해 1947~1949년과 달리 부정적인 입장으로 돌아섰다. 그러나 미국은 한반도 남쪽 내 일본 재산을 한국에 이전하는 것에는 반대하지 않았다. 당시 소련과 미국 간의 긴장이 고조되면서 미국 정부는 일본 경제와 정치적 안정을 최우선 과제로 인식하게 되었고, 일본의 배상문제는 미국 외교관들의 금기 사항이 되었다.[256]

미국이 미소 냉전 심화와 일본의 조속한 경제회복을 명분으로 일본의 전후 배상문제에 대한 기준을 패전국의 전쟁범죄 책임을 무겁게 지도록 한 베르사유 조약과 판이하게 일본의 부담을 가볍게 만들어나갈 때, 일제의 피해국 가운데 가장 상징적 존재였던 한국이 침묵하면서 샌프란시스코 강화조약은 미국의 의도대로 만들어진 측면도 있었다. 당시 일제에 의한 피해국은 50여 개국에 달했는데 한국이 앞장서서 미국의 부당성을 지적하고 시정토록 요구했더라면 하는 아쉬움이 크다.

미국은 1947년 샌프란시스코 강화조약을 통해 일본이 배상할 대상의 국가 범위를 2차대전 당시 일본과 교전한 국가로 축소하는 방침을 정하고 한국, 중국의 경우는 그렇지 않다는 이유로 초청 대상에서도 제외했다.[257]

미 국무부는 샌프란시스코 조약의 논의 과정에서
한국을 배제한 이유 만들어

미국이 자국의 이익을 챙기기 위해 국제법규나 심지어 우방국 관계도 파괴하는 것은 오늘날 반도체, 자동차 배터리 기술과 생산을 둘러싼 규제에서도 드러난다. 심지어 우방국 지도자에 대한 도·감청도 서슴지 않는다. 미국은 자국 정보기관이 해외 불법 도·감청을 한 것에 대해 처벌한 적이 없고, 그런 불법을 폭로한 내부 고발자는 간첩죄로 엄중 처벌한다는 법을 만들어 놓았다.

이러한 미국은 2차대전 이후 동북아에서 일본을 미국의 교두보로 만들기 위해 샌프란시스코 강화조약을 통해 솜방망이 전후 처리를 하면서 한국을 조약의 논의 과정에서 철저히 배제했다. 일제의 조선 강점에 대한 배상을 과거 유럽처럼 전범국가에 대한 응징 방식으로 할 경우 일본의 부담이 커질 것을 우려한 결과였다.

미국은 한국 배제 논리를 일본 대신 만들어 유포하는 방식으로 일본 지배층의 호감을 사는 비열한 방식도 마다하지 않았다. 그런 사례의 하나가 조약의 논의 과정에서 한국을 배제한 이유를 미국 정부가 작성했다는 사실이다. 미 국무부는 1949년 12월 12일 극동지역 연구부서의 보고서를 통해 한국을 샌프란시스코 강화조약에서 배제한 이유를 다음과 같이 주장했다.

"한국이 샌프란시스코 강화조약에 참가해야 한다고 요구하는 것은 2차대전 기간에 일본과의 교전국 입장이라는 주장과 상당수의 한국 관리들이 자신을 1910년 한일병합 뒤 일본에 대적했던 것으로 판단한 결과이다.

그러나 샌프란시스코 강화조약에 대한 한국의 관심은 2차 대전의 결과보다 40년 동안 일본 지배로 인한 착취에 대한 것으로 단지 한국이 일본으로부터 분리된 사소한 사건에 불과할 뿐이다. 한국의 법적 지위가 무엇이든 간에 한국이 샌프란시스코 강화조약에 참여하려는 의도는 2차 세계대전에서 일본과 싸운 것에서 연유하는 것이 아니고, 단지 1910~1945년까지 일제의 지배에서 비롯된 것에 불과하다.[258]

미 국무부의 이 연구 보고서는 다음과 같이 덧붙였다.[259]

"한국의 요구는 지나치다. 만약 미국이 조약 협의에 한국을 참여토록 허용할 경우 한국 외교관들은 일본에 대한 처벌을 요구할 것인데, 이는 한국 사회 대중들의 반일 감정이나 한국 정부가 북쪽보다 더욱 반일이라는 점을 보여주기 위한 것이다. 미국은 일본에 대한 과도한 요구를 차단하면서 한국 사회의 반감을 사지 않도록 노력해야 할 것이다."

1950년 11월 한국의 한 외교관은 동경에서 연합군 총사령부에 소속된 미국의 고위층을 면담하고 "6·25전쟁을 통해 한국과 일본의 공동의 적은 공산주의라는 점이 확인되었으니 한국 정부는 샌프란시스코 강화조약이 좋은 결과를 맺기를 희망하고 있다"고 밝혔다.[260]
한국 외교관의 이런 입장은 미 국무부의 연구 보고서에 순응한 결과일 가능성도 적지 않다.

일본은 재일동포 배상 문제로 한국의 조약 참가를 반대하고, 미국은 이를 수용

미국은 1951년 초부터 한국의 샌프란시스코 강화조약의 협의 과정 참가를 과거에 비해 긍정적으로 검토하기 시작했다.[261] 그러나 일본이 제동을 걸고 나섰다. 만약 한국이 샌프란시스코 강화조약의 서명국이 된다면 일본 거주 재일동포 60만 명은 연합국 국민으로 간주되어야 하고, 그렇게 되면 일본이 2차 대전 전쟁 기간 압류한 재산 등에 대해 배상할 책임을 지게 된다는 이유를 일본이 들고나온 것이다.[262]

일본 정부는 재일동포에 대해 부정적인 견해를 미국 쪽에 전달했고, 결국 미 국무부는 재일동포들이 불법행위를 하는 등의 문제가 있어 일본 정부가 배상의무를 지는 것은 부적절하다는 것으로 입장을 취했다. 1951년 4월 23일 일본 정부는 재일동포가 연합국 국민의 지위를 획득하지 않는 조건이면 한국의 조약 참여에 동의한다고 미국 정부에 통고했다.[263]

그러나 미국 정부는 그해 5월 16일 영국 대사와 협의한 뒤 한국이 샌프란시스코 강화조약의 협의 과정에 참여하는 문제를 백지화하기로 결정했다. 그 이유는 재일동포 60만 명 배상문제는 물론 한국의 조약 참여 시 조약 체결이 지연될 것이고, 특히 한국 정부의 조약 참여는 한국 정부의 국제적 위상이 격상될 가능성이 있는데 이를 미국이 원치 않았기 때문인 것으로 알려졌다.[264] 미국은 그해 7월 3일 한국 정부에 샌프란시스코 강화조약의 서명국에서 제외하는 것으로 통보했다.

미국 정부는 한반도 침탈에 대한 일본의 거짓 주장을 수용

샌프란시스코 강화조약 체결 이전인 1951년 5월 미 국무부는 태평양전쟁 종전 후 한반도 남쪽에 남아 있는 일본인 재산과 한국이 주장하는 배상 요구액과 비교하는 자료를 내놓았다. 이 자료에 따르면 38선 이북 땅을 제외한 이남 땅에 남겨진 일본인 자산은 한국이 일본에 대해 요구하는 배상액의 4배에 달한다는 내용이었다.[265]

이 자료는 한국이 요구한 배상액은 제시하지 않았는데 이를 공개한 이유는 한국이 전후 한반도 남쪽에 남겨진 일본 자산을 압류한 것으로 이미 상당한 정도의 이익을 보았다는 것을 제시하려는 목적 때문이었다. 또한 일본이 한반도를 점령한 결과 달성된 한반도에서의 투자와 경제발전의 긍정적 효과를 구체적으로 제시해 도덕적 배상을 금전으로 환산할 수 있다는 것을 보여주려는 목적이었다.

그러나 일본이 한반도에 남겨놓은 자산과 배상을 연결시켜 계산하는 미국의 태도는 매우 비합리적이라는 비판을 피할 수 없다. 우선 일본은 한반도를 침략해 수십 년 동안 토지와 임야, 각종 자원을 수탈하고 독립운동을 탄압하는 과정에서 엄청난 인명 살상 행위를 저질렀다.

일본은 한반도를 강점한 직후 토지 조사를 명분으로 농토와 임야를 강탈하고 천연자원과 농산물을 일본 본토로 가져가는 도둑질을 반복했고, 강제노역 등으로 수많은 조선인 인력을 강제 동원해 착취하는 만행을 저질렀다. 일본의 가공할 식민지정책에 따라 한반도는 일본 본토 경제의 보조나 지원, 상품판매 시장의 역할을 하는 데에 불과하게 되었다.

따라서 일본인들이 한반도에 남겨놓은 자산은 정상적인 경제행위의 결과물이 아니라 남의 나라를 빼앗고 강도질을 한 장물로 보는 것이 합당했다. 그런데도 미국은 그것을 돈으로 환산하고 임의대로 배상액도 계산해 그 차액을 제시하는 짓을 저지른 것은 일본의 한반도 침략에 대한 도덕적, 법리적 판단을 하지 않은 것은 물론이고 한민족을 모욕하고 유린하는 파괴적이고 악마적 행위라는 비판을 자초한다. 미국은 왜 그런 짓을 저질렀을까?

미국 정부가 일본의 한반도 침탈에 대해 한국 정부의 입장을 외면한 채 일본인의 주장을 그대로 수용한 의혹을 살 충분한 자료를 내놓은 것을 보면 가쓰라·태프트 밀약을 맺었던 공범 관계가 연장된 것이란 해석을 피하기 어렵다. 일본이 한반도를 침략하여 한민족을 탄압, 수탈한 것에 대해 배상을 요구하는 것은 일본인들이 40년 동안 한반도의 주인으로 행세하면서 부당하게 갈취한 행위에 대해 책임을 묻는 것인데, 미국은 그 갈취한 재산들이 순전히 경제적 성과물로 얻어진 일본인의 재산인 양 전제하고 한국에 대한 일본의 배상 논리를 물타기 하고 왜곡하려 했으니 그런 미국의 짓거리는 참으로 파렴치한 행위라 하겠다.

미국은 '일제의 식민지배가 한반도의 근대화에 기여'했다는 해괴한 논리 앞세워

미국이 일본의 한반도 지배와 수탈의 결과물인 한반도 내 일본 자산에 대해 제시한 불합리한 시각은 일본이 한반도의 근대화에 기여했다는 식의 해괴한 논리로 비약될 요인이 된다는 점에서 매우 파괴적이다. 21세기 한국 사회에서도 일부 뉴라이트 학자들이 일제 식민지가 기능적으로 한반도에 기여했다는 식의 식민사관을 맹종하고 있기도 하다. 이는 일본의 한반도 식민지배가 지닌 침략적, 약탈적, 파괴적 성격을 도외시한 무뇌아적인 발상이라 하겠다.

미국은 2차 대전의 교전이 시작된 시기를 일본의 진주만 공습일인 1941년 12월 7일로 정했고, 필리핀의 미군기지도 그 당시 공격받았다는 점에서 필리핀을 교전국에 포함시켰다. 미국은 일본의 배상에 대한 기준을 미일 교전으로 국한해 일본의 한반도 식민지배 등을 포함한 다른 나라의 경우를 일방적으로 배제한 것이다.

미국이 일본의 한반도 식민지배에 대한 피해를 2차 대전의 청산 범위에서 제외시킨 논리는 미국이 종전 후 아시아의 구도를 설계하는 과정에서 주도적 영향을 미쳤고, 그것은 결국 일제가 한국 등 아시아 국가를 침탈했던 식민지배의 배상 책임을 면탈해 준 결과로 이어졌다.

그 결과 일본이 장기간 광범위하게 아시아를 침공하고 식민지로 전락시킨 것에 대한 배상 책임을 샌프란시스코 강화조약에서는 제외시켜 버리면서 일본과 피해국 간의 개별 협상 쪽으로 전가시켰다. 일본은 침략과 2차 대전의 전쟁 책임에 대한 부담을 덜고 자국의 경제 발전을 꾀할 수 있는 엄청난 혜택을 미국의 도움으로 누린 셈이다.

미국은 필리핀 등이 일본의 배상을 받기 위해 미국에게 로비를 벌이자 "일본이 경제적으로 부담할 능력이 없다"는 식으로 일축하면서 일본이 이념적, 전략적 이유에서 부담해야 할 배상 책임에 대한 의무를 희석시켰다.[266]

미국이 노골적으로 일본을 변호하고 대리인의 역할을 한 것이다. 일본의 전쟁범죄에 대해 미국이 정당한 처벌이나 청산 과정을 생략하거나 심지어 은폐하고 비호함으로써, 오늘날 일본이 전쟁범죄는 물론 성노예, 강제노역과 같은 민간인 피해 인정이나 그 배상 등을 외면하는 파렴치한 태도를 취하게 된 원인의 하나가 된 것으로 보인다.

미국은 조약을 체결할 때 '호텔예약용 비공식 게스트'의 조건을 한국에 제안

1951년 7월 샌프란시스코 강화조약 체결에 즈음해 미 국무부는 한국이 회의의 옵서버 자격으로 참가하는 제안을 검토했다. 이 제안은 조약의 서명권은 없고 단지 대표단 참가가 공식적이라는 것뿐이었다. 그러나 최종단계에서 이 조건도 하향 조정됐다. 한국은 회의에 비공식 게스트로 참석하라는 제안을 받았는데, 이 조건은 대표단이 호텔을 예약하는 데 도움이 되는 것뿐이었다.[267] 한국은 이 제안에 응답하지 않았다. 한일 간 국교 정상화는 샌프란시스코 강화조약 체결 14년 후인 1965년에 이뤄졌다.

미국은 6·25전쟁의 와중에 있던 이승만 정부에게 샌프란시스코 강화조약과 관련해 철저히 무시, 비하하는 태도를 보여주었고, 그에 대해 이승만 정부가 공식 외교 경로를 통해 항의나 문제를 제기했다는 기록을 찾기 어렵다. 일본의 침략과 전쟁범죄를 당한 피해 국가 가운데 가장 큰 피해를 입은 한국이 침묵하면서 다른 피해국들의 반대 움직임도 미미했던 것으로 보인다. 전후 처리 과정에서 미국의 입장은 일본을 최대한 유리한 조건으로 챙겨주기 위해 한국을 침묵시키는 게 제일 중요한 사전 작업으로 보았다는 것이 미국의 정부 관련 문건에서 확인되고 있다.

미국이 한국에 대한 일본의 배상 문제를 축소, 왜곡시키면서 전범 국가 일본은 당연히 치러야 할 배상 등의 부담에서 벗어나게 된 것이다. 미국은 일본을 아시아의 최대 우방국으로 만들기 위해 한국을 희생양으로 삼은 것인데, 오늘날 친미적 수구세력은 한국의 경제발전이 미국이 해방 이후 취한 한국에 대한 정책의 덕인 것처럼 칭송하고 있으니 이것은 도무지 이해할 수 없는 작태라 하겠다.

영국이 한국을 조약 서명국에서 배제시켰다는 주장은
설득력이 약해

샌프란시스코 강화조약에 한국이 배제된 것에 대해, 일부 학자들은 영국이 한국의 참가를 반대해 미국이 받아들였다거나 한국이 일본에 대해 초강경 태도를 취한 탓이라는 등의 분석을 내놓고 있다.[268] 그러나 이상에서 살핀 것처럼 미국이 일본과 일방적으로 조약의 체결을 추진했다는 점에서 설득력이 약하다.

우선 이 조약은 미국이 거의 단독으로 일본과 조약을 체결하고자 추진하기 시작해 그 골격을 만들었고, 영국 등 연합국은 조약 추진 과정에서 거의 배제되었다. 영국은, 한국이 참여하는 것은 아시아의 다른 중립국들이 조약에 서명하지 않을 우려가 크다는 식의 설득력이 약한 논리를 제기한 것으로 알려졌는데, 이는 미국의 입장을 합리화시키기 위해 영국이 총대를 멘 것이 아닌가 하는 의구심을 사기에 충분하다.

미국과 영국은 20세기 초 일본의 을사늑약이나 한반도 강제병합을 지지 또는 찬성했던 사실이 있는데, 이런 점을 의식해 일본의 전범 책임에 대한 기한을 태평양전쟁으로 국한하는 논리를 편 것이란 추정도 가능하다.

미국은 일본에 대한 군정을 실시할 때 전쟁범죄 추궁이나 그 가담자들에 대해 솜방망이 처벌을 하려 했고, 일본 731부대의 경우처럼 엄청난 반인륜적 범죄에 대해서도 그 연구 자료를 미국이 넘겨받는 조건으로 책임을 묻지 않는 파렴치한 짓을 저지르기도 했다.

일본도 과거 식민지였던 한국의 조약 서명에 반대했는데, 그 이유는 한국이 일본의 식민지배에 대한 보상을 구실로 삼을 가능성이 크고, 그럴 경우 일본의 경제를 신속히 재건하려는 미국의 계획에 차질이 생길 것이라는 점을 거론한 것으로 알려졌다. 이 또한 전쟁범죄 국가로서 오만방자한 태도라 하겠는데 미국의 암묵적 동의나 비호 때문에 가능했던 것으로 추정된다.

한국이 조약에서 배제된 것에 대해 한국의 책임론을 거론하는 쪽은 조약 서명을 한국이 일본에 대해 대마도 반환과 36년간의 불법 지배에 대한 전면 배상을 요구했기에 거부했다는 점을 들고 있다. 미국이 한국의 태도가 자칫 조약 체결의 지연을 초래할 우려가 크다면서 한국을 배제했다는 것이다. 이 또한 설득력이 없다. 미국이 일본에 대한 군정을 통해 전후 처리를 시도한 태도는 일본을 미국의 우방국으로 만들기 위한 목적에서 비롯되었다는 점에서 그러하다.

미국이 패전국 일본을 상대로 벌인 태평양전쟁에 대한 전범처리가 독일에 대한 것과 비교도 할 수 없을 정도로 가벼웠다는 점 등에서 미국의 의도가 작용한 것으로 보아야 할 것이다. 미국으로부터 일본의 조선에 대한 전쟁범죄 등을 청산해야 한다는 국제법적 의무감, 도덕적 책임감은 한반도 남쪽에서 미군정을 시작할 때부터 찾아보기 힘들었기 때문이다

이승만은 조약 체결 과정에서 북진통일만 주장하며 방관

이 조약 체결로 일본은 다른 2차대전 피해국들과 평화조약을 맺고 일본에 대한 미국의 점령도 종식됐다. 일본은 한국의 독립을 승인하고 타이완 등 일부 지역에 대한 지배를 포기했다. 미국은 일본이 자위력을 갖출 때까지 미군을 일본에 주둔시키는 조건으로 자위대 설립

을 가능하게 만들었다.

소련은 이 조약에 서명하지 않았지만 1956년 일본과 외교관계를 수립했다. 이 조약 이후 일본은 태평양전쟁 당시 일본에게 피해를 당한 국가들과 개별적으로 평화조약을 맺고 배상문제 등을 처리했다. 한일 간에는 1965년 6월 한일기본조약이 정식 조인되었고, 그해 12월 양국 간의 국교가 정상화되었다.[269]

이승만은 샌프란시스코 강화조약 체결에 대한 불만의 표시로 1952년 독도를 포함시킨 이승만 라인을 전격 발표하고 이 수역 내에서 외국 선박의 불법어로 행위를 엄격히 단속했다. 이에 대해 일본을 비롯해 미국·영국·타이완 등이 반대했지만 계속 유지되다가 1965년 한일협정 체결 당시 '대한민국과 일본 간의 어업에 관한 협정'에 의해 철폐되고 '어업에 관한 수역'으로 대체되었다.

이승만이 샌프란시스코 조약이 추진되는 기간 남북대결에 열을 올리면서 북진통일을 관철시키기 위해 미국 대통령이나 고위관리들에게 친서를 계속 보내면서 미국을 압박했을 뿐 아시아의 전후 평화 구도 및 안전보장 체제와 직결된 샌프란시스코 강화조약에 대해서는 그 어떤 흔적을 남기지 않았다. 이 조약 체결 당시 한국 외무장관이 미국 정부와 접촉한 기록만이 보일 뿐이다. 이승만이 민족 간 쟁탈전, 이념대결에만 몰두했을 뿐 아시아 전체의 미래와 직결되었던 부분에 무신경했던 것은 그저 넘길 일이 아니다.

일본은 미국 덕분에 한반도 식민지배에 대한 배상문제에서 고자세

미국은 샌프란시스코 강화조약을 통해 일본을 우방국으로 편입시켜 사회주의 저지를 위한 교두보로 만들었고, 이는 결국 동북아의 냉전 구도를 유발, 심화시키는 데 기여했다. 오늘날에도 미일관계는 샌프란시스코 강화조약의 연장선상에 있다. 일본은 이 조약을 통해 태평양전쟁 이전의 일본으로 되돌아가기 위한 야심을 추진할 근거를 마련했다. 동시에 전범국가가 아닌 패전국의 지위를 실질적으로 보장받아 전후 배상에서 우월한 입장에 서게 되었다.

일본은 한반도 지배에 대한 배상에 대해서도 미국이 설계한 엉터리 방식을 앞세워 고자세를 취했고, 오늘날에도 일본 정부는 일제의 한반도 강점과 수탈에 대해 뻔뻔스러운 태도를 취하고 있다. 특히 독도 문제에서 미래에 영유권을 둘러싼 군사적 충돌을 야기할 수밖에 없는 방식으로 일본은 자라나는 세대를 교육시키는 간악한 방식을 취하고 있다. 북의 핵과 미사일과 관련해서도 일본은 한국의 동의 없이 선제타격을 하겠다고 공언하고 있다. 한반도 분단의 원천적 책임을 져야 할 일본의 비이성적 태도는 미국이라는 뒷배를 믿고서 벌이는 폭거라 하겠다.

그런데도 윤석열 정권은 굴욕외교라는 손가락질에도 불구하고 일본의 전쟁범죄 행각을 문제 삼지 않는 해괴한 태도를 보이고 있는바, 이는 일본의 후견인 역할을 하는 미국의 요구에 따른 결과라는 해석도 가능하다. 윤 대통령의 태도는 이승만이 북과의 대결, 북에 대한 공포를 앞세우면서 정전협정에 반대하더니, 끝내 군사적 주권을 미국에 넘겨주는 한미상호방위조약이나 체결하면서 그 당시 전후 처리와 아시아와 한반도 문제 해결에 그토록 중요했던 샌프란시스코 강화조약에 대해 철저히 외면하고 방관했던 처사와 매우 닮은꼴이다. 한국이 경제적 선진국, 군사적 강국이 된 상황에서도 자주를 내팽개치고 외세와 결탁해 민족의 반쪽을 거덜내려 하는 태도를 지구촌이 어떻게 볼지는 불을 보듯 뻔한 일이다. 부끄럽고 참담한 일이다.

4장

미국이 슈퍼 갑인
'불평등'한 한미동맹,
필리핀·일본과 큰 차이

1. 주한미군 사령관에게 3개 사령관직을 겸직시켜 한국의 군사관계 통제

기울어진 운동장인 한미상호방위조약의 정상화를 위해 6조 발동을 검토해야

윤석열 정권 들어 미국의 한국 대통령실 도·감청 의혹, 한국의 대일 굴욕외교 참사 속에서 강조된 한미동맹의 실체는 무엇인가? 한미 대통령 등이 강조하고 칭송하는 것처럼 한미동맹은 공산주의 침략으로부터 한국을 지키고 오늘날과 같은 번영과 발전의 원동력이 된 것인가? 아니면 미국이 자국의 이익을 챙기기 위한 극동 전략의 추진 과정에서 6·25전쟁에 대한 참전과 한미동맹의 체결이 이루어진 것인가?

한미동맹이라는 하나의 현상에 대한 두 가지 해석이나 설명은 제 나름대로 타당성과 설득력을 지니고 있다. 하지만 역사에 기록된 사실관계에 입각한 객관적 분석을 통해 그 핵심을 살피면 한미동맹은 미 국익의 추진 과정이었고, 오늘날도 현재 진행형으로 전개되고 있다.

한미동맹의 수혜자는 한국인가, 미국인가?

한국의 일부 수구 세력이 '미국은 구세주'라는 식으로 칭송하는 것은 미국의 한반도 정책 추진 과정에서 파생된 '떡고물'에 감지덕지하거나 분단에 따른 기생적 이익 챙기기에 함몰된 결과라 하겠다. 미국이 한반도 지역이나 그 주민에 대한 '사랑', '애정'을 가져본 적이 없다는 것은 1905년 일본의 한반도 강탈을 방조한 미국이 일본과 '가쓰라·태프트 밀약'이라는 비밀협약을 체결한 이래 1백여 년간 일관되게 확인되는 현상일 뿐이다.

미국은 태평양전쟁 종전 후 일본을 대소 방어진지로 구축하는 차원에서 한반도 남쪽에 점령군을 보내 군정을 실시했고, 남쪽만의 단독정부 추진을 강행했으며, 중국이 공산화되자 한국을 미국의 극동 방어선에서 제외했다. 그에 따라 소련, 중국, 북의 오판이나 자국 이해관계에 따라 6·25 전면전쟁이 시작되자 미국은 한반도 적화 시 일본이 공산화될 위험이 증대할 것이라는 판단에 따라 유엔을 통해 다국적군을 만들어 참전했다.

당시 소련이 안보리에서 거부권을 행사했을 경우 유엔 깃발을 든 다국적군의 한반도 참전은 어려웠을 것이라는 역사적 가정이 성립하는데 그에 대한 해답은 지금껏 공식적으로 나온 바 없다. 단지 북이 남의 적화에 대해 결과적으로 오판한 것이라는 비판이 추출되는 부분이다.

미국은 1953년 정전협정 직후 한국에 주둔군의 특권이 보장되고 미국의 자체 판단에 의해 북에 대한 선제공격이 가능한 한미상호방위조약을 이승만과 체결해 발효시켰다. 미국은 이 조약을 통해 평화협정의 추진을 제도적으로 저지하면서 정전상태를 지속하기 위해 핵무기를 한국에 다수 배치해 소련, 중국, 북을 압박했다. 미국이 한미동맹을 추진한 것은 북을 빌미로 핵을 보유한 소련과 신흥 강대국으로 부상한 중국의 견제가 목적이었고, 이를 위해 정전체제를 평화협정으로 전환치 않는 정책을 강행한 것이다.

한미동맹의 핵심적 실체는 주한미군 사령관의 3개 사령관 직함

오늘날 한미 두 정부가 침이 마르게 칭송하는 한미동맹의 핵심 체제는 주한미군 사령관이 유엔군 사령관, 한미연합군 사령관 등 3개 직함을 가지고 한국에서 막강한 군사적 영향력을 행사하는 것으로 상징된다. 미군 장성이 3개 역할을 하는 것인데 이는 한반도에서 정전체제 유지는 물론 그것이 파괴되어 현상 변경 사태가 발생할 경우에 대비하는 미국의 치밀한 사전 포석이라 할 수 있다.

주한미군 사령관

미국 대통령의 지휘통솔을 받고 있는 주한미군 사령관 휘하의 주한미군은 한국 주둔이 한미상호방위조약에 의해 '권리'로 보장되어 있어 미국의 모든 군사력은 미국이 맘먹은 대로 한국을 들락거릴 수가 있다. 이뿐 아니다. 미국은 그 '권리'를 집행하는 과정에서 발생하는 미군 부대의 환경오염 문제에 전혀 책임을 지지 않게 SOFA로 보장받고 있다.

이 때문에 최근 오염논란 속에 어린이정원으로 개장된 용산 미군기지 반환부지에 대해 한국 정부는 미군이 유발한 오염문제에 대한 책임, 원상회복의 요구 등을 하지 않은 채 오염 범벅인 땅 위에 흙을 덮고 '안전하다'고 외치고 있다.

이는 한국의 미래 세대의 안위에 대해 전혀 관심이 없는 미국은 물론, 군사주권이 미국에 장악되어 있다는 현실을 국민에게 밝히지 않은 채 주권국가의 흉내를 내려는 한국 정부의 정책으로 빚어진 비극이라 하겠다. 미국은 주한미군을 포함한 해외 파병의 원칙을 '평화와 안전'보다 미국의 국익을 최우선시하는 것으로 정해놓고 필요하면 언제든 철수를 결정할 수 있다. 그런데도 한국 정부의 일각에서는 미국이 주한미군을 통해 한국을 모든 수단을 다 동원해 보호해줄 것처럼 오해하기 쉬운 언행들을 늘어놓고 있다.

주한미군의 '권리'는 한국이 주한미군의 주둔비를 부담하는 협정으로 확대되어 2021년의 경우 그 액수가 1조 1833억 원에 달한다. 트럼프는 몇 년 전 한국의 미군 주둔비를 5배 인상하라고 요구하면서 주한미군의 철수를 검토했다.

한국 정부가 국민의 혈세로 주한미군 주둔비의 일부를 대주거나 세계 최대 미군기지인 평택기지 건설비용을 부담했지만 미국은 그 주둔비의 사용처를 한국 정부에 밝히지 않고 있다. 그뿐 아니라 미군은 주한미군이 쓰고 남은 주둔비의 불용액이 2조 원이 넘지만 그조차 한국에 돌려주지 않고 있다. 미국이 '권리'를 행사하는 법리해석에 따라 이뤄지는 현상이다.

하지만 한미 두 정부가 불평등한 동맹에 대해 침묵하면서 한국민은 그 실상에 대한 정보를 파악지 못하고 있는 실정이다. 딱한 것은 한국의 이른바 진보정당, 진보언론, 진보 지식인들이 한미관계의 실상을 외면한 채 주변부 사실만을 부각시키는 짓을 하고 있고, 미국은 이를 즐기고 있는 형국이라는 점이다.

유엔군 사령관

평택 미군기지 안에 본부를 두고 있는 유엔사는 미국 정부의 지휘를 받고 있는, 유엔기를 사용하고 있는 군사조직이다. 유엔사는 일본에 유엔사 후방기지 7곳을 운영하면서 향후 제2의 6·25와 같은 사태 발생 시 다국적군을 조직해 한반도에 파병할 시스템을 유지하고 있다. 이를 위해 미국은 유엔사 후방기지에 독일, 영국 군함을 기항시키면서 공해상에서 북의 선박을 검색하는 작업을 벌이고 있다. 이와 함께 유엔사는 한국 정부가 육상을 통한 대북 교류협력사업에 대한 실질적인 통제력을 행사하는 역할을 하고 있다.

한미연합군 사령관

한국군에 대한 전시작전권을 장악하고 있는 미군 사령관은 대북 정찰과 같은 핵심적 군 기능을 미군이 담당하고, 한국군은 그에 의존토록 만드는 방식 등으로 한국군을 통제하고 있다. 한국군이 세계 6위라 하지만 핵심적인 전력을 미군에 의존하거나 미국 무기를 한국이 다량 구입케 만들고 있으며, 북의 핵에 대해 미국에 전적으로 의존하는 식의 상황을 지속시킴으로써 주한미군의 '권리' 속 주둔을 보장받는 요건을 유지, 강화하고 있다.

주한미군 또는 한미연합 사령관이 한국군의 평시 및 전시작전권을 장악하고 있을 때는 이승만의 북진통일 주장을 억제하거나 박정희, 전두환의 쿠데타를 통한 정치개입에 대해서도 미국 정부가 영향력을 행사할 수 있게 만들었다.

주한미군이 누리는 특권은 세계에서 유일,
'군사식민지'라는 오명 자초?

이상에서 주한미군 사령관의 막강한 군권을 살펴보았는데 21세기 세계 어느 곳에서도 이런 사례는 찾아보기 힘들다. 주한미군은 '권리'를 행사하면서 환경오염이나 주둔비 분담 등에서도 외교관의 치외 법권적 특혜를 훨씬 뛰어넘는 특권을 누리고 있다.

이는 국제법 취지에 따른 법치라 할 수도 있지만 문제는 한미 두 나라 정부나 관리 등이 그런 점에는 함구한다는 점이다. 이는 떳떳지 못하기 때문에 대외적으로 기만책을 쓰고 있다는 비판을 자초한다. 현재의 한미동맹은 대등한 주권국가의 관계가 아니다. 외국군이 영구주둔 체제로 특권을 행사하는 것은 군사주권의 문제를 넘어 군사식민지라는 평가를 피하기 어렵다.

필리핀과 미국의 군사협력 관계는 미군이 한시적으로 필리핀의 군부대 내에 주둔하면서 필리핀의 국내법 적용을 받게 되어 있다. 한국의 일부 세력들이 한미동맹을 통해 한국이 미국으로부터 엄청난 시혜를 받은 것인 양 찬양하는 소리가 높지만, 미국은 미 국익을 우선시한 한미동맹을 추진했을 뿐이다. 과공은 비례라는 말처럼 더도 말고 덜도 말게 역사를 평가하는 것이 타당할 것이다.

미국 정부의 법치는 국익의 최우선이다. 한국 대통령실 도·감청이나 용산 미군기지 오염문제에 나 몰라라 하는 것은 미국식 법치다. 미 국내법이 동맹국 도·감청을 불법으로 규정치 않고 있고, 용산기지에서 미군의 '권리' 행사 과정에서 발생한 오염에 책임지는 것은 미국의 법치에 반하는 것이다.

이런 점에서 윤석열 대통령이 미국의 도·감청이 문제없다고 하고,

유해물질의 오염으로 죽음의 땅이 된 용산 미군기지에 정원을 만든 것은 그 의미가 심각하다. 특히 용산어린이정원에서 내일의 한민족 주인공들이 병들고 허약해질 우려에 대해 윤 대통령은 '미국은 안심하시라. 제가 알아서 합니다'라는 식의 메시지를 보냈는데 미국의 법치는 이를 어떻게 해석하고 있을지 궁금하다.

또한 윤 대통령이 굴욕외교를 감수하거나 세계가 우려하는 후쿠시마 원전 오염수 처리 문제에 면죄부를 주려 하면서 한일군사관계 증진에 앞장서는 것은 미국의 한미일 군사협력체제를 통한 신냉전 추진 전략에 동참하려는 몸부림으로 해석될 수도 있다. 윤석열 대통령이 중국과 러시아에 대해 날 선 발언을 지속하자 세계가 '미국의 아바타 아니냐'는 식의 반응을 보이는 것에 유념해야 한다.

윤 대통령이 한미일 군사협력체제에 열을 올리는 것은 북의 핵과 미사일에 대한 대응책으로 보인다. 하지만 이념은 민족에 비해 유한한 것이고, 북 지역에는 일천만 이산가족의 이웃사촌이 살고 있고, 언젠가 남북이 재통합을 해야 한다는 측면에서 볼 때 고개를 갸우뚱하게 만든다.

특히 다른 나라가 볼 때 같은 한민족의 반쪽에 대한 대응책으로 주변 국가에 저토록 열중하는 이유는 무언가라는 식의 비아냥이 나올 것 같아 낯이 붉어진다. 같은 민족인데 이념이 다르다 해서 이기적이기 짝이 없는 외국과 무분별한 군사관계 증진을 서두르는 것을 1~2백 년 후의 미래 세대가 어떻게 판단할지를 깊이 헤아려 볼 일이다.

미국 정부가 중국과의 패권경쟁을 이유로 신냉전을 부추기는 것은 평화로운 지구촌이라는 비전에 역행하는 측면이 강하다.

2023년 이후 윤석열 정부의 방미 성과와 관련해 '미국의 핵우산 보장 강화는 한미동맹의 격상'이라는 표현이 난무하고 있다. 그러나 미국이 반도체와 배터리에서 취하고 있는 자국 우선주의를 주시할 경우 미국의 한반도 정책이 어떻게 변할지 속단키 어렵다. 예를 들어 미국이 필요하다고 자체 판단할 경우 자체 국내법 체계에 따라 한국 정부와 사전 협의 없이 북을 선제타격할 수도 있고, 한국이 핵 공격을 받았을 때 미 본토의 피해를 계산해 핵 반격을 하지 않을 수도 있다.

미국이 대북 핵전략으로 내놓은 '북의 핵 사용 시 정권 궤멸'이라는 표현에는 한반도 전면전쟁은 물론 남쪽 주민의 천문학적 인명 피해 가능성이 함축되어 있다는 점도 살펴야 할 일이다. 미국은 자국 이익을 극대화하기 위해 동맹국에 대해서도 도·감청을 하거나 적대국 요인 암살도 서슴지 않는다. 이런 점을 고려할 때 박정희, 김대중, 문재인 정부가 대북 교류협력을 시도한 큰 이유의 하나는 전쟁 억제라는 목표가 선택사항이 아닌 필수 항목이 되었기 때문이다.

한미상호방위조약은 평화협정의 추진 저지용으로 만들어져

한미상호방위조약은 6·25전쟁 직후인 1953년 10월 1일 워싱턴에서 맺어진 뒤 1년 후 발효되었으며 전문과 6개의 조항으로 이루어져 있다. 이 조약은 이승만이, 한국의 국방을 미군이 담당해야 한국이 살아남을 수 있다며 미국에게 강권했고, 미국은 주한미군이 동북아에서 미국의 전략적 이익을 챙길 것으로 보아 이승만의 요구에 응했다는 것으로 알려져 있다.

한미상호방위조약은 정전협정 체결 직후 북과 그 동맹군을 가상의 적으로 하여 체결된 조약이다. 또한 그것은 이승만 정권이 휴전회담에 반대하며 미국의 군사력에 의존해 북진통일을 추구하면서 독재정권을 유지해보고자 미국에 간청하여 체결한 조약이다. 그 결과 현행 한미상호방위조약은 정전협정에 위배되고 '방어적 조약'이라는 이름에도 걸맞지 않게 북에 대해서 지극히 대결적이고 공격적인 성격을 띠고 있다.

이 조약에 따르면 미국은 자국 군대와 전력을 일방적으로 한국 어느 곳에나 배치할 수 있게 되어 있으며(조약 4조), '외부로부터의 위협에 대해 일방적으로 판단하도록 되어 있다(2조). 이 조약은 무기한으로 유효하고 단지 어느 당사국이든지 타 당사국에 통고한 후 1년 후에 본 조약을 종식시킬 수 있다고 되어 있다.

이 조약은 폐기되지 않는 한 미국이 우월한 위치에서 무기한으로 미군의 주둔이 가능하다. 이 조약을 바탕으로 주한미군 사령관은 한미연합 사령관, 유엔군 사령관의 모자를 쓰고 있어 한국의 영토 내와 그 주변에서 무력충돌이 발생할 경우 미국은 국제연합의 토의와 결정을 거치지 않고 곧바로 개입할 수 있으며 사후에 보고할 의무를 지지 않는다.

한미동맹의 핵심축인 한미상호방위조약은 문제점이 다양하고 심각

한미상호방위조약은 1953년 6·25전쟁 이후 이승만의 북진통일론과 미국의 아시아 패권주의 강화 전략이 서로 연계되어 체결되었는데, 이것은 현시기 남북 간의 교류협력 활성화 필요성뿐만이 아니라 남북관계에서 평화협정 체결이 더욱 절실해졌다는 점, 그리고 미국이 일방주의 정책을 더욱 강화하는 추세 등으로 볼 때 근본적인 재검토가 필요한 상황이다. 즉 미국의 군사력 배치가 권리로 규정되어 있어 외부 군사력의 도입을 금지 규정한 정전협정에 위배되고, 90년대 남북이 합의한 남북기본합의서와도 배치된다는 지적을 받고 있다.

한미상호방위조약은 미국의 대북 군사전략을 다각도로 추진할 수 있는 기초적 여건을 제공하는 요건 중의 하나라는 측면도 살펴보아야 한다. 이 조약에 의해 미국은 대북 선제타격전략, 한반도 전면전을 대비한 다양한 군사전략을 만들어놓고 정기적인 한미합동군사훈련을 통해 그것을 과시하고 더욱 정교하게 다듬어가고 있다. 미국은 유엔사와 전시작전통제권을 통해서도 북에 대한 군사적 압박을 가하고 있다.

미국이 한반도뿐 아니라 동북아에서 심대한 군사적 이익을 챙길 수 있게 만들어진 이 조약은 모두 6개 조항으로, 이 가운데 △ 자동 군사개입 여부 △ 대상 지역 △ 주한미군 주둔 근거 △ 유효 기간 △ 적용 범위 등 미국에 일방적으로 유리한 내용이 포함돼 있으며 아래와 같은 문제점이 지적되고 있다.

1) 한미상호방위조약 1, 3조는 한미 두 나라가 태평양지역의 평화를 위해 집단안보를 추구하게 되어 있는데, 외국의 경우처럼 자국 영토와 가까운 지역에 국한해야지 자칫 한국이 동북아지역 분쟁에 주한미군의 발진기지가 될 우려가 있다.

2) 한미상호방위조약에는 한반도에 무력충돌이 발생하고 한미 등이 개입할 경우 그 이후 국제연합에 보고할 의무 등이 없다. 이는 미국이 일본과 필리핀과 맺은 상호안보조약의 경우 무력충돌이 발생할 경우 군사적 개입은 국제연합의 토의와 결정을 거치게 되어 있는 것과 차이가 있어 개정되어야 한다. 미국이 이라크, 리비아의 경우처럼 침략적 성격의 군사행동을 하는 경우도 상정할 수 있기 때문이다.

조약 2조는 '위협'에 대한 판단을 미국이 일방적으로 할 수 있고, 또 단독으로 무력공격을 방지하기 위한 수단(즉 군사력 증강)을 지속, 강화할 수 있는 길을 열어놓고 있다. 이는 4조가 주한미군이 일방적으로 자신의 병력과 무기를 반입, 배치, 증강할 수 있도록 허용하고 있는 것과 함께 주목되는 부분이다. 즉 미국은 한국의 의사와 무관하게 얼마든지 자신의 정치적, 군사적 판단과 요구에 따라 한반도에서 군사적 긴장을 고조시키거나 군사행동을 할 수 있게 되어 있다.

최근 미국이 한반도를 전쟁위기로 몰아가면서 주한미군의 대규모적인 전력증강을 우리 정부와 사전 협의 없이 일방적으로 강행하는 것이나 주한미군을 대북 선제공격에 적합한 구조로 재편하고 그 재배치를 일방적으로 추진하는 것도 바로 이 같은 독소조항을 악용한 것이다.

따라서 북에 대한 미국의 선제공격 위협을 확실하게 막고, 또 미국의 일방적인 군사적 개입과 행동을 제어할 수 있는, 즉 방위 목적에 엄격히 한정되고 주한미군에 대한 우리 주권의 통제가 가능한 신조약으로의 대체가 이뤄져야 한다. 대북 선제공격과 북 지역의 점령을 내용으로 하는 '작전계획 5027'이나 전쟁 시 증원되는 미군에 대한 거의 무제한적인 지원을 규정한 전시지원협정도 모두 한미상호방위조약에 그 법적 근거를 두고 있다.

3) 한미상호방위조약 4조에 의해 미군이 군사력을 한국에 배치하는 것이 권리(right)로 규정되어 미국이 통보하면 한국은 허용할 수밖에 없다. 이는 미국이 원하는 미군의 군사력을 한국에 배치하는 결과를 초래해 주권국의 군사적 자주권 문제, 국토의 효율적 이용

문제를 초래하고, 중국과 러시아의 반발 초래 등으로 한반도의 평화와 안정이 위태롭게 될 우려가 커지고 있다.

한편 미국과 필리핀의 상호방위조약은 필리핀의 군 기지 내에만 미군기지가 들어설 수 있게 국한하는 등 그 조건에 대해 필리핀이 주도권을 갖는 것으로 되어 있다. 일본의 경우도 미군의 일본 영토 내의 배치가 한국과 같은 미국의 권리(right)로 규정되어 있지는 않다. 한국도 미국이 필리핀, 일본과 맺는 상호방위조약처럼 합리적으로 미 군사력의 배치나 그에 대한 기지의 제공 규정 등을 수정해야 할 것이다.

4) 한미상호방위조약 4조의 부속협정 성격인 한미주둔군협정인 SOFA도 그 모법의 불평등 취지에 맞춰 한국에 심각하게 불리한 조항들을 담고 있다.

현 SOFA에는 군사훈련에 관해서는 아무런 규정도 두고 있지 않아, 여중생 사건에서 본 것처럼 아무런 사전 통보나 안전조치도 없이 행해지는 미군의 군사훈련으로 인해 공공의 안전과 지역주민의 생명과 재산에 상당한 피해가 발생하는 경우가 빈발하고 있다. 독일의 경우 기동연습 및 기타 훈련에 의한 토지의 손상을 방지하고 공공안전 및 공공위생에 대한 위해를 막기 위해, 기동연습 계획을 독일당국에 통고 협의하며, 경우에 따라서는 토지사용을 중단하도록 하는 일련의 절차를 규정하고 있다.

현행 SOFA상으로는 연합토지관리계획(LPP)협정에 따라 앞으로 반환될 기지가 미군에 의한 환경오염 사실이 드러나더라도 미국측에 원상복구의 책임을 물을 수 있는 근거가 없다. SOFA는 상위법이 위임한 범위 내에서만 존재의미가 있다는 법리적 측면에서

SOFA에 담긴 미군과 관련한 제반 협정 등은 한미상호방위조약의 원활한 이행을 위한 취지의 틀 안에서 만들어졌을 뿐이다. 이런 불리한 조항으로 인해 주한미군기지 오염문제 등에 대한 합당하고 상식적인 원상회복 조치 등이 미군에 의해 이행되지 않고 있다.

5) SOFA의 예외 규정인 방위비분담특별협정(SMA)도 미국의 요구가 일방적이고 한국의 과도한 부담이 당연시되고 있어 논란이 심화되고 있다. SOFA와 SMA가 지닌 문제점은 그 상위법 성격인 한미상호방위조약 4조에 규정된 미국의 권리(right)가 원인으로 지적되면서 이 조약의 정상화 없이 SOFA와 SMA의 문제점이 시정되지 않을 것이란 주장도 제기되고 있다.

6) 한미상호방위조약 6조는 이 조약이 무기한 유효하다고 되어 있지만 미국과 필리핀, 일본의 상호방위조약의 경우 그 기한이 10년으로 되어 있다. 따라서 기한 만료를 기해 재협상 등의 가능성이 열려 있다는 점에서 큰 차이가 있다. 한미상호방위조약이 만들어진 1953년의 특수상황이나 오늘날에도 한국이 핵과 대륙간탄도미사일을 가진 북과 대치하고 있다 해도 한국은 경제력이 세계 10위권이고 세계에서 무기 수입을 가장 많이 하는 나라가 되었다는 점 등을 고려할 때 이 조약의 개폐가 필요하다.

7) 필리핀, 일본의 경우 미국과 상호방위조약 이행 등에 대해 수시로 협의할 수 있게 되어 있으나 한미상호방위조약에는 그런 조항이 없는 것이 문제다. 한미상호방위조약은 미국이 일본, 필리핀과 맺은 상호방위조약에 비해 미국이 지나칠 정도의 특권을 한국에서 누

리게 하고 있다. 이는 더 이상 방치되어서는 안 된다.

8) 한미상호방위조약으로 표출되는 군사적 주권이 미약한 것에 대한 국제적 수치와 미국의 주한미군기지 오염 문제 등에 대한 무책임한 태도, 미군에 대한 한국 정부의 과도한 경제적 지원과 비용 감수 등이 큰 문제다. 이 조약은 주권국가 한국에 부합하는 내용으로 시정되어야 할 것이다.

한미상호방위조약 4조의 파생법 SOFA와 SMA

한미상호방위조약 가운데 미국에 일방적인 특혜를 부여하는 조항인 4조가 특히 문제가 되는바 자세히 살피면 아래와 같다. 이 조항은 "상호합의에 의하여 미합중국의 육군, 해군과 공군을 대한민국의 영토 내와 그 부근에 배치하는 권리를 대한민국은 이를 허여하고 미합중국은 이를 수락한다."(The Republic of Korea grants, and the United States of America accepts, the right to dispose United States land, air and sea forces in and about the territory of the Republic of Korea as determined by mutual agreement.)로 되어 있다. 이 조항 가운데 권리(right)는 법률적으로 어떤 일을 행하거나 타인에 대하여 당연히 요구할 수 있는 힘이나 자격을 말하고 grant와 accept는 무상으로 주고받는 것을 의미한다. 미국이 군사력을 한국에 배치할 때 갑의 입장에서 할 수 있는 자격이 이 조항에서 보장되고 있는 것이다.

한미상호방위조약 4조에서 파생된 하위법 체계인 한미주둔군지위협정(SOFA, 소파), 방위비분담특별협정(SMA)은 미국의 우월한 지위를 인정하는 형식으로 주한미군에 대한 시설, 구역, 경비를 한국이 부담하게 만들고 있다. 이 4조의 첫 부분 '상호합의에 의하여'는 SOFA에 의한 합의를 가리킨다. 소파의 정식 명칭은 '대한민국과 아메리카 합중국 간의 상호방위조약 제4조에 의한 시설과 구역 및 대한민국에서의 합중국 군대의 지위에 관한 협정'이다.

방위비분담협정은 SOFA 5조(주한미군에 대한 시설과 구역은 한국이 제공하고 주둔 경비는 미국이 부담하는 내용)의 적용과 관련한 예외적 특별 조치를 담았다. SOFA가 주한미군의 주둔 경비를 미국이 부담하게 만들어졌는데도, SOFA 5조의 예외적 협정인 SMA를 별도로 만든 것이다. 이에 따라 한국은 주한미군에 부여된 권리를 행사할 수 있게 정부가 정치, 경제, 사회적 편리를 제공한다. 당연히 미국은 한국에서 슈퍼 갑에 걸맞은 '권리'를 행사하기 때문에 주한미군에 의해 저질러진 환경오염 등에 대한 합당한 의무조차 지지 않는 것이다.

논란이 된 사드의 한국 배치도 사실 미국이 이 조약 4조에 따른 '권리'를 행사하는 과정이었고, 한국은 '허여'할 수밖에 없는 입장이었다. 한미 간에 사드 배치를 놓고 줄다리기를 했다는 것은 눈 가리고 아옹하는 식의 기만적 언사에 불과하다. 한국이 SOFA에 규정된 환경영향평가를 내세웠으나 이는 기본적으로 미국의 '권리'가 잘 집행될 수 있는 여건을 제공한다는 제한적인 취지에 불과한 것으로 보인다. 중국은 한미동맹의 실상을 알고 있을 법한데도 사드에 대해 미국이 아닌 한국에 보복조치를 취했던 것은 강대국들의 횡포가 어떤 형태인지를 드러내 주고 있다.

미국은 한미상호방위조약에 따라 50년대 말부터 전술핵무기를 한국에 배치하는 등 맘먹은 무기는 다 들여왔다 빼가는 일을 되풀이하고 있다. 지금도 마찬가지다. 미군이 2017년 상반기 최근 군산비행장에 배치한 무인폭격기 등이 그런 예다. 이 조약이 유지되는 한 제2,

제3의 사드 배치 사태는 불가피하다. 또한 미군기지 오염에 대해서도 한국이 미국에 그 원상회복 등을 요구할 근거를 갖지 못한다.

SOFA는 한국이 시설과 부지를 무상으로 미국에 제공하고 미국은 주한미군 유지에 따르는 모든 경비를 부담하도록 규정하고 있지만, 한미는 1991년 방위비분담특별협정(SMA)을 만들어 미국이 부담해야 할 주한미군 유지비용의 일부를 한국이 부담토록 해왔다. 방위비 분담금은 주한미군 주둔 비용 중 한국이 분담하는 몫을 말한다. 주한미군에서 근무하는 한국인 근로자 인건비, 각종 미군기지 내 건설비용, 군수 지원비 등의 명목으로 쓰인다.

SMA 6, 7조는 한미가 문제를 협의하면서 서면 합의로 개정, 수정을 할 수 있게 되어 있어 미국에 매우 유리하게 되어 있다. 이에 따라 주한미군 방위비 분담도 거의 매년 증액하는 형식으로 천문학적인 액수를 한국이 부담하고 있다. 도널드 트럼프 대통령이 '한국이 주한미군 방위비를 5배 더 부담해야 한다'고 말한 것도 바로 한미상호방위조약에 근거한 SMA를 언급한 것으로 추정되어 이런 특혜의 원천이 되고 있는 한미상호방위조약을 현재와 같이 방치해서는 안 된다. SOFA, SMA 외에 한미연합토지관리계획(LPP), 공동환경평가절차(JEAP) 등이 불평등하다는 비판을 받는 원인도 이 조약 4조 때문으로 추정된다.

한편 외교부가 2021년 제11차 SMA의 협상 결과를 밝혀 논란이 일었다. 그에 따르면 한국은 주한미군 주둔비, 즉 방위비분담금으로 2021년 10억 4,500만 달러(1조 1,833억 원, 13.9% 인상)를 주고, 앞으로 국방예산 인상률을 자동 적용해 5년 뒤에는 무려 50%를 올려주기로 해 향후 6년 동안 70억 달러(7조 9,000억 원)를 부담하게 된다는 것이다. 방위비분담금 중 미국이 쓰지 않고 남긴 돈은 2020년 현재 2조원이고, 그중 9,700억 원은 현금으로 미국 은행에 들어있는 것으로 알려져 있다. 한국은 방위비분담금 말고도 미국에 막대한 비용의 주한미군 경비를 지원하고 있다.[270]

6·15남측위원회는 SOFA에 따라 주둔비를 미 측이 전액 부담해야 함에도 불구하고 방위비분담특별협정을 맺고 있는 것이 문제라면서 "오늘날 주한미군의 활동 범위는 대중국 압박으로 날로 확대되고 있으며, 사드 배치를 비롯한 주한미군의 대중국 압박정책에 따른 중국의 반발이 고스란히 한국으로 돌아오고 있다. 대북적대, 대중압박의 발진기지로 한반도를 사용하겠다는 미국의 정책에 왜 우리가 호응하여 국민의 혈세를 바쳐야 하는가"라고 질타했다.

한미군사동맹이 얼마나 불평등한 것인가 하는 점은 필리핀과 미국의 군사동맹을 보면 한눈에 알 수 있다. 필리핀은 1898~1946년까지 미국의 식민지배를 받다가 독립했다. 필리핀은 미국과 상호방위조약을 1951년 체결해 외부의 침략을 받을 경우 서로의 영토를 지키는 데 합의했다. 이 조약에 따라 미국은 필리핀 내 몇 곳에 미군 기지를 유지했는데 필리핀 의회가 1992년 클라크 미군기지 유지 연장을 불허하는 결정을 하면서 미군이 철수했다.

당시 필리핀 의회는 미군기지 유지 시한을 정하고 핵무기 반입의 불가를 요구했지만 미국은 이를 거절했다. 그러다가 두 나라는 1998년에 방문군협정(VFA)에 합의해 상호 동등한 입장에서 자국 군대의 상대국 방문 규정 등을 성문화했다.

필리핀과 미국의 군사협정은 한미동맹과는 하늘과 땅 차이

필리핀과 미국 두 나라는 그 후 VFA에 의해 연례 군사훈련을 해왔다. 그러나 작전의 범위가 동남아 주변까지 확대되면서 필리핀에서 미국의 계속 주둔에 반대하는 여론이 높아졌다. 그러다가 태풍 발생 등에 대한 재난 구호와 위기 대응의 필요성이 커지면서 2014년 방위 협력강화협정(ECDA)을 체결했다.[271]

ECDA에 따라 미국은 필리핀에 영구적인 군 주재나 군사기지를 만들 수 없고 핵무기의 필리핀 진입은 금지된다. 미군은 이 협정에 따라 필리핀 정부의 초청을 받고 필리핀군에 의해 소유, 통제되는 지역과 시설을 이용할 수 있다. 미군이 필리핀 기지에 건설한 군 시설은 미군 철수 시 필리핀 정부에 귀속된다.

이 협정은 두 나라가 태평양지역의 외부로부터 무력 공격을 받을 경우 두 나라 외무장관이 이 조약의 적용문제 등을 협의한다. 무력을 동원한 공격 등이 두 나라에 의해 취해졌을 경우 이를 유엔 안보리에 즉각 보고한다. 이 협정은 10년이 시한이며 어느 한쪽이 종료의 의사를 통보한 뒤 1년이 지나면 폐기된다.

필리핀은 2019년 2월 미국에 일방적으로 VFA 종료를 통보해 180일간의 경과 기간이 끝나는 8월에 이 협정이 공식 종료될 예정이었으나, 2020년 6월 종료 절차를 6개월간 중단한다고 통보한 뒤 최근 또다시 조 바이든 미국 행정부 출범 초기인 2021년 상반기까지 유지할 방침을 밝혔다.[272]

필리핀의 VFA 종료 통보는 두테르테 대통령이 강력하게 추진하는 '마약과의 전쟁'을 지휘한 전 경찰청장에 대한 미국 비자가 취소된 것에 대한 반발에서 이뤄졌다. 남중국해에서 중국의 위협이 커지고 있어 바이든 대통령 정부 출범 뒤 두 나라는 관계 개선을 모색한 것으로 전해졌다.[273]

참고로 국가 간 조약이나 협정은 필요할 경우 필리핀과 같은 조치를 취하기도 한다는 점을 한국도 참고할 필요가 있다. 정치권이나 시민단체, 통일운동세력 등이 불평등한 한미동맹에 대해 마치 약속이나 한 듯 또는 신성불가침의 영역인 양 모두가 입을 다물고 있거나 핵심을 비껴간 주변부를 건드리는 식으로 자기 할 일 다 했다는 식의 자기만족에 빠지는 경우는 이제 그만해야 한다.

미일상호안보조약은 내용을 수시 협의하고, 유효 기간은 10년

미일상호안보조약은 1960년 체결되었고 양측은 이 조약을 유지 발전시키기 위해 각국의 헌법적 허용 범위 안에서 상호 협의하는 등의 조치를 취한다. 양측은 일본의 안보나 동북아에서의 평화와 안정이 위협받을 경우 이 조약의 적용에 대해 수시로 협의한다. 이는 한미상호방위조약에 없는 내용이다.

미국은 이 조약에 따라 일본에 있는 육해공군 시설이나 지역을 활용할 수 있도록 양허를 받는다.(미일상호안보조약 6조, For the purpose of contributing to the security of Japan and the maintenance of international peace and security in the Far East, the United States of America is granted the use by its land, air and naval forces of facilities and areas in Japan.) 이에 비해 한미상호방위조약의 관련 조항은 앞에서 밝혔듯이 한국은 미국의 권리를 무조건 수용하고 양허하는 것으로 되어 있다.

미일상호안보조약은 유엔 헌장이나 유엔의 평화와 안전 유지에 대한 책임에 따른 각 국가의 권리와 의무에 영향을 미쳐서는 안 된다고 되어 있다. 이 조약의 유효 기간은 10년으로 어느 한쪽이 이 조약의 폐기를 통보할 경우 1년 후에 폐기된다.[274]

미국이 한미동맹을 최상의 동맹이라고 하는 이유

2024년 9월 현재 미국의 대북전략은 미국의 세계 핵전략, 즉 중국과 러시아에 대한 핵전략의 하위 부분으로 규정해 한국에 전술핵무기를 배치한다거나 한국의 자체 핵무장을 용인치 않겠다는 것을 원칙으로 하고 있다. 미국은 북에 대해 3대 핵전력을 이용해 대처한다는 것으로 북이 대륙간탄도미사일 발사시험을 하거나 핵실험을 한다 해도 별도의 대응을 하지 않겠다는 것으로 2022년 하반기에 밝힌 바 있다.

한국은 이에 대해 북이 남쪽에 핵무기를 사용할 경우 미국은 대북 핵 보복공격을 할지의 여부도 미국 대통령의 판단에 의해 취해질 것으로 보고 확실한 핵 억지력을 확보하려 안간힘을 쓰고 있는 모양새다.

미국은 한미동맹으로 확보된 주한미군의 위상에 대해서는 다각도로 그 수위를 상승시키는 조치를 취하고 있다. 예를 들어 로버트 에이브럼스 사령관은 한미연구소(ICAS)가 2021년 1월 주최한 화상대담에서 중국을 억지하거나 필요하다면 중국을 격퇴시키기 위해 어떤 준비를 하고 있느냐는 질문에 "주한미군의 임무는 한반도 방어뿐 아니라 인도태평양의 역내 안정화 지원을 포함하고 있다"고 발언했다.

한미연합사령부 작전참모 출신인 데이비드 맥스웰 민주주의수호재단(FDD) 선임연구원도 주한미군의 전력을 온전히 한반도의 방위에만 사용해야만 한다는 세간의 인식은 정확하지 않다면서 한미 상호방위조약에 근거해 향후 중국과의 역내 무력충돌이 발생할 경우, 한국 역시 이 문제에 방관하거나 중립적인 위치를 취할 수 없다는 점을 잘 이해해야 한다고 강조했다.[275]

미국이 대북 전면전 가능성을 대북 정책의 한 카드로 비축하고 있는 것도 한미동맹이 그것을 가능케 하기 때문이다. 미국의 대북공격 확정시 그에 필요한 무기와 탄약비축, 30~40만 명에 달하는 미 군사력 주둔, 해군력의 배치와 그 발진기지 등이 필요한데 한미상호방위조약에 의해 이런 것들이 보장된다.

그러나 지난 수십 년간의 북미관계를 보면 대북 전면전 카드라는 극단적인 옵션의 부작용이 적지 않다. 미국이 대북협상에서 극단적인 물리적 방법까지 선택지에 포함시킨 결과 협상의 실패나 결렬을 유발하는 측면이 있었기 때문이다. 만약 대북 선제공격의 가능성이 전무할 경우 미국의 대북 협상 태도는 좀 더 진지하고 신중해질 것이다.

이런 여러 가지 점을 고려할 때 한미동맹은 21세기 한반도와 동북아의 평화와 안정, 그리고 남북평화통일의 추진에 맞게 고쳐져야 한다. 미중 패권경쟁으로 동북아에 신냉전의 도래가 가시화되면서 미국이 자국의 이익을 위해 한미상호방위조약을 활용할 방침을 밝히고 있는 상황이라서 더욱 그러하다.

미국이 중국을 견제하기 위한 구상인 쿼드(미국, 인도, 일본, 호주 등 4개국이 참여하고 있는 비공식 안보회의체)에 기여할 것을 한국에 강조하는 가운데 조 바이든 미국 대통령은 지난 2021년 3월 25일 첫 공식 기자회견을 통해 중국과의 경쟁이 극심한 것으로 묘사하면서 "중국은 세계를 선도하는 국가, 세계에서 가장 부유하고 강력한 국가가 되려는 목표를 갖고 있으나 내가 보는 앞에서 그런 일은 일어나지 않을 것"이라고 강조했다. 이후 바이든 대통령은 트럼프와 마찬가지로 중국에 대한 압박과 봉쇄를 강화하는 정책을 강행하고 있다.

미중 패권경쟁과 신냉전이 우려되는 상황이지만 4차산업혁명 시대에는 군사안보(military security), 경제안보(economic security)가 한국의 핵심 전략이 되어야 하고, 그래야 국민의 행복한 삶과 번영이 가능할 것이다. 한국은 미중 패권경쟁 시대에 균형외교를 추구하면서 국가 이익을 수호하고 신장해야 할 시점에 와 있다.

북이 핵과 미사일 개발을 멈추지 않고 미국이 북의 비핵화를 위한
제재와 압박이 강화될 경우 마주 달리는 열차의 형국으로 곤란한 지
경에 이를 수 있다. 만에 하나 북미 간 충돌이 발생할 경우에 한반도
에서의 피할 수 없는 더 큰 파국을 막기 위한 방법을 고민해야 한다.
그런 점에서 남북 간에 접촉유지를 강화하여 한반도 전체 정세의 장
기적 변화를 유도하는 것이 불가피하다. 남북 간의 긴밀한 접촉을 통
한 평화 관리는 한반도 당사자뿐 아니라 미국을 포함한 전 지구촌에
생산적인 혜택을 줄 수 있는 긴요한 방법인 것이다.

윤석열 정부는 한미동맹을 현재보다 더욱 강화하는 것이 국익에
기여할 것이라는 견해를 강조하고 있지만, 급변하는 지구촌 정세 등
을 고려할 때 자칫 진영논리를 강화해서 동북아에 신냉전을 초래할
위험이 크다. 따라서 한미동맹을 모두가 윈윈할 수 있도록 정상화시
키는 방안을 찾는 작업이 필요한 시점이다.

그러면 한국이 외교적, 군사적 자주권을 행사하면서 한미동맹을
정상화시킬 방안은 무엇일까? 그것은 한미상호방위조약의 폐지나 필
리핀 수준으로 개정하는 등 다양할 것이고, 그 진행은 국민적 합의에
의해 이뤄질 수 있을 것이다. 그러면 어떤 방식으로 한미동맹에 접근
해 소기의 목적을 달성할 것인가?

한미동맹의 정상화는 미국식 법치주의에 입각해 추진해야

한미동맹은 기울어진 운동장이라서, 한국보다 우월한 입장인 미국
이 외면하거나 변명할 수 있는 방식과 내용이 되어서는 안 된다. 미
국 의회가 한미동맹을 미 대통령이 폐기하지 못하게 법안을 제출하는

등 미국 쪽 애착이 대단하다는 점 등을 십분 고려해야 한다. 따라서 한미동맹의 정상화를 위해서는 미국이 도저히 거부할 수 없는 확실한 근거를 가지고 해야 하고, 특히 미국식 법치주의의 핵심에 입각한 것이어야 한다.

미국식 법치주의 특성은 세계에서 그 유례를 찾아보기 힘든 독특한 대통령제와 연방 체제 도입, 흑인 노예 해방, 총기 소유권리 보장 등에서 잘 드러나고 있다. 미국이 세계 최초로 실시한 미국 대통령제는 트럼프의 경우에서 확인되듯, 대통령은 그 임기 중에는 강력한 면책 특권, 사면권이 보장되는 등 막강한 권력이 보장된다.

트럼프 대통령이 2019년 1월 2일 이란 권력 2인자이자 쿠드스군(이란혁명수비대 정예군) 사령관인 가셈 솔레이마니를 암살하도록 명령한 것처럼 미국 대통령에게는 선제타격권이 보장되어 있다. 이런 제도가 유지되는 한 북에 대해서도 유사한 조치를 취할 가능성이 보장되고 있다는 점도 고려되어야 한다.

이란의 경우와 달리 북에 대한 선제타격은 한반도 전체가 전화에 휩싸이는 것을 의미한다. 미국이 대북 선제타격이 국익에 도움이 된다고 판단할 경우 미국 헌법에 보장된 기득권을 쉽게 포기하지 않을 것이라는 점에서 한미동맹의 정상화는 지난한 과제인 것이다.

한편 미국처럼 한국의 집권세력도 한미관계에서 법치를 앞세우는 것은 마찬가지여서 한미동맹을 강조할 때는 한미상호방위조약의 준수 원칙을 밝히게 된다. 그러나 한미 군사동맹이 한국의 군사적 주권 행사를 어렵게 만들 뿐만 아니라 한반도 당사자라는 특수한 입장에서 평화통일을 추진하는 데 어려움을 겪게 하는 역기능이 심각해지고 있다는 점은 결코 방치할 수 없는 문제다. 한미군사동맹을 필리핀, 일본이 미국과 맺고 있는 군사동맹과 비교해 볼 때 합리적이지 않다는 점이 자명하다는 점에서 더욱 그러하다.

국가 간의 관계는 국내외 정세 변화에 따라 폐기되거나 수정, 보완하는 것이 당연하다. 그리고 동맹 유효기간 안에도 필요할 경우 수시로 동맹의 내용 자체에 대해 논의할 수 있어야 한다. 중요한 것은 동맹은 수평적이고 대등한 주권국가의 수준에서 만들어지는 것이 국제적 평화와 안전에 기여한다는 점이다.

한미동맹은 우선 그 존속 기간이 무기한으로 되어 있고 조약의 수정, 보완에 대한 규정도 없다. 이런 조약은 두 당사국 간에 어느 한쪽이 부당하거나 비상식적 특권을 누리고 있다는 것이고, 다른 한쪽은 당연히 불합리한 입장에 처한다는 점을 함축하고 있다. 미국이 한미동맹을 항상 강조하면서 지속의 필요성을 강조하는 속뜻은 필리핀과 일본이 미국과 맺은 군사동맹과 비교할 때 확인되고 있다. 미국이 한미동맹을 통해 엄청난 이익을 챙기고 있다는 것이다.

한국 정부도 이제 미국에 할 말은 해야 한다

윤석열 정부는 법과 원칙, 상식을 강조하는데 한미동맹도 그런 자세로 보아야 한다. 한미동맹과 관련한 미국의 일방주의에 대해 한국 정부도 침묵이 금이 아니라는 점을 알아야 한다. 이승만이 막무가내로 자주국방을 외면한 채 외세에만 의존하려 했던 태도에 대해 깊이 성찰하고 오늘날 그 정상화를 모색해야 한다. 냉전 시대의 논리에 재갈이 물린 채, 21세기에 존재해서는 안 될 불평등 조약이라고 판단한다면 주체적인 태도를 취해야 한다. 동북아의 정세는 급변하고 있고, 이에 대한 당사국의 대응은 과거의 그것과 달라야 한다.

문재인 정부가 시도했던 종전선언이나 대북교류 등에 대해 미국은 반대하는 입장이었다. 미국은 현재와 같은 군사동맹 관계를 유지하자면 종전선언을 하지 말아야 한다고 주장해서 관철시켰다. 윤석열 정부는 종전선언에 대해 미국과 같은 입장인 것으로 비추어지지만 더 생산적인 방안이 무엇인지를 고민해야 한다.

한반도 정책을 놓고 한미 간의 입장 차는 미중관계가 더욱 냉각될수록 커질 가능성이 크다. 한중 간 경제 관계가 한미경제 관계보다 커진 상황에서 시각차는 더욱 커질 전망이다. 미중관계가 패권경쟁으로 치닫고 중국이 사드, 고고도미사일방어체계로 한미동맹의 약한 고리인 한국에 보복조치를 취한 바 있는데 현재와 같은 한미관계가 근본적으로 변하지 않는 한 유사한 사태의 재발이 우려된다.

북의 핵과 미사일 개발이 더 강화되고 있는 상황에서 한미동맹만 강조하는 것이 어떤 결과를 가져올 것인지에 대해 깊이 고민해야 한다. 미국의 대북 핵 정책에 대해 더욱 깊숙이 의존하는 것도 방법이겠지만 이는 남북 간 긴장 고조와 충돌 가능성이라는 심각한 위험이 있다. 대북 선제타격과 같은 군사적 대응을 하는 것이 불가피할 경우라도 그런 전략의 종착점이 무엇인지를 깊이 생각해야 한다.

미국이 원하는 것에 대해 북이 굴복하거나 비핵화를 하지 않을 경우 그것은 군사적 위험의 증대를 피할 수 없다. 현재 한미일 3각 동맹이 강조되면서 러시아, 중국, 북이 공동보조를 취하는 움직임이 커지고 있다. 이런 사태가 지속될 경우 한반도가 군사적 충돌의 가능성이 가장 높은 취약지가 될 위험성에 대비해야 한다.

한미상호방위조약의 정상화 방안은 6조 발동밖에 없어

한국이 군사적 자주권을 회복하는 방법은 여러 가지가 있겠지만 한미상호방위조약이 한미군사동맹의 가장 핵심적 역할을 하고 있다는 점을 주목해야 한다. 한미 간의 다른 군사적 협정, 양해각서 등은 이 조약에 의해 미국은 기울어진 운동장과 같은 특권을 보장받고 있다. 이 조약의 정상화가 한국의 군사적 자주권 회복을 위해 가장 중요한 연결고리인 것이다.

필리핀과 일본이 미국과 체결한 군사동맹처럼 한국이 주권국가의 자주권을 보장하는 방향으로 정상화하려 할 때 거기엔 한 가지 방법밖에 없다. 한미상호방위조약 6조가 그것이다. 이 조약 6조는 "본 조약은 무기한으로 유효하다. 이 조약은 어느 한 당사국이 상대 당사국에게 미리 폐기 통고한 후 1년 후에 본 조약을 종식시킬 수 있다." (This Treaty shall remain in force indefinitely. Either party may terminate it one year after notice has been given to the other Party.)라고 되어 있다.

조약을 수정 보완한다는 등의 조항이 없기 때문에 조약의 수정 보완을 하기 위해서라도 6조에 의거해 미국에 이 조약의 종식을 미국에 통고할 수밖에 없는 것이다.

한국이 한미상호방위조약 6조를 들고나올 때 국내외에서 엄청난 후폭풍이 일 가능성이 있다. 한국 사회에서 특히 친미 아니면 반미라는 이분법적 논리가 지배적이라는 점도 우려되는 부분이다. 그러나 친미와 반미 사이에는 수많은 대안으로 세분될 수 있다. 이런 시각을 배제하는 것은 이승만식의 독단적, 독재적 발상이라 하겠다.

동시에 중국의 부상으로 한국이 미국에 군사적으로 종속된 상태로 남아 있는 것은 한국의 사활적 이해관계에 해당할 정도로 불합리하다는 점 등을 고려할 때 이 조약의 개폐가 필요하다. 큰 아픔과 혼선이 빚어진다고 해도 비정상을 신속히 정상화하는 것이 궁극적으로 모두를 이롭게 할 수 있을 것이다.

오늘날 국제정세를 살피면 훤히 드러나듯 외교에는 영원한 적도, 영원한 동지도 존재하지 않는다. 국가 간 관계는 대등한 위치에서 공평한 구조로 만들어지는 것이 최상이다. 한미상호방위조약도 마찬가지다. 이 조약이 만들어진 1953년은 특수상황이었고, 핵과 대륙간탄도미사일을 가진 북과 대치하고 있다 해도, 오늘날 한국은 세계에서 무기를 가장 많이 수입하는 국가의 하나이고, 국방예산만 해도 세계 10위권 전후에 속한다.

미국은 북에 비해 6백~1천 배 이상의 군사력을 갖춘 것으로 언급되기도 하는데, 아시아 최빈국의 하나인 북에 대한 전방위적인 공세를 펴면서 한국의 사전 동의 없이 선제타격 카드까지 검토하고 있다. 미국은 북의 군사퍼레이드조차 도발이라고 손가락질하지만 정작 자국의 군사력을 현대화하는 데 엄청난 돈을 쏟아붓는다. 이런 모습이 자칫 한반도를 파국으로 몰고 갈 가능성이 없는지 윤석열 정부는 깊이 살펴야 한다.

2. 유엔사는 제2의 한국전쟁 대비하는
    한미일 군사관계의 핵심축

유엔 총회의 해체 결의에도 불구하고 존속하는 유엔사,
그 상위기관은 미 정부

유엔군사령부(이하 유엔사)는 1950년 6·25전쟁 발발을 계기로 유엔안전보장이사회 결의에 따라 설치된 미국 주도의 다국적군 사령부다. 유엔사는 유엔 안보리나 사무총장의 통제를 받지 않고 미국 정부의 관할하에 있다. 유엔사가 미국 정부 어느 곳의 통제를 받는지 알려지지는 않았으나 주한미군 사령관이 유엔군 사령관을 맡고 있다는 점에서 미 국방부 조직 산하기구로 추정된다.

유엔사는 유엔이나 유엔 안보리를 대표하지도 않지만 유엔기를 사용하면서 대외적으로 유엔에 소속된 것처럼 행세하고 있다. 그래서 '가짜 기구'라는 논란이 그치지 않았다. 유엔사의 실질적, 정치적 상위기관은 유엔이 아닌 미국 정부라서 미국의 소속 기관이나 다름없다. 유엔사는 제2의 한국전쟁 발생에 대비해 미국의 전략을 추진하는 것이 주목적이다.

유엔사는 1978년 창설된 한미연합군사령부에 우리 군에 대한 작전

통제권을 이양한 뒤 지금은 정전협정 이행과 관련한 △ 군사정전위 가동 △ 중립국감독위원회 운영 △ 판문점 공동경비구역(JSA) 경비대 대 파견·운영 △ 비무장지대(DMZ) 내 경계초소 운영 △ 북과의 장성급 회담 등의 임무만 맡고 있다.

유엔사가 1953년 서명한 정전협정 제4조 60항은 "정전협정이 조인되어 효력을 가진 뒤 3개월 안에 한반도로부터의 외국군 철수와 한반도 문제의 평화적 해결 등을 토의할 고위정치회담을 열도록 건의"하도록 되어 있지만 70년 동안 이행되지 않고 있다. 유엔사는 평화협정 체결을 위해 존속하는 한시 기구의 성격을 지니고 있지만 오늘날 정전협정을 유지시키는 것만으로도 한반도 평화에 기여하고 있다고 자평하고 있다. 하지만 이는 기만에 불과하다.

유엔사는 한국군 전방부대를 대상으로 정기적으로 정전협정의 준수 여부에 대한 점검 활동을 실시한 사실을 페이스북이나 트위터 등을 통해 공개하면서 대외적으로 그 존재감을 과시하고 있다. 예를 들어 지난 3월 "유엔사는 철원 및 한강하구 인근 비무장지대(DMZ) 전방부대를 대상으로 정전협정 준수 여부를 점검했다. 이런 점검은 한국군이 한반도 평화·안정을 뒷받침하는 규칙들을 이행하는지를 확인하는 데 필수적"이라고 설명했다.[276]

유엔사는 미국이 얼마나 치밀하게 한반도 군사 상황의 현재와 미래에 대비하고 있는지를 상징하는 커다란 구조물의 일부일 뿐이다. 미국은 정전협정이 평화협정으로 전환되는 등의 큰 변화가 오는 것에 대비해 자국 사령관 1명에게 세 개의 사령관 모자를 씌워놓고 적절한 연기력을 발휘하고 한국 정부나 사회가 침묵 속에 추종하도록 만드는 환경을 조성해 놓고 한국에서 버티고 있는 것이다.

유엔군 사령관은 주한미군 사령관, 한미연합사 사령관을 맡고 있다. 미군 장성 한 사람이 모자 세 개를 쓰고 있으면서 미국 정부가 필요로 하는 군사적 역할을 하고 있다. 예를 들어 유엔사는 2018년 남북교류협력 사업에 어깃장을 놓으면서 그 존재감이 비판적 여론 속에서 부각되었다. 미국 정부는 시치미를 떼었고 미국의 그런 모습에 대해 한국 정부가 정면 항의하지 못하는 것도 미국이 구축한 한국에서의 통제 시스템이 가동된 덕분이라 하겠다.

미국은 유엔사 운영 방식 등을 통해 미국과 유엔사가 거리가 있는 것처럼 비추어지도록 애를 쓰고 있다. 그런 노력의 하나가 유엔사 부사령관이다. 부사령관의 경우 미군 장성들이 맡아왔으나, 문재인 정부 시절인 2018년 캐나다 육군 장군이 임명된 것을 시작으로 현재는 영국군 장성이 맡고 있다. 평택 미군기지 내에 본부를 두고 있는 유엔사 소속 군인은 미국, 그리스, 남아프리카공화국, 네덜란드, 노르웨이, 뉴질랜드, 덴마크, 벨기에, 영국, 이탈리아, 캐나다, 콜롬비아, 태국, 튀르키예, 프랑스, 필리핀, 호주 등 6·25 참전국이 참여하고 있다.[277]

미국이 유엔사 기지의 근무 군인을 다국적으로 둔 것은 미래에 발생할지 모를 제2의 한국전쟁에서 1950년대와 유사한 외국군의 참전이 가능토록 준비태세를 유지하는 데에 그 목적이 있다. 이를 위해 미국은 일본 정부로부터 특혜를 인정받고 있는 유엔사 후방기지를 7개 일본 항구에 만들어 놓았다. 유엔사 후방기지는 일본 정부의 주권 행사가 미치지 못하게 제도화되어 미국의 장래 포석을 수행할 수 있게 뒷받침하고 있다. 유엔사 후방기지는 주일미군의 직접적인 지원을 받으면서 유엔 대북제재를 위반하는 항공기나 선박 감시업무에 동원되고 있다. 이런 점을 살피면 유엔사는 현재는 물론 미래에도 가동될 실질적인 한미일 삼각 군사 관계의 핵심축이 되고 있다.

일본의 유엔사 후방기지는 배보다 배꼽이 큰 꼴

유엔사 후방기지의 경우 한반도의 군사적 충돌 발생 시 과거 한국전쟁 참전국 등의 해외 군사력을 일본 정부와 협의 없이 일본 7개 기지에 진출시키는 권한을 보유하고 있다. 미국은 한미상호방위조약과 같은 불평등 관계를 일본에서 보장받고 있다.

유엔사 후방기지는 일본의 주권이 미치지 못하는 '군사적 치외법권 지대'의 성격으로, 한국으로 이동할 해외 군사력을 이들 7개 기지에 진주시킬 때 일본과 사전 협의를 하지 않는 주둔군지위협정(SOFA)이 적용된다.[278] 향후 한반도 유사시 유엔사가 일본의 유엔사 후방기지를 가동하면서 과거 한국전 참전국들의 파병 등을 성사시킬 경우 주한미군 못지않은, 어쩌면 더 막강한 군사적 역할을 할 잠재력을 지니고 있다고 하겠다.

미국은 1950년 한국전 참전국들이 미래의 한국전쟁에 부대를 파견할 의무는 없지만 도덕적 의무감에서 그렇게 되기를 희망한다는 입장을 밝히고 있다. 미국은 이라크 전쟁 등에서와 같이 다국적군의 형식으로 군사행동을 할 경우 직간접적인 방식으로 미국 우방국들의 동참을 독려할 것으로 보인다.

미국은 유엔사 후방기지를 일본에 두고 미래의 한반도 전쟁에 철저히 대비하고 있다. 유엔사 후방기지는 유엔사가 일본 정부와 체결한 주둔군지위협정(SOFA)에 의해 일본에서 가장 전략적 가치가 높은 기지 7개를 관할하고 있다.[279]

이들 7개 기지는 일본에 있는 미군기지 89개 중 규모가 크고 전략적으로 중요한 곳이다. 일본 본토에 있는 후방기지 4곳은 요코스카(해군), 요코다(공군), 캠프 자마(육군), 사세보(해군) 기지이고, 오키나와에

있는 3곳은 가데나(공군), 화이트비치(해군), 후텐마(해병대) 기지다.[280]

유엔사 후방기지는 한반도에 파견될 참전국들의 지휘부와 병참 기지 역할을 하면서 이들 국가의 군사력이 잠정 주둔할 지역으로, 그리고 한국에 거주하는 미국인들의 대피 장소로 제공된다. 그밖에 세계적 위기 상황에서 일본 정부와 군사적 조치 등에 협조하는 것도 포함된다.[281]

유엔사 후방기지는 향후 한반도에서 정전협정이 준수되지 않고 적대행위가 발생할 경우 파견국들이 군사력을 파견하는데 이때 일본이 이들에 대한 주요한 편리를 제공하게 된다. 일본의 이런 역할은 샌프란시스코 강화조약과 관련된 각서 교환으로 이뤄졌고, 그에 따라 유엔사 회원국 9개 국가는 유엔과 일본이 제정한 SOFA의 서명국이 되어 있다. 이들 나라는 호주, 캐나다, 프랑스, 뉴질랜드, 필리핀, 타이, 터키, 영국, 미국이다.[282]

유엔사 후방기지는 1950년 6·25전쟁 발발 직후 나온 안보리 결의 84호에 의해 유엔사가 일본에서 만들어질 때 그 존립 근거가 포함됐다. 이어 1951년 샌프란시스코 강화조약을 체결할 때 일본에서 한국 방어에 나서는 유엔군을 지원하는 조항을 포함시키면서 그 위상이 굳어졌다. 유엔사 후방기지는 정전협정 기간에 일본을 경유해 유엔군이 보내는 이송 작전을 지원하는 임무로 일본 내 7개 지지에서 유엔기를 사용해 가동되고 있다.[283]

유엔사 후방기지는 1954년 2월 일본과 몇몇 유엔참전국 간에 주둔군지위협정(SOFA)을 체결할 때 그 속에 포함됐다. 유엔사 후방기지 관련 SOFA에 의하면

△ 유엔사는 일본에 계속 남아 있어야 하고, 유엔사 후방기지는 다

국적군이 주둔해야 한다.

△ 미국과 일본은 유엔군 참여국들이 사용할 수 있는 기지를 상호 합의에 의해 일본에 지정해야 한다.

△ 유엔사 후방기지는 이들 기지를 사용할 때 유엔기를 달아야 한다.

△ 유엔사는 유엔군 참가국들이 이들 기지를 사용할 수 있도록 활동해야 한다.

이에 따라 이들 7개 미군기지는 병참 지원 업무를 수행한다.

유엔사가 1957년 도쿄에서 서울로 이전하면서 일본에 잔류한 부대가 7개 유엔사 후방기지를 관리하게 되었다. 유엔사 후방기지는 일본을 경유한 유엔참전국의 부대 이동에 편의를 제공하고 있다. 유엔참전국들은 일본에 정기적으로 함정이나 비행기, 인력을 이들 기지에 파견, 방문토록 한다.

이렇게 하는 목적은 유사시 관련 업무를 훈련하면서 주일미군이 유엔참전국들의 준비태세를 강화토록 하는 데 있다. 모든 방문국 병력들에 대한 병참 지원은 주일미군이 하게 된다. 주일미군은 주요 파트너이자 실행자의 역할을 하게 된다.[284] 유엔사가 일본에서 특권을 누리는 편의를 제공받으면서 주일미군과 긴밀한 협조체제를 형성하고 있는 것이다.

한국의 유엔사는 몇 명 되지 않는 군인들로 구성되어 있지만 일본에 만들어 놓은 유엔사 후방기지를 보면 '배보다 배꼽이 큰 경우'라는 것을 확인할 수 있다. '유엔사 후방기지'는 매년 한국 국방부 고위관리와 국회의원, 언론인 등을 초청해 7개 기지를 방문토록 하면서 유엔사의 위상을 확인시키고 있다. 한국의 국방 관련한 여론 주도층을 철저히 관리하고 있는 것이다.

예를 들어 지난 5월 합동참모본부와 한미연합군사령부, 그리고 각 군 소속의 군수·작전 분야 장성급 지휘관들이 지난 10~13일 주일미군의 주요 육해공군 기지를 방문했다. 오래전부터 실시되고 있는 이 프로그램은 코로나19 확산으로 2019~2021년에 중단됐다가 재개되었고 상반기엔 장성급 지휘관들이, 하반기엔 영관급 장교들이 프로그램에 참여할 예정이다.[285]

유엔사는 문재인 정부의 대북 사업도 통제

유엔사는 평상시 정전협정 유지 관리를 주 임무로 하면서 군사분계선과 비무장지대(DMZ)의 통과·출입 허가권을 행사하고 있는데 2018년 남북 철도 공동점검단의 방북이나 2019년 1월 인도적 차원에서 타미플루를 북에 제공하려고 할 때 싣고 갈 화물트럭의 통행을 막아 한국 정부와 마찰을 빚었다.

유엔사는 심지어 남북 교류협력 관계나 심지어 경기도청의 시설 설치에 대해 상급기관과 같은 행동을 해 구설에 오르면서 그 정체성이나 미래의 역할 등을 놓고 논란이 빚어졌다. 유엔사는 실질적인 미국의 주도하에 있다는 점에서 유엔사의 남북 교류협력 간섭 등은 미국의 간섭이라는 해석을 피하기 어렵다.[286]

유엔사가 군사 분야 외에도 한국 정부의 행정에 허가권을 주장하는 것에 대한 적법성 등은 한국 정부와 어떤 관계이냐에 의해 결정된다. 현실을 살피면, 유엔사는 사실상 미국이 주도하는 것이어서 유엔사도 미국과 대등한 위상을 한국에서 보장받는 것 같은 인상을 주고 있다. 유엔사가 한국 정부와 논란을 일으킨 뒤 공개되는 그 해법이나 조정 내용을 보면 유엔사의 주장 쪽으로 기울어져 있기 때문이다.

유엔사는 한반도에 군사적 조치를 취할 경우 유엔의 지휘를 받지 않고 단지 미국의 의도대로 움직일 뿐이라는 점 등은 유엔사의 탄생 과정의 특수성을 반영한 것에 불과하다. 미국은 유엔사 발족 당시의 미흡한 유엔과의 관계에서 파생된 논란(유령단체 또는 가짜 국제기구 등)을 의식해 한국, 일본 정부와 맺은 관계를 통해 그 정체성 시비를 방어하면서 버티고 있다.

유엔사에 대한 가짜 논란을 불식시키기 바쁜 윤석열 정부

유엔사가 유령단체냐, 가짜냐의 법적 위상에 대한 논란이나 향후 역할은 한국 정부가 유엔사에 대해 어떤 태도를 취하고 있으며, 유엔사에 어떤 자격과 권한을 부여하고 있느냐에 따라 '현실'이 될 수 있다는 점이 중요하다. 예를 들어 3년 전 한국 정경두 당시 국방부 장관의 관련 발언과 같은 경우가 그에 해당한다.

정경두는 46대 국방부 장관 재직 시절인 지난 2020년 7월 24일 유엔군사령부 창설 70주년 축하 서신을 통해 "유엔사가 한국군과의 긴밀한 공조하에 정전체제를 안정적으로 유지할 것이며 한반도의 평화와 번영을 위한 노력을 지속해 줄 것으로 기대한다. 한국 합동참모본부와 유엔군사령부, 한미연합사령부, 주한미군사령부와의 관계를 상호 협력과 존중의 정신으로 발전시켜 나갈 것"이라며 "전시작전통제권(전작권) 전환 이후에도 유엔군사령부의 역할과 기능을 지속해서 존중할 것"이라고 밝혔다.[287]

유엔사의 정체성 논란에도 불구하고 정부의 국방부 장관이 유엔사의 합법성과 그 역할 수행을 계속 존중하겠다고 공언한 것이다. 정장관의 발언처럼 유엔사의 역할이 보장될 경우, 한국 정부가 앞으로 남북경제협력을 추진하려 해도 유엔사의 사전 허가를 받아야 한다. 유엔사의 승인 없이는 남북이 철도·도로를 연결하는 것도 어려울 전망이다.

미국이 완강히 주장하고 한국이 동조하는 유엔사의 역할과 위상은 미국이 동북아 전략으로 추진해온 한미일 군사적 유대관계의 핵심 고리가 되고 있다. 한국에 있는 유엔사는 그 부대가 한 줌도 되지 않지만 일본에 있는 '유엔사 후방기지'를 통해 확보해 놓은 군사력 동원의 잠재력은 가공할 정도다.

미국이 유엔사와 '유엔사 후방기지'를 운영하는 방식은 한반도를 포함한 동북아의 미래에 대비한 미국의 전략이 얼마나 촘촘하고 겹겹이 만들어졌는가 하는 점을 드러낸 한 사례이다. 양파껍질을 벗기면 또 다른 껍질이 나오듯이 미국은 한반도의 정전상태와 전쟁 발생 가능성, 평화협정을 맺었을 때 등 다양한 경우를 대비했고, 그 결과 주한미군 사령관이 3개의 사령관 모자를 쓰고 있는 것으로 나타나고 있다.

미국은 한국에 주한미군, 유엔사, 한미연합 사령부 등 3가지의 군 주둔 형태를 유지하면서 한미상호방위조약 등을 발판삼아 한반도 및 동북아 전략을 추진하고 있다. 이런 점을 살펴 미국의 한반도 개입 현황을 분석, 지적할 때 미국이 가장 아파하고, 그래서 진지하게 나올 수 있는 부분이 무엇인지를 가려내는 지혜가 중요하다.

미국이 무시할 수 있거나 외면해도 아무런 지장이 없는 형태의 문제 제기는 물론이고 통일운동의 실효성에 대해서도 모두가 고민해야 할 때다. 이런 점에서 한미상호방위조약 정상화를 위해 발동할 수 있는 이 조약 6조는 상대국가와 사전 협의나 전제조건의 충족과 같은 절차가 명기되어 있지 않다는 점에서 가장 주목되는 부분이라 하겠다.

물론 이것은 시작에 불과하다. 미국이 한국에서 누리고 있는 결정적인 군사적 카드가 즐비하기 때문이다. 첫째, 미국 정부가 한국 정부의 사전 동의절차를 밟지 않고 미 대통령이 발동할 수 있는 대북 선제타격권이 있다. 두 번째는 한국 방어에서 핵심적 역할을 독점하고 있는 주한미군의 철수 여부를 미국 대통령이 협상 카드로 휘두르거나 결정하는 권리를 행사할 수 있다는 점이다. 세 번째는 유엔사가 향후 유사시 6·25전쟁 당시의 권한을 부활해 활용하려 할 경우 등이다. 이런 부분은 쉽게 그 해결책이 나올 성질의 것은 아니다. 이는 한국 정부가 미국과 대등한 주권국가의 역할을 하면서 법치라는 형식을 통해 풀어야 할 난제이다.

유엔사의 등장과 그 정당성 논란, 그리고 6·25 직후 소련의 안보리 불참에 대해

몇 년 전, 유엔사는 유엔의 깃발을 사용하지만 유엔과 관련이 없는 유령기구가 아니냐 하는 비판을 받았다. 그렇게 된 원인을 따져 보기 위해 유엔사가 등장한 70여 년 전 당시를 다시 정리해보면 다음과 같다.

유엔 안보리는 6·25전쟁이 발발하자 결의안 82호를 채택해 북이 적대행위를 중단하고 38선에서 철수할 것을 촉구했고, 이틀 뒤 결의안 83호를 채택해 유엔 회원국들이 한국을 지원해 군사적 공격을 격퇴하고 국제 평화와 안전을 회복할 것을 촉구했다. 6·25전쟁 발발 당시 소련은, 대만으로 쫓겨 간 중화민국을 대신해 중공이 안보리 회원국이 되어야 한다면서 안보리에 불참하고 있었다.

안보리는 1950년 7월 7일 결의안 84호를 통해 한국에 군사력 등의 지원을 하는 유엔 회원국들은 미국의 연합지휘를 받을 것을 촉구했다. 유엔 안보리는 미국에 유엔의 기치 아래 연합군에 대한 지휘권

행사의 권한을 위임한 것이다. 이 때문에 유엔은 한국전에 투입된 전투부대에 대한 통제권을 행사하지 못했고 지금도 마찬가지다. 유엔사는 이처럼 유엔 안보리 결의 82, 83, 84호에 의해 만들어진 다국적 군사기구로 1950년 7월에 창설됐으며, 1953년 정전협정 체결 당시 한국군 59만 명을 포함해 17개국 총 93만 2,964명의 병력을 보유하고 있었다.

유엔사는 1978년 한미연합사령부 창설 뒤 그 역할이 정전협정의 준수 확인과 관련 임무로 축소됐다. 유엔사는 한미연합사령부에 한국군과 주한미군에 대한 지휘권을 넘긴 이후 정전협정과 관련한 임무만 맡고 있는데 군사분계선(MDL)으로부터 남측 2km에 이르는 비무장지대(DMZ)에 대한 통제 권한 및 관할권을 장악하고 있다. 유엔사가 1992년 군사정전위원회 대표로 한국군 장성을 지명하자 북과 중국은 군사정전위원회의 회의 참여를 거부했다.

미국이 연합군의 지휘권을 행사하는 것에 대한 정당성 논란이 지속되는 가운데 부트로스 갈리 유엔 사무총장은 1994년 북 외무장관에게 다음과 같은 서한을 보내기도 했다.[288]

"유엔 안보리는 한국전쟁에 참전할 연합군을 하부조직으로 결성하지 않고 단지 그 지휘권을 미국이 행사하도록 하는 것을 추천했을 뿐이다. 이에 따라 연합군의 해체는 유엔에 있지 않고 미국 정부의 권한 문제일 뿐이다."

이후 코피 아난 총장은 1998년, 디칼로 유엔 사무부총장도 2018년에 유엔사는 유엔과 무관한 조직임을 공식 확인했다.[289]

미국은 유엔사의 정체성에 대한 논란이 되자 제1 지휘부에 외국군의 장성을 증원하는 방식 등으로 방어하고 있다. 북은 유엔사의 해체에 대한 노력을 지속하면서 2013년 유엔 주재 북 대사가 안보리에 "유엔사는 미국에 의해 만들어진 전쟁 도구에 불과하다"며 그 해체를 촉구하는 서한을 보내기도 했다.

그러나 북의 요구는 관철되지 않았고 유엔사는 유엔 결의안으로 만들어졌다는 점이 강조되며 현재도 존재하면서 유엔 깃발을 사용하고 있다.

국내 통일운동 진영의 손가락질과 조롱의 대상이 되고 있는 유엔사의 존립 근거는 유엔사의 홈페이지에 압축되어 있다. 즉 정전협정의 발효를 선도하고 한반도의 안보와 안정을 가능케 하는 역할을 하는 것으로 기재되어 있다. 유엔사는 정전협정 기간에 충돌방지라는 국제사회의 오랜 과제를 수행하면서 지속 가능한 평화를 인도하는 대화와 행동을 촉진한다는 것이다. 이를 위해 필요할 경우 분쟁과 충돌에 대해 참전국들의 기여를 가능케 하는 효과적이고 실행 가능하며 지속적인 플랫폼을 제공한다면서 유엔사의 우선적 사업을 다음과 같이 제시했다.[290]

△ 정전협정이 집행되도록 하고 보전하며 △ 참전국들의 유대와 한미동맹의 지지를 위해 국제적 지원이 유지되도록 하며 △ '유엔사 후방기지'에 대한 접근 가능성을 유지하고 △ 참전국들의 군사력 이동과 산출을 한국 합동참모본부와 협력해 역내에서 그 군사력을 지원하고 유지할 수 있도록 조정하는 효과적 방법을 확립한다.

유엔사와 유엔의 관계에 대한 논란의 정답은 무엇일까? 이는 전문가마다 견해가 조금씩 다르거나 상반되어서 혼란스럽지만, 2019년 당시 유엔사 웨인 에어 부사령관의 발언이 참고할 만하다. 그는 그해 5월 8일 캠프 험프리의 미군기지에 있는 유엔사 사령부에서 외신기자들에게 다음과 같이 말했다.[291]

"유엔사는 유엔과 직접적인 관계는 없고, 단지 유엔사는 유엔 깃발을 사용하고 매년 미국 정부를 통해 유엔에 보고서를 제출하고 있다"고 말했다. 그는 "북과 중국이 지난 수십 년간 유엔사의 적법성에 대해 의문을 제기해왔고, 유엔사와 유엔의 관계는 이제 비밀도 아니다. 유엔사가 해체될 방법은 유엔의 결의안이나 미국의 정치적 결단에 의해서 가능할 뿐이다."

미국은 유엔의 유엔사 해체 결의를 외면하고 한미연합사 발족시켜

유엔 안보리로부터 연합군의 지휘를 위임받은 미국은 자국이 주도하는 유엔사와 유엔을 연결시키기 위한 조치를 취해 허약한 정체성을 보강하려 시도했다. 즉 1953년 정전협정이 조인되었을 때 유엔사는 유엔에 이 사실을 전달했고, 그해 8월 유엔 총회는 정전협정에 동의하는 결의안을 통과시켰다. 유엔 총회에서 정전협정이 채택된 것은 유엔사가 정전협정을 관장하는 역할을 보장하는 것으로 해석되고 있다.

1975년 제30차 유엔 총회가 한반도 정전협정을 평화협정으로 대체하고 유엔사를 1976년 1월 1일까지 해체토록 건의하는 총회결의안 3390호를 결의했다.[292]

미국은 유엔 총회의 결의가 있자 유엔군 사령부와 한미연합 사령부의 기능과 권한을 분리해 껍질뿐인 UN군 사령부를 존속시키는 한편, 한미연합 사령부를 통해 한국군에 대한 미군의 지휘 통제를 실질

적으로 강화했다. 유엔사는 이 총회결의를 외면하고 현재까지 그 기능을 지속하고 있다.[293]

미국은 1977년 제10차 한미연례안보협의회의에서 한미연합 사령부 설치를 합의하고, 1978년 제11차 한미연례안보협의회의 합의로 발족한 한미군사위원회의 전략 지시에 의거해 한미연합 사령부가 창설되도록 했다. 한때 유엔사 소속이었던 주한미군 병력 2만여 명은 한미연합군 소속으로 간판을 바꿨다. 이런 과정은 한국의 동의하에 이뤄진 점도 주목해야 한다. 한미연합사 발족에 합의해 준 한국 정부가 유엔 총회의 유엔사 해체 결의에 대해 미국 쪽 대응에 동조한 것이다.

유엔사는 한 번도 유엔 회원국이나 안보리를 대표한 적은 없지만 주한미군, 한미연합군이 하지 못하고 있는 역할을 하고 있다. 유엔사는 미국이 유엔의 깃발 아래 DMZ를 면밀히 감시하면서 그 정보를 미국에 제공하고 있다. 동시에 일본에 있는 막강한 잠재력을 지닌 유엔사 후방기지의 상위조직으로 버티고 있다.

유엔사 본부는 용산에 있다가 현재 평택 미군기지에 있고 소속 인원은 90여 명이다. 유엔사는 그 규모가 작지만 DMZ에 대한 밀접한 감시와 그 안에서 발생하는 사안의 적법성 등에 대해 미국 정부에게 관련 자료를 전달하고 있다.

유엔사가 2018년 남쪽의 기차가 북 지역으로 향하려는 것을 중단시키면서 논란을 빚었는데, 당시 유엔사는 군사분계선을 통과하는 것에 대한 허가권은 유엔사에 있고, 이는 정전협정을 집행하는 것이라고 밝힌 바 있다. 당시 한국 정부는 사전에 통보하거나 관련 서류를 유엔사에 제출하지 않았던 것으로 알려졌고, 한국 정부는 유엔사 조치에 공식 항의하지 않은 것으로 알려져 있다.

판문점에는 미군이 아닌 유엔사 소속의 대대 단위 부대가 배치되어 있다. 누구나 DMZ 남쪽 영역에 출입하려면 유엔 사령관의 허가를 받아야 하는 것으로 되어 있다. 이는 미군의 군 통수권자인 미국 대통령의 지휘를 받는 주한미군 사령관이 유엔군 사령관의 모자를 쓰고 인허가를 결정하는 것으로 해석될 수 있다.

유엔에서 유엔사에 대한 문제 제기는, 중국이 안보리 상임이사국이고 북이 그 회원국이 되면서, 그리고 유엔 회원국 가운데 비동맹국가들이 많아짐으로써 꼬리를 물고 이어졌다. 한국에서는 유엔사에 대한 문제 제기는 안보를 저해한다는 차원에서 억제되었고, 보도도 제대로 되지 않았지만 국제사회에서는 오래전부터 그 실상이 소상히 소개되어있다. 그러다가 몇 년 전부터 한국에서도 유엔사가 논란의 대상이 되자 유엔사는 적극적인 태도로 유엔사의 위상에 대해 외국 언론인들에게 밝히고 있다.

유엔사는 그 부대가 한 줌도 되지 않고 국내에서 극소수의 인원으로 구성된 조직이지만, 그 사령관은 주한미군 사령관인 데다가 일본에 있는 유엔사 후방기지 7개의 군사적 비중이 엄청나다는 점에서 그 잠재력이나 미래의 역할 등이 예사롭지 않을 전망이다.

이처럼 미국은 한반도의 모든 사태에 대비하면서 군사적 지배권을 행사할 장치를 구축해 놓고 있다. 이런 점에서 감상적이고 일과성인 통일논의나 단순한 외세배격 논의는 정당한 분노를 유발하는 차원에서 긍정적이라 할 수 있어도 그것만으로는 충분치 않다. 냉철하게 한미 군사관계의 현실을 파악해서 구체적이고 실질적인 대책과 전략이 나와야 하고, 그것이 한미 두 나라 정부를 움직이게 할 수 있는 동력을 지니도록 해야 할 것이다.

유엔사의 역할을 부풀리며 미국 정부의 나팔수로 나선 미국 장성들

전직 유엔군 사령관들은 2019년 여름, 앞으로 유엔사가 6·25전쟁의 정전협정에 따른 정전 유지라는 기존 임무 외에 한반도 평화 구축과 유지에 더 많은 역할을 하게 될 것이라고 밝힌 바 있다.[294]

빈센트 브룩스 전 유엔군 사령관 겸 주한미군 사령관은 2019년 7월 27일 한국전 정전협정 체결 67주년을 맞아 미국 민간단체인 주한미군전우회(KDVA)가 주최한 유엔군사령부의 역할에 대한 화상회의에서 유엔군사령부의 목적은 항상 동일하다면서 "한반도에서 항구적 평화협정이 체결될 때까지 적대행위 중단을 유지하는 것이다. 그러면서 유엔군사령부는 정전 유지 외에도 남북 간, 그리고 미북 간 대화가 이뤄질 수 있도록 하는 역할을 하고 있다"고 말했다.

커티스 스카파로티 전 유엔군 사령관 겸 주한미군 사령관도 같은 날 화상회의에서 유엔군사령부는 한반도의 현재와 미래 갈등 해결에 국제사회가 함께 한다는 것을 보여준다는 의미가 있다면서 "유엔군사령부에 소속된 18개국들이 군사적 측면뿐 아니라 경제적, 외교적으로 한반도 문제에 영향을 미칠 수 있고 이런 점에서 유엔군사령부를 재활성화하는 움직임이 있다"고 말했다.

주한미군 사령관이 유엔군 사령관을 맡고 있는 상황이 지속되는 한 한미 간에 전작권 이양이 완료된다고 해도 유엔군의 권한을 앞세운 미군 사령관에 의해 한국군의 자율성이 보장되기 어려운 상황이 될 가능성이 높을 것이다. 한국 정부가 남북경제협력을 성공적으로 이어가려 한다면 유엔사의 사전 허가를 받아야 하고, 유엔사의 승인 없이는 남북이 철도·도로를 연결하기도 어렵다는 것을 의미한다. 정전협정이 1953년 7월 27일 주한미군 사령관이 겸직하고 있는 유엔군

사령관과 북측의 최고사령관, 중공인민지원군 사령관 사이에 맺어졌기에 미국이 반대하는 한 평화협정 체결은 어렵게 되어 있기 때문이다.

미국은 한국 정부가 시도하는 남북교류협력에 대해 대체로 부정적인 입장이고, 기회만 있으면 제동을 거는 것으로 알려져 있다. 예를 들면 미국 국무부는 2020년 5월 한국 정부가 남북 접촉과 대북사업 활성화 방안을 입법 예고한 데 대해 "북의 비핵화에 보조를 맞춰야 한다."는 기본 원칙을 재확인했다. 미 국무부 대변인실 관계자는 한국 통일부의 남북교류협력법 개정안과 관련해 "미국은 남북협력을 지지하며, 남북협력은 반드시 비핵화의 진전과 보조를 맞춰 진행되도록 동맹인 한국과 조율한다."고 말했다.[295] 이는 비핵화의 진전이 없으면 남북협력은 불가하다는 것을 밝힌 것이다.

해리 해리스 전 주한 미국대사의 경우는 매우 직설적이고 노골적으로 언급해 말썽이 되기도 했다. 그는 한국 정부의 '북 지역 개별 관광 허용' 등 남북협력 추진에 대해 '반드시 미국과 협의해야' 한다고 밝혔다. 또 관광을 허용할 경우 또 다른 '제재를 촉발할 수 있다'고 경고한 바 있다.[296] 해리스 대사의 이 같은 언급 역시 군사분계선(MDL)을 통과해야 하는 남북교류의 특성상 이를 관할하는 유엔군사령부의 허가를 얻어야 하기 때문에 얼마든지 거부될 수 있다고 밝힌 것으로 해석된다.

유엔사의 적법성 여부를 둘러싼 논란이 여전한 가운데 윤석열이 미국의 입장을 강화하는 조치를 취했다. 그는 유엔사가 향후 유사 시 6·25전쟁에 참전한 연합국이 다시 동참하도록 하는 방침을 미국이 추진하는 것에 보조를 맞춰 지난 2023년 11월 참전국 국방장관회담을 사상 최초로 서울에서 개최한 바 있다. 유엔사는 향후 참여국을 더 늘리는 방안과 한국군 사령관의 유엔사 부사령관으로의 참여 방침을 추진, 한국군 전작권을 계속 미국이 행사하는 조건을 만들려 하고 있는 것으로 알려졌다.

한국이 고민해야 할 유엔사 관련 사항들

미국이 수년 전부터 적극 그 위상을 강화하고 있는 유엔사는 평화협정 체결 이전까지 한반도에서 미국의 이익을 보장받을 조치를 담당하는 기구로 설정한 것이 아닌가 하는 의문이 제기되고 있는데, 이에 대해 국내 정치권, 학계, 언론계 등은 그 실상을 규명해야 한다.

유엔사는 북에 대한 공격권 또는 북 지역 점령 시 그 영토 관할권을 주장하는 등 미국의 미래 이익을 대행할 장치를 만들어 가고 있다는 의혹을 자초하고 있다. 또한 주한미군 사령관은 필요에 따라 언제든 유엔사 사령관의 모자를 쓰고 한반도에서 주한미군과 차이가 있는 형태의 영향력을 행사할 준비를 갖추고 있는 것이 아닌가 하는 의혹이 커지고 있다.

전시작전통제권을 한국군이 가져가더라도, 미국은 유엔사를 통해 남북교류에 개입하거나 대북 선제공격 등의 전략 유지를 도모하게 될 경우에 대한 대비가 필요한 시점이다. 미국이 향후 주한미군 사령관으로 하여금 유엔군 사령관직을 앞세워 한미상호방위조약에 보장된 미군의 특권을 계속 요구한다면 어떻게 대응해야 하는가? 국가 간 관계는 힘의 관계로 유지되는 측면이 강하다는 점에서 이에 대한 심도 있는 논의가 필요해 보인다.

미국이 지난 수년간 유엔사의 위상을 강화하거나 보완하는 조치를 취하는 것은 향후 미국 장성이 유엔 사령관의 입장에서 한국에게 갑질을 할 개연성을 의심케 한다. 이런 상황에서 미 상하원이 2020년 여름 주한미군을 현 상태에서 계속 주둔시키는 국방수권법을 경쟁적으로 통과시킨 것도 주목된다. 동시에 한국 국방장관은 주한미군 사령관이 최고 지휘관인 유엔사의 위상을 인정하는 발언을 함으로써 미국이 평화협정 체결 이전에 군사력을 수단으로 한반도 미래에 자의적으로 개입할 기반을 굳혀준 인상을 주고 있다.

이에 대해 한국 정부는 국방안보에 대한 국민의 알 권리를 충족시키는 동시에 국방 주권을 확립할 수 있는 방안을 만들어야 할 것이다. 정계나 학계, 언론계는 국력이 세계 10위권으로 부상한 나라에 걸맞게 군사주권을 확립해 평화통일을 달성할 자주적 기반을 만드는 것이 무엇인가에 대해 깊이 고민해야 한다.

한미관계에 대한 활발한 공론화를 통해 사회과학적 타당성에 입각한 한국의 주권 확보가 시급한 실정이다. 미국과 중국은 전방위에 걸친 대치와 힘겨루기를 전개하고 있고, 두 나라의 무력충돌 시 한국도 미국 편을 들어야 한다는 식의 주장이 미국 쪽 전문가의 입에서 거론되는 현실을 직시해야 한다. 이를 통해 합리적인 한반도 미래 전략이나 동북아 평화안정을 정착시킬 방안이 창출될 수 있을 것이다.

3. 군사 주권이 없는 나라는 한국이 세계에서 유일

주한미군의 전작권 장악 속에서
윤석열 정권의 대북 선제타격 발언은 코미디

한국군 당국자가 '북의 도발 시 원점과 지휘부를 타격하겠다'는 결의를 밝힌 것은 이명박, 박근혜 정부 때이고, 문재인 정부 때는 거의 들리지 않다가 윤석열 정권이 등장하면서 다시 자주 언론에 보도되고 있다. 윤석열은 북의 거듭된 미사일 실험과 핵 실험 가능성에 대해 '전 정권의 대북 정책은 실패했다'며 '북의 도발 시 원점 타격'하라고 군에 지시했다고 밝혔다.

그러나 한국군은 북에 대해 군사작전을 할 수 없고 미군만이 가능한 구조라서 국내 정치적 효과만을 노린다는 비판이 제기되고 있다. 한국군이 선제타격을 하기 위한 법적 근거인 작전통제권은 한미연합사 사령관이 갖고 있고, 군사행동의 규모 등을 제약하는 정전협정을 유엔사가 관리하고 있기 때문이다.

작전통제권의 경우 1994년 12월 1일 한미 두 나라 정부가 합의한 "대한민국 정부와 미합중국 정부 간의 군사위원회 및 한미연합군 사령부 관련 약정의 개정에 관한 교환각서"에 따라 한국이 일부 범위의 정전 시기 작전통제권을 미국으로부터 환수했다. 즉 평시 작전통제권을 100% 환수한 것이 아니고 '연합 위기관리' 등 6개 영역은 '연합 위임권한'(Combined Delegated Authority, CODA)이라는 이름으로 환수 범위에서 제외했다. 당시 김영삼 정부는 미국으로부터 평시 작전권을 반환받으면서 평시 작전권 중 6개 핵심 부분은 연합군 사령관(주한미군 사령관)이 계속 행사하기로 합의한 것이다.

이에 따라 연합사령관은 한국군의 평시 작전권의 핵심 부분을 계속해서 행사하는 규정으로 현행 정전체제에서

△ 전쟁 억제와 방어를 위한 위기관리 △ 조기경보를 위한 정보관리 △ 전시 작전계획 수립 △ 연합 교리 발전 △ 연합합동훈련과 연습 계획·실시 등을 수행할 권한을 가지고 있다.[297]

그 결과 현재와 같은 정전 시기에 국군 주요 전투부대의 연합 위기관리에 대한 작전통제권은 주한미군 사령관이 가지고 있다.

윤석열 대통령이 '북의 도발' 시, '원점 타격'하라고 국군에 지시한다고 해도, 이는 한미연합 사령관인 주한미군 사령관의 작전통제권의 권한 범위에 속하는 문제다. 한국 대통령이 헌법상의 군 통수권을 온전하게 행사하려면 정전 시기(평시) 및 전쟁 시기(전시) 작전통제권을 모두 환수해야 가능하게 되어 있다.

윤 대통령의 선제타격 발언 후 미국은 '의견 다를 수 있다'고 밝혀

또한 현재의 정전협정은 군사분계선 내의 군사행동에 대해서는 국

제연합군 사령관 즉 주한미군 사령관의 권한에 속한다. 그래서 한국에서 북측에 군사행동을 할 경우 유엔사 교전규칙(ROE)의 적용을 받게 되어 있다. 유엔사 교전규칙(ROE)이란 언제, 어떤 경우에, 어느 정도의 무력을 사용할 것인지 정해놓은 유엔군 내부 명령으로 확전을 예방하기 위해 부득이 교전을 할 경우 비례성의 원칙을 지킬 것을 강조하고 있다.

선제타격은 물론 허용되지 않고 적이 공격한 만큼 반격하라는 것이다. 예를 들어 적이 소총 공격을 해올 경우 소총으로 응대해야지 대포를 사용치 말라는 의미다. 선제타격의 경우 주관적, 자의적 판단이 개입될 소지가 많아 국제법 위반 소지가 있다는 것도 참고해야 한다. 이런 점에 비춰보면 선제타격은 국제법적으로 문제가 있다는 지적을 피하기 어렵다.

교전규칙을 개정하려 할 경우 한미 연합권한위임사항(CODA) 합의 '제1항' 규정에 따라 그 권한은 유엔사·연합사에 있다.[298] 즉 연합군 사령관인 주한미군 사령관이 거부하면 개정은 불가능해서 윤석열이 언급한 한국군의 선제타격의 실현 가능성은 희박하다.

윤석열이 당선자 신분이었던 지난 3월 대북 선제타격 발언을 한 뒤 미국 의회 산하기관 의회조사국(CRS)은 '한국의 새로운 대통령 선출' 제목 보고서에서 윤 대통령 당선인이 대북 문제 등에서 미국과 더욱 일치된 견해를 보이고 있지만 선제타격 등에서는 서로 의견이 다를 수 있다는 분석을 내놓은 바 있다.

보고서는 "윤 당선인은 한미동맹을 통해 선제타격과 미사일 방어 강화 등 한국의 국방과 억지 능력을 강화할 것이라고 했다"며 "미국은 과거 남북 군사 충돌이 있으면 종종 한국에 군사 대응은 자제하라고 압력을 가했는데 이는 윤 당선인의 (이런) 공약과 상충할 수 있다"

고 분석했다.[299]

그 후 윤 대통령은 대북 강경 발언의 수위가 낮아지면서 한미연합사를 강조하고 있다. 윤 대통령의 대북 태도 변화의 원인이 무엇인지 알 수 없으나, 대북 선제타격과 같은 발언이 한국군 작전통제권의 현실을 알고 말했거나 모르고 말했다 해도 다 문제가 된다.

미국 정부가 볼 때는 미국의 주권을 침범하는 행위다. 미국은 자신이 원치 않는 전쟁은 절대 불가라는 입장에서 추호의 양보도 없다. 이런 점에서 윤 대통령의 발언은 중대한 의미가 있다.

이승만이 정전협정 체결에 극렬히 반대하며 국군의 단독 북진통일을 공공연하게 주장하면서 정전협정 당사국 소관인 반공포로 석방을 전격 집행하는 과정은 유엔 사령관의 전작권에 대한 정면 도전이었다. 이승만은 자신에게 없는 전작권을 부당하게 행사한 셈인데 이에 대해 미국은 강력 반발했다. 그때 미국 정부는 이승만을 제거할 계획까지 세웠던 것이다. 이로 비추어 보면 윤 대통령이 선제타격을 앞세우고 있어 향후 전시 작전통제권의 전환문제가 더 지연될 가능성도 적지 않다.

한국군의 작전통제권은 1950년 이후 미군 장성이 행사

한국군의 작전지휘권은 평시 작전통제권과 전시 작전통제권으로 나뉘어 있고 2024년 9월 현재 한국군은 평시 작전통제권만 행사하는 것으로 되어 있다. 전시 작전지휘권은 한미연합 사령관이 갖고 있다. 한국군의 작전지휘권이 외국군에게 넘어가게 된 것은 6·25전쟁 발발 직후였다.

1950년 7월 14일 이승만이 맥아더 유엔군 사령관에게 "국군의 작전지휘권(Command Authority)을 현 작전상태가 계속되는 동안 이양한다"는 내용의 서한을 보냈다. 이어 이승만은 주한 미 대사를 통해 맥아더 장군의 승낙 회신이 우리 정부에 접수됨으로써 국군에 대한 대통령의 작전지휘권은 교환공문의 형식으로 유엔군 사령관에게 이양되었다.[300] 이 서신은 7월 25일 유엔 사무총장에게 전달되어 안전보장이사회에 제출됨으로써 사후 추인을 받았다.

1954년 11월 17일 한미상호방위조약의 비준서의 교환일에 변영태 외무장관과 주한 미 대사 간에 서울에서 서명하게 된 "한국에 대한 군사 및 경제원조에 관한 한미 간의 합의의사록"[301]에 의해 미군과의 관계에서 한국군에 대한 작전지휘권이 또다시 유엔군 사령관에게 행사하도록 규정되었다.

한미상호방위조약이 발효되면서 작전지휘권은 작전통제권으로 그 의미와 명칭이 전환됐고, 유엔군 사령관이 한국군에 대한 작전통제권을 계속해서 보유하도록 했다. 당시 상호방위조약을 보완하는 합의의사록에는 "유엔군 사령부가 한국의 방위를 위한 책임을 부담하는 동안 한국군을 유엔 사령부의 작전 통제하에 둔다"라고 명시했다.

1961년에는 5·16이 일어나면서 한국군 부대의 위치 이동을 미군의 동의 없이 지시함으로써 빚어진 한미 간의 작전통제권을 둘러싼 갈등을 해결하기 위해 한미 간에 협상이 이루어졌다. 그 결과 1961년 5월 26일 체결된 "국가재건최고회의와 유엔군 사령부 간의 작전통제권의 유엔군 사령관 귀속에 관한 공동성명"에서 "국가재건최고회의는 모든 한국군에 대한 작전통제권을 유엔군 사령관에게 귀속시키며, 유엔군 사령관은 그 작전통제권을 공산 침략으로부터 한국을 방위하는 데만 행사한다"고 발표했다.

당시 두 나라는 유엔군 사령관이 갖고 있는 작전권이 작전통제권임을 재차 확인하는 동시에 작전권 행사의 권한을 제한하였다. 이를 계기로 유엔군 사령관이 갖고 있는 작전통제권은 작전 수행상의 책임만을 의미하며 기타 군수 행정상의 책임은 한국이 보유하는 것으로 되었다. 한국군은 독자적인 대간첩작전을 비롯하여 국내 치안 질서 및 경비업무에 군을 독자적으로 사용할 수 있게 되었다.[302]

1978년 11월 7일 한미연합사령부(CFC)가 창설되면서 한국군에 대한 작전통제권은 유엔군 사령부로부터 한미연합 사령부로 이관되었다. 한미연합 사령관은 양국 국가 통수 및 군사지휘기구(NCMA)하에 있는 한미 군사위원회(MC)의 지시를 받는다. 당시 지미 카터 미 대통령의 주한 미 지상군 철수계획에 따라 한국 방위작전의 효율화를 위해 창설된 한미연합사는 1978년 7월 관련 약정과 전략 지시 1호에 따라 유엔군 사령관의 작전통제권을 이양받았다.

작전통제권 환수문제는 1987년 노태우 전 대통령이 대통령 후보 시절 작전통제권 환수를 대선공약으로 내세웠다. 그 후 미국이 한미연합사 해체와 주한미군 3단계 감축 등의 내용을 담은 '동아시아 전략 구상'을 발표한 뒤 본격적인 환수 논의가 1991년부터 시작됐다.

한미 양국은 1991년 제13차 한미군사위원회(MC)에서 평시 작전통제권을 1993~1995년 사이에 전환하고, 전시 작전통제권은 1996년 이후에 전환하는 방안을 협의키로 합의하였다. 그래서 3단계 주한미군 감축안에 따라 1단계로 1994년 평시 작전통제권을 환수하고 2000년까지 전시 작전통제권을 환수하기로 한미 간에 합의했다.

한국은 평시 작전통제권을 환수했지만, 평시 작전권 중 6개 핵심 부분은 계속 연합사령관이 행사하기로 하고, 한국군은 평시 대간첩작전에 독자적으로 작전지휘권을 행사할 수 있는 정도의 재량권을 확보하는 데 그쳤다. 미국은 이를 통해 한국군의 광주항쟁 만행 등을 둘러싸고 미국의 한국군 이동에 동의한 것 등에 대한 정치적 부담을 더는 계기를 만들려고 했다.

한국군은 평시 작전통제권도 제대로 행사하지 못하는 상태이고, 미국은 전시 작전통제권 이양에 대해 소극적인 태도를 취하고 있는 상황이어서 한국군이 군사적 자주권의 행사와는 거리가 먼 군대라는 논란이 그치지 않고 있다.

미국이 전작권 전환을 주저하는 이유는 대북 선제공격의 장애로 작용해서?

전시 작전통제권 전환은, 노무현 정부가 2006년 미국과 협상해 환수하기로 결정한 뒤 많은 논란과 논쟁 끝에 환수일을 2012년 4월 17일로 합의했다. 그런데 이명박 정부가 미국에 요청해 2015년 12월 1일로 연기했고, 박근혜 정부가 2014년 이를 다시 연기했다.

환수 날짜를 정한 것도 아닌 무기한 연기였다. 당시 46차 한미안보협의회의(SCM)를 통해 한미 정부는 ① 한국군의 연합방위 주도 핵심으로 군사능력 확보, ② 북의 핵·미사일 위협에 대비하기 위한 초기 필수 대응능력 구비, ③ 안정적인 전작권 전환에 부합하는 한반도 및 지역 안보환경 관리라는 세 가지 전작권 전환 조건에 합의했다.

그리고 1단계 기본운용능력(IOC), 2단계 완전운용능력(FOC), 3단계 완전임무능력(FMC)의 검증·평가 절차를 추진하기로 하고, 한미는 연합작전 능력을 향상시키기 위한 연합훈련을 해왔다. 전작권이 환수되면 한미연합사가 해체되고 미래 연합사가 생기는데, 이 미래 연합사의 작전 능력을 향상시키는 훈련을 해온 것이다.

2019년 후반기 한미 연합지휘소훈련(CCPT)에서 IOC 검증·평가를 마쳤고, 올해 후반기 훈련에서는 코로나 19 여파로 인해 FOC 검증·평가가 일부 미루어짐에 따라 문재인 정부 임기 내에 전작권 환수가 어려워질 것이라는 우려가 제기되고 있다.[303]

한미 두 나라가 각각의 대통령의 지휘를 받는 원칙하에 전작권 전환이 이뤄지는데, 조건 ③의 '전작권 전환에 부합하는 한반도와 지역 안보환경'의 경우라고 설정한 것은 두 나라의 능력 범위를 벗어나는 성격으로 보인다. 중국, 러시아, 북이 어떤 태도로 나올지에 대해 100% 대비한다는 것은 난센스이기 때문이다. 이런 식의 조건을 합의한 것은 전작권 전환을 하지 말자는 견해 쪽으로 두 나라가 기울었던 것 아닌가 하는 추정도 가능하겠다.

미국의 마크 에스퍼 국방장관과 서욱 한국 국방장관이 2020년 10월 14일 미 국방부 청사에서 제52차 한미안보협의회의(SCM)를 개최해 한반도와 역내 안보환경 등을 주제로 논의한 뒤 전시 작전통제권에 대한 한국으로의 전환 문제와 관련해 공개석상에서 시각차를 드러냈다. 한국이 전작권 전환 조건의 조기 구비를 강조하며 전환 의지를 드러낸 반면 미국은 전환에 시간이 걸린다는 전망을 내놔 문재인 정부 임기 내 전환이 쉽지 않은 것 아니냐는 관측도 나왔다.[304]

두 장관은 "완전운용능력(FOC)의 검증을 포함한 향후 미래 연합사로의 전작권 전환의 추진 방향에 대해 논의했다"고 밝혔는데, 이는 3단계 검증 평가 중 올해 예정했다가 신종 코로나바이러스 감염증 사태로 제대로 하지 못한 2단계 FOC 검증을 논의했다는 뜻이지만, 실시 시기 등 세부사항은 정하지 못했다. 한국은 내년에 FOC 검증을 실시하는 쪽에 무게를 뒀지만 미국은 상황을 두고 보자는 식으로 확답하지 않는 태도를 취하는 것으로 알려졌다.

미 국방장관의 이런 태도는 전작권 전환에 대해 미국 정부 선전매체들이 '시기상조, 한미 간 불통 가능성' 등의 이유를 들어 시기를 연장하거나 아예 전환하지 말아야 한다는 주장을 쏟아낸 뒤 나왔다. 전 주한미군 사령관들은 미국의소리방송(VOA)과의 회견에서 한미 두 나라의 전시 작전통제권 전환 논의와 관련해, 전환 시기를 오판할 경우 한국의 안보를 크게 위협할 수 있다고 경고하거나 한국군의 작전 수행 능력뿐 아니라 한국 전역을 타격할 수 있는 북의 핵무기 능력을 고려할 경우 북의 완전한 비핵화가 이루어질 때까지 전작권 이양 논의를 영구 중단해야 한다는 주장 등을 내놓았다.

제52차 한미안보협의회의(SCM) 이전에 미 선전매체가 보도한 관련 전문가들이 밝힌 전작권 관련 주요 내용을 소개하면 아래와 같다.

버웰 벨 전 주한미군 사령관: 전시 작전통제권을 한국군에 넘기기 위해서는 "북이 완전히 비핵화돼 더 이상 핵무기를 갖지 않게 되는 것이 가장 우선적이고 중요한 조건"이다. 이런 조건이 충족될 때까지 한국의 준비태세 등 다른 전작권 전환 조건은 상관이 없다는 게 나의 견해다. 도발적이고 핵무기로 무장한 북에 맞서 미국이 전쟁을 주도할 권한을 유지하는 것이 100% 필요하다.[305]
존 틸럴리 전 주한미군 사령관: 전작권 전환에 앞서 많은 조건이 평가돼야 하며 군사 역량, 준비태세, 군사 기술, 자원, 위협 요소, 지휘권 통합, 지휘·통제·통신체계(C4I), 상호운용성, 한반도 안보 등을 들 수 있다. 전투원을 비롯해 한미연합 사령관, 한국 합동참모본부 의장과 국방부 장관이 이런 조건을 도출하고 평가해야 한다.[306]
빈센트 브룩스 전 주한미군 사령관: 전시작전권 전환과 관련해 대미 소통이 약화될 가능성에 대한 충분한 대비가 필요하다. …… 전작권 전환이 이뤄진 상황에서 미국 대통령이 북에 대한 핵 보복을 결정해야 하는 촉박한 순간에 직면하게 될 경우, 한국 측의 의견이 효과적으로 반영될 수 있는 것에 대해 향후 관련 논의를 진행할 필요가 있다. 한미연합사 사령관도 북에 대한 핵 사용을 요청할 수는 있지만, 결정은 훨씬 더 높은 명령체계에서 이뤄진다.[307]

한미연합사령부 작전참모 출신인 데이비드 맥스웰 민주주의수호재단 선임연구원: 올바른 검증 평가가 이뤄지려면 CPX 훈련을 통해 수 개월간 한국군의 역량 보완작업이 선행됐어야 했지만 코로나바이러스 여파로 그러지 못했다. …… 북의 핵과 대량살상무기 위협 감소, 한국의 미사일 방어 능력 등 다른 전제조건들이 모두 부합할 때만 가능하다.[308]

브루스 클링너 헤리티지재단 선임연구원: 전·현직 미군 관계자들로부터 한국군은 여전히 C4ISR(지휘, 통제, 통신, 컴퓨터, 정보, 감시, 정찰) 분야 등에서 미흡하다는 평가가 나오고 있다. 문재인 대통령을 비롯한 한국 정부 관계자들이 '임기 내' 전환을 강조하는 가운데 한국의 많은 진보단체들은 연합사와 전작권 전환이 어떻게 작동하는지 이해하지 못하는 것 같다.[309]

이상에서 살펴본 바와 같이 미국 정부는 미 정부 선전매체를 통해 전작권 전환에 대해 조건 충족의 절대적 필요성을 강조하면서 전환 폐기 주장까지 내놓고 있다. 이는 미국 정부의 의지를 대신 표현하면서 한국에 신호를 보내 압박하면서 동시에 한국 내부의 미국 동조자들을 부추기는 효과를 노린 것으로 해석할 수 있다. 그러나 이런 주장은 그 근거가 모호하다.

전직 미 고위 장성 등은 전작권 전환이 되면 큰 변고가 생길 것처럼 엄포를 놓지만 이는 주한미군이 미 대통령의 통수권 지휘하에 있다는 점과 외국군 지휘관의 작전 통제를 받는 해외 파견 미군은 미국 이익에 부합지 않는다고 판단할 경우 그 통제를 거부할 수 있는 권한이 부여되어 있기 때문이다.

전작권 전환돼도 미군과 한국군의 미래 연합군은 상명하복의 관계가 아니다

전작권은 노무현 정부가 미국과 협상해 환수하기로 결정했지만 이명박 정부가 미국에 요청해 연기된 상태다. 박근혜 정부는 환수 날짜를 무기한 연기하면서 합의해 놓은 환수 조건도 고개를 갸우뚱하게 만들었다. 환수의 조건은 세 가지로 첫째는 한국군의 연합작전 능력, 둘째는 초기 북의 핵·미사일 위협 대응 능력, 셋째는 한반도 주변 정세이다. 전작권의 환수가 이뤄지고 한미연합사가 해체되면 미래 연합사가 생기는데, 이 미래 연합사의 작전 능력을 향상시켜야 한다는 단서를 단 것이다.

그러나 미래 한미연합사에서 한국군 장성이 사령관이 된다고 해서 주한미군과 한국군이 상하 관계가 되는 것은 아니다. 이는 한미상호방위조약에서 두 나라가 한반도에서 군사작전을 할 경우 각자 헌법적 절차에 따라서 하게 되어 있고, 미국 대통령이 만든 PDD-25에 의해 미군은 수틀리면 언제나 발을 뺄 수 있는 그런 시스템이다. 이런 점을 모를 리 없는 한미 두 나라가 객관적으로도 설득력이 없는 환수 조건을 만들어 놓고 세월을 보내는 것은 전혀 납득이 되지 않는다.

전작권 환수는 두 나라의 관련 국내법이나 제도를 살펴 그에 합의하면 당장 할 수 있는 것으로 보인다. 그것은 노무현 정부 당시 상대인 부시 행정부가 그런 점에 양해했기 때문에 환수 작업을 하기로 합의한 것이다. 당시 노무현 정부는 군사주권의 확립 차원에서 전작권을 환수하려 했고, 부시 행정부는 9·11테러 이후 세계 주요 지역에 주둔하는 미군의 전략적 유연성을 높여 지구 곳곳에서 발생하는 테러에 대응하려는 미군의 주둔 체제를 만들려는 목적이 있었기 때문이다.

그렇게 합의된 전작권 환수가 이명박, 박근혜 정권을 거치면서 연기된 것은 자주국방에 대한 공포가 컸기 때문으로 추정되고, 그러다 보니 미국에 뭔가 대가를 지불하면서 연기를 관철시킨 것이란 합리적 의문을 가질 수 있다.

'코로나 19 때문에 연합훈련을 하지 못했으니 다음에 더 해야 한다'는 식의 논리가 제기되기도 했는데, 이런 식이면 전작권의 전환은 불가능할지 모른다. 앞으로 어떤 변괴가 생길지 모르기 때문이다. 그러나 '임기 내 환수는 반드시 지킨다'라고 생각하면 절차는 얼마든지 단축시킬 수 있다. 전작권 전환은 한미 두 나라가 공동의 목표에만 협조하는 형식이라는 점에서 전환에 앞서 조건을 단다는 것 자체가 난센스라 하겠다.

사실 어느 나라 군대든 완벽할 수는 없다. 미국, 러시아 등도 첨단 무기 개발 경쟁을 벌이고 있고, 이런 경쟁은 그 우열이 계속 바뀌면서 군비증강으로 나타나는 것이 국제 군사 관계의 현주소다. 이런 점을 감안해 최근 언론에 보도된 두 전문가의 전작권 관련 입장을 소개하기로 한다.

송영무 전 국방부 장관은 전작권 환수는 헌법정신을 구현하고 격상된 한국의 국격과 위상을 확인하는 시대적 요구라고 강조했다. 동시에 한국군의 패러다임을 전환할 수 있는 계기가 될 것이라며, 가급적 빨리 환수되어야 할 세 가지 이유를 다음과 같이 제시했다.[310]

첫째, 전작권 환수는 헌법 제74조 대통령의 국군통수권 행사를 보장하는 양보할 수 없는 주권 사항으로 어떠한 양보도 있어서는 안 된다. 둘째, 한국이 세계 10~12위권의 경제력과 세계 6위의 군사력이라는 중견 강대국이 되었고, 우리 군도 한국의 국격과 위상에 걸맞은 선진 민주 국군으로 도약하기 위해 전작권을 환수해야 한다. 이를 통해 한국은 국가이익을 보장하기 위해 한반도와 동북아의 안보환경 변화에 능동적으로 대비하고, 한미 역시 공동이익을 위해 한 차원 높은 동맹 관계로 더욱 발전해 나갈 것이다. 셋째, 전작권 환수를 위한 조건과 절차적 단계는 환수를 위한 전제조건이 아니고 확인 사항이므로 미흡하다면 환수 이후에 보완해서 발전시켜도 될 것이다. 전작권 전환의 조건은 환수 이후에 한미 간에 더욱 발전시켜 나가야 하는 동맹의 과업이며, 한미 사이에 더욱 긴밀하게 협력할 사안이다.

안문석 전북대학교 교수의 관련 견해는 경청할 만하다.

"(전작권 전환을) 지금은 우리는 환수하려 하지만 미국은 꺼린다. 미중 간에 전략 경쟁이 심화하고 있는 상황에서 한미연합사의 해체와 미국의 영향력 약화를 가져올 전작권 전환을 달가워하지 않는 것이다. 그래서 정해놓은 절차를 지키자고 하는 것이다. 코로나19로 연합연습을 하지 못하는 게 미국에게는 전작권 전환 연기의 좋은 구실이 되고 있는 것이다. 완벽한 상태가 돼야 전작권을 가져올 수 있다고 주장한다면 가져오지 말자는 얘기가 된다. 전작권 환수를 언제 하든 더 개선하고 발전시켜야 할 부분은 지속적으로 존재하는 것이다. 결국 의지의 문제, 관점의 문제, 선택의 문제이다. 문재인 정부가 '임기 내 환수'라는 공약을 내걸 때의 초심으로 돌아가길 바랄 따름이다."[311]

일본과 독일이 미국과 전작권과 관련해 설정한 군사 관계를 소개한다. 한국의 전작권 전환에 참고가 될 수 있을 것이다. 일본과 미국은 각자의 군대에 대해 독자적 권한을 가지고 합의한 작전 등 미션에 대해서만 협조하는 것으로 되어 있다. 일본은 미군사령부와 육상자위대가 평소 긴밀한 협조 관계를 유지하고 있는 체제로 전시에도 마찬가지다. 두 나라가 향후 북대서양조약기구(NATO)와 같은 형식으로 된다면 각자 자국의 헌법적 절차에 따라 협조, 공조한다는 원칙으로 갈 가능성이 크다.[312]

독일의 전시 작전통제권은 NATO의 집단방위체제와 연관돼 있다. 독일군 가운데 야전군은 나토의 지휘체제 아래 들어가고 나머지 지역방위군은 자체 편제로 움직인다. 나토 소속 부대에 대한 실질적인 전시 작전통제권은 유럽연합군 최고 사령관인 미군 장성이 쥐고 있다. 그러나 유럽연합군 최고 사령부 위에 나토 군사위원회를 두어 미군의 일방적 결정을 견제한다. 군사위원회 위원장은 선출하기 때문에 미국이 독점할 수 없다.

미국은 자국의 이익이 최우선이고,
그렇지 않으면 군사동맹을 이탈, 파병 철군 집행

전작권은 한미동맹이라는 큰 틀 속에서 존재하는 시스템이다. 만약 미국이 전작권을 한국에 전환하면 주한미군이 어떤 모습이 될 것인가? 결론부터 말하면 주한미군은 전작권이 한국군에 있다고 해도 그들의 통솔권자인 미국 대통령의 통제하에 있다. 동시에 미국의 국익을 최우선시하면서 상황을 살펴 미군 병사가 불필요하게 희생될 가능성이 있을 경우 언제든지 동맹에서 이탈할 수 있는 권한을 제도적으로 보장받고 있다.

먼저 살필 것은 한미상호방위조약 3조이다. 이 조항은 각 당사국은 상대 당사국에 대한 무력공격을 자국의 평화와 안전을 위태롭게 하는 것이라고 인정하고 공통의 위험에 대처하기 위하여 각자의 헌법 절차에 따라 행동한다. 이 조항은 한반도 무력공격 발생 시 미국은 자국의 헌법 절차에 따라 개입할 것이라고 밝히고 있다.

두 번째는 대통령의 행정 명령인 미 대통령 결정 지침 25호(Presidential Decision Directive 25: PDD‒25)다. 이 행정 명령에 따라 주한미군은 동맹 체제라 해도 한미 두 나라가 합의한 군사적 업무나 작전에만 투입될 뿐 그 외 모든 것은 미국 대통령의 지휘를 받는 체제를 유지한다. 주한미군은 현재 전작권을 행사하는 입장이지만 역시 PDD‒25의 지배를 받는다.

예를 들면 미국은 2001년 9·11 사태 이후 아프가니스탄을 침공해 북대서양조약기구 소속 부대 등과 연합체계를 이뤘지만 2020년 철군을 결정할 때 미국 대통령의 입으로 공식 발표했다. 이런 경우 미국은 다른 나라들과 공식절차를 통해 협의하는 형식은 취하지 않는다. 결정하고 외부에 공표할 뿐이다.

현재 한국군도 한국 대통령의 지휘를 받지만 한미연합 사령관에게 지휘권이 이임된 상태이다. 한국군도 미군이 그런 것처럼 자체 판단으로 지휘권 이탈을 결정하면 미군이 하는 것과 같은 형식으로 동맹 이탈이 가능하다. 박정희의 5·16쿠데타, 전두환의 12·12쿠데타 모두 한국군이 자의적으로 미군 통제권을 이탈한 경우였다. 미국은 두 쿠데타에 대해 상황이 정리된 뒤 쿠데타에 앞장선 한국군의 통제권 복귀조치를 취했다.

21세기 군사동맹 체제는 국가와 국가 간의 상호 평등한 계약으로, 종속이나 절대복종의 관계가 아니며 해당 국가가 자체 군의 정체성을 유지하면서 상대국과 공동으로 추진키로 합의한 군 작전 등에 동참하는 것으로 압축될 수 있다. 북대서양조약기구(NATO) 등 국제군사 기구 등은 물론 국가 간 군 동맹 관계는 이런 점이 전제가 되고 있다.

군 동맹에 대한 국제적 관행을 고려하면 최근 미국이 한국군은 전작권 전환을 위한 조건을 충족해야 한다고 공개적으로 큰소리치는 것은 생뚱맞다. 미군이 한국군의 전작권 발동 능력을 테스트하는 것은 말도 되지 않는 소리다. 군 안팎의 관계는 항상 변화하기 때문에 현재 만족스럽다고 해도 미래가 보장되지 않는 것처럼 현재 특정한 기준을 정해놓고 왈가왈부하는 것은 논리에 맞지 않는다. 큰 원칙이 우선이라는 점에서 그러하다.

국제적으로 볼 때 기이한 형태로 진행되는 한미 간의 전작권 전환을 위한 사전 충족 요건은 박근혜 정권이 전작권 전환 연기를 미국에 무기한 요청하면서 미국과 합의한 것으로 보인다. 이런 추정이 가능한 것은, 노무현 전 대통령이 2006년 전작권 전환을 2012년까지 실시한다고 결정할 때 아무런 전제조건이 없었기 때문이다. 이런 점을 살피면 한국군 전작권 전환이 지연되는 것은 미국보다 한국 쪽에 책임이 더 크다고 할 수 있다.

윤석열 대통령은 한국군의 전작권 전환은 그에 대한 사전 충족 요건이 실현될 때까지 지연될 것이라는 입장을 당선인 시절에 밝힌 바 있다. 그러나 한국 정부가 국민의 주권을 대신 행사한다는 주권 의식이 있다면 21세기 국제사회의 상식과 원칙에 걸맞게 전작권 전환을 관철해야 한다. 미국은 현재도 그렇지만 PDD-25에 의해 주한미군이 미국의 이익에 기여하는 것을 최우선적 판단기준으로 삼는다는 점을 살필 때 한국도 마땅히 그런 자세를 확립해야 한다.

미군은 해외 작전의 참여 시 평화, 정의보다 국익이 우선

미국이 전작권 전환을 할 경우 주한미군 사령관이 한국군의 지휘를 받는다는 것에 대해 그런 일이 가능하겠냐고 의문을 제기하는 사람이 적지 않다. 이런 사례를 목격한 적이 거의 없기 때문이다. 미국은 항상 미국 제일주의를 앞세우기 때문에 미국인 중에도 미군이 다른 나라 군 지휘관의 공식 통제를 받은 적이 없는 것으로 아는 사람도 적지 않다.

그러나 미군이 연합군 형식으로 참전하는 전투에서 외국군 사령관의 지휘를 받은 경우는 미 독립전쟁 이래 그 사례가 적지 않다. 조지 워싱턴 장군은 독립전쟁 당시 독립군 병사 2천 명이 프랑스군 장군의 지휘를 받도록 한 적이 있다. 기록에 따르면 1900년대 이래 수년 전까지 미군이 외국군 사령관의 지휘를 받은 군사작전은 17회에 달한다.

미군은 2차대전 종전 이후 나토나 유엔군에 소속되어 외국군 사령관의 지휘를 받을 경우 자체 기준을 적용해 왔다. 미군은 미국이 독자적으로 결정한 엄격한 기준과 작전 원칙 아래 제한적으로 외국군 사령관의 지휘를 받았다.

동시에 항상 외국군 지휘관의 결정 사항에 대해 면밀한 검토를 하면서 미군 자체의 판단에 따라 그것의 취소를 요구하거나 필요할 경우 그 지휘 체제에서 이탈할 권리를 확보했다. 즉 미국은 군 작전 통제와 전면적인 군 지휘를 자체 법으로 구분해 강행해 온 것이다.

일반적으로 작전 통제는 군을 동원해 어떤 임무를 수행하도록 지휘하는 권한을 말하는데 미군은 1차 세계대전 이래 이런 원칙을 지켜왔다. 군의 전면적 지휘는 대통령의 권한에 속하며 군에 대한 처벌권한, 병참에 대한 책임 등이 포함된다.

작전지휘권은 몇 가지 의미로 사용되는데 첫째 다국적군의 지휘관에게 주어지는 권한으로 작전통제권이라 부른다. 이는 규정된 시간에 규정된 임무를 수행하게 되는 지휘자가 이를 수행하기 위해 자신의 지휘를 받게 되는 군부대의 업무를 그에 맞게 조직, 조정, 지휘하는 권한을 의미한다.

작전통제권의 경우 지휘관은 자신이 지휘하는 외국군의 부대 내 활동이나 소속 국가의 법제에 따른 지휘권에는 간섭할 수 없다. 이 때문에 이 지휘관은 그들의 보급이나 행정 규율, 승진, 조직 개편 등을 할 수 없다.

미국은 1990년대 이후 유엔 평화유지군의 작전이 확대되면서 미군이 유엔 사령관의 지휘를 받게 되자 미국 의회에서는 미국이 미군에 대한 지휘권을 상실하거나 미국 정부의 의지 관철이 어려워진다는 불만이 제기되었다. 이에 따라 미 의회에서는 미군을 유엔군 사령관의 지휘하에 두는 것을 제한하거나 금지하는 법을 제정하려 했지만 대통령의 거부권 행사 등으로 이뤄지지 않았다.

그 대신 미 행정부는 미군이 다국적군에 소속될 경우 미군이 위험에 처하거나 미국의 이익을 훼손하는 경우를 우려해 이런 위험을 해소할 수 있는 조치를 취했다. 예를 들면 미군이 외국군 지휘관의 통제를 받을 경우 그것은 규정된 시간과 규정된 업무에 국한하도록 한 것이다. 미군이 외국군 지휘관의 작전 통제를 받을 경우 미군을 보호하기 위한 안전판으로 클린턴 대통령이 1994년 5월에 내린 대통령

결정 지침 25호(PDD-25)에 잘 명시되어 있다.[313]

PDD-25에 의해 작전통제권이 미 대통령에 의한 군 통수권의 하부 개념이 되면서, 미 대통령이 군 통수권자로서 해외에 파병된 미군 지휘관이 외국군 지휘관의 통제를 받는 것을 허용할 수 있는 근거가 되고 있다. 미 대통령이 군 통수권자라 하는 것은, 대통령이 인사권을 행사한 군 지휘관의 결정과 행동에 대해 대통령이 궁극적 책임을 진다는 의미다. 미 대통령의 군 통수권의 범위에는 명령계통을 통해 실시된 미군에 대한 작전통제권도 포함된다.

먼 훗날 한국군에 전작권이 전환되면 발족될 미래 한미연합사의 사령관이 되는 한국군 장성은 미군에 대한 작전통제권을 행사할 수 있을 것으로 생각하지만, 이 경우에도 미 대통령은 주한미군 사령관에 대한 지휘통솔 책임을 지게 된다. 이는 미국 PDD-25 때문이다. 즉 미군에게 작전통제권을 행사하는 외국군 지휘관은 해당 미군의 편성 조직을 변경하는 등 미군의 정체성을 변화시키는 권한을 행사하지 못한다.

그 결과 미국은 미군이 참여하는 작전을 관장하는 정책 기구에 적극 참여해서 외국군 사령관의 권한을 제한하고 합의된 군 임무에 대해 명확한 지침 등을 규정할 수 있게 되어 있다. 이 지침의 목적은 포스트 냉전 시대의 현실에 걸맞게 평화 증진과 평화 보장을 유엔 등 다국적군의 평화 작전을 통해 추구하기 위해 미국이 결정할 종합적인 틀을 제시하는 데 있다. 이상과 같은 여러 규정을 포함한 PDD-25의 주요 내용은 아래와 같다.

"해외에 파병된 미군이 참여하는 평화를 위한 작전은 미국 외교 정책의 핵심이 아니었고 앞으로도 그럴 것이다. 그러나 미국은 평화를 증진하는 목표를 추진하는 국가로서 행동할 때, 신중하게 기획되고 원만하게 수행되는 평화 작전이 미국의 이익에 봉사하는 유용한 요인이라는 점을 인정한다. 이를 위해 이 지침은 평화 작전에 동참하는 것이 미국에 선택적이고 유용하다는 것이 보장되어야 하고, 이를 위해 미국이 고려해야 할 몇 가지 기준이 있다.

먼저 미군은 두 개 이상의 동시적으로 발생한 지역 분쟁에 개입해 싸울 준비가 되어 있고, 그럴 경우 승리하는 것을 목표로 한다. 여기에서 평화유지는 그 같은 분쟁이 미국의 안보에 직접적인 위협이 되기 전에 예방하고 해결하는 데 도움이 될 유용한 수단이어야 한다. 평화유지는 민주주의와 지역 안보, 경제성장을 증진하면서 미국의 이익에 기여할 수 있다. PDD-25는 미군 해외 파병의 개혁과 증진 방안 6개를 제시했는데 그 가운데 주요 내용은 아래와 같다.

1. 평화유지는 미국의 국가 안보 이익을 증진시키는 유용한 계기가 되어야 하지만 미국의 개입은 반드시 선택적이고 효용성이 높아야 한다.

2. 유엔의 평화 증진 작전에 소요되는 미국의 비용을 줄이기 위해 미국의 부담을 1996년 1월 31.7%에서 25%로 줄인다.

3. 유엔 평화 작전에 참여하는 미 군사력은 군 통수권자인 대통령의 지휘를 받아야 한다. 미군이 외국군 사령관의 작전 통제를 받을 경우는 대통령이 결정하고 그것이 미국의 안보 이익에 기여해야 한다. 미군의 군사적 역할이 커질수록 미군이 유엔 사령관 등의 작전 통제를 받는 일이 없어야 한다. 전투 행위가 포함된 주요 평화 증진 작전에 미군이 대규모로 참여할 경우 미군 사령관의 지휘나 작전 통제를 받거나 NATO와 같은 지역 군사조직이나 비상 연합체의 군

통제원칙에 의해 수행되어야 한다.

4. 유엔이나 다국적군의 평화 작전을 관리하는 능력이 향상되어야 하고 이를 위해 미국이 기획, 병참, 정보와 지휘, 통제 능력의 강화를 지원한다.”

한편 미국의 PDD-25에 대해 빈센트 브룩스 전 한미연합 사령관 겸 유엔군 사령관이 전작권 전환과 관련지어 그 일부에 대해 설명한 적이 있다. 브룩스 전 사령관은 스웨덴 안보정책개발연구소(ISDP)와 주한미군전우회(KDVA)가 전시작전권 전환을 주제로 연 화상회의에서 “전작권이 전환돼도 양국 정부에 보고하는 한미연합사령부의 소통방식이 그대로 유지될 것이며, 현재의 한미연합사령부 체계에서도 미군이 한국군을 주도하는 것이 아니라 양국이 공평하게 운영하고 있다”고 말했다.

브룩스 전 사령관은 또 미국의 경우, 미군이 타국에게 지휘를 받지 않는다는 이른바 ‘퍼싱 원칙’에 따른 오해도 매우 부정확한 견해라며, 현재의 연합사나 전작권 전환 뒤 구성될 미래 연합사 모두 한국군이 미군 명령체계의 하부기관으로서 운용되는 것은 아니라고 지적했다. 그는 미 국방장관, 합참의장 등과는 빈번한 논의가 이뤄졌지만, 한국의 합참의장과는 거의 매일 협의를 진행했고, 사안에 따라서는 한국의 국방장관, 국가안보회의 실장과도 정기적인 소통이 이뤄졌다고 설명했다.

브룩스 전 사령관의 발언은 주한미군은 한미연합 체제에서 미국의 PDD-25의 적용을 받으며 미래의 한미연합사도 마찬가지라고 밝힌 것이다. 그는 PDD-25의 일부만을 설명한 것에 그쳤는데, PDD-25에 따라 주한미군이 미국의 안보 이익을 최우선시하며 외국군 사령관의 통제에 불복할 수 있는 권한이 부여되어 있다는 점 등을 언급지 않은 것이다.

윤석열은 "전작권 전환에는 준비 더 필요하고, 정찰 자산·미사일 방어망 확충이 우선"

윤석열 정권은 전작권 전환에 대해 일체 언급하지 않고 있는데 그 이유는 윤석열이 당선인 시절 한국군의 군사주권과 직결된 전작권 전환과 관련해 한국군의 준비가 더 필요하고 한국군이 미사일 방어망 등 군비를 더 강화한 뒤 하는 것이 적절하다는 뜻을 밝힌 바 있기 때문이다.

윤석열은 대통령 취임을 이틀 앞둔 2022년 5월 7일 미국 정부의 선전홍보 매체인 미국의소리방송(VOA)과의 단독 인터뷰를 통해 미국이 조건을 까다롭게 제시하면서 지연시키고 있는 한국군에 대한 전작전 전환 문제에 대해 미국의 견해에 적극 동조하는 정치적 입장을 밝힌 것이다. 윤 대통령의 전작권에 관련한 입장은 문재인 전 대통령과 큰 차이가 있을 뿐 아니라 국가 간 교섭, 협상에는 주고받는 식의 과정이 필요하다는 점 등을 고려할 때 상식적으로 이해가 되지 않는다. 윤 대통령이 한미일 군사협력 관계를 동맹으로 격상시키려 대일 굴욕의 저자세 외교와 함께 미국에게도 전작권 계속 장악의 물꼬를 터준 퍼주기 정치를 한 것이다.

문재인 정부는 2021년 중순 국방부 장관을 통해 2022년 5월 새 정부가 들어서기 전에 전작권 전환이 완료될 것을 희망한다는 입장을 거듭 밝혔지만 성사되지 않았다. 예를 들어 서욱 전 국방부 장관은 2021년 1월 27일 전작권 전환 작업에서 '자신의 재임 기간 중 진전된

성과를 내겠다'는 강한 의지를 표명하였으며, 코로나 19 영향 등으로 전작권 전환 작업이 주춤거리고 있는 상황을 정면 돌파하겠다는 강한 의지를 보여준 바 있다.[314]

서 전 장관은 당시 신년 기자간담회에서 "문재인 대통령이 높아진 국격과 군사력에 걸맞게 책임 국방을 실현해야 한다고 말씀하셨듯이 전작권 전환은 강한 국방을 위한, 더 강한 연합방위 체계를 만들기 위한 시대적 과업"이라며 문재인 정부 임기 내인 2022년 5월 이전까지 전환 연도를 확정하도록 미 측과 협의를 강화해 나가겠다는 의지를 표현했다. 하지만 서욱 전 장관의 이런 발언은 결국 실현되지 못했다.

윤석열 당선인은 문재인 정부가 적극 추진해 온 전작권 전환 문제와 관련해 한국군의 역량 확보를 위한 준비가 더 필요하다는 뜻을 밝히면서 미국 정부가 원하는 방향의 한국군 군비증강과 대북 강경 자세 유지 방침을 분명히 했다. 당시 윤 당선인이 전작권과 관련해 VOA와의 단독 인터뷰에서 밝힌 주요 내용은 아래와 같다.

"군사 작전 지휘에 있어 가장 중요한 것은 적에 대한 정보를 확보하는 것으로 전쟁 발발 시 미국의 전략 자산이 한반도에 배치·전개될 경우 한국도 상당한 정도의 감시·정찰·정보 능력을 확보해 연합 작전을 지휘할 수 있는 정보력을 가져야 한다.

정보를 미국보다 우월하지는 않더라도 어느 정도의 감시정찰 자산을 확보하고 그 시스템을 운용해야 되는데 (한국군의) 준비가 좀 미흡하다고 저는 생각을 하고 있다. 그리고 북핵에 대해서 투발(投發) 수단인 미사일 공격에 대응할 수 있는 방어 체계를 더 고도화시키는 것이 일단 필수적이다.

감시·정찰 자산 확보와 북의 미사일 공격에 대응할 수 있는 방어 체계 고도화 등 두 가지를 한국이 집중적으로 준비할 경우 미국도 전시 작전통제권을 한국에 이양하는 데 크게 반대하지 않을 것이다.

작전지휘권의 귀속을 어디에 둘지는 전쟁에서 승리하는 가장 효과적인 길이 무엇이냐에 따라서 결정돼야 하는 것이지, 어떤 명분이나 이념에 따라 결정될 문제는 아니라고 본다.

핵 비확산체제를 존중하고 그래서 확장 억제를 더 강화하고 우리의 미사일 대응 시스템을 더 고도화하며 안보리의 대북제재도 일관되게 유지를 해야 할 필요가 있다.

북핵 대응을 편의적으로 자주 바꿔서는 안 되고 일관된 시그널과 메시지를 줘야 한다. 북이 핵을 포기하거나 핵 사찰을 받고 불가역적인 비핵화 조치를 단행하게 되면 북의 경제 상황을 대폭 개선할 수 있는 프로그램도 점검해서 준비해 놓을 생각이다.

한미동맹은 군사적인 안보에서 벗어나서 경제, 첨단기술, 공급망, 국제적 글로벌 이슈인 기후 문제, 또 보건 의료 등 모든 부분에서 포괄적인 동맹 관계로 확대·격상돼야 된다.

(5월 21일로 예정된 조 바이든 미국 대통령과의 첫 정상회담에서) 이 같은 한미동맹 강화 방안과 함께 미국, 일본, 호주, 인도 간 안보 협의체 '쿼드(Quad)'와의 협력 문제를 논의할 것이다. 특히 쿼드 워킹그룹 참여와 관련해 백신 문제뿐 아니라 기후 문제나 첨단기술 분야까지 워킹그룹의 참여 활동 범위를 넓혀나가는 문제를 협의할 계획이다.

(남북 대치 국면을 해소하고 대화를 재개하기 위해 김정은 국무위원장을 직접 만날 용의가 있느냐는 질문에) 만남을 굳이 피할 이유는 없다. 북의 비핵화라는 실질적인 결과로 이어져야 가능할 것이다.

그냥 만나서 아무 성과가 없다든가 또는 보여주기식 성과만 있고 비핵화라든가 북에 대한 경제 지원에 있어서 실질적인 결과가 없다면 북의 비핵화, 남북관계 진전에 별 도움이 안 될 것 같다.

북의 인권 상황 개선과 관련해 대북방송이나 북에 기부를 통해서 보내는 부분에 대해 현 정부가 법으로 많이 금지를 해 놓았는데 그것이 접경 지역 주민들의 안전을 위해 꼭 필요한 것이 아닌 이상은 잘못된 결정이라고 생각한다.”

윤 대통령이 당선인 시절 미국 매체에 밝힌 전작권 전환이나 한미동맹 강화, 대북 정책 등은 문재인 정부와 방향을 달리하는 것으로 해석된다. 특히 전작권 전환과 관련해서는 “전쟁에서 승리하는 가장 효과적인 길이 무엇이냐에 따라서 결정돼야 하는 것이지, 어떤 명분이나 이념에 따라 결정될 문제는 아니다.”고 밝히고 있어 그의 임기 동안에 현 한미동맹 체제의 근간이 유지될 가능성이 크다. 이는 미국 바이든 정부가 가장 환영하는 한미동맹의 내용으로 보인다.

그러나 현실은 냉혹하다. 미국이 한미동맹을 강조하는 것은 자선사업을 하자는 차원이 아니라 미 국익의 증진을 목표로 하고 있듯이, 군사주권의 핵심요인인 전작권의 전환도 마찬가지 입장이라 하겠다.

미국 트럼프 전 대통령은 재임 기간에 주한미군의 철수를 여러 번 고려한 것으로 밝혀졌는데, 그것은 미 국민 다수가 지지하는 탈세계화 정책의 일환으로 보인다. 마크 에스퍼 전 국방장관은 2022년 7월 자신의 회고록 ‘성스러운 맹세’(A Sacred Oath)에서 트럼프 전 대통령이 주한미군 철수를 장관에게 여러 번 압박했다고 밝혔다.

미국은 향후 트럼프가 재선되거나, 미국의 국제정치 관여나 대외적인 간섭정책의 제한을 주장하는 신고립주의를 내세우는 정치인이 집권할 경우 주한미군 철수를 결정할 수도 있다는 측면에서 미국에 모든 것을 의존해서 전작권 환수까지 포기하는 등 실질적인 대미종속에 안주하는 태도는 문제가 있다. 미국이 언제든지 한미동맹 정책을 바꿀 수 있다는 점과 함께 동북아의 정세가 신냉전으로 회귀하는 상황 등을 고려할 때 세계 군사력 6위인 한국의 군사적 위상을 시급히 정상화하려는 노력이 절실하다.

한국이 전작권 전환에서 고려해야 할 점

군사 관계는 군 최고 명령권자 등이 잘 풀어야지 순간의 실수나 판단 착오를 하면 많은 인명과 재산 피해가 발생하게 된다. 인명 피해는 되돌릴 수 없다는 점에서 그 예방에 최선을 다해야 한다. 군사 관계는 바로 군인들의 생사를 결정하기 때문에 국가들은 제각각 최선을 다한다. 그러면 현안인 한국군 전작권 문제는 어떤 상황인가? 한미 두 나라가 내놓는 정보로 보면 미국이 OK를 해야 성사가 될 것으로 비추어지고 있다. 미국은 슈퍼 갑이고 한국은 을로 비치기 때문이다.

미국 정부는 전작권 전환에 대해 북의 핵 문제 등을 앞세워 무기한 연기나 아예 불가능하다는 식의 정보를 쏟아놓는다. 한국 정부는 그에 대해 순응하는 태도를 보일 뿐이다. 국민의 입장에서 답답한 일이다. 하지만 대통령이나 국방부 장관, 외교부 장관이 직접 나서서 국민의 궁금증에 대해 자세히 설명하는 일은 거의 없다.

한국 관리들의 그런 태도에 비해 미국 국방부 장관, 국무장관은 한국이 전작권을 행사하기에는 너무 수준 미달이라는 정보를 고압적으로 기세등등한 자세로 쏟아낸다. 이를 보는 국민의 입장에서는 한국이 뭔가 잘못하는 것이 있나, 아니면 한미 군사 관계를 현재처럼 유지하지 않으면 큰 변고가 생기는가 하는 걱정을 떨쳐버리기 어렵다. 전작권의 실체, 그 핵심 사항에 대해 알지 못하기 때문에 생기는 심리상태인 것이다.

전작권은 군대의 생사를 뒤바뀌게 할 수 있기 때문에 연합체제에서는 대등한 조건, 그래서 언제든지 연합체제에서 이탈할 수 있다는 전제를 갖는다. 미래 한미연합사가 생긴다 해도 각국의 헌법적 규정에 따라야 하고 대통령의 군 통수권 체제의 범위를 벗어날 수 없다.

미래 연합사에서는 사령관이 한국군, 부사령관이 미군이 된다고 해도 절대적인 상명하복 체제가 되지 않는다. 이는 현재의 한미연합사의 경우도 마찬가지다. 한미 두 나라는 국제적으로 기이하게 비추어지는 전작권 전환 조건이라는 허울을 폐기하고 즉각 전환을 실시하는 조치를 취해야 한다.

미국이 전작권 전환에 소극적인 것은 미중 간 군사적 긴장 상태에 대비해 주한미군 등을 중국 압박용으로 사용하면서 북에 대한 미 대통령의 선제공격권을 효과적으로 관리하기 위해서라는 의구심이 커지고 있는 상황이다. 한국 정부도 동북아 정세의 급변 등으로 군사적 주권 확립의 중요성이 커지고 있다는 점에서 미국처럼 전작권 전환에 대한 정보를 어떤 식으로든 국내에 공개해 공론화시켜 국민의 여론을 확인하는 작업 등을 고민해야 할 것이다.

군사동맹은 대등한 국가 관계에서 맺는 것이 상례이지만, 한미 두 나라는 한미상호방위조약에 의해 미국이 슈퍼 갑의 위상을 보장받고 있다는 점에서 전작권 전환 작업이 더 어려워질 것으로 보인다. 미국이 제 영토처럼 한국에서 군사력을 운용할 수 있는 권리를 보장받고 있는데 전작권 전환에서 이런 점이 어떻게 조정될지 관심을 모은다.

한미 두 나라는 한미상호방위조약의 불평등을 시정하는 것을 심사숙고해야 하고, 특히 미국의 PDD-25는 2001년 그 비밀서류에서 해제되었다는 점에서 존재를 공론화해서 전작권 전환의 참고 사항으로 삼아야 할 것이다. 한미상호방위조약에 보장된 미군의 특권과 미국 대통령 권한인 한국 배제 상태에서의 대북 선제타격 전략과 그 목적 수행을 위한 대북 정탐 기능, 그리고 미 핵무기의 대북 사용 등에 대한 심도 있는 논의가 있어야 한다.

또한 전작권이 한국군에게 전환된다고 해도 한국군 사령관의 통제에 의한 작전 중에 미군의 자체 판단과 동맹 이탈 등의 보장이 필수적일 것으로 추정된다. 이런 점을 감안하면 미국이 오늘날 이런저런 조건을 따지는 것이 무슨 의미가 있는지 납득이 되지 않고, 한국도 미국이 요구하는 특권에 다를 바 없는 조건을 보장받을 수 있도록 강력한 입장을 밝혀야 할 것이다.

현재 전작권 전환과 관련해 미국이 취하고 있는 태도는 매우 부정적이다. 미국이 북의 핵 문제, 미군 최첨단 항공기나 정찰위성 등을 통해 확보한 대북 정보력 등을 앞세워 전작권 전환에 난색을 표한다는 것은 전작권을 계속 행사하겠다는 의사표시로 비추어지기도 한다. 바이든 정부가 북 등의 적대국가에 대한 군사적 옵션을 사용치 않겠다고 밝힌 이상 윤석열 정부는 전작권 전환을 더 이상 지연시킬 필요는 없을 것이다.

4. 미국의 대북 군사전략과 한국 방어전략, 그리고 북의 대응

한반도 무력 충돌 시 중국의 개입은?
핵전쟁 참화와 제2 분단 가능성은?

한반도의 남북 간 양 방면에서 전쟁을 말하고 무력시위를 벌이는 일이 일상화되고 있다. 남북, 한미, 한미일 간의 '강 대 강' 무력시위가 꼬리를 물고 이어지고 있다. 서로에게 최대의 적대감과 위협을 가하는 식의 말 폭탄도 꼬리를 물고 이어지면서 전쟁 불사의 분위기가 고조되고 있다.

재래식 무기는 물론 핵무기로 서로를 공격하겠다는 식의 군사적이고 심리전의 의사표시도 반복적으로 이루어진다. 러시아–우크라이나 전쟁, 대만을 무대로 한 미중 간 힘겨루기가 지속되면서 '한반도에서 전쟁이 언제든 발생할 수 있는 것 아니냐' 하는 위기감이 높아지고 있다.

한반도에서 제2의 한국전쟁과 같은 사태가 발생했을 때 그 이후는 어떻게 될까? 핵무기가 사용된다면 그로 인한 참극은 한반도 전체가 인간이 살 수 없는 죽음의 땅으로 변할 가능성이 크다. 설령 핵무기가 사용되지 않을 경우는 어떻게 될까? 이에 대해서는 미국 등에서 여러 시나리오가 제시되고 있으나 확률이 가장 높은 것은 제2의 분단으로 갈 가능성이다.

핵무기가 사용될 경우 선제타격을 누가 먼저 하느냐가 승패를 가를 수도 있다. 현재 미국, 남북을 살필 때 미국이 선제타격을 할 가능성이 가장 높은 나라라 해도 무리는 없을 듯하다. 미국은 1990년대부터 자체 판단에 의해 대북 선제타격을 가하는 전략을 수립해 놓고 있고, 한미일 군사동맹 체제를 이용해 항상 이에 대비하고 있는 것으로 알려져 있다. 미국의 최첨단 정찰기들이 한반도를 수시로 방문하는 것은 북의 대미 공격 가능성을 탐지해서 선제 타격할 순간을 선점하겠다는 것이 목표다.

미국은 북의 핵과 미사일 실험을 전쟁 행위로 간주한다는 주관적 판단기준을 오래전부터 밝혀왔다. 미국에 직접적인 무력을 행사해 피해를 주는 상황과는 거리가 멀기에 일방적 기준이라 할 수 있는데 미국은 이를 밀어붙이고 있다. 미국은 2017년에도 북을 핵무기로 선제 타격할 준비를 했고, 당시 한국에 사전 통보하지 않았다는 점도 공개된 바 있다.

만약 어떤 이유로든 한반도에서 전쟁이 난다고 가정할 경우 북이 남을 점령해서 통일시킬 가능성에 대한 전망은 거의 전무하고, 한미 연합군의 북진을 당연시하는 관점만이 주를 이룬다. 이런 점에서 미국이 북을 세계 평화를 위협하는 국가로 분류하고 정권 교체 등이 당연하다는 식의 논리를 펴는 것은 상식과는 거리가 먼 제국주의의 행태라 하겠다.

북의 핵무기는 미국이 보유한 핵전력의
수백 내지 수천분의 1에 불과

　북이 핵무기를 보유한 나라로 분류되지만 미국이 보유한 핵의 수백 내지 수천분의 1에 불과하고 핵 이외의 다른 분야를 보면 국력이 한국의 30 또는 40분의 1이고, 미국에 비해 6백 또는 7백분의 1이다. 미국이 힘의 논리를 앞세워 일방주의적 논리를 펴고 군사적 행동을 한 경우는 이라크 침공 등을 비롯해 여러 번에 걸쳐서 진행되었다는 것은 널리 알려진 사실이다.

　미국의 대북 군사전략을 보면 핵무기는 물론 최첨단 재래식 무기를 몽땅 동원해 군사적으로 중요한 목표 수백 군데를 타격하는 것으로 되어 있다. 북의 군사 시설이 지하에 들어가 있다는 점을 감안해 그것을 파괴할 재래식 및 소형 핵탄두를 미국은 다량 보유하고 있는 것으로 알려져 있다.

　향후 한반도 전쟁이 발생하면 한미일 군사 공조체제가 가동되는데 이 경우 중국이 어떤 태도를 취할 것인가 하는 점이다. 현재까지 알려진 바로는 중국이 북의 붕괴를 방치하지 않을 것이라는 점인데 그 이유는 1950년 중국이 6·25전쟁에 참전하면서 드러난 바 있다. 북이 한미 두 군사동맹과 중국을 갈라놓는 완충지의 역할을 해야 중국의 동북 3성이 정상적인 발전을 추진할 수 있는 기본 요건이 된다는 것이다.

　중국은 압록강, 두만강의 길이를 합친 1천4백여km의 국경이 한국 또는 한미연합군과 직접 대치하게 되어 중국의 동북지역이 준 군사지역으로 전락하는 것을 절대 좌시하지 않겠다는 의지를 직간접적으로 밝혀왔다. 즉 중국은 한미연합군의 북진 시 즉각 군대를 동원해 평양

부근까지 진격해 제2의 분단 상태를 유지할 것이라는 전망이다.

전쟁을 통한 방식으로는 한반도의 분단을 해소하고 통일할 가능성은 낮아

한반도의 미래를 전망해볼 때 남북이 6·15공동선언 등에서 확인한 느슨한 연방제 등을 통한 평화통일 방안이 아니면 통일이 불가능해 보인다. 전쟁이라는 수단으로는 한반도가 분단 상태를 해소하기는 어렵다고 보아야 할 것이다.

중국은 북과 혈맹관계를 강조할 뿐 북의 급변사태에 대한 방침을 밝힌 적이 없다. 그렇지만 북 지역을 한미연합군이 점령하는 것을 방치하지 않을 것이라는 전망은 오래전부터 미국 전문가 등을 통해 제기되어 왔다.

중국은 최근 미국의 중국 포위 전략에 동조하려는 대만에 대해 무력으로 제압해 통일하겠다는 식의 압박을 가하면서 군사적 위협을 가하고 있다. 동시에 항공모함에 치명적인 극초음속 미사일 개발에 나서는 등 미국의 대중국 군사전략에 적극 대처하는 태세를 보이고 있다.

향후 한반도 전쟁은 자칫 국제전으로 비화할 우려가 크고, 그럴 경우 한반도는 쑥대밭이 될 정도로 파괴되어 막대한 인명과 재산 피해가 발생하는 것을 피하기 어렵다. 이런 점에서 전쟁보다는 평화적인 방식을 통한 남북의 공존과 평화통일을 위해 노력하는 것이 가장 합리적이라 하겠다. 윤석열 대통령이 북에 대해 전쟁 관련한 메시지만을 주로 언급할 뿐 평화적인 해결 방식에 거의 침묵하는 것은 불행한 일이다.

남북은 6·15공동선언, 10·4선언과 최근의 판문점선언, 평양공동

선언 등을 통해 평화적으로 분단을 해소할 방법론에 대해 충분히 합의한 상태다. 그러니 한국의 입장에서는 미국의 대북 선제타격과 같은 군사전략은 유엔 헌장에도 위배된다는 점에서 폐기되도록 노력해야 하는데 이런 시도를 한 적이 없다. 북은 '악', 미국과 한국은 '선'이라는 자의적인 논리를 유엔 결의 등으로 포장한 미국의 전략에만 한국이 맹종하는 것을 국제사회가 속으로 비웃고 있다는 점을 한국 정부는 인식해야 할 것이다. 한국은 한반도 분단, 통일의 당사자이고, 이산가족 1천만 명을 고려한다면 북측 주민 다수가 남측 주민의 친인척이라는 점, 분단 해소는 동북아 평화를 위해서도 가장 중요한 변수라는 점을 인식해 자주적 대북 정책을 모색하는 것이 마땅하다.

남북이 평화통일이라는 목표를 향해 건전한 협력과 경쟁을 하는 것이 바람직스러운 미래상인데, 남북의 이런 모습은 여의도 국회에서 여야가 다투면서도 협력하고 결과적으로 유권자의 선택으로 권력을 장악하는 것에서 많은 시사점을 찾을 수 있을 것으로 보인다.

인간은 유전적으로 권력의 의지가 강해서 부부간에도 권력 다툼이 있는 것처럼, 국가, 사회 등 대소 모든 조직의 구성원들은 권력 쟁취의 욕구를 가지고 있다는 점에서 남북이 6·15공동선언 등에서 합의한 교류협력의 규정을 준수하면서 평화통일이라는 대장정을 시작해야 할 것이다. 이런 점을 전제로 미국이 1950년대 중후반 이후 취해온 대북 군사전략에 대해 살펴볼 필요가 있다.

미국은 북의 비핵화와 관련해 1차 핵 위기 때 대북 선제타격 검토

미국은 1953년 정전협정 이후 평화협정을 맺는 것에 소극적인 태도를 취하면서 남한에 전술핵무기 등을 배치하고 전방위적인 대북 압박과 함께 군사훈련을 실시해왔다. 미국은 한반도에서 적대 및 군사행동을 전면 금지한 정전협정 전문과 12항을 무시하고 남한에서 포커스 렌즈, 프리덤 볼트, 팀 스피릿, 을지 포커스 렌즈, 키 리졸브, 파울 이글, 을지 프리덤 가디언과 같은 명칭을 앞세워 군사훈련을 지속적으로 실시했다.

미국은 1950년대 중반부터 한국에 전술핵무기 등을 들여다 놓고 핵항공모함, 핵잠수함과 핵전략폭격기 등 미국의 3대 전략 핵무기를 훈련에 투입했다. 미국이 한반도에서 북을 겨냥해 실시한 군사훈련은 세계의 다른 지역에서 실시된 유사한 훈련보다 그 규모와 횟수 등이 월등하다는 지적을 받는다.

미국은 1990년대 들어 한반도 비핵화와 관련한 1차 핵 위기 발생 이후 북에 대한 선제타격을 검토해 왔다. 미국은 대통령의 전쟁 선포권에 의해 적국에 대한 선제타격이 미 헌법 등에 제도화되어 있다. 미국은 지난 수십 년간 한반도에서 전면전쟁 발생을 준비해왔을 뿐 평화협정 합의 등을 통한 한반도의 평화와 안정을 정착시키려고 노력한 흔적은 별로 보이지 않는다.

미국에게 북은 세계 평화의 적이며 응징의 대상이었고, 그 방식은 시대 상황의 변화에 따라 새로 만들거나 기존의 것을 수정 보완하는 작전계획(OPLAN, 이하 작계)에 의해 표출되었다. 북에 대한 군사적 조치를 준비하고 마련하기 위해 미국은 작전 사령부에서만 공유되고 관리되는 개념계획(CONPLAN)을 작전계획(OPLAN)으로 끌어올려 완전하고 세밀한 계획으로 격상시켜 나갔다.

미국의 작전계획에 의한 대북 군사훈련은 그 성격상 방어를 앞세웠지만, 실제로는 공격적이고 선제적 타격을 포함하고 있으면서 '참수 작전' '정밀 타격' '평양 침공'과 같은 구체적 작전명을 매년 정기적으로 언론에 흘리는 심리전을 병행했다.

미국은 1960년대부터 다양한 대북 작전계획을 만들어 계속 북을 위협

미국은 지난 수십 년간 핵 선제타격을 포함한 작전계획을 상황에 따라 수정 보완해왔는데 지금까지 알려진 것은 작계 5026, 5027, 5029, 5030, 5012, 5015, 8044, 8022, 8010 등이다. 미국의 대북 작전계획은 한반도에서 발생 가능한 두 가지 사태를 대비해 만들어졌다.

작계 5015는 북의 핵과 미사일에 대비한 것이고, 5027은 1990년대 중반부터 정기적으로 수정 보완된 일반 전쟁에 대비한 것이며, 5029는 북의 급작스러운 붕괴를 대비한 것이다. 작계 8044, 8010은 1961년부터 2003년까지 핵전쟁에 대비한 것이다. 미국의 대북 작전계획은 세계 최강 군사 대국의 전쟁 수행 의지를 표방한 것으로 이는 북에 대한 실제적인 위협으로 작동했으며, 오늘날 한반도의 '강 대 강' 대치의 역사적 배경이 되고 있다. 이 글에서는 작계 5015, 작계 5026, 작계 5027, 작계 5029 등을 중점 소개하기로 한다.

작계 5015

작계 5015는 2015년 북이 핵무기가 탑재된 단거리 탄도탄을 개발하여 남쪽 전역을 공격할 수 있게 되자 개정되었다. 한미 두 정부는 북의 발사 징후가 포착되면 즉각 북의 미사일 기지를 선제 타격하는 것에 합의했다. 작계 5015는 30분 안에 북의 7백 개 미사일 기지와

또 다른 전략적 목표를 공격하게 된다.[315]

주한미군은 한반도의 위기와 안보 위협에 대응하기 위해 작전계획을 수정 보강해 왔는데 이는 한미연합사를 통한 한미동맹을 강화하는 데 목적이 있다. 미국은 작계 5015 수정 보완의 이유를 북이 핵무기나 장거리 미사일, 사이버 공격 등 비대칭 군사력을 보강하고 특수부대를 양성해 한미 주요 군사력에 타격을 가하는 준비를 강화해왔다는 점을 거론한 것으로 알려졌다.

5015는 제한 전쟁, 특수부대 활용, 정밀 타격이라는 21세기형 전략에 적합한 것으로 주요 시설이나 요인 암살 등이 포함된 게릴라 전투와 비슷하다는 평가를 받았다. 5015는 종전의 5027과 달리 신속하고 강력한 군사적 조치를 취하고 거기에는 북의 미사일과 핵무기 등에 대한 선제타격도 포함된다.[316]

5015는 북의 공격에 신속히 대응하기 위해 북의 핵심 군사 시설과 무기 그리고 북 지도부에 대한 선제타격을 포함하고 있다. 여기에는 북의 지휘부나 통신 시설에 대한 신속한 공격이 포함되고 북의 대량살상무기와 사이버 공격에도 적용된다. 작계 5027이 북의 공격을 1차 방어한 뒤 군사력을 보강해 격퇴한다는 취지인 것과 차이가 있다.[317]

5015는 4단계로 작전이 진행되는데 북의 미사일 위협을 탐지(Detect), 교란(Disrupt), 파괴(Destroy), 방어(Defense)하는 과정으로, 한미 양국의 감시·정찰 자산을 통해 북의 핵·미사일 기지의 움직임을 감시하고 선제 타격하는 것도 포함되어 있다. 북이 미사일을 발사할 징후가 보이면 한미연합군은 북의 전파시스템을 교란하면서 공군력을 동원해 북의 미사일 발사 기지를 파괴한다는 것이다.

이 부분에서 살필 점은 선제타격과 예방타격에 대한 것이다. 선제타격은 적의 공격이 분명한 징후를 보일 때 행하는 데 비해 예방타격은 적의 공격을 예방할 목적으로 적의 전략 시설을 파괴하는 것이다. 그러나 실제 적의 도발 징후를 입증하기 어렵고 그 판단은 주관적인 범위를 벗어나기 어렵다는 점도 있어 논란이 되고 있다. 선제공격은 국제법에 위배된다는 지적도 받고 있다.

5015는 전면전보다 국지전을 목표로 하고 있지만 선제타격이 전면전으로 비화할 가능성이 있다는 단점이 지적되고 있다. 즉 북이 언제 공격을 할 것인지를 파악하기 어렵다는 점도 마찬가지다. 실제 상황이 벌어졌을 경우 한국군은 주로 지상 전투에 참여하는 데 비해 미군은 해군과 공군력에 주력한다는 점도 보완해야 할 점으로 지적되고 있다.

2015년 8월 한국군 관계자는 한국군이 북보다 우위에 있는 심리전이나 정밀 타격, 요인 살해와 같은 비대칭 작전을 전개할 수 있을 것이라고 밝혔다. 같은 해 11월 미군 사령관은 5015가 언론에 유출된 것에 대해 한국 측의 조사를 요청했다.

미국이 대북 선제타격 등을 강행하는 긴박한 사태는 일본의 개입이 현실화할 가능성이 높다. 2017년 북이 다양한 종류의 미사일을 발사했을 때 일본군 수뇌부는 북미 간에 무력 충돌이 발생할 경우 사전에 통고를 받으며 일본 군사력을 북을 향해 사용할 가능성이 있다는 것을 미국 측으로부터 통고받은 것으로 알려졌다. 당시 미국은 북의 일본에 대한 직접적인 공격은 미일의 보복공격에 직면하게 될 것이라는 점도 일본에 확인시켰다는 것이다.

한반도에서의 급변사태 발생 시 일본이 고민하는 문제의 하나는 남한에 거주하는 일본인들의 보호 문제다. 동시에 일본으로 대피하려는 남한 주민들을 일본에 수용하는 문제는 한일 간에 협의 사항이 될 것이지만, 한일 간의 긴장 관계로 이런 문제에 대한 협의가 아직 이뤄지지 못한 것으로 보인다. 현재 남한은 북에 대한 한미일 3개국의 군사적 보복 수위를 제한하려는 의도인데 반해 미일은 중국의 군사적 위상이 강화되는 것을 견제하기 위해 한국이 적극 협조하기를 희망하고 있다.

작계5026

작계 5026은 1993~1994년 1차 핵 위기 당시 클린턴 행정부가 영변 핵시설에 대해 외과수술식 폭격을 가하는 방식의 비상계획으로 수립된 것이었다. 당시 그 계획은 F-117 스텔스 전투기 몇몇 부대를 남한에 배치하고, 토마호크 미사일과 전투기가 탑재된 항공모함 전단을 한반도 부근에 배치하는 것 등이 포함됐다.[318]

작계 5026은 북의 전략적 기지에 대한 외과수술과 같은 공격을 가하는 것이지만 전면전으로 확전되지 않는다는 것을 전제로 한다. 예를 들어 북의 핵 프로그램에 대한 작전일 경우 핵무기의 생산과 저장, 배치와 관련이 있는 시설에 대한 것만을 제거하는 것이다. 이 작전에는 미국의 B-2 스텔스 폭격기나 F-117 스텔스 전투기가 영변 핵 시설 등 북 전역에 산재한 다수의 목표를 공격한다. F-117 스텔스 전투기는 한국에 배치하고 B-52, B-1B는 괌에 배치한다.

그러나 북에 대한 군사적 공격으로 초래될 복잡한 사태에 대한 우려가 제기되었다. 첫째 공습으로 타격할 시설이나 기지는 사전에 정해져 있었지만, 미국이 파악하지 못한 군 시설이 더 있을 가능성 때문에 단 한 차례의 외과수술식 공습으로 북의 군사력을 무력화시킬 수 있을 것인가 하는 문제였다. 즉 핵무기를 제조할 수 있는 플루토

늪이 미국이 모르고 있는 시설에 보관되어 있을 가능성이 있다는 것이었다. 또한 북의 군 시설이 산악지대에 있는 것처럼 미국이 모르는 곳에 지하 깊숙이 만들어 놓은 군사 시설이 존재할 가능성을 배제할 수 없었다. 특히 일부 재래식 폭탄은 문제의 지하 시설을 제거할 만한 파괴력에 미치지 못할 수도 있었다.

북의 보복공격을 저지하거나 최소화하기 위해 미군이 북의 지휘부나 서울 등을 공격할 포대를 공격해야 할 필요성도 제기되었다. 특히 미국이 북의 공군력도 제압할 필요가 있었지만 이는 용이한 일이 아니었다. 이 때문에 공격 목표를 확대해야 했는데 이는 사실상 실현 불가능한 일이었다.

그러나 미국은 2003년 2, 3월 외과수술식 공격에 필요한 군사력으로 B-52H와 B-1B 각각 1대를 괌의 앤더슨 공군기지에 배치하고, F-15E 24기를 오산 공군기지에, F-117 6기를 군산 공군기지에 각각 배치했다. 미국은 이런 군사력이면 다수의 목표를 공격하기에 충분하다고 판단했다.

각각의 공군기들은 정밀유도무기를 발사하게 되는데 F-15E와 F-117, B-1B, B-52H의 타격 목표 지점은 612~756곳으로 정해졌다. 또한 괌 등에서 발진할 B-2는 2~4대가 작전에 참여하는데 한 기당 GPS형 정밀유도폭탄인 JDAM 수십 톤으로 북을 공격한다는 계획이었다.

북의 군 시설 타격 목표는 대량살상무기에 국한할 것인지 아니면 지대공 미사일 부대나 항공 레이더 부대, 또는 지휘부를 포함시킬 것이냐 하는 것에 좌우될 것이며, 비행사들이 당면할 위험의 강도에 따라 그 규모가 조정될 예정이었다.

북에 대한 해상에서의 공격은 순양함, 구축함이나 잠수함에서 발사하는 지대공 미사일도 포함되었다. 항공모함에서 발진하는 전파 교란을 목적으로 한 EA-6B기는 북의 레이더 발산과 통신을 마비시키는 작전을 벌이게 되고 B-2, F-117 스텔스기는 북의 전략적 가치가 높은 지역을 타격할 예정이었다. 그러나 이 작전은 한반도 전면전을 초래하고 막대한 인명 피해가 불가피하다는 점 등이 우려되었다.

작계 5027은 북의 남침 시 정권의 종말 목표로 계속 수정 보완

작계 5027은 한미 두 나라가 북의 침공에 대비해 상황 변화에 따라 수정 보완해온 군 작전개념이다. 작계 5027에 의해 미국은 한국이 외부의 공격을 받을 경우 한국을 군사적으로 지원하게 된다. 북은 장사정포 5백 문을 서울을 향해 배치하고 있어 수 시간 안에 약 50만 발을 발사할 수 있다. 이 경우 서울에서 40마일 이내에 남한 인구의 40%가 거주하고 있어 피해가 막심할 것이라는 우려가 제기되었다. 5027은 연도별로 아래와 같이 수정 보완되었다.[319]

작계 5027-74

5027-74는 북의 남침을 저지하는 것이 목적이었는데 후에 북이 남침할 경우 정권의 종말이 닥칠 수 있다는 것을 목표로 개정되었다.

작계 5027-94

5027-94는 1994년 언론에 보도된 것으로 북의 남침 시 한국군이 5~15일 동안 DMZ 20~30마일 남쪽에서 저지한 뒤 한미연합군이 미국의 지원을 받아 보복 공격하는 것이 요체다.

작계 5027-96

5027-96은 1994년 핵 협상 결렬 이후 5027이 전면 수정된 것으로 미국이 참전할 경우 일본 기지를 활용하는 것이 포함됐다. 미일 군사 협력 기준이 보완된 것으로, 일본 의회가 1999년 5월 가결했는데 미국이 한국전쟁에 대비해 그 군사력을 일본과 태평양지역에 주둔시키는 것이 골자다.

작계 5027-98

5027-98은 1999년 12월 만들어진 것으로, 5027이 북의 남침을 저지해 DMZ 이북으로 격퇴시키는 방어적인 것에서 북을 공격하는 내용으로 수정되었다. 이를 위해 모든 수단이 강구되어 북을 식물국가로 만들면서 김정일 위원장을 제거하고 남한이 주도하는 새로운 체제로 개조하는 것을 목표로 제시했다. 특히 서울에 대한 생화학 무기 공격에 대비하기 위한 방안이 마련되었다. 북이 신경가스를 탑재한 미사일 50개를 발사할 경우 서울 인구의 38%가 사망할 것이라는 추정이 제시됐다.

5027-98은 북의 군과 정부를 철저히 파괴하는 것을 포함한 4단계의 작전이 설정됐다. 즉 북의 남침 가능성에 대비하고, 북의 초기 공격을 저지하고 반격을 준비하며 최종 단계로 전면전을 펼쳐 평양을 점령하는 것이다. 특히 북이 전쟁을 준비하고 있다는 확실한 정보가 입수될 경우 북의 군사기지(장거리포 및 공군기지)에 대한 선제타격을 가할 수 있게 했다. 선제타격 여부는 미국이 결정하게 되는데 미군은 북 내부의 공격 대상과 그 파괴 무기를 이미 선정해 놓았다.

작계5027-00

5027-00은 2000년 12월 공개된 것으로 한반도에 전쟁 발생 시 미국은 미군 69만 명과 해군 함정 160척, 비행기 1천6백 대를 90일 안에 한반도에 배치할 계획으로 되어 있다. 미국은 대량살상무기를 파괴하고 전쟁 초기에 북의 포 부대를 공격하기 위해 항공모함과 첨단 전투기를 배치하기로 했다.

작계5027-02

5027-02는 9·11 테러 발생 뒤인 2002년 2월 발표된 것으로 김정일 위원장의 제거 작전 등이 포함됐다. 미 국방부는 대량살상무기를 제거하기 위해서는 신속한 작전이 필요하다면서 북에 5027-02를 적용할 경우 한국과 사전 협의를 하지 않는다는 방침을 세웠다.

작계5027-04

5027-04는 2003년 하반기에 보도된 것으로 미 지상군이 한국에 도착하기 전에 공군력을 동원해 북의 포대를 정밀 타격하는 내용이었다. 미국은 북의 미사일 발사 공격에 대비하기 위해 종래의 패트리엇 미사일에 의존했던 것에서 2004년부터 알래스카에 탐지 기지를 만들고 해상에 이지스함을 배치하는 것과 같은 계획을 세웠다. 이지스함은 대함 미사일 방어, 목표 탐색과 추적, 공격 등 전 과정을 하나의 시스템에 포함시킨 최신 종합무기 시스템을 갖추고 동시에 최고 200개의 목표를 탐지하고, 이 가운데 24개의 목표를 동시에 타격할 수 있다.

작계5027-08

5027-08은 2003년 만들어진 것으로 서울에 주둔하던 미군을 2007년까지 서울 외곽으로 이전하고 DMZ 부근에 주둔하던 미군은 2008년까지 서울 남부로 이동하며 서울 남부의 평택 미군기지를 확장하는 계획이 포함됐다.

작계5027-16

5027-16은 2015년 9월 북의 핵 기지와 무기에 대한 선제타격이 포함되게 고친 것으로 그 실행 단계는 탐지, 저지, 파괴, 방어 등 4개로 구분했다. 한미는 이를 위해 최첨단 정찰기와 무인기를 활용하기로 합의했다. 미군은 북의 핵무기와 대량살상무기를 사전에 탐지하고 불능화시키는 것은 북이 이런 무기를 사용하는 것을 저지하고 타국이나 테러집단 등에 암거래되는 것을 막기 위한 것이라고 밝혔다.

작계 5029는 북의 급변사태에 대비해 만든 군사작전

작계 5029는 한미 두 나라가 북에서의 급변사태, 예를 들어 북 내부의 쿠데타, 혁명, 대량살상무기의 해외 유출, 거대 자연재해 등에 대비해 만든 군사작전이다. 한미 두 나라는 2008년 북의 미사일 발사로 긴장이 고조되었을 때 당시 이명박 대통령의 요구에 따라 북의 내란이나 난민 발생, 경제 붕괴 등의 사태 발생에 대비해 비밀 작전을 펴북의 핵 저장고를 점령하는 식으로 작계 5029를 수정 보완한 바 있다. 2009년 한미 두 나라는 북의 급변사태 발생 시 미국이 북의 대량살상무기를 확보하거나 제거하는 데 주도적 역할을 하는 것에 합의했다.[320]

2015년의 경우 미국이 작계 5029에 또 따른 작전을 펼 경우 충분한 군사력을 확보할 수 있느냐 하는 문제가 제기되었다. 즉 미국이 북의 핵무기 75개의 생산이 가능한 플루토늄과 우라늄을 포함해 대량살상무기를 확보해 미국 등으로 운반하기 위해서는 육해공군 등에 85만 명의 병력과 함정 160척, 비행기 2천 대가 필요한 것으로 추산됐다.

그러나 미국이 실수할 경우 그 결과가 대단히 심각하다는 점과 중국군이 북측 지역으로 진출할 가능성에 대한 우려가 제기되었다. 중국은 북의 급변사태 발생 시 북 지역에 진출하는 것이 한미 두 나라보다 유리할 것으로 추정됐다. 중국은 북에서의 급변사태 발생에 대비한 비상 계획에 대해 미국 등과 논의하기를 거부했다. 그러자 중국이 북의 급변사태에 개입하려는 의향이 있는 것 아니냐는 추정이 제기됐다. 중국은, 북미가 평양의 핵 보유에 동의하는 식의 절충안에 합의하는 상황에서 중국만이 한반도 비핵화를 고집하는 입장으로 고립되는 것을 우려하고 있는 것으로 전해졌다.

중국은 북중 접경지역에 자국 군대를 보강했는데, 이에 대해 한미 연합군의 북진 시 남포와 원산을 잇는 군사분계선을 설정해 북쪽 주민의 중국 탈출 저지, 질서 확립 등을 시도하는 계획이라는 주장도 제기된 바 있다. 중국은 이런 의도에 따라 남포와 원산 이북의 지역에만 투자를 하고 있으며, 중국 인민해방군은 선양에 주둔하고 있다는 것이다.

한국은 2005년 미국이 작계 5029를 수정 보완한 내용이 북의 급변사태 발생 시 미군의 한국군 자산에 대한 지휘권을 행사하려는 것이 포함되어 있다며 이를 거부했었다. 한국 측은 미국의 계획이 한국의 주권 행사를 제약한다는 점을 지적했다. 하지만 미국 측은 북의 핵무기, 주요 군사기지 등과 같은 주요한 군사력을 제어하는 등의 필요가 우선한다고 반박했다. 한미 두 나라는 그러나 작계 5029를 계속 수정 보완하는 데 합의한 것으로 알려졌다.[321]

미국은 2020년 4월 김정은 위원장의 건강 이상설이 나올 당시 미국이 북의 급작스러운 정권 교체나 권력 공백 상태가 핵무기 사용이나 해외 암시장 유출 등의 위험이 있다고 보고 북의 핵무기를 확보하는 것을 목표로 기존의 5029를 수정했다. 이 경우 중국이 북의 정권 붕괴에 대비해 북측 지역에 군대를 진주시킬 가능성이 고려되었다.[322]

한국의 헌법은 북쪽 지역을 한국 영토의 일부로 규정하고 있다. 일부 학자들은 북의 붕괴 시 북쪽을 통치할 임시 기구가 발족되거나 북쪽 주민의 유출을 통제할 필요가 있다고 주장했다.

하지만 중국과 달리 한국은 북쪽 지역을 안정시키는 데 필요한 병력을 동원할 수 없다는 점이 문제로 지적됐다. 대신 중국은 북의 정권이 위기에 처했을 때 군대를 북에 보내 친중국 정권을 만들 가능성이 제기됐다.

중국은 북에 경제적 지원을 제공한 주요 국가이고 북을 외교적으로 지원해 왔으며 북의 위기가 자국 안보에 영향을 미칠 것을 경계하고 있다. 중국은 유엔의 대북제재에 동의했지만 북의 경제가 붕괴하거나 북중 국경에서 분쟁이 발생해 북쪽 주민들이 중국 영토 안으로 대거 피신할 가능성을 우려하고 있다.

중국은 최근 북중 국경에 방위력을 보강했다. 북중 국경 부근에 거주하는 많은 중국 주민이 조선족이라는 점에서 만약 북중 국경이 개방될 경우 접경지역이 불안정해지거나 심지어 영토를 상실할지 모른다고 걱정하고 있다. 하지만 중국의 최대 관심사는 한미 군대가 중국 국경 부근에서 작전을 펼 가능성이다. 중국은 70년 전 6·25전쟁 당시 연합군이 북중 국경 부근까지 진격하자 전격 참전했다.

미군에 의한 한반도 집단학살의 가능성을 방치하는 것은
유엔 정신에 위배

미국 정부가 1950년대 이래 지속적으로 북을 궤멸시킬 목적까지 포함된 군사작전 계획을 세운 것은 유엔의 정신에 적합하지 않다. 유엔사가 유엔 안보리의 하부기구일 경우 미국의 일방적 대북 작전계획을 수립하는 것에 침묵할 수 없다는 점도 지적되어야 한다.

유엔사가 깃발만 유엔기를 사용할 뿐 미국에 의해 주도되면서 한반도에 무력 충돌이 발생할 경우 유엔 안보리에 보고할 의무 등이 없다. 이는 일본과 필리핀의 경우 무력 충돌이 발생할 때 군사적 개입은 유엔의 토의와 결정을 거치게 되어 있는 것과 차이가 있다. 미국이 국가 이기주의에 의해 자의적으로 한반도에서 군사 행동을 강행할 경우 이에 대해 대비할 장치가 없는 것이다

미국의 작전계획을 보면 유엔의 창립이 참혹한 1, 2차 세계대전에 대한 반성이자 평화에 대한 인류의 합의였다는 점에서 유엔 정신에 정면으로 위배된다. 유엔 헌장의 제1조가 유엔의 목표를 '세계 평화와 국제적 안보의 수호'라고 정의하면서 제2조의 1~4항에 폭력 금지 등에 대해 상세히 강조하고 있기 때문이다. 유엔 헌장 제2조와 그 부속 조항을 소개하면 아래와 같다.

제2조
이 기구 및 그 회원국은 제1조에 명시한 목적을 추구함에 있어서 다음의 원칙에 따라 행동한다.
1. 기구는 모든 회원국의 주권 평등의 원칙에 기초한다.
2. 모든 회원국은 회원국의 지위에서 발생하는 권리와 이익을 그들

모두에 보장하기 위하여, 이 헌장에 따라 부과되는 의무를 성실히 이행한다.

3. 모든 회원국은 그들의 국제분쟁을 국제 평화와 안전 그리고 정의를 위태롭게 하지 아니하는 방식으로 평화적 수단에 의하여 해결한다.

4. 모든 회원국은 그 국제관계에 있어서 다른 국가의 영토 보전이나 정치적 독립에 대하여 또는 유엔의 목적과 양립하지 아니하는 어떠한 기타 방식으로도 무력의 위협이나 무력행사를 삼간다.

미국은 대북 군사정책에서 북을 유엔 회원국으로 인정치 않고 있다. 또한 한국을 주권 국가로 존중하거나 한반도 향후 급변사태 발생 시 남북 간의 주민 상당수가 피해를 보는데도 자신들의 일방적 목적 추구만을 강요하고 있는 것은 2조 1~4항에 위배된다. 대북 선제타격 작전 검토 시 그로 인한 직접적 피해를 당해야 하는 한국 정부와 사전 협의를 하지 않고 있는 것은 말도 되지 않는다. 미국의 이런 무도한 태도에 대해 침묵하는 한국 정부도 비판에서 자유로울 수는 없다.

유엔 헌장의 제2조 3항은 전쟁을 원칙적으로 금지하고 있으며 평화적인 방식의 갈등 해결 의무를 명시하고 있고, 제2조 4항은 일방적인 폭력을 금지하고 있다. 이에 따르면 모든 국가는 국제관계에서 폭력을 사용해서도 폭력에 의존해서도 안 된다. 유엔은 폭력 금지와 함께 평화의무를 강조하면서 모든 회원국들이 국제적 분쟁을 세계 평화와 국제적 안보, 그리고 정의가 위협받지 않도록 평화적 수단에 의해 해결하여야 한다고 명시하고 있다.

미국은 작계 2015에서 북의 핵미사일 발사 징후가 포착되면 30분 안에 북의 7백 개 미사일 기지와 또 다른 전략적 목표를 공격하게 되고 작계 5027에서는 대북 선제타격과 북의 종말을 도모하는 공격을 하게 되어 있다. 이런 미국의 작전계획은 한국군을 동참하게 하는 형식을 취하고 있지만, 그것은 불평등한 한미군사 동맹이 무원칙하게 적용된 결과로 볼 수 있다.

미국의 대북 작전계획은 한반도 전역에서 집단학살이 자행되는 참극을 초래할 것이라는 비판을 피할 수 없다. 미국이 심리전 차원에서 북이 공포에 질리게 하기 위한 목적으로 작전계획을 과장해서 발표 또는 공개한다는 점이 있다고 해도 이는 북이 지속적으로 무력을 증강하는 촉매가 된다는 점에서 책임 있는 자세라 볼 수 없다.

한반도 전쟁을 당연시하는 미국의 태도를 한국 대통령은 문제 제기해야

미국이 한반도에서 전쟁을 일으키는 것을 당연시하는 태도는 한국민의 입장에서 대단히 불안하고 자존심 상하는 일이다. 미국이 미국의 논리에 따른 언행을 한다면 한국도 한국의 논리에 따른 입장을 당당하게 밝히는 것이 필요하다. 한국을 대표하는 대통령은 국민의 안전을 보장할 책무가 있다는 점에서 반드시 해야 할 발언이다.

미국은 북이 괌 지역 부근으로 미사일 발사를 실험하는 것조차 전쟁 행위로 간주, 즉각 타격하겠다고 하고, 또 북의 핵 실험에 대해서도 마찬가지라는 입장을 거듭 밝힌 바 있다. 그러나 국가가 자위력을 강화하기 위한 무기 개발, 실험을 하는 것은 미국 등 모든 국가가 마찬가지다. 유독 북의 행위를 전쟁 또는 이에 준하는 도발 행위로 보고 군사적으로 선제타격과 같은 행위를 하겠다는 논리는 유엔 헌장이나 국제법적으로 문제가 있다.

또한 전쟁은 상대방의 군사력 사용에 준하는 정도로 대응하는 것을 당연시하고 있지만 미국의 작전계획은 그렇지 않다. 미국은 자의적 판단에 따라 북의 행동이나 조치를 선제타격의 사전 요건으로 정할 뿐 아니라 북의 주요 군사 시설 등 전체에 대한 공격을 정당화하고 있다는 점에서도 문제라 하겠다. 앞서 설명한 미국의 작계 5015, 작계 5027 등의 경우가 바로 그것이다.

미국은 대중 전략 추진 과정에서
한반도를 희생양으로 삼을 가능성이 크다

미국의 대북 전략은 실제 중국 견제라는 목표를 위해 추진되고 있다는 점에서 평화적 해결이 아닌 무력에 의한 방식이 강조되고 있다. 미국이 중국에 대해 군사적 대응을 강화하는 방안의 하나는 북에 대한 공세적 정책을 강화하고 그에 따라 미국의 전략 자산이 한반도에서 전개할 구실을 만드는 것이다.

이는 한반도가 미국의 세계전략 추진 과정에서 희생양이 될 가능성을 함축하고 있다. 즉 미국은 중국 등 핵 강대국과의 무력 충돌 대신 한반도에 국한한 군사적 충돌을 차선책으로 선택할 수도 있다는 것이다. 세계사를 살필 때 강대국들의 이기주의가 존재해 왔다는 점, 미국이 20세기 초 일본의 한반도 강탈에 동조했다는 점 등이 바로 그것이다. 이런 점을 감안할 때 한반도의 문제를 남북이 주인공이 되어 평화를 정착시키는 것이 주요한 해결책의 하나라는 것은 확실하다.

비핵화 추진 방법론과 관련해서 참고할 만한 것은 미국과 러시아가 30년째 지속했었던 전략무기감축협정(START)이다. START를 보면 미국과 러시아는 대륙간탄도미사일(ICBM), 잠수함발사탄도미사일(SLMB), 전략폭격기와 탑재 핵무기 등에 대해 상호점검하면서 군축을 이행하고 있다. 이는 두 나라가 상호신뢰 하에 군축을 지속할 수 있는 노하우가 충분히 개발되어 있다는 것을 의미한다. 즉 미국과 러시아는 전략무기 리스트를 상호교환하고 점검팀이 현장을 수시 또는 불시에 방문해 현장 조사를 하고 정찰위성 등으로 상대방의 양심 불량을 점검하고 있다.

한반도 비핵화에 대해서도 미국이 START의 경험을 살려 추진할 수 있을 것인데도 그렇게 하지 않는 것은 주한미군이 중국, 러시아를 견제하는 최전방 전략적 역할을 담당하고 주한미군 기지에 미군 병력과 장비를 순환 배치하는 전략용으로 활용하는 이익이 크기 때문이라는 비판을 자초한다.

게다가 미국은 북을 신뢰할 수 없다며 '선 폐기, 후 보상'을 주장하는데 이는 동일한 유엔 회원국의 위상이 존중받아야 한다는 점에 비춰 대단히 비상식적이라는 비판을 자초한다. 우크라이나가 러시아 침공을 받은 후 소련이 존재하던 시절처럼 핵무기를 보유하고 있었으면 그러지 않았을 것이라는 점이 지적되고 있다. 이런 점에서 군사적 압박을 통한 북의 비핵화는 가능성이 낮고 다국간 보장에 의한 단계적, 동시적 방법으로 실시되어야 할 것이다.

한국의 정치권은 이런 점을 깊이 살펴 공개적으로 미국의 대북 적대 정책으로 인한 한국의 피해 가능성에 대해 통고하고 전쟁 불가와 함께 START 성공사례를 참고로 한반도 비핵화를 평화적 방식으로 달성하도록 촉구해야 할 것이다. 동시에 유엔사가 유엔 헌장의 철학과 그 규범을 준수하도록 하고 미국의 한반도 군사작전에 대해 유엔의 정신에서 벗어나지 못하게 하는 제도적 장치를 만드는 데 노력해야 할 것이다.

5. 미국의 관련 법체계 속에서
   한국의 방어전략은 어떤 비중을 차지할까?

우방국의 도·감청도 합법이라는 미국,
자국의 이익이 항상 최고 목표

　미국은 세계 평화보다 자국 안보를 최우선시하는 법을 만들어 놓은 것은 물론 자국 이익에 필요할 경우 베트남전 확전, 이라크 침공에서 보듯 가짜뉴스를 동원하기도 한다. 윤석열 정권은 미국의 이런 특성에도 불구하고 '무오류, 절대 선'이라는 식의 초강력 신뢰와 안보 의존으로 몰방하고 있다.

　미국이 자국법으로 지구촌을 상대로 유무형의 제재, 통제를 강행하고 있는 것은 어제오늘의 일이 아니다. 미국의 해외정보감시법(FISA) 702조의 경우 9·11 테러 이후 시행된 도청 프로그램을 바탕으로 한 한시법으로, 미국 정부는 외국에서 영장 없이도 외국인의 통신 정보를 수집할 수 있다. 2008년 제정된 이 법은 지금까지도 논란 속에 시행되고 있으며 미 정부는 계속 추진을 시도하고 있다.

　미국 대통령은 매일 아침 30분씩 백악관에서 '대통령 일일 브리핑(daily briefing)'이라는 정보를 보고받는데 이 정보 보고의 60% 이상은 미국 정보기관이 해외 인사들의 전화, 이메일 등 전자신호를 도청해 수집한 정보다. 미국 특수부대는 이들 정보를 활용해 알카에다 지도자 암살 작전을 수행하기도 했다.[323]

미국이 자국 이익을 위해 우방국을 동원해 중국에 대해 경제, 안보 등에서 전방위적 압박을 가하고 있는 데서 아메리칸 인디언들의 땅을 강탈했던 미국의 반인륜적 진면목이 여실히 드러나고 있다. 미국은 한국 등의 우방국 기업을 상대로 중국 투자, 교역 등에 실질적인 통제력을 행사하는 막가파식의 행동을 거리낌 없이 하고 있다.

미국은 우방국을 상대로 달면 삼키고 쓰면 뱉어내는 식의 무뢰배 짓을 일삼고 있고, 그것이 미국의 법체계로 뒷받침되고 있다는 점에서 경계해야 할 대상이다. 그런데 윤석열 정권은 미국에 한반도 안보 문제를 전적으로 의뢰하고 그에 종속되는 형태의 태도를 지속하고 있다. 한반도 군사문제는 남북과 미국 등 주변국들이 영향을 미치고 있다는 점에서 고차 방정식과 같은 대처가 필요하다.

미국이 자국의 이익을 추구하는 것처럼 한국도 주권 국가로서 그렇게 대처하는 것이 당연하다. 미국이 체질적으로 국익 추구를 최상의 가치로 여기고 그것이 미국식 법치라고 주장한다는 점을 인정한다면 한국도 그에 맞는 대응방식을 강구해야 한다는 것이다.

지금처럼 미국의 국가이익에 맞춰져 있는 한반도 정책에 대해 한국 정부가 몰방하면서 이에 대한 정당한 비판을 극단적으로 매도하는 식으로 몰아가는 것은 곤란하다. 그것은 한미 근현대사를 통해 여실히 입증되고 있다. 미국이 주되게 군사력을 바탕으로 한 대북 정책을 강행하더라도 한국은 과거 박정희 정권 이래 역대 정권이 추진했던 남북 교류협력 정책을 추진하는 것이 당연하다. 주변국과 다양한 방안을 다각도로 추진하면서 궁극적으로 남북이 평화통일이라는 목표에 접근해 가는 노력이 요구된다. 남북 간의 평화통일은 한반도는 물론 동북아에 기여하고, 그것은 궁극적으로 미국을 포함한 전 세계에 기여하는 것이기 때문이다.

백악관이 부인한 한국 대통령실의 '핵공유'에 대한 설명

한국 정부의 외교안보 정책은 국내외 모두가 관심을 갖는다. 국민의 생명과 재산 보호와 직결되는 것은 물론 주변 국가에도 큰 영향을 미치기 때문이다. 최근까지 지속되고 있는 최대 이슈의 하나인 북의 핵과 미사일에 대한 한미의 공동대책 핵심 사항의 하나가 확장억제 강화로 최근 한미 정상회담에서 워싱턴 선언으로 구체화되었다. 미국의 전략 핵무기로 미 본토 수호 수준의 핵우산을 한국이 보장을 받는다는 것이다.

윤석열 대통령은 미국을 국빈 방문 중이던 지난 2023년 4월 28일 (현지 시각) 보스턴 하버드대 케네디스쿨에서 워싱턴 선언에서 구체화 된 한미 '핵협의그룹(NCG)'에 대해 "이는 나토식 핵공유보다 확장 억제에 더 실효성을 갖췄다. (한미가) 1대1로 맺은 것이라 나토의 다자화 약정보다 더 실효성이 있다고 판단한다. 확장억제라는 개념이 하나의 선언에서 그치지 않고 어느 특정 국가와 문서로서 정리된 가장 첫 번째 사례라고 할 수 있다"고 강조했다. 윤석열의 핵협의그룹 (NCG) 발언에 담긴 의미가 단순치 않아 새김질해야 할 정도다.

그런데 NCG 실효성에 대한 논란은 아이러니하게도 대통령실이 내놓은 NCG 의미 설명을 미 백악관이 공개적으로 부인하면서 증폭 됐다. 에드 케이건 백악관 국가안보회의 동아시아·오세아니아 선임 국장은 NCG 구성을 담은 '워싱턴 선언'에 대해 지난 4월 27일(현지

시각) 한국 특파원들을 상대로 한 브리핑에서 "한국 정부는 워싱턴 선언을 사실상의 핵공유라고 설명했는데 이에 동의하냐?"는 질문에 "직설적으로 말하겠다. 우리는 사실상의 핵공유로 보지 않는다"라고 밝혔다.[324] 전날 한미 정상회담 뒤 나온 대통령실의 설명을 부인한 것이다.

그는 "NCG는 정기적 협의 기구로, 핵과 전략 기획 문제에 초점을 맞출 것이다. 중대한 비상사태 때 우리가 어떻게 생각하는지에 관해 한국에 추가적 이해를 제공할 것"이라고 말했다. NCG는 핵 위협 등에 대한 정보 공유를 강화하고 미국의 비상 계획에 대한 이해를 높이기 위한 틀이지 핵공유와는 무관하다는 점을 밝힌 것이다.

한편 이종섭 국방부 장관도 NCG를 추켜세우는 데 동참했다. 그는 지난 2023년 5월 1일 한미 정상회담에서 채택된 '워싱턴 선언'에 대해 "제2의 한미상호방위조약으로 불려도 될 정도로 의미가 크다. 이번 선언은 재래식 무기를 기반으로 한 1953년 한미상호방위조약에서 핵을 포함한 상호방위 개념으로의 업그레이드"라고 밝혔다.

이 장관은 매일경제신문 기고문에서 이같이 평가하며 "NCG는 분야별 협력 방안을 구체화할 것이며, 그 결과는 계획 수립·연습 및 훈련 실시·전략 자산의 운용 등으로 나타날 것"이라며 "미국이 일방적으로 제공하는 확장억제가 아니라 한미가 함께하는 확장억제 체계로의 진화를 의미한다"고 설명했다.

한미 양국은 지난 2023년 6월 한미 핵협의그룹(NCG) 회의를 공식 출범시키고 밝힌 공동언론발표를 통해 "양국의 확장억제는 NCG를 중심으로 한국과 미국이 함께 협의해 결정하고 함께 행동에 나설 수 있는 일체형 확장억제 체제로 나아갈 것이다. 한미 양국은 북의 어떠한 핵미사일 위협도 억제하고 대응할 능력을 구현해 나가겠다"고 강조했다.

이어 "미국과 동맹국에 대한 북의 어떠한 핵 공격도 북의 정권 종 말로 귀결될 것이며, 한미 양국은 한국에 대한 어떠한 핵 공격도 즉 각적, 압도적, 결정적 대응에 직면하게 될 것"이라고 경고하면서 "한 미 양측은 미국 핵 작전에 대한 한국의 비핵전력 지원을 위한 공동기 획 실행 방안을 강화하고 NCG를 중심으로 핵과 관련 다양한 도상훈 련 시뮬레이션을 조율하고 이행해 나가기로 했다"고 밝혔다.[325]

한미 핵협의그룹(NCG) 회의가 공식 출범한 다음 날인 지난 7월 19 일 북은 동해상으로 탄도미사일을 발사했다. 북의 이 발사는 한미 간 핵협의그룹이 확장억제 강화에 나선 데 대한 반발로 탄도 비행 거리 로 볼 때 미국 전략핵잠수함(SSBN) 켄터키함이 입항한 한국 부산항 을 타격할 수 있는 것으로 추정됐다. 순항미사일은 속도는 느리지만 저고도로 비행해 탄도미사일보다도 레이더로 포착하기가 어렵다. 이 순항미사일의 구체적인 종류는 밝혀지지 않았으나, 전술 핵탄두 탑 재가 가능한 전략 순항미사일일 가능성이 제기되었다.

나토의 핵공유 협정도 미국의 전술핵에 대한 소유권, 결정권, 거부권은 없어

한국 정부가 입에 침이 마르도록 극찬하는 NCG에 대해 미 전문가 들의 견해는 온도 차가 크다. 제이크 설리번 미 백악관 국가안보보좌 관은 "한미 정상회담에서 확장억제 관련 성명은 한국과 한국민에게 약속한 확장억제와 관련해 미국을 신뢰할 수 있다는 매우 명확하고 입증할 수 있는 신호를 보낼 것으로 본다."고 말했다. 그의 발언은 이 조치가 상징적 의미가 크다는 점에 방점이 찍혀 있다.[326]

그러나 로버트 랩슨 전 주한미국 대사 대리는 지난 2023년 4월 25

일 "미국의 확장억제 정책과 이를 한국에 적용하는 데 있어서 극적인 변화가 있을 것으로 예상하지 않는다. 미국은 북의 고도화되는 위협과 도발에 상응해 이미 이뤄지고 있는 강력한 훈련과 전략자산 배치에 추가적으로 한국과의 확장억제 대화 및 관여(engagement)를 향상, 확대 혹은 격상시키는 데 집중할 가능성이 높다"고 전망했다.

랩슨 전 대사 대리는 "한국이 이 새로운 틀(framework)을 '한미 핵기획그룹(Nuclear Planning Group)'과 같은 것으로 부르기를 원한다면 미국은 그렇게 할 수 있도록 유연하게 대응할 것이다. 나토(NATO, 북대서양조약기구)와 같은 핵공유 협정(nuclear sharing arrangement) 채택이나 미국 전략자산의 한반도 재배치는 미국이 생각하는 방안이 아닌 것 같다."고 말했다.

나토 핵공유는 미국이 전술핵무기를 유럽의 나토 동맹국 영토에 배치하고, 나토 동맹국들이 '핵기획그룹'을 통해 핵 계획에 참여하며, 핵무기를 목표지점에 공격하는 수단으로 유럽 동맹국들의 공군기를 사용하는 것을 말한다. 하지만 나토 동맹국에게 미국 전술핵에 대한 소유권, 결정권, 거부권은 없다.

미국은 자국 핵무기 전략이나 작전에 다른 나라가 깊이 참여하거나 권한을 행사하는 것을 극도로 제한하고 있으며, 나토와의 핵공유 협정도 그 틀 속에 맞춰져 있다. 한국과의 워싱턴 선언은 미국 전략의 핵심을 변경치 않는 것으로 다만 심리적 차원에서 중점을 둔 것으로 평가된다.

워싱턴 선언과 '미 대통령의 결정 지침 25호(PDD-25)'

워싱턴 선언에 대해 전쟁 억지책이라는 측면을 평가할 수는 있다.

북에 대해 감히 전쟁을 일으킬 맘을 먹지 말라는 식의 심리전 차원에서 그렇다는 점이다. 그렇다 해도 윤 정부가 국민들에게 방미 성과의 하나로 외교안보를 거론한다면 그것은 사실 관계에 입각해서 설명해야 한다. 국민을 상대로 정치적 유불리를 따지는 식으로 부풀리거나 착각을 유도해서는 안 된다. 미국은 국내법으로 적국에 대한 심리전과 같은 방식을 자국민을 향해 사용치 말라고 금하고 있다는 점도 유의해야 한다.

워싱턴 선언이 북의 핵 문제에 대해 현재 강구할 수 있는 유일무이한 대책인지에 대해서는 깊이 생각해 볼 일이다. 이는 미국이 자국 우선주의에는 양보가 없는 국가라는 점을 살필 때 더욱 그러하다. 만약 한반도에서 핵전쟁이 발생했을 때 미국이 자국의 핵 피해를 각오하고 대응 작전을 펼 것이냐 하는 점이다. 이런 점은 미국 내 관련법을 살피면 이미 해답이 나와 있다.

미국은 자국의 이익에 부합지 않으면 해외에서의 군사적 행동은 하지 않는다는 법을 오래전에 만들었다. 군사관계는 군인들의 생사와 직결되어 있기 때문이다. 미국의 해외 군사행동은 바로 이런 점을 우선시해서 취해진다.

미 대통령은 미국의 국익을 최우선시하면서 상황에 따라 미군 병사가 불필요하게 희생될 가능성이 있을 경우 언제든 동맹에서 이탈할 수 있는 권한을 미국의 제도로부터 보장받고 있다. 한미동맹체제의 경우 주한미군은 현재 평시 작전통제권이 한국군에 있다 해도 그들의 최고통수권자인 미국 대통령의 통제하에 있다. 미국은 전시작전권이 한국군에 이양될 경우에도 이 원칙은 변함이 없다는 입장이다.

주한미군의 위상을 결정하는 규정은 미 대통령 행정 명령인 '미 대통령 결정 지침 25호(PDD-25)'이다. 이에 따라 주한미군은 동맹 체제라 해도 한미 두 나라가 합의한 군사적 업무나 작전에만 투입될 뿐 그 외 모든 것은 미국 대통령의 지휘를 받는 체제를 유지한다. 주한 미군은 현재 전작권을 행사하는 입장이지만 역시 PDD-25의 지배를 받는다.[327] 현재 한국군도 한국 대통령의 지휘를 받으면서 미군처럼 미군 지휘관의 정당한 통제에만 복종하는 체제일 것으로 추정된다.

이와 함께 살필 것은 한미상호방위조약 3조이다. 이 조항에 따르면, 각 당사국은 상대 당사국에 대한 무력공격을 자국의 평화와 안전을 위태롭게 하는 것이라고 인정하고 공통의 위험에 대처하기 위하여 각자의 헌법 절차에 따라 행동한다. 이 조항은 한반도 무력공격 발생 시 미국은 자국의 헌법 절차에 따라 개입할 것이라고 밝히고 있다.

한미상호방위조약 체결 당시 이승만은 한국전 재발 시 미국의 자동개입을 명문화하자고 했으나 관철되지 못했고, 미국은 자국 군대의 한국 배치를 권리(right)로 규정했다. 이는 미국에게 한국의 군사적 주권을 넘겨준 것과 같아 이승만의 자동개입 요구보다 미국이 더 큰 것을 챙긴 것이란 해석이 가능하다. 외교관계란 국가 간의 이해관계 조정이라는 측면이 중요하다는 점에서 이승만의 한 치 앞도 내다보지 못한 소아병적 단견은 한민족에게 국제적 수치를 초래했다는 점에서 비판을 피할 수 없다.

'워싱턴 선언'은 미 헌법, 일반법의 하위 개념이니, 중요한 것은 한반도의 평화 관리를 위해 노력하는 것이다

윤 대통령 등이 워싱턴 선언, 한미일 정상회담에 대해 긍정적인 측면만을 강조하는 모습을 보면 미국의 확산억제 정책이 나오게 되는 미국의 국내법을 살펴볼 때 가슴이 답답해진다. '선언'은 미국의 법체계에서 미 헌법이나 일반법령 등에 비해 하위 개념이라는 점을 살필 때 그 실효성이 대단히 제한적이라 하겠다.

이런 점을 살피면 한국이 아무리 한미 정상의 확산억제에 대한 설명을 그럴싸하게 포장한다 해도 미국이 향후 발생할지 모를 한반도 사태에 대해 어떻게 대응할지는 미국 정부의 판단에 좌우된다는 점을 기본 전제로 삼아야 할 것이다.

핵을 포함한 미국의 외교안보 정책은 기본적으로 미 국익을 최우선시한다는 것에 맞춰져 있기 때문이다. 미국은 헌법과 일반법, 대통령령 등으로 군사적인 측면에서 미 국익을 국제사회의 평화와 안정에 우선하도록 해놓았다.

2023년 한미 정상이 합의한 확산억제 조치가 한반도 핵전쟁 방지를 위해 필요하다는 점이 일부 인정될 수 있지만 충분하다고 볼 수는 없다. 미래에 뭐가 발생할지 모를 상황에서 양국의 이해관계가 한 점 오차 없이 일치할지도 의문이다. 미국이 자국의 이해관계를 우선시할 경우 한국 정부가 현재 희망하는 것과 같은 대응을 해줄지를 확신할 수 없기 때문이다. 미 대통령이 누가 되느냐에 따라서도 차이가 클 수도 있다.

미국이 신냉전 시대가 가속화되는 시점에 취하고 있는 대북 정책의 가장 핵심적인 노림수는 중국과 러시아를 겨냥한 것이라는 점은 부인키 어렵다. 이런 점에서 한국 정부가 북의 핵과 미사일에 대해 실전일 경우를 대비해 부지런히 여러 가지를 챙기는 모습은 아쉬운 점이 크다. 한반도의 지정학적 특성상 전쟁이 나면 한반도 전역이 그 피해를 피해가기 힘들다. 자칫 한민족의 공멸 가능성도 있다.

따라서 윤 정부는 과거 박정희 이래 취해온 남북교류협력 노력이 전쟁이 발생하기 이전의 상황을 관리하는 측면이 강했다는 점을 살펴야 한다. 윤석열 대통령 집권 이후 한반도 평화를 관리하면서 전쟁을 방지하는 적극적인 자세가 부각되지 않아 아쉽다. 대북 협상은 북이 협상장에 나올 수 있는 동기 부여도 필요하기 때문이다.

윤석열 정부가 한미상호방위조약을 강조하는 것은, 이 조약이 정전협정이 맺어진 직후 만들어진 것으로 평화협정으로의 전환에 역행하는 조약이라는 비판을 받았다는 점에서 예사로 보이지 않는다. 이승만의 북진통일 논리가 부활하는 느낌도 준다. 윤석열 정부가 튼튼한 안보라는 말로 치장하는 모습 속에서 평화 정책의 추진이 너무 그늘진 것 같아 걱정된다.

5장

한국 정부가
미국에 군사 특혜 퍼주기로
전쟁 위기 고조시켜

1. 한미 SCM이 '북 정권 종말' 발표 뒤, 북이 '대남 핵공격 전략' 발표

한반도 핵전쟁 위기 부추기는 미국의 대북 핵전략에 북의 맞대응

한반도가 2024년 9월 현재 정전 이후 최악의 상황에 직면했다. 정전 70년이라는 세계사 최장의 기록 속에서 평화협정은 고사하고 남북 두 진영이 서로 재래식 무기는 물론이고 핵무기로 상대방을 타격하겠다고 군사훈련을 하거나 으름장을 놓고 있다. 한반도의 주변 정세도 요동치고 있다. 미·중 간의 패권경쟁이 대만을 무대로 벌어지며 신냉전의 시작이 예고되고, 일본이 전쟁 수행국가로 탈바꿈하려 군비를 대폭 확장하려 한다. 동북아 전체의 군비경쟁이 가속화되면서 군사적 긴장이 고조되고 있다.

한반도 상황은 핵전쟁을 걱정해야 할 수준으로 악화되고 있다. 김정은 위원장이 핵무기 대량제조와 대남 타격 전략 추진을 밝히고, 윤석열 대통령이 미국의 전술핵 배치나 자체 핵무기 개발, 북의 도발 시 최고 1천 배 응징 등을 언급했다.

한국은 북의 핵 공격이 발생할 경우 미국의 핵우산 제공이 제대로 될 것인가에 대해 심히 우려하면서 핵전쟁 시대의 동맹에 대한 의구심을 감추지 않고 있다. 미국 정부나 언론도 한국의 핵무장 주장에 민감한 반응을 보이며 대책을 강구하는 모습이다. 2023년의 경우 첫 한미연합훈련이 실시된 뒤 북은 날을 세운 성명을 발표하고 한미는 전략핵폭격기, 스텔스기로 무력시위를 벌이면서 대북 핵 확장억제를 강화하는 방침을 다방면에 걸쳐 발표했다.

2024년 7월 한반도 사태는 한민족의 공멸 가능성이 내포된 것으로 단군 이래 최악의 민족분열과 대립상태라는 참혹하고 수치스러운 모습이라 하겠다. 왜 이렇게 되었을까?

지난 2022년 한해만을 주목하면 북의 7차 핵실험 가능성에 대한 우려 속에 70여 차례의 미사일 발사로 긴장 수위를 높였고, 한·미는 북에 대한 선제 핵공격 등이 포함된 확장억제전략의 강화에 합의했다. 북의 무력시위 목적은 미국과 협상해서 체제보장과 제재 해제를 달성하려는 것으로 알려져 있다. 하지만 미국은 북의 핵과 미사일 문제를 평가 절하하면서 중국과 러시아를 겨냥한 세계전략의 일부로 대처하겠다는 정책을 세워놓고 북이 먼저 양보하고 나오라는 주장을 펴고 있다.

미국은 세계 핵전략 NSS, NDS, NPR의 한 부분으로 북핵 대처

현재의 한반도 사태를 야기한 원인은 그 분석 시점을 어떻게 잡느냐에 따라 여러 가지 내용이 거론될 수 있지만, 한국과 미국 국방부가 지난 2022년 11월 3일(현지 시각) 제54차 한미안보협의회(SCM) 뒤 발표한 합의문을 살펴보기로 한다. 한미는 이 합의문에서 "북이 핵 공격을 할 경우 김정은 정권의 종말을 초래할 것"이라면서 "한반도에 미국 전술핵을 배치하지 않고 북의 핵 위협에 대응하기 위해 미국의 전략자산을 적시에 조율된 방식으로 한반도에 전개한다."는 등의 내용을 발표했다.

SCM이 공개한 한미의 대북 군사전략은 미국이 국가안보 전체를 총괄하는 국가안보전략서(NSS)와 그 부속 내용인 국방전략서(NDS), 핵태세검토보고서(NPR), 미사일방어검토보고서(MDR) 등에 포함된 내용 속에서 조율된 것이다. 미국의 한반도 전략은 미국의 전체 안보 전략의 한 부분이라는 원칙이 확인된 것으로 그 핵심 내용을 살펴볼 필요가 있다. 그래야 한국 정부가 미국을 못 믿겠다며 자체 핵무기의 보유를 주장하게 된 근거가 무엇인지 드러나기 때문이다.

미국의 국가안보전략서(NSS)는, 미국의 전략은 중국과 러시아를 억제하는 것으로 이를 위해 3대 핵전력(nuclear Triad), 핵 지휘·통제· 통신(3C), 핵무기 인프라 등을 현대화하고 동맹국에 대한 확장 억지 를 강화하는 내용이다. 동시에 미국의 현존 국방전략은 통합억제체제 제(integrated deterrence)가 포함되어 있다면서 주요한 내용을 다음과 같이 밝혔다.[328]

"현재의 미중 전략경쟁은 민주주의 대 전체주의, 즉 체제 간 경쟁이 며, 중국은 국제질서를 재편할 능력과 의지가 있는 유일한 경쟁자 로 향후 10년은 미중 경쟁에서 매우 중요한 기간이 될 것이다. 미국 은 이를 위해 총력전을 전개할 것이다. 러시아는 국제평화와 안정 에 즉각적이고 지속적인 위협이 되고 있으며 향후 신 전략무기감축 조약(New START) 등을 추진해 새로운 안보 체제를 구축해야 한다. 미국은 한반도의 완전한 비핵화를 향한 진전을 만들기 위해 북과의 지속적인 외교를 추진할 것이며, 동시에 북의 대량살상무기(WMD) 와 미사일 위협에 대응하기 위해 확장억지력을 강화할 것이다."

NSS는 장문의 내용으로 되어 있지만 한반도와 관련해서 단 한 문장으로 발표했다는 점은 미국이 한반도를 어떤 시각에서 보고 있는지를 짐작게 한다. 미국이 당면한 최대의 적은 중국과 러시아라는 것으로 한반도는 우선순위에서 뒤지고 대책도 그에 상응한다는 의미를 함축하는바 한국 정부는 이를 예의 주시한 것이다.

NSS가 발표된 뒤 나온 국방전략서(NDS)에 대해 미 국방부는 중국을 미래의 가장 개연성 있는 '전략적 경쟁자', 러시아는 '당장의 위협'으로 각각 지목하고 북에 대해선 이란을 비롯해 국제 테러단체 등과 함께 기타 '상존하는 위협'으로 분류하면서 "NDS의 핵심은 중국에 대한 억지력을 강화하고 유지하는 것"이라고 밝혔다. NDS는 또한 "북이 미국 본토 및 해외 주둔 미군, 한국과 일본을 위협하기 위해 핵과 미사일 능력을 확장하고 있다."며 "북은 한미 및 미일 동맹을 이간시키려고 시도하고 있다"고 지적했다.

미국 정부는 핵태세검토보고서(NPR)에서 "김정은 정권이 핵무기를 사용하고 살아남을 수 있는 시나리오는 없다. 북이 미국이나 동맹국, 파트너에게 핵 공격을 하는 것은 용납할 수 없고 정권의 종말로 귀결될 것"이라고 밝혔다.[329]

이상과 같은 NSS, NDS, NPR의 핵심 내용에 따르면 북은 미국의 세계전략에서 우선순위가 아니라는 것으로 자리매김되었다. 이른바 오바마 행정부가 추진했던 전략적 인내가 더 강화된 형태로 계속 추진할 가능성과 함께 미국은 북이 향후 핵실험을 하더라도 큰 이슈로 삼지 않을 것이라는 전망도 제시됐다.

미국의 향후 대북 정책은 미국이 중국, 러시아와 힘겨루기를 어떻게 하느냐에 따라 좌우될 수도 있는데, 그럴 경우 북은 한미에 대한 적대감을 더욱 강하게 표시할 가능성이 적지 않다. 북이 핵무기 보유와 그 사용에 대해 헌법과 일반법에도 명기했다는 점에서, 또한 과거

핵보유국이었던 우크라이나가 러시아의 침략을 받는 것을 목격한 이상 현재와 같은 핵전략을 쉽게 포기할 것으로 보이지 않는다.

한미 SCM이 '북의 정권 종말' 발표 뒤에 북은 '대남 핵공격 전략' 발표

한미는 NSS, NDS, NPR가 공개된 이후 북의 핵무기 사용을 가정해 미국의 전략, 전술 핵무기의 대북 사용을 의미하는 확장억제수단운용연습(TTX)을 2022년 11월 합의한 것으로 나타났다.[330] 한미 국방장관은 2022년 11월 3일 제54차 한미안보협의회의(SCM)에서 북의 핵전략과 능력 변화에 대응하기 위해 북의 핵 사용 시나리오를 상정한 확장억제수단운용연습(TTX)을 연례적으로 개최하기로 합의했다.

이어 바이든 대통령과 윤석열 대통령은 2022년 11월 13일 캄보디아 정상회담에서 북의 핵 사용 등 다양한 시나리오에 대해 효과적이고 조율된 대응 계획에 대해 언급했다. 이에 따라 미국과 한국은 궁극적으로 북의 핵무기 사용 및 다양한 가상 상황에 공동대응하기 위하여 확장억제수단운용연습(TTX)을 포함한 확장억제 강화를 위해 협력하기로 했다.

한미는 확장억제수단운용연습을 통해 한반도 갈등이 시작되면 핵무기를 사용할지, 아니면 북의 핵 공격을 받은 후에 사용할지 여부 등이 논의되는 것으로 알려졌다. 북의 핵무기 사용을 가정한 확장억제수단운용연습은 도널드 트럼프 미 행정부 당시에는 없었는데, 그것은 미국이 관심이 없어서라기보다 당시 한국 측에서 이런 논의 자체가 북을 적대시할 수 있다며 거부했기 때문이라고 미 전직 고위관리가 말했다.

그 후 북은 남측을 '명백한 적'으로 규정하며 핵 위협 수위를 높이면서 2022년 본격화한 강 대 강 대결 의지를 재확인했다. 김정은 위원장은 지난해 말 열린 노동당 전원회의에서 공개한 '2023년도 핵 무력 및 국방발전의 변혁적 전략'을 통해 남측을 겨냥한 핵무기 전력 강화가 올해 국방전략의 핵심이라고 강조했다.

김 위원장은 전원회의 보고에서 "남조선괴뢰들이 의심할 바 없는 우리의 명백한 적으로 다가선 현 상황은 전술핵무기의 다량 생산의 중요성과 필요성을 부각시켜주고 나라의 핵탄 보유량을 기하급수적으로 늘일 것을 요구하고 있다."고 밝혔다고 조선중앙통신이 지난 1일 밝혔다.[331]

북측의 대남 핵위협이 발표된 뒤 남측은 확장억제라는 미국의 핵우산 제공에도 불구하고 미국이 북의 대륙간탄도미사일 공격을 자초하는 식의 대북 핵 공격을 할 것인가에 대한 의구심을 표하는 상황이 전개됐다. 미국의 정치권, 학계에서는 한국의 핵 자체 개발 계획 등에 큰 관심을 보였지만 미국 정부는 핵우산을 제공하되 한국 자체의 핵 개발은 불가라는 견해를 드러냈다. 미국 정부는 지난해 한미안보협의회(SCM) 발표 내용을 반복하면서도 미국 핵항공모함의 한반도 상시 배치의 효과를 높이기 위해 부산에 미 해군기지를 추가로 만드는 방안을 검토할 방침인 것으로 전해졌다.[332]

2023년 들어 수차례 미국의 3대 핵전략 자산의 일부인 전략핵폭격기, 핵잠수함과 항공모함이 잇따라 한국에 진입한 것은 미국이 2022년 만든 세계 핵전략의 일환이면서 북에 대한 군사적 압박을 한층 강화시킨 의미를 담고 있다. 또한 한국 정부의 요구에 의해 한국에 대한 미국의 핵우산 제공 시스템을 강화하는 핵협의그룹(NCG)을 발족시킨 것도 미국의 세계 핵전략의 틀 안에서 추진되는 대북 압박의 일부로 해석될 수 있다.

미국의 '북 정권 종말 경고'에, 북은 대남 핵공격으로 맞대응

미국의 대북 정책은 북의 핵과 미사일이 미국 본토를 위협할 수준에 미치지 못한다는 것을 전제로, 대북 핵우산 제공을 강화한다는 것이지만 북의 대남 핵공격 전략이 강조되면서 한일 두 나라는 발등의 불로 인식하고 그 대응에 박차를 가하고 있다. 특히 한국은 미국의 대북 핵전략이 북의 핵공격 가능성을 방지하기에는 불충분하다는 입장이고, 대통령이 직접 핵전쟁의 대비를 지시하는 상황이 벌어지고 있다.

한미와 북이 주고받는 식의 강 대 강 대응이 반복되면서 결국 남북 최고 지도자들이 통일의 대상인 상대방에 대해 핵공격을 공언하는 상황으로 치닫고 있다. 한반도에서 대치하는 한미와 북의 재래식 및 핵무력을 살피면 전면전쟁과 같은 비극이 발생할 경우 한민족의 공멸에 그치지 않고 동북아는 물론 세계 규모의 전쟁으로 비화될 가능성을 배제할 수 없다. 남북이 같은 민족끼리 서로 죽이고 서로 죽자고 지구촌을 향해 선언하는 모습으로 비치고 있는 것이다.

미국이 오늘날 대북 정책에서 전쟁을 가상하는 것은 미의 국익을 챙기는 데 도움이 된다는 차원이 우선이고, 한민족이 전멸할 가능성 등은 두 번, 세 번째의 고려 사항일 뿐이다. 여기서 잠시 발상의 전환을 시도해 볼 필요가 있다. 즉 북의 핵 문제에 대해 미국이 주도하는 방식만이 유일무이하냐 하는 것이다.

미국이 자국의 이익을 극대화하는 원칙에서 대북 정책을 수립, 집행한다는 것은 주지의 사실이다. 미국에게 있어서 한국이 미의 국익보다 우선할 수는 절대 없다. 구한말부터의 한미관계에 대한 총체적 점검을 해볼 때 확인되는 것은 미국의 대한반도 정책 목표의 최우선 순위는 미 국익을 챙기기 위한 것이었다. 과거에만 그러하고 오늘날에는 그렇지 않을까? 천만의 말씀이다.

오늘날 미 국익 우선 정책이라는 것이 어떤 것인지는 천하가 다 알고 있다. 달면 삼키고 쓰면 뱉는다. 20세기 초 미국 정부는 일본의 한반도 강점을 측면 지원했고, 한민족의 독립운동에 대해 한 번도 적극적으로 도와주지 않았다. 해방 이후 미군정의 한반도 남쪽 정책은 소련에 대항해 미의 국익을 챙기려는 목적이었고 미국은 이승만이 미국익에 반하는 행동을 하자 제거계획까지 세웠다. 미국은 박정희, 전두환의 군사쿠데타를 승인 지원했고, 광주항쟁에서도 미의 국익을 위해 전두환의 양민학살을 허가했다.

한반도 근현대사에서 확인되는 미국의 위상을 고려할 때 한국의 정치권은 한반도 비핵화는 물론 남북관계에서 전쟁은 필수 사항인가, 아니면 선택 가능한 것인가를 따져야 한다. 전쟁 회피, 평화증진 방안이 무엇인지 따져야 한다. 미국의 대북 정책을 고스란히 한국의 정책으로 받아들일 뿐 그 이후는 무뇌아처럼 구는 태도는 버려야 한다. 한국민에 최대한 봉사하는 최상의 대북 정책이 무엇인지 머리를 짜내야 한다.

전쟁은 정치의 연장이라는 점에 주목할 때 한국 정치권의 최우선 과제는 전쟁을 방지하고 평화를 정착시키는 것이다. 물론 대북 군비 강화를 추진하는 것이 전쟁 방지의 한 수단일 수 있다. 그러나 그것은 필요하지만 충분치 않다. 전쟁을 대체하기 위한 수단을 강구해야 평화를 유지할 수 있는 것이다. 그것은 대화와 협상이다. 대화의 시도는 상대가 대화 제의를 접수할 수밖에 없는 그런 것이어야 한다. 단순히 심리전, 선전전 차원이나 유권자를 의식한 말 잔치여서는 안 된다.

한국 정치권이 전쟁이 아닌 평화를 정착시킬 방안에 침묵하는 것은 심각한 문제라고 할 수 있다. 정치는 군과 다르다. 군은 전쟁을 막고, 전쟁이 발생하면 승리하는 것을 그 존재의의로 삼고 있다. 정치는 당연히 군보다 우위에 있어야 한다. 정치는 전쟁을 선포할 수 있지만 전쟁을 방지해 국민의 생명과 재산을 지킬 책무가 있다. 정치 최고 지도자가 군사령관과 같은 말만 하면 곤란하다.

미국은 한반도 전쟁에 대한 대비책으로 한미일 군사관계의 긴밀화를 추진하고, 중국을 봉쇄하기 위해 미국, 인도, 일본, 호주 등 4개국이 참여하고 있는 비공식 안보회의체 쿼드(Quad) 등에 한국이 적극적으로 참여해야 한다고 주장하고 있다. 그런 상황에서 윤석열 정부는 한일 관계의 쟁점인 강제노역 문제에 대해 굴욕적인 태도로 강제노역 피해자들의 가슴에 못을 박는 조치를 취하고 있다.

이에 대해 일각에서는 한미일 군사관계를 증진시키기 위한 걸림돌을 제거하기 위한 조치라는 평가를 내놓고 있다. 그러나 일본의 민낯을 살펴야 한다. 일본은 전쟁범죄를 인정치 않고 있고 독도가 제 나라 땅이라고 주장하면서 자라나는 일본 청소년을 교육시키고 있다. 한일전쟁이라는 미래 불씨를 키우는 짓을 하고 있다는 것이다.

정치가 전쟁을 앞세울 때는 상대를 겁박하는 심리전 차원의 것으로 해석할 수 있지만 국내외 여론 등을 심각하게 고려해야 한다. 전쟁 위기가 높아지면 우발적 충돌도 걱정해야 하고 외국 투자와 상담이 줄어들고 국내적으로도 민심이 동요하게 된다는 사실을 직시해야 한다. 정치는 전쟁을 말할 때 전쟁 이후의 상황을 고려하는 태도를 생략해서는 안 된다.

정치는 남북 간의 대립과 갈등이 충돌하지 않도록 관리해야

한반도 사태의 악화 원인에 대해 심도 있게 검토하고 해결방안을 만들기 위해 정치적인 노력을 적극 해야 한다. 미·중, 미·러가 그렇듯이 갈등을 겪으면서도 충돌을 방지하기 위해 갈등을 관리하는 태도를 항상 잊지 않는 것을 주목해야 한다. 지피지기를 통해 문제의 핵심을 파악해서 위기를 관리하고, 전쟁 가능성이 제기될 때 전쟁 이후에 대한 상상력을 발휘해서 평화의 중요성을 강조해야 한다.

한국은 한반도 사태 해결을 위해 현재의 한미동맹만 강조할 것이 아니라 그 불평등과 불합리한 요인이 무엇인지 깊이 살펴야 할 때다. 기존의 한미동맹만을 맹종할 때 한국의 자주적 역할의 가능성이 무력화되고 미국의 대북 정책에 묻히는 것이 아닌가 따져보아야 한다. 정전협정을 평화협정으로 전환해야 할 작업이 70년 동안 미뤄진 이유를 깊이 성찰할 때 그 해법이 보일 가능성이 크다.

2018년 두 번의 남북정상회담에서 합의한 수많은 내용 중 일부만이라도 실천되었다면 남북관계는 오늘날과 같은 대립, 대치 상황은 예방 가능했을 것이라고 상상할 수 있다. 그런데 그러지 못했다. 왜 그렇게 되었는지에 대한 반성이 필요한 시점이다. 당시 트럼프 대통령이 쿼드를 강화시킬 목적으로 남북 교류협력 관계의 활성화를 저지시킨 것으로 알려져 있다. 트럼프는 또한 주한미군 철수, 주한미군 방위비 분담금 5배 인상안으로 한국을 압박했는데 이에 대한 진실 규명이 필요하고, 문재인 대통령도 침묵해서는 안 된다. 향후 남북정상회담이나 남북협상이 가능케 하자면 그것은 절대 생략할 수 없다.

최근 동북아의 군사정세는 관련 국가들이 경쟁적으로 군사력 증강과 상대진영에 대한 적대감을 증폭시키는 조치를 취하면서 세계 최대 화약고의 하나가 되고 있다. 현재와 같은 추세라면 5년 이후 일본은 군사 강국으로 부상하게 되면서 동북아의 군사정세는 더욱 가팔라질 가능성이 크다. 동시에 한반도의 군사적 대치상태와 민족 공멸의 위기가 더욱 심화될 개연성이 크다.

지금 비록 늦었지만, 그런 비극을 막기 위한 조치를 강구할 때다. 그러나 아쉽게도 국내 여야 정치권 어디에서도 남북대화의 물꼬를 트거나 협상과 타협의 필요성을 내세우지 않는다. 진정한 정치가 실종된 것이 걱정스럽다.

남북교류가 계속 미국의 통제를 받다니?
한미동맹의 정상화를 서둘러야

남북교류는 평화를 위해 필요한 것인데, 현실적으로 남북협력사업을 한국이 자주적으로 진행하기 어렵다는 점을 상기해야 한다. 즉 유엔사의 통제 역할을 확인해야 한다. 유엔사와 한국 국방부가 2010년 10월 3일 체결한 "DMZ 통과 남북철도·도로 연결 관련 합의각서"에 의하면 유엔사가 관할권(Jurisdiction Authority)을 지속 행사하게 되어 있다.

유엔사는 미국 정부의 하부기구라는 점에서 미국이 남북 교류에 대해 통제권을 행사할 수 있다는 사실이다. 미국은 이뿐만 아니고 한미상호방위조약 4조에 의해 미 군사력을 한국에 배치할 권리(right)를 행사할 수 있게 되어 있다. 미국이 자국 영토처럼 한국에 군사력을 배치할 수 있는데 1950년대 말부터 미국 핵무기를 다량 한국에 배치해 소련과 중국을 겨냥한 것부터가 4조의 혜택에 따른 것이다.

북이 한반도 핵 문제는 북·미 간 문제라고 했다가 최근 남을 핵공격하겠다는 입장으로 선회하고 남쪽을 공식적으로 '대한민국'으로 호칭하는 것은 과거 북의 태도와 차이가 있다. 이는 여러 각도에서 해석할 수 있지만 그 가운데 하나는 현재 상태에서 남북관계의 추진이나 개선 가능성을 차단하겠다는 의미로 보인다. 북이 남을 핵 공격하겠다는 것을 볼 때 한반도 사태의 심각성에 대한 깊은 고민이 있어야 할 것이다. 남북 간의 충돌 가능성이 높아지는 측면으로 전개되고 있는 것은 한민족이 단군 이래 당면한 최악의 상황이라 하겠다.

남북관계와 함께 우려되는 것은 동북아의 미래도 미중 간 패권경쟁으로 신냉전이 도래할 것이라는 전망이 우세하다는 사실이다. 특히 중국이 건국 100주년인 2049년까지 세계 최강 국가를 건설하겠다고 선언한 상황으로 볼 때 향후 미국과 경제, 군사 등 주요 분야에서 지속적인 힘겨루기가 불가피할 전망이다.

오늘날 한국이 미중 두 나라와 맺고 있는 긴밀한 관계는 신냉전이 도래할 가능성이 큰 미래에도 지속될 것이라는 점을 고려해야 한다. 그에 따라 한국은 군사, 경제 안보정책 추진에서 어느 한 편을 든다는 식의 선택이 아닌 상황을 적극 관리할 수 있는 입지를 확보해야한다. 그것을 지금 서둘러야 한다. 미중 간 갈등과 감정의 벽이 더 높아지면 곤란하다. 이런 차원에서 한미동맹의 실상을 살피면 동북아의 평화와 안정에 한국이 자주적으로 기여할 수 있는 여지가 매우 궁색하다는 결론을 피하기 어렵다.

2차대전 종전 이후 미군정 이래의 미국이 슈퍼 갑, 한국이 을인 한미관계를 21세기에도 고집하거나 그에 안주하려는 것에 대한 심도 있는 고민을 해야 한다. 기존의 한미동맹은 주한미군 사령관이 유엔과 한미연합사의 사령관을 겸직하는 것처럼 미국이 주도면밀하게 미국의 군사적 이익을 챙기는 구조다. 한국군의 전시작전통제권 전환 작업만 해도 미국이 마치 상전처럼, 세계 6위의 한국군을 테스트해서 합격해야 가능하다는 형식을 취하고 있어 언제 성사될지 알 수 없을 정도다.

한미군사동맹이 장기화되고 주한미군 사령관 지휘체제가 지속되면서 한국군의 군장비 현대화가 지체되고 있는 점도 심각하다. 주한미군이 핵심적 부분을 거의 전담하면서 한국군은 그 보조역할에 그치는 경향이 심해 자주국방에 역행한다는 점에서 더욱 그러하다.

한미동맹 전체 시스템은 거미줄처럼 촘촘하게 미국의 기득권을 철저히 보장하면서 한국의 입장을 수동적으로 만들고 있는데, 그런 가운데 이를 가장 손쉽게 정상화할 수 있는 길이 한미상호방위조약의 폐기이다. 이 조약은 6조에 따라 조약 폐기를 선언하면 1년 뒤 자동 폐기된다. 한국은 합리적인 한미동맹의 구조변경을 통해 미국의 정상적인 동북아 정책 추진을 유도하는 역할을 하기 위해 6조 발동을 고민해야 한다.

한국이 미국에 군사적 주권을 내준 상태에서 미국이 동북아 정책을 수립하게 하면 미국은 세계 평화보다 미의 국익에 편중되는 식의 심각한 오류를 범하게 만드는 요인이 될 수 있다. 미국이 지금부터라도 유엔 헌장에 보장된 국가 주권을 우선시하는 건전한 가치관을 가지고 외교정책을 전개하도록 한국은 미국에 심각하게 기울어져 있는 한미동맹의 관계부터 정상화시키는 작업을 서둘러야 할 것이다.

"북이 핵 사용하면 김정은 정권 종말"이라는 메시지에 대한 정치권의 책무

현재 한반도 당사자들은 상대를 겁박해서 주저앉히거나 항복, 아니면 그에 가까운 결과를 얻어낼 수 있는가? 현재 그런 가능성은 보이지 않는다. 이런 점을 전제로 할 때 지난 2022년 70여 차례에 달하는 북의 미사일 시험 발사와 7차 핵실험의 가능성이 주시된 가운데 미국이 대북 핵전략을 채택하면서 한미 두 나라가 "북이 핵 사용하면 김정은 정권 종말"이라고 공언한 메시지가 나와 주목된다.

이 메시지는 북을 겁박해서 전쟁을 삼가거나 굴복하도록 만들기 위한 선전전의 하나로 해석할 수는 있다. 그러나 정치는 자국민을 상대로 국민이 안심할 수 있도록 상세히 정보를 제공하는 정치 서비스를 할 의무가 있다. 그런 점에서 이 군사적 메시지에 함축되어 있는 중요한 사항 몇 가지에 대해 정치권은 답변을 해야 할 책무가 있다.

첫째 '북이 핵 사용하면'이라는 표현에 대한 것이다. 미래에 대한 가정이기는 해도 북이 핵을 사용할 정도의 한반도 상황이 악화되지 않도록 정부가 어떤 역할을 할 것인가에 대한 질문이 나와야 한다. 이는 전쟁을 방지할 최선책의 하나가 평화정착이라는 점에서 그러하다. 즉 윤석열 정부가 북이 핵을 사용하지 않거나 못하도록 만들 방법을 어떻게 강구하고 있는지 답해야 하고 야당은 이에 대해 물어야 할 것이다.

둘째, '김정은 정권 종말'이라는 메시지에 대해서도 정치권은 침묵해서는 안 된다. 김정은 정권 종말은 남북 간의 전면전쟁을 의미하고 결국 남쪽에서도 막대한 인명과 재산 피해를 피할 수 없다는 가능성을 배제할 수 없다. 북이 핵무기의 보유와 사용, 그리고 재래식 무기의 가동 등을 법률 등에 시스템화했다는 것을 공언하고 있다는 점에서 그러하다. 그리고 남북 간의 전면전에 대비해서 수도권 인구 밀집과 관련한 전시 대처 방안 등에 대해서도 국민을 안심시키는 조치가 무엇인지 정부는 국민에게 밝혀야 할 것이다.

셋째, 윤석열 정부가 북의 핵과 미사일에 대처하기 위해 한미일 군사동맹 결성을 촉구하는 미국의 요구에 부응하듯 일제 강제노역 문제 등에 일본에게 국가의 위신을 실추시키고 피해자의 가슴에 못을 박는 저자세를 취하고 있다는 비판이 적지 않다. 지금 일본은 독도 영유권을 주장하는 교과서를 만드는 조치를 취해 일본의 미래세대가 한반도 침략전쟁의 구실을 만들고 있는데, 윤석열 정부는 이에 대해 어떤 조치를 취할 것인지 밝혀야 한다.

넷째, 이상과 같은 군사적인 측면에서의 질문을 상정할 때 수반되는 것이 2018년 남북정상회담이다. 2018년 남북 정상은 평화정착을 가능케 하는 수많은 합의를 이룩하여 평화통일의 전망을 밝게 했다. 하지만 문재인 정부는 합의사항을 거의 외면했고, 정권 교체가 이루어졌다. 오늘날 남북관계가 가팔라진 원인의 하나가 문 정부의 약속 불이행인바 이에 대해 문 전 대통령 등이 답변토록 언론은 질문해야 한다. 향후 남북정상회담이 가능하려면 2018년 사례에 대한 씻김굿과 같은 절차가 생략될 수 없기 때문이다.

다섯째, 국가보안법에 대한 것이다 이 법은 북쪽 전역을 반정부세력권으로 규정해서 북의 주민 전체도 적대세력으로 분류하고 있다. 윤석열 정부가 북에 대해 동족이라는 점을 추호도 고려치 않는 태도를 보이는 배후는 법대로라는 법치주의가 작동하는 것으로 추정된다. 헌법재판소가 2023년 9월 국보법 2, 7조를 합헌이라고 판단한 뒤 간첩단 사건이 터지거나 국보법 위반 수사가 속출하고 있다.

동서 이념대결은 수십 년 전에 종식되었는데도, 21세기 정보화 사회에서 국민의 사상과 이념, 남북분단 해소 방안 등에 대해 자율적으로 판단할 여지를 원천봉쇄하는 국보법이 존재함으로써 결과적으로 한국 체제를 기형적으로 만들고 있다는 비판에 대해 정치권은 해답을 내놓아야 할 것이다. 한국에서 국보법으로부터 자유로운 사람은 대통령뿐이라는 사실은 "모든 권력은 국민으로부터 나온다"는 헌법정신에 정면 위배된다. 국민을 개돼지 취급하는 이 법이 존속되는 후진성에 대해서도 정치권은 당연히 입장을 밝혀야 한다.

2. 카터의 광주항쟁 유혈진압 결정은 미국의 핵무기 보호를 위해?

'광주항쟁'의 참극이 재발할 조건이 여전하기에 '광주'는 현재 진행형

2024년 5월 현재 '광주항쟁'으로부터 44년의 세월이 흘렀다. 광주 항쟁의 진상 가운데 핵심적인 부분은 여전히 어둠 속에 가려 있다. 진상을 은폐하고 왜곡, 조작하려는 세력은 집요했고, 진상을 규명하려는 세력의 노력이나 열정도 그에 못지않았지만, 여전히 미흡한 것은 사실이다. 여야 정치권이 광주 현지로 몰려가 광주항쟁의 행사에 참가하지만 그 진상 규명에 적극적이지 않다. 학계, 언론도 거의 손놓고 있는 것은 엇비슷하다.

광주항쟁의 비극 가운데 가장 심각한 것은 외세에 의해 광주시민에 대한 학살 결정이 내려졌다는 사실이다. 이것은 널리 공개된 사실이다. 카터는, 전두환 신군부가 광주에서 민주항쟁을 유발한 며칠 후인 1980년 5월 22일 백악관에서 보좌진이 다수 참가한 가운데 긴급안보회의를 소집해 광주 시민들을 한국군이 무력 진압하도록 하는 결정을 내렸다. 카터는 이를 주한미군 사령관 위컴(최근 사망)에게 하달했고, 그는 신군부에게 무력진압을 허가한 것이다.

그 후 수십 년이 지난 오늘날까지 카터가 반인도주의적인 시민학살을 유발할 수 있는 최고 수준의 군사행동을 결정한 이유는 아직껏 공개되지 않고 있다. 미국 정부는 입을 다물고 있는데 전두환, 노태우 등 신군부세력은 내란죄 등으로 처벌받았고, '광주항쟁'은 민주항쟁으로 자리매김되었다. 이런 상황인데도 미국이 침묵하는 것은 대단히 부적절하다. 국제적 상식대로라면 미국은 한국민에게 진상을 알리고 재발 방지를 위한 조치를 취해야 했다.

미국이 1980년 5월 왜 그런 결정을 하고 한국군이 그걸 어떻게 이행했는가 하는 점만 정확히 규명하면 광주항쟁의 진상이 많은 부분 햇빛을 보게 될 것이다. 그러나 그렇게 되지 않고 있다. 카터 전 대통령은 고령이지만 아직 생존해 있다. 그에게 한국 정부나 광주항쟁의 비극 당사자들이 왜 그랬느냐고 물어 답변을 끌어냈어야 했다. 그는 인권 대통령이라고 불렸던 인물이다. 그가 고령이기에 지금이라도 한국 측에서 1980년 당시의 진실을 캐물어야 할 것이다.

오늘날 한국의 여야 정치권이 광주항쟁을 헌법 전문에 포함시키겠다고 나서지만, 광주항쟁의 유혈진압을 미국 대통령이 결정한 부분에 대해서는 함구하고 있다. 인권 대통령으로 알려진 카터는 왜 그런 참혹한 짓을 저질렀을까? 평화적인 다른 방법도 가능했을 터인데, 왜 그는 가장 비인도적인 조치를 취했을까? 이 질문에 대해 정치머슴들은 국민을 대신해서 카터, 미 정부에게 진상을 캐물을 책무가 있다 할 것이다.

카터처럼 미 대통령이 제3국의 소요 사태에 대해 직접 군 진압 결정을 내리는 사례는 거의 없다는 점에서 1980년 그의 결정은 대단히 이례적이었다. 그것은 미국의 안보가 위협받는 최고 수준의 위기 상황으로 판단한 결과가 아니면 나올 수 없는 성질의 것이라는 점은 당시 미국의 세계 핵전략에 대한 미국 유수 관련 연구기관들의 기록을 보면 유추가 가능하다. 미국이 자국의 안보에 중대한 위협이 아닐 경우 백악관이 나서는 식의 호들갑을 떨지 않는 것이 미국의 법치였기 때문이다.

1980년 광주항쟁 당시 카터가 광주 시민을 무력 진압하도록 결정한 핵심적 이유에 대한 것은 미국 정부가 비밀로 분류해 놓아 공개된 적이 없다. 그러나 당시 한반도에 대한 미국의 핵전략에 대한 관련 자료를 살펴 퍼즐 맞추기를 하면 카터의 결정이 내려진 정황증거가 확연해진다. 광주항쟁은 미국의 핵전략에 대한 미 대통령의 책무, 한미동맹, 미 전술핵무기가 광주의 미 공군기지에 배치되어 있는 것 등의 환경요인이 빚어낸 역사적 참극이었다. 미국이 해외에 배치한 미국 핵무기에 대한 최종 책임이 미 대통령에게 있다는 미 핵전략 매뉴얼에 따라 카터의 결정이 내려진 것으로 추정된다.

그렇다면 2024년 5월 현재 한반도의 상황은 어떠한가? 미국이라는 외세가 광주 시민의 학살을 유발할 환경인가, 아닌가? 그 대답은 '그렇다'이다. 그 이유는 간단하다. 광주항쟁에 대해 미국 대통령이 참혹한 결정을 내린 이유는 한미동맹 속의 미국의 핵전략 때문이었는데 이런 군사적 상황은 오늘날에도 유사하기 때문이다.

1980년 5월 미국은 광주 미 공군기지에 전술 핵무기를 다량 배치한 상태였고, 카터는 이 핵 기지가 광주 시민들에 의해 공격당할 위험을 방지하기 위해 시민에 대한 무력진압을 결정했다. 미 국익을 위한 결정에서 한국민을 희생시킨 것이다. 이는 심각한 국가 이기주의라는 비판을 피할 수 없는데 오늘날 한미관계는 그런 맥락 속에 있다.

즉 미국의 한반도 핵전략은, 미 국익이 위협받는 긴박한 상황이 발생할 경우 한국 대통령과 사전 협의나 절차 없이 북을 핵 공격하게 되어 있고, 그런 상황이면 한반도에 전면전이 불가피해 남쪽 주민의 천문학적인 피해를 피할 수 없게 된다. 광주항쟁 발생 당시나 2024년 5월 현재 남쪽 주민의 생사는 외세, 즉 미국에게 좌우될 환경이 엇비슷하다는 점이다. 이런 점에서 광주항쟁의 상황은 여전히 현재 진행형이다.

광주항쟁 당시 광주 미 공군기지는 미국의 세계핵전략에 포함된 핵 저장기지

미국은 1960년대 초부터 한국에 수많은 핵폭탄을 배치했다. 예를 들어 Mace 미사일(전략 및 전술핵 공격용으로 사거리 1,300마일), 서전트 지대지 미사일(사거리 75마일로 200킬로t 핵탄두 장착), 전술용 무반동 핵 소총, W48 핵폭탄(TNT 70~100t)이 장착된 155mm M454 핵 포병탄도 배치했다.

또한 미 공군은 핵중력폭탄 보관기지를 한국에 유지하면서 B43과 B57, B61 핵폭탄을 비축했다. 이들 핵폭탄은 광범위한 인명 피해와 환경 피해를 일으킬 수 있는 것으로 알려졌는데 광주항쟁 11년 뒤인 1991년 모두 철수했다. 이들 핵무기는 공군 F-4D 팬텀 II 전투기에 장착해 사용하게 되어 있었고, 핵무기 저장소는 오산, 군산, 광주 미 공군기지 등이었다.[333]

미국이 남한에 배치한 전술 핵무기는 북의 기습 공격에 대비해 즉각 사용할 수 있는 최고 수준의 준비 태세를 유지했고, 전면 핵전쟁을 관장하는 단일통합작전계획(SIOP: the Single Integrated Operating Plan)의 한 부분으로 취급했다. 이에 따라 군산 미 공군기지에 배치된 제8전술전투비행단이 핵무기가 장착된 4대의 팬텀 전투기가 항상 활주로에 대기, 중국 북경과 소련의 블라디보스토크를 가격할 준비를 갖추고 있었다.

SIOP는 소련과 중국, 북 등 적대국을 대상으로 1961년부터 2003년까지 냉전 시대에 미국이 집행한 전략적 핵전쟁 계획으로 미국의 모든 전략 핵무기(육군, 해군, 공군)의 사용을 하나의 포괄적인 계획 아래 통합했다. 이는 서로 다른 군종의 핵무기 사용을 조정하여 중복을 방지하고, 전략적 효과를 극대화하는 것을 목적으로 했다.

SIOP는 이상에서와 같이 적의 핵 공격에 대한 반격뿐만 아니라, 필요한 경우 선제공격을 포함한 다양한 시나리오를 준비했다. 거기에는 수천 개의 표적이 포함되어 있었으며, 이런 표적은 군사 기지, 정부 시설, 산업 시설 등 전략적 중요성을 가진 목표물이었다.

1980년 5월 카터 미 대통령이 광주민주항쟁을 한국군이 무력 진압도록 결정한 것은 단일통합작전계획(SIOP)의 일부분인 광주 미 공군기지의 핵무기가 공격받거나 적대세력의 수중에 넘어갈 가능성이 있다는 초비상 상황으로 판단한 결과로 추정된다. 광주항쟁 발생 초기 신군부는 간첩을 현장에서 체포했다고 발표하는 등 북의 개입 또는 배후설을 공식 발표했다. 광주 미 공군기지가 미국의 관리에서 벗어나는 상황이 된다는 것은 미국의 세계 핵전략이 위협받는 중대한 국면에 처하는 국가안보위기 상태를 의미하기 때문이다

미국 대통령은 핵무기 정책과 그 안전 보관 및 사용에 대한 궁극적인 책임을 진다. 대통령은 미국의 핵무기 명령 체계의 최고 지휘관으로서, 핵무기의 생산, 보유, 배치 등에 대한 정책과 안전한 관리와 적절한 사용에 대한 최종 결정 권한을 갖고 있다.[334]

1980년 5월 22일 새벽 미국 카터 대통령은 백악관에서 보좌진이

참가한 긴급안보회의를 소집해 광주 시민들의 민주화 투쟁 시위를 한국군이 무력 진압도록 하는 결정을 했다. 카터의 결정은 즉각 주한미군 사령관인 위컴 대장에게 하달됐다. 위컴은 한미연합사 소속의 한국군 20사단의 4개 연대를 '폭동진압(Riot control)'용으로 허용해 달라는 신군부의 요청을 승인해주었으며, 데프콘3 수준의 경계태세를 발동해 신군부의 광주 진압을 전후방에서 지원해주었다. 미국은 자국 이익을 위해 신군부가 광주 시민을 학살토록 결정을 내린 것이다. 미국이 신군부의 요구에 적극적이었던 것은 전두환이 광주를 북과 연계시켜 안보 위협 요인이라는 가짜뉴스를 만들며 공작한 결과이기도 했다.

하지만 카터는 심각한 과오를 저질렀다. 그는 한국민 다수가 피해를 입을 가능성이 큰 군사행동을 결정하기 전에 먼저 면밀히 진상을 조사해야 마땅했다. 카터는 전두환의 공작을 미국이 자체 점검하고 진위를 판단하는 작업을 생략한 것이다. 이런 어리석고 무책임한 행위는 국제법적 논리에 비춰 대단히 부적절한 결정이었다. 미국의 군사 자산을 보호하기 위해 무고한 한국인을 희생시킨 것은 범죄에 해당된다 할 것이다.

당시 미국이 주한미군을 통해 누리고 있던 특권은 한국에 대해 군사적 식민지배를 하고 있다 할 정도로 파격적이었다. 미국은 미 군사력의 한국 배치를 한미상호방위조약 4조에 의해 권리(right)로 인정받고 있어 주한미군은 치외법권적 지위를 누리고 있었다. 외국군이 권리를 행사하는 차원에서 주둔한다는 것은 20세기 세계 어느 곳에서도 찾아볼 수 없는 기이하고 해괴한 모습이었다. 그것은 외국군에 의해 군사적 지배를 의미하기 때문이다.

주한미군 사령관이 한미연합사령부와 유엔사령부의 사령관까지 맡아 1인 3역을 하는 그런 모습은 세계 외국군 주둔 역사상 유례가 없는 파격적인 것으로 미국은 한반도 안보에서 막강한 통치권자의 위치를 누리고 있었다. 그뿐 아니었다. 주한미군 사령관은 60만 한국군에 대한 작전지휘권을 장악하고 있어 한국은 군사적 자주권이 상실된 상태였다.

주한미군은 한국군에 우월한 지위를 누리면서 통제하기 위해 북과 주변 중국 등에 대한 정보 부분을 독차지했다. 미군은 정찰위성, 정찰기 등을 통해 수집되는 정보를 한국군에 제공해주는 역할을 한 것이다. 또한 미국은 미국의 민간, 군 정보기관을 통해 한국 내 사정을 손바닥 들여다보듯 했고 청와대까지 도청할 정도였다. 한국 정부나 한국군이 몸뚱이는 비대하지만 눈과 귀가 없는 비정상적인 상태에 머물게 했다. 한국군이 자주국방을 외친다 해도 핵심적인 군사 부분은 미국이 차지할 수 있어 한국군은 구조적으로 미군에 종속, 예속될 수밖에 없었다. 미국은 계속 미군이 폼 잡으면서 특권을 누리는 구조를 유지하기 위해 모든 수단을 동원하고 있었다.

주한미군은 일본군이 물러간 뒤 그 자리를 차지한 꼴이었다. 한미 군사관계는 미군정과 이승만, 박정희 정권을 통해 미국이 의도한 대로 꼼꼼하고 치밀하게 미국의 이익을 관철하는 구조로 만들어진 것이다. 이는 누비이불에 바느질하는 식이었다. 미국이 이처럼 막강한 군사적 특권을 한국에서 누리는 상황이라면 카터는 한국군이 민주화를 외치는 민간인을 살상할 가능성이 있다는 점을 고려한 조치를 취해야 했다. 즉 주한미군을 광주 공군기지의 핵무기 안전에 동원하고, 광주 항쟁을 한국군이 진압하지 못하도록 불허해야 했다. 그러나 카터는 이 두 가지를 다하지 않았다. 이는 심각한 직무유기이며 국제법적 상식을 짓밟은 처사라 할 수 있을 것이다.

카터가 신군부의 요청을 승인토록 해주며, 데프콘3 수준의 경계태세를 발동해 신군부의 광주 진압을 전후방에서 지원해주었던 행위는 대단히 심각한 문제를 가지고 있다. 주한미군 사령관은 미국 대통령이 그 통수권자이다. 미국 대통령은 민간인의 입장에서 군을 완전 장악, 통제할 권한을 가지고 있다. 트루먼 대통령이 맥아더를 해임한 것은 그런 권한을 발동한 것이다. 카터는 민주화, 군정 종식을 외치는 광주항쟁을 폭동으로 규정하고 한국의 군사 상황을 전시에 준하는 수준인 데프콘3으로 격상시켜 신군부에 의한 광주 시민의 학살을 적극 지원한 것이다.

데프콘은 디펜스 레디니스 컨디션(Defense Readiness Condition)의 줄임말로서, 전투준비태세라 하며 상황에 따라 5단계로 구분되는데 단계의 숫자가 낮아질수록 전쟁 발발의 가능성이 높다는 것을 의미한다. 한국에서는 북의 군사 활동을 추적하는 정보감시태세를 뜻하는 워치콘의 분석 결과에 따라 발령된다.

데프콘5는 전쟁의 위협이 전혀 없는 안전한 상태이고, 데프콘4는 경계강화태세로서 적과 대립하고 있으나 군사 개입의 가능성은 없는 상태이다. 한국에서는 1953년 북과 휴전협정을 맺은 이후 데프콘4가 상시 발령되어 있다.

데프콘3은 준비태세 강화 태세로서 공격이 임박했다고는 판단되지 않으나 긴장 상태가 전개되거나 군사 개입의 가능성이 존재하는 상태이다. 한국에서 데프콘3가 발령되면 전군에 휴가와 외출이 금지되고, 한국군이 갖고 있던 작전권은 한미연합사령부로 넘어간다. 1976년 8월 판문점 미루나무 사건 때와 1999년 6월 서해상에서 남북의 함정이 교전을 벌인 연평해전 때 데프콘3가 발령되었다. 미국에서는 1973년의 중동전과 2001년의 9·11 테러 사건 때 발령되었다.

데프콘2는 준비태세 더욱 강화 태세로서 적이 공격을 위해 준비 태세를 강화하려는 징후가 있을 때 발령된다. 이 단계에서는 전군에 탄약이 지급되고 부대의 편제 인원이 100% 충원된다. 데프콘1은 최고 준비태세로서 전쟁이 임박한 상태가 되어 동원령이 내려지고 곧바로 전시 체제로 돌입한다.

카터가 광주민주항쟁을 폭동으로 보고 한반도에 긴장 상태가 전개되거나 군사 개입의 가능성이 존재하는 상태인 데프콘3을 발동토록 한 것은 미 대통령으로서 씻을 수 없는 범죄 수준의 과오를 저지른 것이다.

카터가 광주 시민의 학살에 책임이 있다는 사실은 광주항쟁 발생 17년 만에 입증되었다. 전두환이 광주항쟁을 유발하고 시민을 학살한 범죄로 최고형에 해당하는 처벌을 받았다는 사실에 비춰 그러하다. 전두환은 1980년 5월 계엄을 전국으로 확대하고 광주에서 무고한 시민 다수를 살상한 것에 대해 내란죄 등으로 1997년 대법원에서 확정판결을 받았다. 하지만 미국은 카터가 광주 시민을 학살하도록 내린 결정에 대해 공식 언급을 하지 않고 있다. 신군부가 정권 찬탈을 목표로 광주 시민을 희생양으로 삼아 저지른 폭거를 미국이 승인한 것에 대해 침묵하고 있다.

**신군부는 광주에 배치되어 있는 미국의 핵무기를 볼모 삼아
시민을 학살하는 만행을 자행?**

미국은 자국 핵무기에 대해 NCND, 부인도 긍정도 하지 않은 정책을 유지하고 있다. 카터도 그에 따라 광주항쟁에 대해 함구하고 있다. 여기서 한 가지 더 중요한 점은 전두환 등 신군부가 1980년 당시 광주 미 공군기지에 배치되어 있는 미국의 핵무기에 대해 미국의 안

보 조치가 어떻게 내려질 것인가 하는 것을 미리 파악하고 있었을 가능성에 대한 것이다.

웬만한 군 전문가라면 단일통합작전계획(SIOP) 등 미국의 핵 정책으로 미뤄볼 때 카터가 광주항쟁과 관련해 어떤 결정을 취할 것인지 추정할 수 있다는 사실이다. 전두환과 같은 정치군인들은 미국 현지 파견과 교육 기회를 통해 그것을 파악하고 있었을 것이란 점도 미뤄 짐작할 수 있다. 전두환이 광주항쟁을 빌미로 쿠데타를 일으키고 정권을 찬탈한 뒤 미국이 그 정통성을 인정한 것도 광주 미 공군기지에 배치되어 있는 미국의 핵무기를 대입하면 쉽게 납득이 가는 부분이다.

미 대통령과 광주 미 공군기지에 배치되어 있는 미국 핵무기와의 관계를 파악하고 있던 전두환 일당이 정권 찬탈의 사전 조치로 광주를 공포정치를 펴기 위한 희생양으로 삼았을 것으로 추정할 수 있다. 신군부가 미국의 핵전략 매뉴얼을 알고 광주를 공포정치의 현장으로 지목, 도발했다면, 그리고 그것이 진실로 밝혀진다면 광주항쟁 역사의 첫 부분은 수정되어야 할 것이다.

미국의 한반도 정책은 1980년은 물론 오늘날까지 북을 구실삼아 중국, 러시아를 견제하고 일본의 핵무장을 저지하는 데 있다. 이를 위해 미국은 미군의 특혜가 보장된 한미동맹을 기반으로 대북 선제타격 전략 등을 세워놓고 있다.

미국은 2022년 최고 수준의 핵전략 개념에 북을 포함시켜

미국이 2003년 SIOP의 종료 이후 만든 세계 핵전략인 작전계획 (OPLAN) 8010은 러시아, 중국, 북, 이란, 시리아와 테러리스트 등에 의한 대량살상무기 공격 등 6개를 타격 목표로 삼아 냉전 시대 이후

미국의 핵전략으로 채택되었으며, 그 내용이 2012년 수정되었다.[335]

미 국방부는 2012년 OPLAN 8010과 관련해 미국의 세계 핵전략과 핵 억제라는 목표를 달성하기 위해 가급적 적은 수의 핵무기를 사용하는 것이 합리적이고 핵무기도 동일한 원칙이 적용되어야 할 것이라는 점을 강조했다. 이에 따라 북, 이란과 같은 소규모 적국에는 소규모 핵무기가 필요할 뿐이고, 그것도 재래식 무기가 더 효과적이라고 지적했다. 하지만 러시아와 중국은 미국에 대한 최초 핵 타격력을 약화시키지 않을 것이라는 점을 경고했다. 이상과 같이 경제적으로 핵무기를 배치한다는 개념에 따라 미국의 핵무기 보유량을 냉전 시대보다 크게 줄어든 4,650개로 축소했다.

하지만 OPLAN 8010-12는 SIOP가 냉전 시대에 그랬던 것처럼 3개 전략 핵무기를 사용하는 핵전쟁 시나리오에 따라 항상 최고의 경계상태를 유지했다. 미국의 이런 대북 핵전략은 2022년 북을 세계 핵전략 개념 속에 포함시키는 상향 조정을 하면서 3개 전략핵무기 가운데 전략폭격기, SLBM과 항공모함 등을 공격수단으로 사용한다는 원칙으로 강화됐다. 2024년 5월 현재 미국의 북에 대한 핵전략 역시 미국의 국익을 최우선시하는 미국식 법치에 의해 결정되고 집행되고 있다.

미국은 자국 이익을 위해 한반도 전면전쟁 가능성에 항상 대비하고 있으며 남북의 주민들이 그 때문에 희생당하는 것은 그들의 최우선 고려 사항이 아닌 것이다. 오늘날 한미동맹을 핵심으로 한 한미관계의 한반도는 1980년 광주항쟁이 발생할 당시의 군사 환경과 흡사하다. 광주항쟁이 발생했던 1980년 당시의 한미동맹과 미국의 핵전략은 오늘날에도 거의 동일하게 유지되고 있다는 것이다. 광주항쟁과 같은 유사한 참극이 재발할 조건이 여전하다는 점에서 '광주'는 현재 진행형이라 하겠다.

PS: 필자는 광주항쟁 유혈진압을 결정한 카터 전 대통령에게 이에 대한 문의 서신을 지난 4월 말 이후 두 차례 발송했으나 답변을 아직 받지 못했다. 그가 고령이라서 광주 진실을 당사자 입장에서 밝힐 수 있는 시간이 얼마 남지 않은 듯해 안타깝다. 아래 편지는 두 번째 보낸 서신이다.

친애하는 카터 전 대통령께

안녕하십니까?

얼마 전에 카터 전 대통령께 1980년 5월 광주항쟁에 대해 문의드린 고승우 언론인입니다. 답변이 없어서 다시 동일한 내용의 메일을 발송합니다. 카터 센터(The Carter Center) 담당자께서는 아래와 같은 제 글을 카터 전 대통령께 전달해 제가 답변을 들을 수 있도록 도와주시면 감사하겠습니다.

지난번 메일에서 말씀드린 바와 같이 광주항쟁과 미국의 역할에 대한 많은 관련 자료를 보면, 미국은 광주항쟁이 지속되던 1980년 5월 22일 지미 카터 대통령 주재로 리차드 홀부르크 국무부 차관보, 브래진스키 안보 보좌관 등이 회동한 긴급안보회의가 열려 광주항쟁을 한국군 특전사가 무력으로 진압해야 된다고 결정했습니다. 이 결정 후 5일 만에 한국군 9사단이 광주 시내로 진입해 다수의 시민군을 살해하고 광주항쟁을 진압했습니다.

카터 전 대통령이 당시 미국의 핵 관련 제도 등에 의해 대통령 직무를 수행한 것으로 판단됩니다. 제가 궁금한 것은, 카터 전 대통령은 당시의 결정이 어떤 이유로 이뤄졌으며, 오늘날 그에 대해 어떤 생각을 하고 있느냐 하는 것입니다. 이와 관련해 광주항쟁 이후 발생한 주요 사항에 대해 간략히 말씀드리겠습니다.

지난 1980년 광주민주항쟁을 진압하고 집권한 전두환 대통령은 1981년 2월 로널드 레이건 미국 대통령의 초청으로 방미해 한미 정상회담을 가졌습니다. 레이건 대통령이 1월 20일 대통령에 취임한 이후 외국 정상 중 첫 번째로 국빈 방문을 초청해서 추진한 전 대통령과의 한미 정상회담에서 공동성명을 통해 한국의 경제위기 극복 지원 등을 발표했습니다.

당시 레이건 대통령은 정상회담에서 전임 카터 대통령이 강조했던 한국의 인권문제에 대해 "미국과 한국은 인권문제를 적절한 방식(proper manner)으로 고려해야 한다."며 전두환 정권의 인권탄압을 외면하는 태도를 보인 것으로 알려졌습니다.

광주항쟁이 발생한 후 16년 만인 1996년 12월 16일 항소심에서 광주 시민을 학살한 주범으로 지목받은 전두환은 무기징역, 벌금 2,205억 원 추징을, 노태우는 징역 15년에 벌금 2,626억 원 추징이 선고되었습니다. 1997년 4월 17일 한국 대법원은 12·12사건은 군사반란이며 5·17사건과 5·18사건은 내란 및 내란 목적의 살인행위였다고 판정했습니다.

그 후 한국에선 5·18광주민주화운동은 1950년 6·25전쟁 이후 가장 많은 사상자를 낸 정치적 비극이었으며, 한국의 민주화 과정에 있어 가장 큰 사건의 하나였다고 평가받고 있습니다. 광주민주화운동을 계기로 한국의 사회운동은 1970년대 지식인 중심의 반독재민주화운동에서 1980년대 민중운동으로의 변화를 가져왔습니다. 집권세력에 대항해 최초로 무력항쟁을 전개하였다고는 하지만 1970년대 저항 운동의 수준과 한계에서 크게 벗어난 것은 아니었다는 것입니다.

광주민주화운동은 비조직적 군중의 자연발생적인 자구행위였으며, 방어적이고 대중적인 저항이었다는 점에서 1970년대식 반독재민주화운동과 그 궤를 같이하고 있다고 평가받고 있습니다. 또한 광주민주화운동 기간 중 항쟁의 주체들은 당시 작전지휘권을 가지고 있었던 미국이 진압을 적극적으로 제지하지 않았다고 판단해 이전의 친미적인 민주화운동과는 다른 인식을 가지게 되었습니다.

이런 내용을 중시하며 지난번 메일에서 보내드린 내용을 한 번 더 반복하겠습니다. 저는 저널리스트로 광주항쟁과 미국의 역할 등에 대해 다년간 취재해 기사를 언론에 보도하면서 당시 상황에 대해 아래와 같이 이해하고 있습니다.

"1980년 5월 당시 카터 전 대통령은 광주 상황이 미국 안보를 위협하는, 촌각을 다투는 최상의 사태로 보고 최상의 긴급 결정을 내린 것인데 이는 재래식 무기와 관련해서는 나오지 않을 그런 성격으로 볼 수 있다. 그것은 핵무기나 그에 준하는 수준일 것이라는 추정이 가능하다. 미국의 해외 군사외교에서 흔히 볼 수 있는 법치의 틀에 비추어 이런 추정만이 가능하다 하겠다. 미국 정부가 1980년 5월 22일 백악관의 피비린내

나는 결정을 할 당시 한국에는 다량의 핵무기가 배치되어 있었고, 광주미군기지는 그 저장소 가운데 하나였다. 이는 미국이나 한국 정부가 공식 발표한 적은 없지만 군사 관련한 신빙성 있는 자료에서 확인된다.

1980년 5월 카터 미 대통령이 광주항쟁을 한국군이 무력 진압하도록 결정한 것은 광주 현지 상황이 SIOP가 공격받거나 적대세력의 수중에 넘어갈 가능성이 있다는 초비상 상황으로 판단한 결과로 추정된다. 광주 미 공군기지가 미국의 관리에서 벗어나는 상황이 된다는 것은 미국의 세계 핵전략이 중대한 국면에 처하는 국가안보위기 상태를 의미하기 때문이다

단일통합작전계획(SIOP: the Single Integrated Operating Plan)은 1961년부터 2003년까지 냉전 시대에 미국이 개발한 전략적 핵전쟁 계획으로 미국의 모든 전략 핵무기(육군, 해군, 공군)의 사용을 하나의 포괄적인 계획 아래 통합시킨 것이다. 이는 서로 다른 군종의 핵무기 사용을 조정하여 중복을 방지하고, 전략적 효과를 극대화하는 것을 목적으로 했다.

미 아이젠하워 대통령 시절인 1961년에 만들어진 SIOP는 보복공격과 선제타격 두 상황을 전제로 만들어졌다. SIOP-62(1962년 작성)는 미국 최초의 미 육해공군의 핵전력을 망라해 전략핵폭격기, SLBM, ICBM 등을 동원해 소련과 중국, 그 동맹국을 공격하는 단일 종합시스템이었다.

미국은 남한에 배치한 전술 핵무기를 북의 기습 공격에 대비해 즉각 사용할 수 있는 최고 수준의 준비 태세로 유지했고, 전면 핵전쟁을 관장

하는 단일통합작전계획(SIOP)의 한 부분으로 취급했다. 이에 따라 군산 미 공군기지에 배치된 제8전술전투비행단이 핵무기가 장착된 4대의 팬텀 전투기가 항상 활주로에 대기, 중국 북경과 소련의 블라디보스토크를 가격할 준비를 갖추고 있었다."

이상과 같이 제가 파악한 것에 대한 카터 전 대통령의 견해를 듣고 싶습니다. 동시에 앞서 밝힌 바와 같이 커러 전 대통령이, 수많은 인명이 살해된 광주항쟁의 비극에 대해 개인적인 소회가 무엇인지 알고 싶습니다.

참고로, 저는 광주항쟁 발생 이전 한 통신사 기자로 5년째 근무하던 중이었는데 항쟁 기간 한국 계엄군의 광주시민 학살에 항거해 검열 거부, 뉴스 제작 거부를 벌이며 일주일 넘게 편집국에서 농성, 항의한 결과 불법 해직되었습니다. 그 후 한국의 유명한 국민주주 신문 한겨레신문 창간에 참여하는 등 언론 활동을 재개했지만 제가 광주항쟁을 이유로 불법 해직되었다는 사실을 법률적으로 인정받는 데 수십 년이 걸렸습니다. 지금 제 나이도 75세입니다. 저도 더 늦기 전에 광주항쟁의 진실을 알고 싶어 하는 사람 가운데 하나입니다. 광주항쟁이 발생한 지 금년이 44년째입니다.

끝까지 읽어주셔서 감사합니다. 카터 센터(The Carter Center)가 카터 전 대통령의 견해를 확인해 제게 전달해 주시기를 간절히 희망합니다. 안녕히 계세요.

2024년 5월 9일
대한민국 서울 부근에서 고승우 드림

Dear former President Carter,

Hello,

I am Ko Seung—woo, a journalist who recently inquired about the May 1980 Gwangju Uprising to former President Carter. Since I have not received a response, I am sending the same email again. I would appreciate it if the person in charge of The Carter Center could forward the following message to former President Carter so that I can hear back from him.

As I mentioned in my previous email, many related materials on the Gwangju Uprising and the role of the United States indicate that on May 22, 1980, during the Gwangju Uprising, an emergency security meeting was held under the chairmanship of President Jimmy Carter, attended by Richard Holbrooke, Deputy Secretary of State, and Brzezinski, National Security Advisor, and decided that the Korean Army Special Forces should suppress the Gwangju Uprising by force. After this decision, the 9th Division of the Korean Army entered Gwangju City and suppressed the Gwangju Uprising by killing a number of citizen soldiers.

I believe that former President Carter was acting in accordance with the United States' nuclear—related system at the time. What I am curious about is whether former President Carter knows the reasons for the decision at the time and what he thinks about it today. In this regard, I will briefly discuss the main points that have occurred since the Gwangju Uprising.

In February 1981, President Chun Doo-hwan, who came to power by suppressing the Gwangju Democratization Movement in 1980, visited the United States at the invitation of President Ronald Reagan and held a Korea-US summit. President Reagan, who took office on January 20th, was the first foreign leader to visit the United States after taking office, and in a joint statement with President Chun at the Korea-US summit, he announced support for overcoming the economic crisis in Korea.

At the time, President Reagan was reportedly indifferent to the human rights abuses of the Chun Doo-hwan regime, saying, "The United States and Korea should consider human rights issues in a proper manner," regarding human rights issues that former President Carter had emphasized.

On December 16, 1996, 16 years after the Gwangju Uprising, Chun Doo-hwan, who was identified as the main culprit of the massacre of Gwangju citizens, was sentenced to life imprisonment and a fine of 220.5 billion won, while Roh Tae-woo was sentenced to 15 years in prison and a fine of 262.6 billion won. On April 17, 1997, the Supreme Court of Korea ruled that the December 12 incident was a military rebellion, and the May 17 and May 18 incidents were acts of insurrection and murder aimed at insurrection.

Since then, the May 18 Gwangju Democratization Movement has been evaluated as the most tragic political event in Korea since the Korean War in 1950, and one of the biggest events in the process of democratization in Korea. The Gwangju Democratization Movement marked a change in Korean social movements from the anti—dictatorship democratization movement of intellectuals in the 1970s to the popular movement of the 1980s. Although it was the first armed resistance against the ruling powers, it did not deviate significantly from the level and limitations of the resistance movements of the 1970s.

The Gwangju Democratization Movement is evaluated as a spontaneous self—help act of an unorganized crowd and a defensive and popular resistance, which is in line with the anti—dictatorship civic movement of the 1970s. During the Gwangju Democratization Movement, the protagonists of the uprising also judged that the United States, which had operational command at the time, did not actively prevent the suppression, leading to a different perception than the pro—American democratization movement before.

On May 1980, former President Carter saw the situation in Gwangju as the highest—priority situation that threatened US security and made the highest-priority emergency decision. This can be seen as a decision that would not come from conventional weapons, and it is possible to estimate that it is related to nuclear weapons or something equivalent. This estimate is the only one possible in light of the framework of law that is commonly seen in US foreign military diplomacy. At the time of the US government's bloody decision at the White House on May 22, 1980, a large number of nuclear weapons were deployed in South Korea, and Gwangju US Air Base was one of the storage sites. This has never been officially announced by the US or South Korean governments, but is confirmed by reliable military sources.

It is estimated that President Carter's decision in May 1980 to allow the South Korean military to suppress the Gwangju pro-democracy movement was based on the assessment that the situation on the ground in Gwangju was a super-emergency situation in which there was a risk of SIOP being attacked or falling into hostile hands. The situation of the Gwangju US Air Base being taken out of US control would mean a national security crisis for the United States, as it would put the US global nuclear strategy in a critical phase.

The Single Integrated Operating Plan (SIOP) was a strategic nuclear war plan developed by the United States during the Cold War from 1961 to 2003, which integrated the use of all US strategic nuclear weapons (Army, Navy, Air Force) under a single comprehensive plan. Its purpose was to coordinate the use of nuclear weapons from different services to prevent duplication and maximize strategic effects.

SIOP, created in 1961 during President Eisenhower's administration, was based on two scenarios: retaliation and preemptive strike. SIOP—62 (written in 1962) was the first US comprehensive system that mobilized strategic nuclear bombers, SLBMs, and ICBMs to attack the Soviet Union, China, and its allies, encompassing the US Air Force, Navy, and Army's nuclear forces.

The United States maintained the highest level of readiness for tactical nuclear weapons deployed in South Korea to be used immediately in case of a surprise attack by North Korea, and treated them as part of the Single Integrated Operating Plan (SIOP) that oversees all—out nuclear war. Accordingly, the 8th Tactical Fighter Wing deployed to Kunsan US Air Base had four Phantom fighters equipped with nuclear weapons always on the runway, ready to strike Beijing, China, and Vladivostok, Russia.

I would like to hear former President Carter's views on the above understanding. At the same time, as previously stated, I would like to know what former President Carter's personal thoughts are on the tragedy of the Gwangju Uprising, in which many lives were lost.

For reference, I was working as a journalist for a telecommunications company for five years before the Gwangju Uprising occurred. During the uprising, I protested against the massacre of Gwangju citizens by the Korean military by refusing censorship and refusing to produce news, and I occupied and protested in the editorial office for over a week.

As a result, I was illegally dismissed after the uprising. After that, I resumed my journalism activities, including participating in the founding of Korea's famous national shareholder newspaper, The Hankyoreh Newspaper, but it took me decades to legally acknowledge that I was illegally dismissed for the Gwangju Uprising. Now I am 75 years old. I am also one of those who want to know the truth about the Gwangju Uprising before it's too late. This year marks the 44th anniversary of the Gwangju Uprising.

Thank you for reading to the end. I sincerely hope that The Carter Center can confirm former President Carter's views and pass them on to me. Goodbye.

May, 9, 2024

Ko Seung—woo near Seoul, Korea

3. 윤 정권은 오염 덩어리인 반환 미군기지를 용산어린이정원으로 급조하여 국가 주권의 행사를 외면하다

**용산어린이정원으로의 급조는 미군의 환경오염에
면죄부를 주고 국민 건강을 위태롭게 하는 심각한 문제**

용산정원은 윤석열 정부가 행정편의주의적으로 졸속 추진하면서 시중에는 '용산공원'으로 착각하는 경우가 많다. 언론 보도에도 기사와 중간의 작은 제목이 틀리게 나갔는데, 포털사이트에도 이와 유사한 혼란이 다수 방치되어 있다. 도심에 있고 시민 다수가 이용하면 당연히 공원이어야 하는데 그런 현실을 깡그리 외면한 것이 용산정원이라서 이런 혼동이 생긴 것이다.

윤석열 대통령은 대통령실 청사 인근 용산어린이정원을 2024년 4월 총선 이전만 해도 두 번 방문했다. 3월 16일 '메이저리그 참여 어린이 야구 교실'에 참석한 데 이어 주말인 4월 6일 봄나들이를 나온 가족들과 어린이들을 만났다. 대통령 집무실 부근인 이 정원을 찾는 것은 이상할 것이 없으나 이 정원에 얽힌 국치와 반민주적인 사연을 살피면 대단히 심각하다.

이 정원은 윤 대통령이 당선자 시절 공약으로 발표한 뒤 집권하자

마자 전격적으로 추진했는데, 이는 미군의 환경오염에 대한 면죄부를 주면서 국민 건강을 위태롭게 하는 심각한 문제를 안고 있다. 이에 대해 야당 등이 별다른 문제 제기를 하지 않은 것도 직무유기라는 비판에서 자유롭지 못하다.

이 정원 부지가 포함된 미군기지는 해방 이후 수십 년간 오염에 대한 적절한 대처 없이 사용되면서 오염 덩어리가 되어 있다는 지적을 받고 있었다. 하지만 윤석열 정부는 반환된 미군기지에 약간의 흙을 덮고 문제가 없다는 식의 관련부처 발표 후, 시민들이 다수 이용하는 공원의 인허가 관련 법 대신 허술하기 짝이 없는 정원 관련법을 적용해 개장하고 대통령 치적 홍보용으로 적극 활용하고 있다.

용산어린이정원을 개장하면서 정부는 '공원 관련법'이 아닌 '수목원 관련법'을 적용했고, 그 개장은 미군의 용산 미군기지 오염 원상회복 책임에 면죄부를 주면서 국민의 혈세가 투입되는 것을 피하기 어렵게 되었다.

용산 미군기지 부지 75%가 113년 만에 2017년 서울 시민의 품으로 돌아왔고, 이어 2022년 용산 미군기지 약 243만㎡(약 74만 평) 중 58만 4,000㎡(약 18만 평) 부지가 반환되어, 이중 장군 숙소 단지, 야구장 부지, 스포츠 필드에 해당하는 약 30만㎡(약 9만 평)가 어린이정원으로 개방된 것이다.

해당 부지에서는 적지 않은 독성 물질이 검출된 데다 토양 정화 작업도 이뤄지지 않았다는 비판이 제기돼왔다. 2021년 한국환경공단이 미군과 합동으로 수행한 '환경조사 및 위해성 평가 보고서'에 따르면 스포츠 필드에선 토양 1㎏당 석유계총탄화수소(TPH)가 1만 8,040㎎ 검출돼 기준치의 36배를 넘겼다. 장군 숙소 구역에서도 석유계총탄화수소와 아연이 각각 기준치의 29.3배, 17.8배 검출됐고, 야구장 부지는 석유계총탄화수소 8.8배, 비소 9.3배가 검출됐다.

용산기지에 대해 미군은 그 반환을 앞두고 이 기지의 오염 여부에 대한 조사를 진행하자는 한국 정부와 서울시의 요구를 거부하다가 2015년 허용했지만 한국 정부는 그 내용을 공개하지 않아 이에 대해 한국 시민단체들이 소송을 제기했다. 환경부는 외교 사안이라 불가하다고 거부하다가 법원이 시민단체의 손을 들어주자 항소하는 방식으로 버텼다.[336]

윤 정부의 '정원' 개방은 미군의 오염 책임을 덮고 시민의 건강을 외면하는 행위

용산 미군기지 부지는 1904년 한일의정서 체결 후 일본군이 주둔하다가 이후로는 미군기지로 활용되며 120년 동안 일반인의 접근이 불가능한 지역이었다. 그러다 지난 2000년대 용산 미군기지의 평택 이전이 결정되면서 기지 반환이 시작됐고, 지난해 대통령실 용산 이전을 계기로 반환에 속도가 붙었다.

윤석열 정부는 2022년 5월 대통령 집무실을 용산 국방부로 옮겼고, 그 직후 반환 예정이던 미군기지를 시범 개방한 뒤 2023년 5월 4일 환경오염 등에 대한 기준이 엄격한 공원 대신 '정원' 관련법을 적용해 '용산어린이정원'으로 공개했다. 이는 정부가 국민의 생명과 건강을 최우선시해야 한다는 원칙과는 거리가 먼 법 적용이라는 비판을 받고 있다.

반환 미군부지를 관할하는 국토부는 일부 환경단체가 토양오염이 심각하다고 주장하자 "'대기 중'에는 오염 물질이 없다. 잔디·꽃 등으로 땅을 덮어 방문객과의 직접 접촉을 피했다"는 반박성 보도 자료로 응수했다. 국토부는 '대기 중 오염'은 일반 수준이라고 발표했지만 토양의 오염 정도는 구체적으로 언급하지 않았다. 정부는 미군 기지의 완전 반환 후 토양 정화를 거쳐 공원 조성까지는 최소 7년이 걸릴 것으로 내다봤다.

용산어린이정원 개방은 2022년 3월 "용산 대통령실 주변에 수십만 평 상당의 국민 공간을 조속히 조성하여 임기 중 국민과의 소통을 더욱 강화하겠다"는 윤석열 당시 당선인의 공약에 따른 것이다. 국토부와 환경부는 개방 전 합동 모니터링을 진행해 공기 질 측정 등에서 안전성을 확인했다고 밝혔지만 가장 중요한 토지 오염 여부에 대해서는 함구했다.

국토교통부와 환경부는 지난 2023년 4월 25일 "지난해 9·11월, 올해 3월에 실내 5곳, 실외 6곳에 대한 모니터링 등을 진행했다"며 "실외는 측정물질 모두 환경기준치보다 낮거나 주변 지역과 비슷한 수준으로 안전했고, 실내도 관련 환경기준에 모두 부합한 것으로 확인됐다."고 밝혔다. 또 "15㎝ 이상 두껍게 흙을 덮은 후 잔디나 꽃 등을 식재하거나 매트·자갈밭을 설치하여 기존 토양과의 접촉을 차단했고, 지상 유류 저장 탱크 등을 통해 안전에 문제가 될 요소들을 원천 차단했다."고 설명했다.

정부가 용산 미군기지를 공원으로 조성한다는 당초의 계획을 수정해 오염 등 환경규제 강제력이 약한 '정원' 규정을 적용한 것은 두 가지 점에서 문제로 지적되고 있다. 첫째 정부가 토질오염에 대한 정화 작업 없이 공원이 아닌 정원을 만들어 어린이를 포함해 일반인들의 피해 가능성에 대한 우려가 크다. 지하의 오염 물질 등이 지하수를 타고 주변 지역까지 퍼질 위험도 적지 않다는 것이다.

두 번째, 용산기지 부지 오염의 원인 제공자인 미국이 정화에 대해 모르쇠 하는 태도를 취하고 있는 가운데 정부가 일반 시민에게 유원지의 형태로 덜컥 공개한 것은 미군의 환경오염 부담을 면제하거나 경감시켜줄 수 있다는 비판이 제기되고 있다.

윤석열 정권은 미군기지의 오염 정화를 생략한 채 공원이 아닌 정원을 만들어

국토부는 2022년 '용산어린이정원'을 시민들에게 공개한 법적 근거로 2008년 시행된 용산공원 조성 특별법에 따라 도시공원 및 녹지 등에 관한 법률이 아닌 수목원·정원의 조성 및 진흥에 관한 법률을 적용했다. 수목원·정원의 조성 및 진흥에 관한 법률은 수목원 및 정원의 조성·운영 및 육성에 필요한 사항을 규정한 것이다.

이 법은 도시에서의 공원녹지의 확충·관리·이용 및 도시녹화 등에 필요한 사항을 규정한 도시공원 및 녹지 등에 관한 법률보다 환경 및 배치의 적정성 등에 대한 규제가 약하다.

정부가 윤 대통령 취임 1주년을 기념하기 위한 행사의 하나로 용산 미군기지를 시민들에게 개방하는 행사를 위해 상식에 맞지 않은 법 적용을 한 것은 어린이와 시민사회의 건강 문제를 우선순위에서 배제한 것이란 비판을 자초한다.

'용산어린이정원 개방 중단을 위한 학부모 모임'이 지난 2023년 8월 19일 기자회견에서 '오염정화 없는 용산어린이정원은 아이들의 건강을 위협한다. 개방을 당장 중단하라'라는 제목의 회견문에서 "토양 정화는커녕 겉만 번지르르하게 흙을 덮고 잔디와 꽃으로 식재를 한들 오염 물질에 노출되는 시민들의 안전과 건강은 전혀 보호받을 수 없다. 어린이정원 개방을 멈추고 토양을 정화해야 한다."며 밝힌 문제점은 아래와 같다.

"반환받은 용산 미군기지 부지에 대한 오염 정화를 완전히 생략하고, 당초 용산공원 조성 계획과는 다른 '용산어린이정원'이 개방되었다. 윤석열 대통령 취임 1주년을 기념하여 진행된 이 개방에서 많은 어린이들이 참가하는 전국유소년 축구대회, 전국유소년 야구대회를 진행하였다. 용산 주민들과 학부모들, 교육자들은 어린이들의 안전성이 전혀 담보되지 않은 용산어린이정원 개방에 대한 즉각적인 중단을 촉구하는 바이다.

환경부의 '어린이 활동공간 환경 보건 업무 지침'에는 토양 관련 기준이 마련되어 있다. 토양에 함유된 납, 카드뮴, 6가크롬, 수은 및 비소가 환경부령으로 정하는 기준에 적합해야 하는데, 이번에 개방된 부지 가운데 미군이 스포츠 필드로 사용한 부지의 환경조사 결과 석유계총탄화수소(TPH)는 36배, 납 5.2배, 비소 3.4배 등 기준치를 초과했으며, 한마디로 용산어린이정원은 환경기준을 모두 위반하고 있다."

윤석열 정부는 최근까지 이 정원에서 각종 정부 치적 홍보와 무관치 않은 전시성 행사 등을 벌였는데, 이는 오염 우려 지역에서 일반 시민은 물론 내일의 주인공인 어린이들의 건강을 해칠 우려가 크다는 점에서 위험천만한 발상이라는 비판을 자초한다.

윤석열 정부가 이상과 같은 문제가 심각하다는 지적을 받는 용산 미군기지를 공원으로 조성해 시민에게 개방하는 것은 아래와 같은 실정법에 위배된다.

대한민국 헌법 제36조 3항은 "모든 국민은 보건에 관하여 국가의 보호를 받는다"고 되어 있다. 대한민국 헌법에서 건강과 관련한 조항으로는 위의 언급이 전부다. 포괄적 건강에 대한 권리만을 명시하고 있으며, 국민의 건강권 보장을 위한 국가의 의무를 강제하지 않은 채 지향적 권리 수준에 머물러 있다.

건강권이 헌법의 기본법 보장 조항에 명시되었을 뿐 사회적으로 보장되어야 할 권리로 구체적으로 정의되고 서술되지 않은 점이 미흡하지만 헌법상 기본권으로서의 건강권은, 한 사회가 그 구성원들에게 보장해야 할 기본 가치로서의 '건강'과 그에 대한 국가의 책무를 규정하고 있다고 보아야 할 것이다.

참고로 2011년 시점에서 세계 여러 나라의 건강 관련 조항에 대한 연구를 보면 191개국의 헌법 전문을 검토하고, 헌법에 명시된 건강권을 ① 건강에 대한 포괄적 권리(the right to health), ② 인구집단 건강을 위한 보건학/예방의학적 조치에 대한 권리(the right to public health), ③ 의료서비스에 대한 권리(the right to medical care)로 구분했다.[337]

첫 번째 범주인 건강에 대한 포괄적 권리에서는 신체의 전반적 안녕과 건강 보호, 건강 안보, 질병으로부터 자유 등이 주된 권리 내용이다. 두 번째 범주에는 시민 건강의 보호, 관리 가능한 질병의 예방, 예방 서비스에 대한 접근권 보장 등 인구집단 건강의 보장과 이를 위한 국가의 의무들이 제시된다. 마지막으로 의료서비스에 대한 권리에는 질병의 치료와 재활을 통해 시민의 건강을 회복시키고, 적절한 의료기관을 설치하며, 다양한 의료서비스에 대한 접근권을 보장하는 국가의 의무들이 포함되었다. 이런 구체적인 것들이 한국 헌법에 명기되지는 않았다 해도 해당 내용을 한국 정부가 이행할 의무가 있다 할 것이다.

다음으로 국민건강증진법에 따르면 용산어린이정원은 그 적합성에 위배된다고 할 것이다. 이 법의 제1장 총칙 제1조(목적)에 따르면 "이 법은 국민에게 건강에 대한 가치와 책임의식을 함양하도록 건강에 관한 바른 지식을 보급하고 스스로 건강생활을 실천할 수 있는 여건을 조성함으로써 국민의 건강을 증진함을 목적으로 한다."고 되어 있다. 이어 제6조(건강친화 환경 조성 및 건강생활의 지원 등) 1항은 "국가 및 지방자치단체는 건강친화 환경을 조성하고, 국민이 건강생활을 실천할 수 있도록 지원하여야 한다."고 되어 있다.

이상의 법체계로 볼 때 정부는 보편적 건강권 보장을 위해 어떤 책임과 의무를 져야 하는지가 명백해진다.

윤 정부가 미군에 면죄부를 주는 태도는
일본에 대한 굴욕외교와 닮은꼴

윤석열 정부가 주한미군의 오염문제에 대해 원상회복의 책임으로부터 면죄부를 주는 파격적 태도는 한미일 군사동맹을 위해 주권 국가로서의 자존심을 버리고 굴욕외교, 구걸외교를 하는 과정에서 상식에도 어긋나는 수치스러운 작태를 벌인 것이란 비판을 받고 있다. 즉 윤석열 정권은 △ 미국의 한국 정부 도·감청 의혹에 공식적인 항의 등은 일체 생략하고 동맹을 강조, 추켜세우면서 △ 일제의 강제동원 역사가 제거된 채 일본 사도광산이 유네스코 세계문화유산으로 등재되는 것에 합의해 주거나 일제 치하의 강제노역에 대해 일본 기업 대신 한국 정부가 제3자 변제라는 변칙수법을 동원해 굴욕외교 논란을 자초하거나 △ 후쿠시마원전 오염수의 해양 방류에 앞서 시찰단을 일본 현지에 파견해 일본 내에서도 논란이 심각한 원전 오염수 방류에 면죄부를 주는 짓을 해왔다.

윤 정부가 한미일 군사협력구조를 구성하기 위한 미국의 의도에 굴욕적이고 비자주적이라는 비아냥을 무시한 채 일방적으로 나서는 태도는 국내 노조 활동 등에 대해 취하는 적대적 태도나 북과의 대화

재개 조치를 전면 생략하는 것과는 대비된다. 특히 윤 정부가 중국과 러시아에 각을 세움으로써 이들 국가에 진출하거나 통상을 진행하는 국내 기업들을 매우 곤혹스럽게 만들고 있다.

윤 정부는 북의 핵과 미사일에 대한 대책이라며 미국, 일본과 군사 관계를 급속히 강화하는 조치만 취하면서 군사안보라고 요란하게 소리칠 뿐 경제, 기술안보에 소홀히 한다는 비판을 자초하고 있다. 주한미군의 환경오염 문제에 대한 정부의 태도는 국민을 주권자로 섬기는 원칙과 충돌한다는 점도 명백하다.

용산미군기지 오염문제는 한미 간의 관련 협정인 주한미군의 지위협정, 즉 SOFA의 적용을 받아야 한다. 하지만 한국과 미국은 1966년 환경 관련 규정이 전무한 SOFA를 맺은 뒤 지금껏 명확한 환경오염 정화 기준을 마련하지 못했고, 미군은 단 한 차례도 기지 안 오염에 대한 책임을 인정하고 치유에 나선 적이 없다.[338] SOFA의 양해각서인 환경조항에는 "주한미군은 대한민국 정부의 환경법령 및 기준을 존중한다"고만 돼 있어 주한미군에 오염 문제 해결을 강제할 수 없는 상황이다.[339]

SOFA 4조 1항은 미국 정부가 미국 기지 시설과 부지를 반환할 때 원 상태로 복원하거나 복원 비용을 배상할 의무를 지지 않는다고 규정하고 있다. 한미 SOFA 4조 1항의 내용은 다음과 같다.[340]

"미합중국 정부는, 본 협정의 종료 시나 그 이전에 대한민국 정부에 시설과 구역을 반환할 때에, 이들 시설과 구역이 미합중국 군대에 제공되었던 당시의 상태로 동 시설과 구역을 원상회복하여야 할 의무를 지지 아니하며, 또한 이러한 원상회복 대신으로 대한민국 정부에 보상하여야 할 의무도 지지 아니한다."

이 조항이 논란이 되자 미국은 2001년 1월 "건강에 급박하고 실질적인 위험 '키세'(KISE)에 해당하는 오염은 미국 측이 정화비용을 부담해야 한다"는 입장을 'SOFA 환경보호에 관한 특별 양해각서'에 아래와 같이 포함시켰다.[341]

"미합중국 정부는 주한미군 활동의 환경적 측면을 조사하고 확인하며 평가하는 주기적 환경이행실적 평가를 수행하는 정책을 확인하며, 이는 환경에의 악영향을 최소화하고, 계획·프로그램을 마련하여 이에 따라 소요되는 예산을 확보하며, 주한미군에 의하여 야기되는 인간 건강에 대한 공지의 급박하고 실질적인 위험을 초래하는 오염의 치유를 신속하게 수행하며, 그리고 인간 건강을 보호하기 위하여 필요한 추가적 치유 조치를 검토하기 위한 것이다."

'키세'는 'SOFA 환경보호에 관한 특별 양해각서'에서 미국이 책임질 환경오염의 내용을 표현한 영문 표현에서 해당 글자의 맨 처음 알파벳을 모아놓은 것이다. 그 영문 표기는 "the Government of the United States confirms its policy …… to promptly undertake to remedy contamination caused by United States Armed Forces in Korea that poses a known, imminent and substantial endangerment (KISE) to human health."이다. 이는 미국이 미군기지에서 발생한 환경오염 가운데 '이미 알려져 있고, 긴박하며 실질적인 위험으로 인간 건강에 해로운 사항'에 대한 것만 책임을 진다는 것이다.

'SOFA 환경보호에 관한 특별 양해각서' 3항에서 미국은 한국의 환경법규를 존중(respect)한다는 것으로 그것을 준수한다는 것과는 거리가 있다.[342] 미군은 주한미군 장병 가운데 '키세'로 인해 건강에 문제가 생긴 사례가 없다는 점을 앞세우고 있고, 이러다 보니 한국 내 어느 미군기지도 '키세'가 적용되지 않았다.

그 결과 2001년 이후 '키세'로 인정된 사례는 전무하고 미국이 주한미군 기지 오염에 대해서는 한 푼도 부담한 것이 없다. 미군이 제시한 '키세'에 해당하는 환경오염이 없다는 이유였다. 이는 미국이 '키세'에 해당하는지 여부를 판정하는 조사 방법을 비합리적인 것으로 고집한 탓이었다.

'키세'는 미국의 환경 책임과 환경정화조치와 관련된 연방법 '종합환경대응배상책임법(CERCLA)'과 유사한 내용이다.[343] CERCLA는 잠재적인 환경오염 책임 당사자의 범위를 정하여 엄격책임, 연대책임, 소급책임을 부과하고 배상 자력 확보를 강제하고 있다는 것인데, 미국이 한국의 미군기지 오염 문제를 한국법이 아닌 미국 법에 의해 처리하겠다는 발상 자체부터가 대등한 국가 간의 태도가 아니다. 미국은 한미상호방위조약 4조의 권리를 집행하는 과정의 연장선상에서 주한미군 기지의 오염문제도 대처하고 있는 것이다. 주한미군 기지는 한국에서 치외법권 이상의 특혜를 누리고 있어 한국의 행정력이 전혀 미칠 수 없는 지역이기도 하다.

환경부는 주한미군 기지 오염문제에 대해 한국 환경법을 적용해야 한다는 입장이지만, 미국이 공식적으로 '키세'를 고집하면서 사사건건 제대로 된 조사조차 이뤄지지 못하고 있다. 미군기지가 치외법권적 위상이라는 것은 명문화되어 있지 않기 때문에 거론치 않는 것이다. 이런 상황에서의 한미 공동조사는 아무 실효성이 없다. 예를 들어 2004~2007년 SOFA 합동위원회는 41개 주한미군 기지에 대해 조사했지만 개개 기지마다 조사 기간은 105일로 제한됐고, 기지를 방문해 현지 조사할 수 있는 기간은 6일에 불과했다.

실제, 미군 측은 기지 조사나 협의에 비협조적이었다. 기지 오염을 조사할 한국 기업들은 기록 심사를 위한 30일 동안의 기한까지 기지에 대한 전체 환경 자료를 제공받지 못했다. 현지 조사 기한을 연장하자는 한국 측 요구는 미군이 받아들이지 않았다. 그 같은 악조건에도 불구하고 한국 측 조사관들은 미군이 반환한 23개 미군기지 가운데 22개가 발암성 물질이 위험 수위로 한국의 안전기준을 초과한 상태였다는 것을 밝혀냈다.

주한미군의 오염에 대한 배상 판결은
미국이 아닌 한국 정부가 비용 부담

미군 부대에서 발생한 오염과 미국의 나 몰라라 하는 대표적인 사례를 살펴보면 한미 간의 불평등한 현실이 그대로 드러난다. 서울지하철 녹사평역 주변 오염이 근처의 용산 미군기지에서 유출됐다며 법원이 2007년 18억 원의 배상 판결을 내렸을 때 그 배상금 18억여 원은 한미상호방위조약에 따른 특별법에 따라 미국이 아닌 한국 정부가 서울시에 지급했다.[344] 국민의 혈세가 미군기지 오염 제거 등에 지출된 것이다.

또한 한미 두 나라가 2009년 합의한 '공동환경평가절차'에 따르면 한국 정부는 반환 미군기지 환경조사 기간을 20~150일로 한정하고, 미군 합의 없이 관련 정보를 공개할 수 없다. 이 절차 때문에 한국 정부는 일부 미군 기지에서 확인된 환경문제에 대해 미군이 합의해 주지 않아 공개하지 못했다. 주권 국가인 한국이 미군기지로 사용된 부지의 환경오염, 그 원상회복 문제에 대해 합당한 주권을 행사하지 못해 국민들에게 심각한 불명예와 피해를 감수케 하고 있다.

한국 외교부는 2019년 12월 서울 용산 미군기지 일부를 포함해 반환받는 12개 주한미군기지의 환경오염 책임 문제를 두고 미국이 오염 정화 의무가 없다는 주장을 고수하자, 환경 치유 비용 협의가 원만하게 이뤄지지 않을 경우 미국에 소송을 제기할 수 있다고 밝혔다. 외교부는 한미가 기지 12곳 반환에 합의했다고 밝히며, 환경 치유 비용을 먼저 보전한 뒤 미국 측에 책임을 지우겠다고 했다.[345]

외교부의 이런 태도는 불평등한 한미동맹의 현실에 대해 국민에게 가짜뉴스를 제공하는 것과 다를 바 없다. 한국 정부는 주한미군 문제로 한미 간 갈등이 발생할 경우 마치 대등한 국가 관계가 적용되는 것인 양 밝히고 있을 뿐이다. 미국이 슈퍼 갑이고 한국이 군사적 주권이 온전치 못한 을이라는 점을 한 번도 공식 언급한 적이 없다. 윤석열 정부가 국제사회를 향해 자유와 가치를 강조하고 있는데 이런 원칙이 한미 간에도 적용되기를 바랄 뿐이다.

미국이 서울지하철 노선의 녹사평역 주변 오염 비용을 거부했던 사례에 비춰 주한미군이 부지로 사용한 뒤 발생한 용산기지 등의 환경오염에 대한 책임을 지지 않을 경우 정화비용을 고스란히 국민의 세금으로 충당할 가능성이 크다. 오염 상태에 대한 정확한 점검은 이뤄지지 않았지만 약 1조 원 전후가 들어갈 것으로 추정되고 있다. 그러면 미군이 새로 옮겨가는, 단일 미군기지로는 세계 최대라는 평택 미군기지의 환경오염 문제는 어떻게 되는가? 현재의 한미동맹 관계가 개선되지 않으면 용산 미군기지의 경우와 동일할 것으로 추정된다.

SOFA가 문제인 것은 SOFA의 상위법인 한미상호방위조약 가운데 미국에 일방적인 특혜를 부여하는 조항인 4조가 문제인 것과 직결되어 있다.

4. 윤 정권의 성주 사드 전자파 관련한 환경영향평가는 합리적인가?

전자파 측정 관련한 정부의 측정치는 딸랑 하나뿐

한국 정부는 2023년 6월 21일 성주의 주한미군 고고도미사일방어 (THAAD·사드)체계 기지에 대해 환경영향평가를 마치고 사드 전자파의 인체 영향은 미미하다고 밝혔다. 사드 전자파는 측정 최댓값이 0.018870W/㎡로, 인체 보호 기준(10W/㎡)의 530분의 1 수준(0.189%)에 그쳐 휴대전화 기지국보다 전자파가 나오지 않는다는 것이다.

언론은 이 발표가 나오자 성주 사드 기지에 대한 환경영향평가가 마침내 2017년 사드 배치 후 6년 만에 마무리됐다고 썼다. 그러나 정부의 보도자료를 보면 고개를 갸우뚱하게 만든다.

환경부와 국방부는 당시 발표한 "전 정부서 미룬 사드 환경영향평가 완료, 윤 정부 '성주 사드 기지 정상화'에 속도"라는 제목의 공동 보도자료를 통해 최대관심사인 전자파 측정치는 아래와 같이 하나만 밝혔을 뿐이다.[346]

측정 최댓값은 0.018870W/m²로 인체보호기준(10W/m²)의 0.189% (530분의 1 수준)

환경부가 위와 같은 전자파 관련 수치 공개와 함께 설명한 주요 내용은 아래와 같다.

"평가 협의 내용 중 지역주민이 가장 우려하는 전자파와 관련하여 국방부(공군)와 신뢰성 있는 제3의 기관인 한국전파진흥협회의 실측자료를 관계 전문기관 및 전문가 등과 함께 종합 검토한 결과 측정 최댓값이 인체 보호 기준의 0.2% 수준으로 인체 및 주변 환경에 미치는 영향은 미미한 것으로 판단된다고 밝혔다.
성주기지는 지난 2017년 9월 4일 대구지방환경청으로부터 소규모 환경영향평가 협의를 받은 바 있으며, 금회 환경영향평가는 성주기지 정상화를 위한 전 단계로서 대구지방환경청이 협의한 부지를 포함, 기지 전체를 대상으로 이루어졌다."

이상의 보도자료는 사드의 레이더는 탐지 목적에 따라 전자파 발생 거리를 870~3,000km로 조정할 수 있고 측정 거리에 따라 전자파의 강도가 달라진다는 점은 전혀 언급지 않고 있는 한계를 지녔다는 비판을 자초한다.

사드의 전자파 위험에 대한 미군 내부 자료

사드는 X밴드 레이더(AN/TPY-2)를 사용하고 있는데 이 레이더가 탐색할 수 있는 범위는 870~3,000km로 해당 범위 내의 미사일 발사

를 탐지해 추적할 수 있다.[347]

사드의 핵심 장비인 X밴드 레이더에는 송수신 장치인 25,344개의 안테나 부품이 7개의 반도체 트랜스시버와 함께 부착돼 있고, 여기에서 나오는 고출력 전파를 이용해 수백km 거리의 미사일 발사와 이동을 추적할 수 있다. 강력한 전자파는 레이더 앞쪽 일정 거리 이내에 있는 인체와 항공기에 나쁜 영향을 미친다.

미국이 2009년 괌 북부 해안에 사드 기지를 만들 계획을 세웠을 때 사드의 전자파로 인한 인체와 항공기 피해를 방지하기 위해 작성한 내용은 아래와 같다.[348]

"개인이 사드에서 발생하는 레이더 전자파로 피해를 당하지 않기 위해서는, 레이더 정면평지에서 100m, 레이더가 5도 각도로 상향 조정되었을 때는 3.6km 범위를 벗어나야 한다.
사드에서 발생하는 레이더 전자파는 비행기 운항에 지장을 줄 수 있어 레이더 주 설치장소에서 좌우로 65도, 수직으로 90도의 범위에서 군용기는 5.5km, 민항기는 2.4km 범위 밖으로 벗어나야 한다."

사드의 인체 피해 가능성 등 때문에 미국은 사드 배치 장소를 주로 사막이나 해안 지역을 선택하는 것으로 알려져 있다. 한국의 경우 서해안에 사드를 배치할 경우 중국의 반발이 심할 것을 고려해 피하고 성주와 같은 내륙에 설치해 대외적으로 대북 미사일 탐지용이며 대중국용이 아니라고 설명할 수 있는 효과를 노린 것으로 알려졌다.

정부가 2017년에 실시했던 성주 사드의 전자파 측정조건과 똑같았을 가능성

정부가 발표한 성주 사드 기지의 전자파 위험에 대한 측정 자료는 미군이 자체 제작한 사드 가동 시 주의할 사항과는 거리가 너무 멀다. 사드의 미사일 탐지 가능 거리가 870~3,000km로 가변적이고 거리 차이에 따라 전자파 발생도 차이가 있다는 점에서 이번에 발표된 환경부의 아래 자료는 충분치 않다. 이런 점을 살펴보기 위해, 정부가 보도자료에서 밝힌 2017년 대구지방환경청이 성주 사드 기지에 대한 전자파 측정에 대한 보도자료를 참고할 수 있다.

당시 대구지방환경청은 평가 협의 내용 중 지역주민이 가장 우려하는 전자파와 관련하여 국방부의 실측자료, 괌과 일본의 사드기지 문헌 자료 등을 관계 전문기관 및 전문가 등과 함께 종합 검토한 결과 인체 및 주변 환경에 미치는 영향은 미미한 것으로 판단된다며 아래와 같이 밝힌 바 있다.[349]

□ 기지 외부 측정결과

조사지점 (이격거리)	표고 (m)	2017. 8. 23		2017. 8 .24	
		MAX	AVG	MAX	AVG
김천 월명리 (1,800m)	290	0.002108	0.001249	0.003845	0.001453
김천 노곡리 (3,000m)	160	0.001024	0.000524	0.001306	0.000510
김천 혁신도시 (9,800m)	256	0.001588	0.000525	0.002034	0.000808

※ 측정조건 관련 참고사항

전자파 측정조건	평가서 등의 제시여부
○ 레이더의 위치 ○ 레이더 on/off상태 ○ 레이더 출력값 ○ 레이더 방사각도 ○ 측정지점의 고도 및 횡단도면 ○ 레이더와 측정지점 이격거리	○ 군사기밀상 평가서에는 미제시나 현장확 인 시 확인 ○ on/off상태에 대해 평가서에 제시 ○ 고정출력이며, 출력값은 군사기밀상 미제시 ○ 수직각 제시, 수평각은 군사기밀상 미제시 ○ 측정위치 고도 및 횡단도면 제시 ○ 이격거리 제시

　당시에 한국 정부는 성주 사드 기지의 레이더 출력 수치나 방사 각도는 군사기밀이라는 이유로 제시되지 않았다. 레이더 출력 수치는 고정출력이라고만 되어 있는데 이는 성주 사드 기지가 대북용이라는 점을 내세운 것으로 추정된다. 주한미군 기지의 부지와 시설에 대해서는 한국의 공권력이 미칠 수 없는 치외법권 지역의 특혜를 보장받고 있어 성주 사드 기지가 24시간 어떤 식으로 가동되는지 불투명하다. 한국은 미군이 동의하는 조건에서만 미군기지에 접근할 수 있을 뿐이다.

　이번에 환경부와 국방부가 사드 기지 전자파 측정을 어떤 식으로 했는지 밝히지 않고 있으나 보도자료에서 2017년 대구지방환경청의 성주 사드 기지에 대한 전자파 측정 결과에서 밝힌 측정조건에서 벗어나지 못했을 것으로 추정된다. 주한미군이 한국에서 확보한 동맹군의 특권이 지난 수십 년 동안 변동이 없었기 때문이다.

　미국이 한국에서 동맹군의 특권을 누리는 것은 한미상호방위조약 4조에 의해 미군의 한국 배치가 '권리(right)로 규정되어 있고 이 4조의 부속협정으로 주둔군지위협정인 SOFA가 만들어져 있기 때문이다. 주한미군은 특히 한국에서 군사행동을 하는 것에 대해 한국에 사전 통보할 의무조차 지지 않고 자의적으로 할 수 있게 보장받고 있다. 필리핀의 경우 미군이 자국에 주둔 시 자국 군부대 내에서, 주둔이 아닌 단기간 체류만 가능케 하고 미군이 군 시설을 철수할 경우 추후 필리핀 정부에 귀속되게 되어 있다.

성주에 사드가 배치되면서 중국의 반대와 반발, 한국에 대한 보복조치가 취해졌고, 이런 현상은 지금도 현재 진행형이다. 중국은 2017년 한국에 사드를 배치하는 것은 북의 미사일을 겨냥하는 것이 아니라 중국의 국가안보를 위협하는 것이라며 미국 정부에 공식 항의했다.[350]

중국과 러시아 정부는 2017년 1월 '한국에 배치된 사드의 레이더(X-band radar)는 중국과 러시아의 영토를 탐지하는 목적으로 한국 방어용이 아닌 주한미군을 보호하기 위한 것'이라며 그에 대항하는 조치를 취하는 데 합의했다고 발표했다.[351]

주한미군의 사드는 박근혜 정부 때인 2017년 4월 국내에 반입됐으나 당시 중국의 반대와 대통령 탄핵 정국 등이 겹치면서 통상 6개월 정도 걸리는 소규모환경영향평가 추진에 차질을 빚었다. 미국이 북에 대항한다는 목적의 사드를 한국에 배치하자 중국이 한국에 강력한 보복조치를 취해 단체관광 중단, 한국 상품 불매운동 등이 벌어졌다.

당시 한국 정부는 사드와 관련한 중국의 보복조치에 대해 모르는 일이라는 식의 시치미를 떼는 입장을 취했지만 당시 중국에 진출해 있던 일부 한국 기업이 현지에서 철수해야 했고 중국인의 한국 단체관광이나 한국 영화의 중국 상영, 한국 연예인의 중국 공연이 중단됐다. 사드는 한미동맹에 의한 결과물인데도 중국은 한미동맹의 약한 고리인 한국에 대해서만 보복조치를 취한 것이다. 중국은 오늘날에도 사드에 대해 계속 반발하고 있으며 중국인 단체관광 금지, 한류의 중국 진출 저지 조치는 실시 6년 만인 2023년 8월 그 빗장이 풀렸지만 크게 호전되지 않고 있다.

미국 정부는 한국에 사드 추가 배치를 고려하지 않는다는 입장인데 이는 현재의 성주 사드 기지만으로도 군사적 목적을 달성하는데 충분하다는 결론의 반증일 수 있다.

한국은 윤석열 정부 등장 이후 중국, 러시아. 북과 각을 세우면서 미국과 일본에 대해 굴욕외교라는 비판도 감수한 채 신냉전의 최전선에서 초강수를 두고 있을 뿐 경제안보에 대해서는 어떤 노력을 하는지 잘 보이지 않는다. 미국 일각에서는 대만에서 전쟁 상황이 벌어질 경우 한국, 일본, 괌의 피해가 가장 클 것이라고 전망하고 있는바. 대국 이기주의의 속성에 대한 한국의 현명한 대처가 필요해 보인다. 미국은 중국과 대만문제, 반도체 문제 등으로 심각하게 대치하는 상황에서도 외교, 경제 관련 장관들이 중국과 잇따라 접촉하면서 '전쟁은 피하자'는 식의 협상을 통해 국익을 챙기는 작업을 하고 있다.

윤석열은 대선 과정에서 사드 추가 배치를 공약

사드 문제는 윤석열이 대선 후보 시절부터, 그리고 당선 직후에 확대배치를 공언하면서 중국도 예민한 반응을 보인 바 있는 뜨거운 주제였다. 윤 후보는 대선 과정에서 한국에 배치된 사드로는 서울을 방어할 수 없다며 사드 추가 배치를 공약함으로써 '사드 3불' 입장을 계승하지 않겠다는 뜻을 밝힌 바 있다.[352] 그러나 윤 후보의 사드 추가 배치 대선 공약은 지난 2022년 5월 3일 발표된 정권인수위원회 국정과제에서는 그 내용이 빠졌다.[353]

그 이유는 공개되지 않았으나 미국 군사력의 한국 배치를 논의하고 결정하는 과정에서 미국이 갑이고, 한국이 을이기 때문으로 추정된다. 추가 배치를 한국이 먼저 공식화하는 방식은 미국의 법치 논리로 볼 때 수용 불가이기 때문이다. 이는 한국 대선 이후 미국의 입장 표명에서 간접적으로 언급됐다.

미국 정부는 윤 대통령의 사드 추가 배치 주장에 대해 No라고 하면서 그것은 주한미군의 관심 사항이라고 밝혔고, 미 국방부 또한 윤석열의 대통령 취임을 며칠 앞둔 지난 2022년 5월 5일 한국에 사드를 추가로 배치할 계획이 없다고 밝힌 것이다. 미 국방부의 마틴 마이너스 대변인은 북의 점증하는 미사일 위협에 대응해 한국에 추가로 사드를 배치하는 데 대한 입장을 묻는 질의에 "사드와 관련해 추가 계획이 있다고 믿지 않는다."고 답했다. 그러면서도 주한미군 측이 그 질문에 가장 잘 대답할 것이라고 덧붙여 여지를 남겼다.[354]

사드에 대해 윤 대통령이 대선 과정에서 추가 배치를 언급한 것은 한미동맹 관계에 대한 이해 부족 때문이었던 것으로 보이지만 미국이 부정적 반응을 보이면서 불편한 심기를 드러낸 것으로 해석된다.

윤석열 정부는 출범 직후 사드 기지 환경영향평가 준비에 속도를 내는 등 기지 정상화를 서둘러왔다. 윤석열 대통령과 바이든 미 대통령 간의 한미 정상회담 직후인 지난 2022년 5월 23일 이종섭 국방부 장관이 "사드 기지를 빠르게 정상화"하겠다고 공언하고, 지난 2022년 6월 16일 국방부가 "성주기지의 정상화를 위하여, 관련 법령과 절차에 따라 환경영향평가를 조속히 추진할 예정"이라고 밝힌 뒤 후속 작업을 진행해왔다.[355]

윤석열 정부도 "사드 3불에 대해 아는 바 없다"는 입장을 밝히면서 문재인 정부로부터 사드와 관련해 어떤 인수인계도 없었다는 입장을 강조하고 있다.

미 국무부는 중국이 사드와 관련해 한국에 이른바 '3불 1한'을 주장한 것에 대해 한국이 스스로를 방어하는 능력을 포기하도록 압박하는 것은 부적절하다고 지적하고, 미 국방부는 향후 한국에 대한 사드 배치는 양국의 합의에 따라 결정될 것이라고 밝혔다.[356] 또한 2018년부터 2021년까지 주한미군 사령관이었던 로버트 에이브럼스는 2022년 8월 한국 정부가 한국에 배치된 사드의 운용을 제한하는 정책을 발표했었다는 중국 정부의 주장과 관련해 재임 시 사드 운용에 제한을 받은 적이 없었다고 말했다.[357]

사드와 관련해 최근 대통령실은 성주 주한미군 사드 기지가 이달 말 정상화될 것이라며 "사드는 북의 핵·미사일로부터 우리 국민의 생명과 안전을 지키기 위한 자위적 방어 수단이며 안보 주권 사항으로서 결코 협의 대상이 될 수 없다"고 밝혔다.

중국 관영매체 환구시보는 윤석열 대통령 당선 직후인 2022년 3월 11일 사설에서 "한국은 사드 배치를 (한국의) 내정이나 주권의 문제로 간주해서는 안 된다"며 "그것은 본질상 미국이 동북아에 하나의 쐐기를 박는 것"이라고 주장했다.[358] 이어 문재인 정부의 '3불' 입장에 대해 "상호 존중을 실천한 결과이며 중한 관계를 빙점에서 정상 궤도로 끌어올린 일"이라고 긍정 평가했다.

지난 2022년 8월 중국 칭다오에서 열린 한중 외교장관 회담에서 주요 의제의 하나였던 사드가 회담 이후에도 중국 측에 의해 강하게 거론되기도 했다. 당시 중국은 대만 무력침공 작전을 전개하면서 미국이 성주의 사드 기지 'AN/TPY-2' 레이더로 중국군의 동태를 샅샅이 파악하고 있다는 점을 의식해 한중 외교장관 회담에서 사드를 들고나온 것으로 보인다.

중국은 회담 수개월 전 '사드는 북이 아닌 중국에서 발사된 미사일을 추적해서 그 고도 등을 탐지하는 것이 목적'이며 '사드는 중국의 핵무기 발사 시스템에 대한 정보를 수집하고 그것이 발사될 경우 중국의 레이더 탐지기를 교란시키는 작동을 할 것'이라고 주장했었다.[359]

당시 한중 외교장관은 회담에서 한국은 북핵 문제와 관련한 중국의 '건설적 역할'에 방점을 찍은 반면, 중국은 사드에 대한 중국의 안보 우려 및 존중과 적절한 처리를 강조해 한반도와 그 주변 안보와 관련한 양측의 강조점이 엇갈렸던 것으로 전해졌다.

그러자 회담 다음 날인 지난해 8월 10일 중국 외교부 대변인이 "한국 정부가 대외적으로 '3불(不) 1한(限)'의 정책선서를 정식으로 했다"고 밝히면서 사드가 한중 관계의 새로운 불씨가 될 가능성을 제기했다. '사드 3불'은 한국이 사드를 추가 배치하지 않고 미국 미사일방어(MD)와 한미일 군사동맹에 불참한다는 것인데 여기에 한 가지를 더해 주한미군에 배치된 사드 운용을 제한한다는 '1한'을 한국 정부의 공식 입장이라고 주장한 것이다.

중국 외교부 대변인은 "미국이 한국에 사드를 배치한 것은 명백히 중국의 전략적 안보 이익을 해치며 중국은 한국 측에 여러 차례 우려를 표명했다는 점을 지적하고 싶다"며 '3불(不) 1한(限)'을 언급하고 과거 한국 정부가 기존에 배치된 사드의 운용 제한을 대외적으로 선서했었다고 주장했다. 한국이 사드 3불뿐만 아니라 기존에 배치된 사드의 운용 제한도 약속하거나 언질을 주었다는 새로운 주장을 내놓았다.

사드 3불(不)은 중국 측이 사드 한국 배치 이후 관광객 감축 등의 보복 조치를 취하자 문재인 정부 당시 강경화 외교부 장관이 2017년 중국에 제기한 것이었는데 여기에 중국 외교부 대변인은 경북 상주에 배치된 사드의 운용 제한을 추가하는 것으로 한국 정부가 입장을 밝혔다고 한 것이다.

그러나 문재인 정부는 임기 말에 즈음해 사드 3불 입장은 중국에 표명한 것이었을 뿐 약속이나 합의가 아니었다는 점을 밝혀왔다. 사드는 미국 전략자산에 속하고 그 관리는 주한미군이 배타적으로 하고 있다는 점을 전제로 한 입장 표명이었다.

문재인 전 대통령의 사드 관련한 말 바꾸기는 혼선의 또 다른 원인

사드 문제가 처음 제기된 것은 지난 2013년으로, 당시 미국이 한국에 사드 배치를 검토하면서부터 논란이 시작됐다. 그러자 한국 정부는 사드가 북의 미사일을 방어할 수 있다고 밝히는 식으로 총대를 맸다. 하지만 사드는 수도권 방어를 하지 못하는 것으로 얘기했던 문재인은 물론이고 윤석열 대통령이 사드 추가 배치를 공개적으로 밝히면서 중국과 러시아의 반발이 거세졌고, 대만을 둘러싼 미중 갈등이 심화되면서 더욱 큰 관심사로 부각되었다.[360]

문재인 대통령은 대선후보 시절인 2016년 10월 페이스북에서 "사드를 배치한다고 해도 가장 중요한 수도권과 중부지역이 방어대상에서 제외된다. 사드의 과학적, 군사적 효용성에 대한 논쟁은 여전히 국내외 학계뿐만 아니라 미국 내에서도 진행 중이다. 반면 우리에게는 막대한 사회적, 경제적, 외교적 비용이 소요된다"고 썼다.[361]

이어 2017년 4월 1차 TV토론에서도 문재인은 "사드 배치든 추가 도입이든 막대한 재정 소요가 필요한데, 헌법상 국회 비준 동의 사항"이라며 "사드는 효용에 한계가 있는 방어용 무기다. 더 바람직한 것은 북핵의 완전한 폐기이며 그 노력이 우선돼야 한다. 다음 정부로 하여금 사드 배치 문제를 다양한 외교적 카드로, 특히 북핵 폐기를 위한 여러 가지 외교적 카드로 활용할 수 있게 넘겨주는 게 바람직하다."고 했다.

요컨대, 대통령이 되기 전까지 문재인은 수도권과 중부지역 방어가 불가능해 군사적 효용성이 떨어지는 사드 배치에 상당히 비판적인 입장을 견지했고, 집권할 경우 국회 비준 등 절차적 정당성을 확보하는 한편 군사적 압박 수단이 아닌 외교적 카드로 이를 활용하겠다는 복안을 피력했다. 박근혜 정부가 잘못 끼운 사드의 첫 단추를 정당한 절차와 외교적 노력을 통해 풀겠다는 자신감을 밝히며 대통령에 당선된 것이다.

그러나 문재인은 집권 뒤 한미 정상회담을 전후해 "전임 정부 결정이라고 하더라도 가벼이 여기지 않겠다"며 한 발 물러난 데 이어, 2017년 7월 28일 국방부를 통해 사드 부지에 대한 일반 환경영향평가 실시를 추진하겠다면서 "이미 배치된 장비의 임시 운용을 위한 보완 공사, 이에 필요한 연료 공급, 주둔 장병들을 위한 편의시설 공사를 허용할 것"이라고 밝혀 기존에 배치된 사드 운용과 추가 배치를 할 수 있는 기지 조성을 함께 추진하겠다는 의사를 밝혔다.

여기에 북이 2017년 7월 29일 2차 ICBM급 미사일 시험 발사를 감행하자 곧바로 사드의 잔여 발사대 4기 추가 배치를 미 측과 협의하라고 지시하기에 이르렀다. 청와대는 대통령이 하루 만에 입장을 바꾼 것에 대해 "사드 발사대 추가 배치가 임시 배치 형식이며 환경영향평가 뒤 사드 영구 배치에 대한 최종 결정을 하겠다"는 점을 강조했다. 그러나 현실적으로 박근혜 정부가 배치해 놓은 2개 발사대와 엑스밴드 레이더에 나머지 4개 발사대를 추가 배치해 사드 포대를 완전체로 실전 운용이 이뤄진 것이다.

사드 배치는 한미상호방위조약 4조가 집행된 것으로 박근혜, 문재인 정부를 거치면서 확인된 바 있다. 1953년에 맺은 한미상호방위조약은 한국의 군사적 주권을 미국에게 넘겨준 것으로 21세기의 국제적 상식에서 크게 벗어나는 불평등한 내용이다. 이 조약은 국내법과 같은 효력을 지니고 있어 외교부를 포함한 한국 정부는 지난 과거에 그랬던 것처럼 이 조약을 준수하는 원칙 속에서 대외적으로 안보문제를 처리하고 있다.

이런 구조적 문제점이 중국 관리의 입을 통해 공개되고 국제사회가 주목하면서 한국의 대외 이미지가 일그러지고 동북아에서 국가다운 역할을 하지 못하는 것으로 손가락질을 받고 있다. 한국은 경제와 국방에서 선진국 대열에 들어선 상황이고 그에 걸맞은 외교 안보의 주권을 행사하는 것이 유엔 헌장에 비춰 최선이다.

윤석열 대통령은 사드에 대해 적극적이었고 이번에 성주 사드 기지가 정상화될 논거를 환경영향평가를 통해 제시했다. 윤 대통령은 한미일 군사협력 강화를 위해 일본의 전쟁범죄 부인, 미국의 한국 정부 도·감청 등에 눈을 감는 식의 조치를 취하고 있다. 북에 대해서는 무력강화가 평화를 보장할 뿐이라는 식으로 초강수를 두고 있다.

이런 상황에서 한미상호방위조약의 변경 등이 없는 한 향후 사드 추가 배치가 추진될 경우 '미국은 배치를 요구하고 한국은 수용할 수밖에 없다'는 논리가 재적용될 가능성이 있다. 윤석열 정부가 일본 후쿠시마 핵 오염수 방류나 강제노역 피해자에 대해 취하는 반주체적 행태를 볼 때 그럴 가능성이 적지 않고 그것은 중국의 반발과 보복으로 이어질 것으로 우려된다.

한국은 세계 10위권의 국가 위상에 걸맞은 주권 국가로서의 자주권을 행사해야 한다. 미국의 사드 배치 압박, 중국의 사드 보복 등에 대해 걱정하고 고통스러워할 것이 아니라 대외적으로 떳떳한 자주국으로서 한반도는 물론 동북아의 평화와 안정에 적극 기여하는 큰 역할을 모색해야 한다. 한국은 2018년 두 차례에 걸쳐 남북정상회담을 하고 평화공존과 교류를 위한 많은 합의를 했지만 미국의 주문에 따라 전혀 이행치 못했다. 그때 북의 불만이 오늘날까지 남북관계를 냉각시키고 있다.

이런 점을 되살려 한국이 자주적인 국가의 위상을 회복해야 한다. 강대국에 휘둘리지 않을 시스템을 확보해야 한다. 중국의 동북공정, 미국의 한미동맹 집착과 유지 강조 등에 대해 모두가 윈윈할 수 있는 지혜를 짜내야 한다. 그러기 위해서는 불평등한 한미동맹의 핵심인 한미상호방위조약의 정상화를 추진해야 한다.

그 방법은 이 조약 6조를 발동해 한미 두 나라가 유엔회원국의 동등한 입장에서 외교 안보 관계를 수립하도록 조치해야 한다. 그래야 한반도를 포함한 동북아 문제에 한국이 적극적으로 기여해 평화를 정착시킬 기회를 창출할 수 있고, 한류 등으로 세계를 선도하는 젊은 세대에게 밝고 희망찬 미래를 넘겨줄 수 있을 것이다.

5. 미국이 주도하는 대중 포위 전략에 몰방하는 윤석열

한미일 정상회의 참석해 새 대중 포위전략 만들어

미국은 중국이 군사, 경제적으로 세계 1등 국가로 부상할 가능성이 커지자 이를 저지하기 위해 전방위적으로 중국에 대한 봉쇄와 압박정 책을 국제 깡패와 같은 모습으로 휘두르고 있다. 이런 제국주의적 행태에 가장 적극적으로 동참해 미국의 하수인으로 국제사회의 지탄을 받는 인물의 하나가 윤석열 대통령이다. 그는 국내정치에 대한 지지도가 바닥인데도 미국이 중국, 러시아를 견제하거나 노골적으로 공세를 취하는 행사에 참가해 미국을 기쁘게 하는 언행을 반복하고 있다. 그 가운데 하나가 2023년 한미일 정상회의로 그 내용을 소개한다.

윤석열 등 한미일 정상은 2023년 8월 18일(현지 시각) 미국 대통령 별장인 캠프 데이비드에서 합의 내용을 문서화 한 '캠프 데이비드 정신'(The Spirit of Camp David), '캠프 데이비드 원칙'(Camp David Prin-ciples), '3자 협의에 대한 공약'(Commitment to Consult) 등 3건을 채택했다.[362]

윤석열 대통령, 바이든 대통령, 기시다 후미오 일본 총리 등 한미일 3국 정상은 회의에서 '정신', '원칙' 등의 두 문건을 통해 3국 협력을 제도화하기 위한 회의 정례화와 협의체 신설 등의 장치를 만들기로 하고 △ 한미일 정상회의를 최소 연 1회 이상 열고, △ 외교장관과 국방장관, 상무·산업장관, 국가안보실장 간 협의 등도 실시키로 했다.

이어 3국의 공동 위협에 대한 공조 방안을 담은 '3자 협의에 대한 공약(Commitment to Consult)'을 채택, 북의 핵·미사일 위협을 포함해 인도·태평양 지역 안보 등의 위협 또는 위기가 발생할 경우 3국이 협의하고 대응 방안 마련에 나서는 등 협력을 강화하기로 했다.

안보 관련 '공약'은 미국의 기득권을 강화해 향후 미국 주도 보장

채택된 문건 가운데 가장 주목되는 '공약'은 한미일 간 공동의 이익과 안보에 영향을 미치는 지역적 도전, 도발, 그리고 위협에 대한 대응을 조율하기 위해 신속하게 협의한다는 정치적 약속이다. 3국의 공동 이익·안보에 위협이 생기면 각국 대응을 조율하기 위해 신속히 협의하자는 약속이면서 어느 한 나라가 관여하는 분쟁이 생겼을 때, 공동 군사 대응 등을 염두에 둔 것으로도 해석된다.[363]

이는 대만 해협 등에서 미중이 신경전을 벌이는 상황과 맞물려 주목되고 있지만, 만약 상황이 발생했을 때 앞으로 긴밀히 협의하자는 '정치적 약속'일 뿐 자동 군사 개입 '의무'가 있는 동맹 수준은 아니라는 식으로 정리했다. 문건에도 협의 약속은 의무가 아니고, 각국은 조치에 자유가 있다고 명시했다. 그러나 한미일 협력이 '지역 협의체' 수준으로 격상된 만큼, 미국이 밝힌 속내는, 군사 공동 행보의 첫걸음일 수 있다는 해석도 나오고 있다.

하지만 이 '공약'은 '한미상호방위조약과 미일 상호협력 및 안전보장조약에서 비롯되는 공약들을 대체하거나 침해하지 않으며, 국제법 또는 국내법에 규정된 권리 또는 의무를 새롭게 만들지는 않는다'는 조건을 달았다. 이 부분이 매우 주목된다. 3자 협의에 대한 '공약'에 위와 같은 조건을 단 것은 한미상호방위조약과 미일 상호협력 및 안전보장조약에서 미국이 보장받고 있는 기득권을 인정하고 향후 미국이 한국, 일본과의 관계에서 계속 주도권을 행사할 입지를 강화한 장치로 해석할 수 있기 때문이다.

'공약'은 한미상호방위조약으로 보장받는 미국의 기득권을 더 강화시킬 듯

3국 정상이 방점을 찍어 발표한 '공약'은 결과적으로 한국에서 한미상호방위조약으로 보장된 미국의 군사적 기득권을 더 강화시키는 역할을 할 것으로 보인다. 한국의 입장에서는 한국에 대한 미국의 군사적 통제가 더 강화된다는 것으로 해석될 수 있다. 한국의 경우 군사적 주권을 미국이 행사하고 있다는 점에서 미국의 대중국 전략에 한국이 들러리를 서게 될지 모른다는 우려가 제기되는 부분이다.

특히 미국의 대외정책이 미국 우선주의에 치우쳐 있고, 미국이 과거 베트남, 이라크 전쟁에서 가짜뉴스를 내세워 침략행위를 자행하거나 최근 차세대 먹거리 산업인 자동차 배터리, 반도체 등에서 자국이익만 챙기고 동맹국 정부 도·감청을 합법화하는 것과 같은 행위를 하고 있다는 점을 고려할 때 미래에 대한 우려는 더 커진다.

미국에 한미상호방위조약 등 한미동맹에 의해 군사적으로 예속된 상태인 한국 정부의 입장에서 볼 때 훨씬 비관적인 전망이 나올 수밖에 없다. 1953년 만들어진 한미상호방위조약에 의해 한국의 군사적 주권은 미국에 넘겨진 채 현재까지 예속된 상태에 있다. 그것도 미국이 슈퍼 갑이다.

이런 점을 고려할 때 이번 한미일 정상회담에서 3국 협력을 제도화하기 위한 회의 정례화와 협의체 신설 등의 장치를 만들기로 하고 △ 한미일 정상회의를 최소 연 1회 이상 열고, △ 외교장관과 국방장관, 상무·산업장관, 국가안보실장 간 협의 등도 실시할 방침이라고 밝힌 것이 혹시 문재인 정부 시절의 '한미워킹그룹'의 부작용을 낳을까 걱정된다. 문재인 정부 시절 두 차례의 남북정상회담을 통해 거의 모든 분야에서의 교류협력에 합의했지만 2018년 미국 트럼프 정부가 한미 외교·안보·국방 분야의 고위 관리들이 참여하는 '한미워킹그룹'이라는 조직을 발족시켜 그 집행을 저지했다.

한미일의 인도·태평양 지역에 대한 군사적 접근 방안 제시

3국 정상들은 이번 회담에서 한미일의 인도·태평양 지역에 대한 접근법 조율과 새로운 협력 분야 발굴을 위해 차관보·국장급의 '인도·태평양 대화'를 출범해 정례적으로 회의를 열기로 했다. 안보 협력 분야에서는 올해 말까지 북의 미사일 경보 정보의 실시간 공유체계를 가동하고, 북의 핵·미사일 위협에 대응해 증강된 탄도미사일 방어 협력을 추진키로 했다. 또 3국의 조율된 역량과 협력 증진을 위해 3국 훈련을 연 단위로 실시한다는 데 합의했다.

3국의 군사훈련 정례화 합의는 과거 어느 정도 군사적 교류가 이뤄져 왔지만 이를 공식화하고 정례화하는 것으로 특히 주목받고 있다. 이번 합의는 한일 두 나라가 수교 이후 현재까지 일본의 전쟁범죄 인정, 독도 영유권 주장문제 등이 미해결인 채 방치되어 있는 상황에서 이뤄진 것으로 한국 야당, 시민사회의 반발이 적지 않을 것으로 추정된다.

한미일 정상은 대북 공조 방안에도 협력하기로 합의, △ 북의 완전한 비핵화와 자유롭고 평화로운 통일 한반도 지지 △ 불법적인 대량살상무기 및 탄도미사일 프로그램의 자금원으로 사용되는 북의 불법 사이버 활동에 대한 우려 표명 △ 납북자·억류자·국군포로 문제의 즉각적 해결 등을 촉구했다.

한미일 정상회담으로 미국이 주도하는 새로운 대중 포위전략의 그물망 만들어

이번 한미일 정상회담은 미국이 중국에 대해 추진하는 전방위적 포위 전략의 일부인 오커스와 쿼드에 이어 한미일 3각 공조라는 새로운 그물망을 만든 것으로 비추어진다. 이로 인해 미국 주도의 북·중·러 포위망을 한층 강화할 것으로 보여 동북아 신냉전 수위 상승과 함께 역내 군사적 긴장이 높아질 것으로 보인다.

동시에 3국의 협력이 북과 중국의 위협이라는 역내 안보문제를 뛰어넘어 인도·태평양 지역 전체의 안정과 번영에 진정으로 관여하겠다는 것으로 향후 그 파장이 만만치 않을 전망이다.

이런 점에서 한국이 한미일 정상회의라는 외교전에서 무엇을 주고받았으며 어떤 국익을 챙겼는지 확실치 않아 또 다른 미국 퍼주기 외교라는 비판이 제기된다. 미국과 일본은 중국 견제라는 실질적인 목표를 추구하고 있는데 한국의 경우 북에 대한 군사적 압박을 강화할 뿐 한반도 비핵화, 평화통일이라는 궁극적 목표에 도움이 될 내용을 챙기지 못했다는 지적을 받고 있다.

중국은 3국 회담에 극도의 경계감 표시하고
대만 해역서 합동 훈련 벌여

중국은 이번 3국 정상회담에 대해 극도의 경계심과 적대감을 감추지 않고 있다. 중국의 관영매체인 환구시보는 "이번 회담에서 강조된 협력관계나 동맹의 모습은 미국이 중국에 대한 경쟁력을 강화시켜 중국 발전 전망을 약화시키려는 목적일 뿐이며 북대서양조약기구와 같은 형태의 안보기구가 현실화될 가능성이 우려된다"고 보도했다.[364]

이 신문은 중국 전문가들을 인용해 이번 정상회담은 중국을 겨냥한 위선적 행위라고 비판하면서 3개국이 북대서양조약기구가 내건 '하나에 대한 공격은 모두에 대한 공격'이라는 집단적 방어 공약을 내놓지는 않았지만 그와 유사한 '한미일 어느 나라에 대한 공격은 전체에 대한 공격'이라는 주장이 제기되었다고 강조했다.

중국은 19일 대만 북부·서남부 해역·공역에서 해군·공군 합동 순찰과 훈련을 시작했는데 이는 한미일 3국이 미국 캠프 데이비드 정상회의에서 중국을 지역 내 '규칙 기반 국제질서'를 저해하는 주체로 지목하고, '중국과 대만 문제의 평화적 해결'을 촉구한 지 6시간 만에 이뤄졌다.[365]

한편 한미는 2023년 8월 21일부터 31일까지 대폭 확대된 야외 기동훈련이 포함된 하반기 연합연습인 '을지 자유의 방패'(UFS, 을지프리덤실드) 훈련을 고도화된 북의 핵·미사일 능력과 의도, 변화된 안보 상황, 우크라이나 전쟁 교훈 등을 시나리오에 반영해 시행한다고 국방부가 20일 밝혔다.[366]

이 UFS는 1부(21~25일), 2부(28~31일)로 나눠 시행되는데 육·해·공군, 해병대뿐 아니라 주한미군 및 미 본토 우주군도 참여하고 유엔사

회원국인 호주, 캐나다, 프랑스, 영국, 그리스, 이탈리아, 뉴질랜드, 필리핀, 태국 등도 참가한다. 이번 연습 기간 B-1B 전략폭격기 등 미국 전략자산이 전개해 연합훈련을 할 가능성도 큰 것으로 알려졌다.

대만 주변과 한반도에서 군사훈련이 벌어지면서 자칫 동북아의 진영대립 구도가 전쟁 발발로 심화되거나 악화되지 않을까 걱정된다. 우크라이나-러시아 전쟁에서 보듯 전쟁은 그 자체가 큰 비극이다. 모든 전쟁이 그렇듯이 전투가 장기화되면 교전국 간의 상호 대응 수위가 점차 높아져 인명과 재산 피해가 커지고 장기적인 소모전 양상을 보이거나 전술 핵무기의 사용 가능성도 높아지고 실제로 위협용으로 제시되고 있다.

이런 현실은 한반도 당사국들에게 전쟁이 발생하지 않도록 관리해야 한다는 교훈을 주고 있다. 전쟁이 발생할 근거를 제거하고 대화가 필수적인 조건을 만드는 정치에 힘을 써야 한다는 것이다. 미국은 중국, 러시아와 각을 세우면서도 국방, 외교, 경제 담당 장관급 접촉이나 협상을 벌여 이른바 불필요한 충돌을 예방하는 데 주력하고 있다. 윤석열 정부는 미국의 최선봉에 서거나 비수를 겨냥하는 것과 같은 역할만을 할 뿐 자국의 이익을 챙기고 국권을 보호한다는 다각적 외교 노력 등은 하지 않아 걱정이다.

한미일 협력은 자칫 한반도가 여러 국제분쟁에 휘말릴 가능성을 안고 있어

이번 정상회의 결과의 핵심은 '역내외 위기 시에 3국이 서로 협의하도록 약속'한 부분으로 북의 핵·미사일 위협은 물론이고 우크라이나 전쟁, 중국의 타이완 침공, 남중국해 분쟁 문제 등에서도 3국이 공동 대응할 근거를 마련한 점이다. 북의 핵과 미사일 도발에 대한 3국 공조 수준을 더 높이고 더 강력한 방어벽을 만들었다는 평가도 가능하지만, 동시에 한국의 의지와는 관계없이 여러 분쟁에 휘말릴 수 있다는 우려도 나오고 있다.[367]

이번 정상회의로 미국이 3국의 공동대응을 강력히 요구할 시스템이 만들어지면서 '한미일 대 북중러' 구도가 더 선명해졌다. 미중 경쟁으로 촉발된 진영 간 대립이 신냉전으로 비화하고 있는 상황에서 어느 편에도 서지 않는 건 불가능하지만 한국의 경우 중국, 러시아와는 북핵 문제뿐 아니라 경제적인 이유로도 관계가 악화되는 것은 피해야 한다는 점 또한 분명하다.

이런 상황에서 한국은 한미일 3국의 공통 이익도 분명히 존재하지만 그렇지 않은 부분도 엄존한다는 점을 인식해야 할 것이다. 미국과 일본이 취하고 있는 외교 노선은 한반도의 궁극적인 평화와 안정, 평화통일과 거리가 있다는 것은 널리 알려진 사실이기 때문이다.

국제외교는 자국의 이익을 극대화하는 방향으로 추진되고 있다는 점에서 한국 정부는 이번 3국 정상회담에서 미일의 요구를 들어주면서 무엇을 반대급부로 챙겼는지 살펴 국민에게 설명해야 한다. 미국, 일본 지도자들이 한미일 체제를 자기들의 정치적 성과로 내세워 국내 정치에 활용하고 있다는 점에서 더욱 그러하다.

한국은 군사적 주권조차 제대로 행사하지 못하고 미국의 강력한 지배를 받고 있다. 게다가 국가보안법이 존재함으로 인해 사상과 표현의 자유를 제약받게 됨으로써 분단 해소와 평화통일 추구 분야에서 활발한 토론이 전혀 작동하지 못하고 있을 뿐만 아니라 인권유린과 국민 주권의 권리 또한 제대로 누리지 못하는 문제가 심각하게 발생하고 있다. 결국 이 두 가지가 자칫 국제경쟁력을 약화시키는 걸림돌이 되고 있는지를 살펴야 할 것이다.

정부 여당은 이번 3국 정상회담에 대해 야당이 "국익이 최우선시 되어야 할 외교무대에서 기회마다 사안마다 국익의 실체는 보이지 않고, 들러리 외교만 보이고 있다. 선진국 대열에 선 대한민국이 언제부터 이렇게 외교의 먹잇감이 됐냐?"며 "대한민국과 국민의 이익을 내주며 일본과 미국만 이롭게 하는 외교를 즉각 중단하라"고 비판한 것을 진지하게 고민해야 할 것이다.

윤 대통령은 기회만 있으면 민주주의. 인권, 법치를 내세우면서 정부 비판 세력을 공산주의자라고 매도하고 있지만, 군사적 주권을 행사하지 못하는 국가, 남북관계나 평화통일에서 국민이 주권을 행사하지 못하는 기형적 국가라는 두 가지 결정적 결함을 방치한 상태 속에서 대통령의 역할이 무엇인지를 심사숙고해서 고칠 것은 고쳐 시급히 정상화시켜야 할 것이다.

외세가 한반도 분단을 빌미로 자국의 노림수를 달성하기 위해 대화보다 군사적 대치나 대립을 선호한다는 것은 지난 수십 년 동안 모두가 확인한 사실이다. 하지만 한국은 한반도 분단 당사자로서의 입장이 절박하다. 바로 이점을 윤 대통령 등은 깊이 새겨보아야 할 것이다.

6장

대등한 주권국가로 가는 길

1. 서로 핵공격을 공언하는 현재의 남북 모습을 후손들은 어떻게 생각할까?

남북은 외세인 미국을 두고 서로 판이한 생각과 행동으로 초강경 대치

향후 100~200년 뒤 한민족 후손들은 전쟁 위기가 일상화된 2023~2024년 한반도 상황을 어떻게 해석할까? 현재 한반도의 남과 북은 하나의 외세, 즉 미국을 앞에 두고 서로 판이한 생각과 행동을 하며 극한 대치 중이다. 한쪽은 세계 제1의 반미, 다른 한쪽은 군사주권을 미국에 넘겨주고 한미일 협력체제를 주도하는 미국에 몰방하는 친미 정부가 버티고 있다.

'미국법이 세계의 법이다'라는 식의 국가 이기주의에 매몰된 미국에 대해 상반된 태도를 지닌 것에 대해 후손들이 어떤 평가를 내릴까를 생각한다면 눈앞의 문제에 대한 해법이 나올 수도 있을 것 같다. 미래세대의 준엄한 심판이 기다리고 있다는 점을 잊지 않는다면 민족 공멸을 자초하는 막가파식의 행동은 생략될 수 있을 것이다.

남북 두 지도자가 지난 3월 이후 행한 발언만 보아도 분단된 반쪽에 대해 '너 죽고 나 살자'라는 식의 군사적 경고에 다름 아니다. 그 내용을 살피면 섬뜩하다.

> 북은 지난 2023년 3월 김정은 국무위원장이 참관한 가운데 '핵무
> 인수중공격정' 수중폭발 시험과 전략순항미사일 핵탄두 모의 공중
> 폭발 시험을 각각 진행했다면서 김 위원장이 "우리의 인내와 경고
> 를 무시한 미국과 남조선당국의 무분별한 군사적 도발 책동이 가증
> 될수록 우리는 끝까지 더욱 압도적으로, 더욱 공세적으로 강력하게
> 대응할 것"이라고 강조했다고 밝혔다.[368]
> 윤석열 대통령은 지난 2023년 7월 핵무기를 실을 수 있는 미국
> 의 전략자산인 오하이오급 핵추진 탄도유도탄잠수함 '켄터키함'
> (SSBN-737) 승함에 앞서 한미 군 관계자들에게, 전날 열린 한미 핵
> 협의그룹(NCG) 첫 회의를 언급하면서 "한미 양국은 앞으로도 핵협
> 의그룹, 에스에스비엔(SSBN)과 같은 전략자산의 정례적 전개를 통
> 해 고도화되고 있는 북의 핵·미사일 위협에 압도적이고 결연히 대
> 응해 나갈 것이다. 북이 도발한다면 정권의 종말로 이어질 것임을
> 분명히 경고했다"고 말했다.[369]

이 같은 남북 두 지도자의 발언은 하루가 멀다 하고 지속되는 무력
시위와 날 선 공세적 메시지의 일부일 뿐이다. 그 사례를 하나 보면
한미가 최근 B-1B 전략폭격기를 전개한 가운데 연합공중훈련을 실
시하자 북이 2023년 8월 30일 "'대한민국'군사깡패들의 중요지휘거
점과 작전비행장들을 초토화해버리는 것을 가상한 전술핵타격훈련을
실시했다"고 조선중앙통신이 31일 보도했다. 통신은 훈련의 목표에
대해 "원쑤들의 불의적인 무력침공을 격퇴하고 전면적인 반공격으로
이행하여 남반부 전 영토를 점령"하는 것이라고 소개했다.[370]

북에 앞서 남한 국방부는 그해 3월 실시된 한미연합연습 '자유의 방패'(Freedom Shield, FS)에서 방어보다는 북쪽 지역의 수복과 북의 정권 축출 등 공세적인 시나리오에 따라 "사전 위기관리연습(CMX) 단계에서 전쟁을 선포한 뒤 1부 방어·격퇴 단계를 건너뛰고 곧바로 2부 반격 및 북쪽 안정화 단계를 집중적으로 시행, 북쪽 지역을 수복하고 주민 지원으로 안정화하는 작전을 점검한다."고 밝혔다.[371]

남북은 피를 나눈 형제 관계이지만 분단 수십 년이 지나면서 지구촌이 한반도 핵전쟁을 우려할 정도의 심각한 대치 상황을 보여주고 있다. 이런 모습을 지구촌이 어떤 시각으로 볼지를 생각하면 등골에 식은땀이 흐를 지경이다.

지구촌을 볼 때 많은 공동체 가운데 민족과 국가의 지속력과 응집력, 일체감이 강하다는 점에서 이데올로기에 몰입해서 동족을 집단 살상하겠다는 태도를 깊이 자성해 볼 일이다. 현재 남북의 구성원들이 누리는 오늘의 현실은 반만년 역사를 이어온 선조들의 얼과 혼의 연장선상에 있다. 그렇다면 오늘의 세대들은 후손들에게 부끄럽지 않은 선조가 되도록 노력하는 것이 지당한 책무라 할 것이다.

세계사를 살피면 사상과 이데올로기는 시대에 따라 가변적이다. 그러나 민족은 사상과 이데올로기에 비해 생명력, 구심력이 가장 긴 공동체라는 점을 인정한다면 남북 간의 오늘날 대치를 평화와 통일로 이끌 로드맵을 만드는 데 발 벗고 나서야 할 것이다.

잠깐 긴 안목으로 현재와 역사를 살폈는데 사실 눈앞에서 전개되는 한반도의 군사적 대치와 무력시위, 동족에 대한 적개심을 살피면 소름이 돋을 만큼 그 정도가 자심하다.

북은 자체 핵무기로, 남은 미국의 핵무기로 상대를 타격하겠다는 것인데 핵무기는 재래식 무기와 비교할 수 없을 만큼 그 파괴력이 혹

독하다. 그것이 얼마나 지독한 것인가는 1945년 8월 미국이 일본에 떨어뜨린 두 개의 핵탄두를 떠올리면 충분하다.

남북이 서로, 상대를 핵으로 공격하겠다고 공언

북은 남을 향해 전술 핵무기로 지상 수백 미터에서 폭파실험을 마쳤다고 공언하고, 남은 북에 대해 미국의 핵공격 전략에 전적으로 의존해서 북을 핵으로 초토화시키겠다고 맞대응한다. 이런 모습은 남북이 상대를 겁줘서 전쟁을 포기하도록 만들겠다는 심리전 차원의 메시지라고 할 수도 있다. 그러나 현실은 간단치 않다. 분단국 외부의 외세는 언제나 그렇듯이 분열과 대립을 이용해 잇속을 채우는 데 혈안이 되어 있다.

미국이 중국과 러시아를 겨냥한 세계군사전략을 추진하는 과정에서 남에 대해서는 혈맹을 앞세우고 북을 그 불쏘시개 정도로 활용하겠다고 나서고 있는 형국이다. 중국과 러시아는 북의 인공위성 발사도 유엔 제재 대상에 포함 시키는 등 대북 제재에 상당 부분 동참했다가 최근 우크라이나-러시아 전쟁으로 신냉전이 도래하자 북에 대해 안보리 추가 제재에 반대하면서 대화와 협상을 통한 문제 해결을 촉구하고 있다. 우주탐사, 개발과 직결되는 인공위성의 발사를 범법화하는 것은 국가라는 공동체의 미래 발전을 차단하는 것과 같은데도 중국, 러시아는 대북 제재에 찬성했다.

중·러의 뒤바뀐 대북 입장은 지난 2023년 3월 21일 시진핑(習近平) 국가주석과 블라디미르 푸틴 대통령의 정상회담 이후 낸 공동성명에 나와 있다. 두 정상은 "한반도 정세에 우려를 표명하고 관련국들이 냉정과 자제를 유지하고 국면 완화를 위해 노력할 것을 촉구한다"며 미국을 향해 "실제 행동으로 북의 정당하고 합리적인 우려에 호응해 대화 재개의 조건을 만들어야 한다"고 촉구했다.[372]

중·러는 이어 "양측은 시종 한반도의 평화와 안정 수호 및 한반도 비핵화 실현을 주장하고, 한반도의 평화와 안전 메커니즘을 수립할 것을 공동으로 주창해왔다. 양측은 (북에 대한) 제재와 압력을 취해서는 안 되고, 그것은 통하지도 않으며, 대화와 협상만이 한반도 문제 해결의 유일한 길이라고 생각한다"면서 "양측은 계속해서 긴밀히 소통하고 협력하며 '쌍궤병진(한반도 비핵화와 평화체제 동시 추진)'의 사고와 단계적·동시적 행동 원칙에 따라 한반도 문제의 정치적 해결 과정을 끊임없이 추동할 것"이라고 밝혔다.

그러나 이 지점에서 냉정히 살펴야 할 것은 미국, 중국, 러시아라는 강대국은 한반도의 분단을 최대한 이용하려 했고, 지금도 마찬가지이며, 미래에도 그럴 속셈으로 필요할 경우 물밑으로 흥정하고 거래할 태세를 갖추고 있다고 보아야 한다.

국제사회에서 최상의 선택이나 서로 승리하는 합의를 이끌어내는 것은 쉬운 일이 아니다. 남북은 정부, 개인 모두 상대와 자기 발밑을 살피는 것도 중요하지만 지구촌 전체를 고려하면서 중장기를 내다보고 지혜를 짜내는 노력을 해야 한다. 그런 것을 생각할 때 오늘의 현실에 대한 고민은 후손들이 안전하게 살아가야 할 미래를 예비하는 작업도 당연히 포함되어야 할 것이다.

오늘날 한반도 두 진영은 나날이 강 대 강으로 치달아 어떻게 평화적으로 해결될 것인가를 가늠할 수 없는 지경에 이르렀다. 북이 지난해에 이어 올해 전략, 전술용 각종 미사일을 계속 발사하는 무력시위를 지속하면서 핵무기 사용을 법제화하고 북의 비핵화를 거론하는 것조차 선전포고로 간주하겠다고 공언하고 있다. 전술 핵무기로 남쪽도 공격할 수 있다는 가능성을 감추지 않고 있다. 물론 전쟁 그 자체가 목적은 아닐 것이고 외교안보 차원에서의 해결을 바라고 있을 것은 분명하다. 북의 요구가 한미연합훈련의 중단과 유엔 등의 대북제재 조치 해제라는 것은 이미 널리 알려진 사실이다.

한미 두 나라도 북에 대해 강 대 강으로 응수할 뿐 북의 요구를 수용할 태도는 전혀 없다. 미국이 주도하는 대북 정책은 한미일 군사협력 체제의 강화로 알려져 있다. 유엔은 북이 안보리 제재 조치를 위반한다는 미국 쪽 의사만을 주로 챙겨주는 식인데 이런 모습은 우크라이나-러시아 전쟁에서도 반복되고 있다. 남한도 미국의 각종 최첨단 전략자산을 동원하고 북쪽의 요인 암살과 같은 참수작전을 포함한 합동군사훈련을 지속적으로 벌이면서 이를 언론에 계속 공개하고 있다. 남한 대중매체는 한미연합훈련의 현장 모습을 중계방송하듯 안방에 전달하면서 언론의 전시동원체제와 엇비슷한 상황이 벌어지고 있다.

지난해 이래 한반도의 두 진영은 군사적 행동과 감정대립의 수위를 높이는 짓을 동시에 하고 있는 것이다. 미국과 중국, 러시아의 경우 군사적 긴장 상태가 높아지면 국방장관이나 군 최고 지휘관 간의 전화통화 등을 통해 우발적 충돌을 막자는 안전조치를 생략하지 않는다. 북은 그런 안전조치를 거부하고 한미도 맞장을 뜨는 모습이다.

2024년 8월 현재의 지구촌은 신냉전으로 진입해 간다는 우려의 목소리가 커지는 가운데 동북아에서는 한미일, 북중러로 굳어가는 추세다. 만약 현재와 같은 움직임이 지속될 경우 한반도나 대만에서 무력충돌이 발생할 경우 동북아 전체가 전화에 휘말리는 상황으로 비화될 개연성이 점차 더 커지고 있다.

전쟁이 발생하면 젊은 군인은 물론 민간인의 희생이 크다는 점에서 정치는 모든 수단을 다 동원해서 전쟁은 막아야 한다는 것에 이론이 있을 수 없다. 정의의 전쟁이 존재한다고 하나 가능하다면 전쟁을 하지 않고 승리하거나 전쟁이 발생하지 않을 상황으로 정치외교를 하는 것이 최상책이다. 정치권은 이런 책임감을 가지고 국민의 머슴 역할을 해야 하는 것이 정답일 것이다.

참조 미 대통령의 선제타격권 행사를 정당화하는 근거

미국 정부가 선제타격을 거론할 때는 미국 헌법 2조와 '무력사용 권한'(AUMF) 두 개를 법률적 근거로 제시하고 있다. 미국은 1997년 이후 북이 핵무기 개발을 시도하자 북의 주요 핵시설을 공격하는 선제타격을 대통령이 바뀔 때마다 검토했지만 한국은 단 한 번도 사전에 논의 대상이 되지 못했다.[373] 이는 미국이 전략무기인 핵무기에 관해선 사용 계획을 동맹국과도 사전 협의하지 않는 법 체제 때문이다. 미국은 북에 대해서도 헌법 2조와 '무력사용 권한'(AUMF) 두 가지 근거를 제시하는데 상황에 따라서 미국의 조치를 합법화하려는 그런 태도라 할 수 있다.

미국 헌법 2조와 선제타격권

미국 헌법 수정조항 제2조의 원문은 "잘 규율된 민병대는 자유로운 주(State)의 안보에 필수적이므로, 무기를 소장하고 휴대하는 인민의 권리는 침해될 수 없다.(A well regulated Militia, being necessary to the security of a free State, the right of the people to keep and bear Arms, shall not be infringed.)"로 되어 있다. 이 조문에는 선제타격이라는 말이 없지만 유권해석을 할 때 가능하다는 논리다. 동시에 미 국민의 총기 소유 자유화에 대한 법적 근거도 이 조문에 있다고 해석되고 있다. 전형적인 '귀에 걸면 귀걸이'라는 식이지만 미국 관리들은 그렇게 주장하고 있다.

미국 헌법 2조가 선제타격권으로 거론된 경우는, 미 국무장관과 국방장관이 2017년 10월 상원 외교관계위원회 청문회에서 미국에 대한 북의 공격이 임박했거나 실제 공격이 이뤄질 경우 헌법 2조에 따라 대통령은 국가를 보호해야 할 책임이 있다고 발언한 것을 들 수 있다.[374]

당시 미국 렉스 틸러슨 국무장관과 짐 매티스 국방장관은 미국에 대한 북의 공격이 임박했거나 실제 공격이 이뤄질 경우 군 통수권자로서 대통령의 권한이 적용될 수 있다고 밝히면서 대북 군사 조치에 앞서 의회의 승인이 필요한 것으로 보느냐는 한 의원의 질문에 즉답을 피했다.

틸러슨 장관은 또한 상원 외교관계위원회 청문회에서 의회 승인 여부는 상황에 따라 달라질 수 있다며, 정확한 근거에 따라 결정을 내려야 할 사안이라면서 대통령이 의회의 승인 없이 (전쟁 수행) 권리를 행사할 것인가는 즉각적 위험인지 여부 등 위협의 성격에 달린 문제라고 설명했다.

한편 매티스 장관은 헌법 2조에 따라 대통령은 국가를 보호해야 할 책임이 있다며, 시간이 촉박한 상황에서는 의회와 상의하지 않거나 혹은 지난 2017년 4월 시리아 공군기지에 대한 미군 공습 때처럼 먼저 행동을 취한 뒤 의회에 즉시 통보하는 상황을 상상해볼 수 있다고 밝혔다. 그러면서 북의 경우에는 미국에 대한 직접적이고 즉각적 혹은 실제 공격이 이뤄질 때, 군 통수권자로서 대통령의 권한을 명시한 헌법 2조가 적용될 것이라고 말했다.

두 장관은 상대방의 핵 보유를 미국에 대한 즉각적 위협으로 간주할 수 있느냐는 질문에, 지나치게 가정적 상황이라며 역시 말을 아꼈다. 틸러슨 장관은 핵 보유 상황은 (핵무기가) 지하 시설에 적재돼 있음을 의미하거나 혹은 발사 직전 상태를 의미할 수도 있다며, 사실에 근거해 즉각적 위협 여부를 판단해야 한다고 말했다.

이 청문회에서는 핵무기를 이용한 대북 선제공격 가능성을 묻는 질문도 나왔지만 매티스 장관은 위협이 임박한 상황이고 (핵 공격이) 이를 막을 유일한 방법일 경우, 재래식 무기 등 다른 (방어) 수단도 있을 수 있겠지만 대통령은 국가를 보호해야 할 책무를 진다고 답했다. 이상과 같은 미 두 장관의 발언을 통해 미국은 자국의 주관적인 판단에 따라 대통령이 북을 모든 수단을 동원해 선제타격할 수 있다는 것을 밝힌 것으로 풀이된다.

미 대통령의 '무력사용 권한'(AUMF)

다음은 미 대통령의 '무력사용 권한'(AUMF)에 대한 것으로 이 권한은 테러와의 전쟁에서 적용되게 되어 있다. 미국이 북을 테러지원국으로 지정한 것도 이 권한을 발동하기 위한 사전 조치라는 점도 의심해 볼 수 있을 것이다. 도널드 트럼프 미국 대통령은 2020년 10월 테러지원국 명단에서 수단을 제외할 것이라고 밝혔는데 이 조치에 따라 북, 이란, 시리아 3국만 테러지원국으로 남게 되었다.[375]

북은 1988년 테러지원국으로 지정된 뒤 2008년 1월 조지 부시 대통령이 북을 테러지원국 명단에서 삭제했지만 2017년 웜비어 사망 사건 및 여러 사건이 터진 뒤 11월 21일 다시 테러지원국 명단에 올랐다. 북이 테러지원국으로 남아 있는 한 미국 대통령의 '무력사용 권한'(AUMF)의 적용대상이 될 수 있는 것이다.

AUMF는 2001년 9·11과 같은 테러를 계획, 주도, 지원, 실행한 개인이나 그룹에게 필요하고 적절한 군사력을 사용할 권한을 미 대통령에게 부여한 것이다. 하지만 미국이 전 세계에서 군사행동을 정당화하고 지속하기 위한 구실로 활용되어 2016년까지 14개국의 공해상에서 37건에 개입하는 데 AUMF가 적용되었다.[376]

'무력사용 권한'(AUMF)은 2003년 미국의 이라크 전쟁 때 처음 활용된 뒤 트럼프 대통령이 이란군 실세인 카셈 솔레이마니를 제거하면서 이란과 전쟁 위기로까지 치닫기도 했다. 이처럼 AUMF가 미 대통령이 해외에서 군사력을 사용할 때 그 근거로 이용되고 있어 이를 폐지해야 한다는 법안이 미 의회에 제출되었지만 통과되지 못했다.

미국 하원은 2020년 1월 미 대통령에게 부여된 AUMF를 폐지하는 등 미 대통령의 군사행동 결정 권한을 크게 제한하는 내용의 안건을 통과시켰지만 상원에서 부결되었다. 미 하원의 이런 움직임은 2017년 북에 대한 트럼프 대통령의 '화염과 분노' 발언, 그리고 트럼프 행정부가 예방적 차원의 대북 선제공격을 검토하고 있다는 주장이 나왔을 때에 이어 두 번째였다.[377]

당시 트럼프 대통령의 대북 군사행동에 제동을 가하려는 움직임은 모두 민주당이 주도했지만, 공화당이 상하원을 모두 장악한 상황이어서 관련 안건 처리는 매번 무산됐다.

2017년 10월 상정된 '위헌적 대북 선제공격 금지 법안'은 북의 공격이 임박했거나 실제 공격이 이뤄진 상황이 아니라면 의회 승인 없이 행정부가 대북 군사행동을 위한 예산을 사용할 수 없게 함으로써, 대통령의 독자적 선제공격에 제동을 건다는 내용이었다. 비슷한 시기 민주당의 크리스 머피 상원의원도 유사한 내용의 '대북 선제타격 예방'을 상정했지만, 모두 상임위 문턱을 넘지 못하고 폐기됐다.

미국의 대북 군사행동 논란과 관련해 대다수 공화당 의원들은 군사행동을 비롯한 모든 옵션을 테이블 위에 두고 북이 협상에 나오도록 압박해야 한다고 주장하면서 트럼프 행정부의 대북 선제공격 가능성에 대해서는, 미국에 대한 위협이 임박할 경우 대통령은 헌법 2조에 근거해 선제공격을 가할 권한이 있다는 논리를 강조했다.

그러나 공화당 일각에서는 AUMF는 대통령에게 어떤 대북 군사행동 권한도 부여하지 않는다면서, 북과 이란에 대한 군사행동 권한도 대통령에게 부여하도록 AUMF를 개정해야 한다는 주장도 내놓고 있다.

미 대통령은 선제타격권 발동을 어떻게?

미국은 북을 선제타격할 채비를 항상 갖추고 있다고 공언하고 있다. 그럴 경우 북도 대응하게 되면서 한반도는 불바다가 되고 동북아 전체의 범위를 넘어선 대재앙이 발생할 가능성이 적지 않다.

미국의 선제타격권 발동은 미 대통령의 권한이다. 만약 미 대통령에 의해 선제타격권이 발동되면 미국 전략사령부가 운용하는 3대 핵 전력인 장거리 핵폭격기, 대륙간탄도미사일(ICBM), 잠수함발사탄도미사일(SLBM) 등이 동원된다. 예를 들어 지난 2019년 미 국방부가 밝힌 바와 같이 미국은 한국 등 동맹국이 핵 공격을 받으면 미국 본토가 공격받았을 때와 같은 수준의 전력으로 응징, 타격한다는 핵 확장억지력을 제공한다는 전략이다.

미국은 북을 향한 구체적인 핵 공격 계획을 가지고 있으며 미 본토를 위협할 수 있는 대륙간탄도미사일(ICBM)을 가진 북에 대한 핵 공격에 한국의 허락은 필요 없다고 미 군사전문가들은 인식하고 있는 것으로 나타났다.[378]

토마스 매키너니 전 미 공군 참모차장은 지난 2017년 8월 폭스비즈니스 인터뷰에서 '만일 김정은이 서울을 폭격하면 미국의 핵 반격으로 15분 안에 모든 것이 끝난다. 북의 모든 도시가 사라질 것이다. 북이 서울을 공격하면 미국은 즉각 '크롬돔'이라는 전략핵 폭격을 하기 때문에 북에 남는 게 없다. 공격명령과 함께 우리(미국)의 크루즈 미사일 2,000개가 날아갈 것"이라고 말했다.

북에 대한 미국의 선제타격은 한반도 전면전을 의미하고 그렇게 되면 남북 전역에서 천문학적인 인명 피해가 발생하는 최악의 사태인데도 한국이 사전 협의 대상이 되지 않는다? 어떻게 이런 해괴한 일이 벌어질 수 있을까? 한민족의 생사가 어느 순간 미국 대통령에 의해 좌우될 수 있는 현실이라는 것은 끔찍한 일이다.

미국은 한미상호방위조약으로 대북 선제공격의 빌미 확보

한반도에서 미국의 선제타격 또는 선제공격이 한미상호방위조약과 깊이 연관되어 있다는 점을 한국에서는 거의 거론하지 않고 있다. 선제타격의 개념을 살피면 한미상호방위조약에 의해 미국이 일상적으로 대북 공격의 구실을 마련하고 있다는 점이 분명한데도 말이다.

미 대통령의 선제타격은 적의 공격이 임박한 것으로 판단될 때 취해지는 것으로 되어 있다. 이는 주관적인 판단에 의한 무력행사라는 의미다. 이 주관적 판단이 대외적으로 설득력이 있으려면 그럴듯해야 한다. 즉 북이 미국을 향해 엄청난 군사행동을 할 것을 미리 알았다는 증거를 제시해야 한다. 그래야 미 의회로부터 필요한 예산 지원을 받을 수 있고 국제적으로도 비난을 받지 않고 넘어갈 수 있는 것이다.

미국은 그런 자료를 챙기거나 '바로 이것이 증거다'라고 공개하기 위한 자료를 수집하기 위해 미국 첨단정찰기를 수시로 한국 영공에 보내 북을 감시하고 있는데 이런 대북 정찰은 한미상호방위조약에 의해 가능하다. 미국은 이 조약 4조에 의해 언제든 맘만 먹으면 북에 근접한 남쪽의 상공으로 정찰기를 보낼 수 있고 선제공격을 위한 사전 준비 작업을 할 수 있기 때문이다.

돌이켜 보면 박정희 정권 시절 한국군의 베트남 전투부대의 증파와 관련해 한미상호방위조약에 대한 문제가 제기된 바 있다. 차지철을 비롯한 국회의원 55명은 1966년 3월 12일 '한미상호방위조약의 보완개정 촉구에 관한 건의안'을 국회 외무위원회에 제출했고, 이어 국회는 같은 해 7월 8일 "한국 방위문제와 한미 양국 간의 군사적 제휴 및 재한 외국군대의 지위를 결정하는 제반 조약과 협약을 정부는 재검토하여야 하며 시국 변화에 따라 현실성 있고 주권이 보전되는 내용으로 조속한 시일 내에 보완 개폐할" 것을 정부에 요구하는 건의안을 통과시켰다.[379]

이에 따라 국방부는 1966년 10월 한미동맹 검토 결과를 외무부에 보내 "한미상호방위조약이 체결되고 10여 년이 지나면서 발생한 국제정세 변화 등으로 이 조약의 전면적 개정이 필요하다"고 밝혔다. 박정희 정권의 한미동맹에 대한 문제 제기는 그 후 흐지부지되었지만, 자주국방 차원에서 문제점을 대외적으로 확인시킨 점은 평가받을 만하다.

그러나 그 후 한미동맹에 대해서는 어느 정권도 거론치 않은 채 오늘에 이르렀고 급기야 핵전쟁을 각오해야 할 정도의 심각한 군사적 대치 상황이 전개되고 있다. 이런 상황인데도 국내 정치권 등은 한미동맹이 한국의 이해관계와 100% 부합하는 것과 같은 태도를 취하고 있을 뿐이다.

미국 대통령의 선제타격권은 미 국민의 생명과 재산을 보호하기 위한 장치로 미 국내법에 규정되어 있는 것으로 미국은 그 발동에 앞서 한국과 사전 협의한 사실이 없다. 이뿐이 아니다. 미국은 주한미군 철수 또는 감축 계획과 관련해 한국에 사전 협의한 전례가 없다. 이는 미국 대통령이 미군 통수권자로 권한을 행사할 경우 미국 법에 한국과 사전 협의하라는 규정이 없기 때문이다. 미국의 현행법이 존속하는 한 미국의 일방통행식 군사적 결정은 앞으로도 계속될 것이다.

미국은 자국의 이익을 챙기기 위한 군사적 결정으로 인해 한국이 엄청난 피해를 당하는 것을 철저히 외면하고 있고, 한국은 침묵으로 동의를 표하고 있는 셈이다. 미국 의회에서도 논란이 분분한 미 대통령 선제타격권이나 '무력사용 권한'(AUMF)에 대해, 그 때문에 민족이 전멸의 위험에 빠질 수 있는 한국에서 아무런 논란이 없다는 것을 지구촌이 어떻게 바라볼 것인가를 생각하면 가슴이 답답해진다.

미국이 선제타격 대신에 다른 선택을 하도록 권유하거나 설득 또는 필요하면 강제할 수단을 고민하고 구체적 방안을 내놓는 게 대한민국 정부가 국민에게 해야 할 당연한 도리일 것이다. 한국도 미국과 같은 주권 국가인데 전쟁과 평화, 생과 사를 선택할 권한이 없는 황당한 일이 벌어질 가능성에 대해 한국 정부가 발 벗고 나서서 미국에 항의하고 바로잡아야 할 것 아닌가. 그렇지 않은 정부라면 그 존재 이유에 대해 심각한 고민을 해야 할 것이다.

그러나 우리의 현실을 보면 너무 안타깝다. 미국의 대통령에 부여된 선제타격 권한에 의해 한반도가 쑥대밭이 될 장치가 항상 가동되고 있는데도 한국 정부나 정치권, 학계, 언론 등은 이의 정당성 여부를 정면에서 따지고 항의하는 행동을 한 적이 거의 없다.

국내에서는 미국의 선제타격에 대한 기초지식이 널리 알려지지 않은 탓인지 단군 이래 최악의 비극이 발생할 가능성이 있는 미국 정책에 대해 심도 있게 따져보지 않고 그저 주목도가 매우 낮은 일과성 사안으로 지나갔을 뿐이다. 한반도 전면전쟁이 벌어지면 남쪽에서만 최대 1천만 명이 죽고 다치는 참사가 벌어진다는데도 큰 소동 없이 지켜보는 한국을 미국은 어떻게 생각할까. 또 세계는 어떤 시선으로 한국을 바라보고 있을까.

한미 군사관계 정상화로 한반도 문제 해결하는 자세가 필요하다

2024년 한국 정치권에서는 여권에서 제기한 '핵무장론'과 함께 윤석열 대통령의 '자체 핵무장론' 발언이 주목되고 있다. 윤 대통령은 2023년 3월 15일 방일을 앞두고 일본 요미우리 신문과 단독 인터뷰에서 "한국에서는 일부에서 핵보유론이 제기되고 있다. 핵확산 방지조약(NPT)과 미국의 '확대억지'에 대한 생각은"이라는 질문을 받고 "우리 과학기술에서는 얼마든지 단시간에 북한 이상의 핵무기를 만들어낼 수 있는데 왜 만들지 않는가 하는 여론의 목소리가 많이 있다."고 말했다.[380]

윤 대통령은 "기본적으로 NPT 체제를 존중한다"고 했지만 일본인들에게 '우리도 핵무기 만들라는 여론이 있다'고 공언한 셈이다. 이는 윤 대통령이 4월 방미를 앞두고 '핵무장론', 혹은 '전술핵 배치론'과 관련해 여론을 떠보는 것으로 해석될 수도 있다.

하지만 한국의 핵무장론이 현실화될 경우 그 폭발적 파급력을 고려할 때 차라리 박정희 대통령의 한미상호방위조약 개정론이 더 실현 가능성이 높아 보인다. 외교와 정치는 여론을 점검하기 위한 풍선을 띄운 후 나타날 후방효과에 대한 면밀한 점검이 필요하다는 점에서 그러하다. 미국의 입장에서 한국의 핵무장으로 인한 동북아 핵 도미노 현상보다 한미군사동맹을 주권 국가의 수준으로 정상화시키는 방안에 더 관심이 클 것이기 때문이다. 특히 박정희 대통령이 1970년대 후반 미국의 주한미군 철수 방침 이후 자체 핵무기를 제조하려 했다가 미국의 엄청난 반대로 중단했던 사실도 참고할 일이다.

오늘날 한반도는 핵전쟁 가능성이 상존하면서 과거의 전쟁 개념으로 접근하는 식의 프레임에서 벗어나야 한다. 핵무기가 국지전에 사용된다고 해도 3차 세계대전으로 비화할 가능성이 매우 크다는 점에서 더욱 그러하다. 만에 하나 한반도에서 전면전쟁이 발생할 경우 동북아가 전운에 휩싸이거나 자칫 핵전쟁으로 비화할 개연성이 크다고 보아야 한다. 이런 점을 고려한 전쟁 방지와 평화 유지가 가능한 전략 개발이 필수적이다.

그렇다면 현재의 난국을 풀 해법은 무엇일까? 많은 것을 살펴야 하겠지만 그 가운데 하나는 앞에서 살핀 미 대통령의 배타적인 선제타격권을 주목해야 할 필요가 있다. 한미가 같은 유엔 회원국이라는 점에서, 국제법적인 국방자주권의 차원에서 한미 군사관계가 정상화되는 것이 급선무라고 생각된다.

현재 한미동맹 관계는 한미상호방위조약, 전시작전지휘권, 유엔군 등에 의해 미국에게 심각하게 기울어진 운동장의 형태다. 미국은 한국과의 사전 협의 없이 지난 1990년대 말부터 대북 선제타격을 검토해 왔다는 점을 볼 때 남북관계가 정상적으로 조성, 유지되기 위해서는 남북 합의가 외세의 간섭 없이 이행될 수 있는 여건 조성이 시급하다.

예를 들어 남북이 상호 군사행동을 자제하기로 한다 해도 미국이 자국의 판단에 의해 북에 군사적 행동을 취할 개연성이 존재하는 한 남북관계는 정상적으로 유지되기 어려울 것이다. 남북은 박정희 대통령이 1974년 1월 남북 간 불가침협정을 체결하자고 제의한 뒤 1991년 12월 '남북 사이의 화해와 불가침 및 교류·협력에 관한 합의서'를 체결한 바 있다. 남쪽이 완전한 군사적 자주권을 행사하는 상황이 보장되지 않으면 2018년 두 차례 남북정상회담에서 합의된 남북 교류협력 방안이 백지화되는 것과 같은 비극이 되풀이될 수 있는 것이다.

한미동맹 관계를 유엔 헌장에 맞게 합리적, 대등한 관계로 정상화할 경우 미국의 대북 정책도 합리적이고 실천 가능한 방향으로 개선될 여지가 클 것이다. 미국이 남쪽에서 누리는 군사적 특권이 존속하는 한 미국식 합리주의는 북의 백기 투항을 최상으로 여길 수밖에 없다는 점을 고려해야 한다.

전쟁과 국력은 긴밀한 관계라는 점에서 한미의 경제력과 국방력이 북의 그것에 비해 월등하다는 점도 고려해야 한다. 이런 점을 감안할 경우 현재의 한반도 군사적 긴장 상태의 해법을 누가 주도적으로 해결하기 위해 나서야 할 것인지는 자명해진다. 한쪽이 항복하는 식이 아니고 서로 승리하는 식으로 끝나는 것이 유엔 헌장에 부합하는 것이라 할 때 한미가 대승적 차원에서 해법을 제시하는 태도를 보이는 것이 합리적이라 할 것이다.

미 의회는 '북과 전쟁 불가' 명문화를 추진하는데, 한국 국회는 선거에만 매몰

한반도에서 전운이 감도는 상황에서 미국 의회 일부 의원들이 미국 정부가 국방예산을 의회의 사전 승인 없이 북과의 전쟁에 사용하지 못하게 하는 입법을 추진한 바 있다.[381]

민주당 브래드 셔먼은 지난 2023년 새해 국방예산법안에 이런 문구를 포함시킬 것을 요구하는 공식 요청서를 하원 세출위원회 국방소위에 제출한다는 방침으로 공식 요청서에 서명할 동료 의원들을 모집했다. 현재 로 카나, 맥거번 리, 주디 추, 앤디 김 등 11명의 의원이 해당 요청서에 서명을 마쳤다.

요청서는 새해 국방예산법안에 '북이 광범위한 미사일 시험과 우라

늄 농축을 계속하고 있어 군사적 충돌 위험이 다시 높아졌기 때문에 미국이 침공을 받지 않는 이상, 의회의 사전 승인 없이는 미국 국방 예산을 북과의 교전에 사용해서는 안 된다'는 조항이 포함돼야 한다고 아래와 같이 촉구했다.

"한국에는 약 2만 8,500명의 미군이 주둔 중이며, 10만 명 이상의 미국 시민들이 거주하고 있는데, 이들은 한반도에서 군사적 충돌이 발생할 경우 모두 심각한 위험에 처하게 될 것이다. 지속되는 외교는, 이 지역의 파트너와 동맹국들과 함께, 항구적인 평화를 확보하기 위한 것이 우리의 초점이 돼야 한다. 미 의회는 일방적이고 허가받지 않은 공격을 방지하기 위해 헌법에 의해 위임된 권한을 가지고 있다. 미국은 북과의 전쟁을 추구하지 않는다는 신호를 분명히 발산해야 한다."

미국은 해마다 별도의 법률을 통해 예산을 편성한다. 미 하원 세출위원회는 행정부가 제출한 예산의 적정성을 심사하며 세출위 산하 국방소위는 정부 예산 가운데 국방예산의 용처를 심사해 법률로 정한다.

서먼 의원은 당시 한국전쟁 종식과 평화협정 체결, 북미 간 수교, 상호 연락사무소 개설, 미국계 한국인들의 자유로운 북쪽 이산가족 상봉 등의 실현을 위한 미국 정부의 임무를 담은 '한반도평화법안'을 의회에 제출한 바 있다.

서먼 의원이 내년 국방예산법안에 포함시키려 추진 중인 핵심 내용은 '미국이 침공을 받지 않는 이상, 의회의 사전 승인 없이는 미국 국방예산을 북과의 교전에 사용해서는 안 된다'는 것으로 볼 수 있다. 이는 미 대통령이 국가 안보와 국가 이익을 위해 군사적 대응이 필요한 긴급한 상황에서 군사력을 사용하는 권한인 선제타격권에 제한을 가한다는 취지이다.

미 의회는 대통령의 선제타격권을 제한하거나 견제하기 위해 과거에도 법적 제한을 설정하거나, 국방예산을 조정하여 대통령이 타격을 실행하기 전에 의회의 승인을 받도록 추진했다. 또한 대통령이 선제 타격권을 사용하기 전에 국가 안보 상황에 대해 자세한 보고를 요구하거나, 국가안보 위원회를 통해 대통령의 결정에 대한 평가와 권고를 제시하는 방안도 시도했다.

그러나 미 대통령의 선제타격권은 헌법과 법률에서 보장하고 있다는 점에서 의회가 제한하거나 제동을 거는 것은 불가능하다는 견해가 지배적이다. 셔먼 의원이 추진하는 이번 시도 또한 마찬가지일 것으로 전망되고 있다.

미 의회가 미 대통령의 선제타격권을 견제하기 위해 움직이는 것과 달리, 한국 국회는 한반도 전쟁 발생 시 한반도에 미칠 그 파장이 민족 공멸도 가능할 터인데 그 대참극에 대한 우려나 방지책에 대해 고민하는 움직임은 전혀 보이지 않는다. 오직 유권자의 표심만을 계산하면서 선거 유불리만을 따지는 정상배의 짓을 되풀이하고 있다. 발밑의 정치적 이해관계에만 매몰된 천박한 태도는 분단 기생적이라는 비판을 피하기 어려울 것이다.

2. 반미는 친북이고 국보법 위반인가?

국보법에 의해 '반미 = 친북'이고,
북에 대한 긍정 평가는 금기 사항이 돼

윤석열 대통령은 2022년 취임 이후 국내정치와 외교에서 이념, 가치라는 추상적 용어로 반대 세력을 공격하면서 야당과는 대화도 외면하거나 거부권을 남발하는 등 특이한 시대착오적 정치를 일삼는다. 그 결과 집권 2년 만에 총선에서 준엄한 심판을 받았다.

그는 인사 원칙에서도 상식에서 크게 벗어나 인권, 방송 통신 등의 업무를 담당하는 합의제 정부 기구에 극우적 성향의 인사나 비양심적 인사를 중용했다. 그로 인해 유튜브에서 극성을 부리던 뉴라이트 논객 등을 고위직으로 기용해 국민과 국론을 갈라치기 하는 방식으로 정치를 한다고 비판을 받고 있다.

그는 일본 후쿠시마 원전 오염수, 강제노역 문제 등에 대해서는 굴욕적 태도를 취하면서 북에 대해서는 공세에 집중하고, 홍범도 장군 흉상 이전 강행 등의 결정을 통해 빨갱이 논쟁과 친일파 몰이를 하고 있다   또한 정부 정책을 비판하는 세력에 대해 공산집단, 반국가세력 등으로 매도하는 해묵은 이념 몰이를 앞세우는데, 그것은 과거 군부독재가 국가보안법을 통치에 악용했던 모습과 흡사하다.

윤 대통령은 과거 여러 대통령들이 남북 교류협력을 주장하며 전쟁 방지에 노력했던 것을 철저히 외면하면서 군사력 증강과 외교적 공세만을 앞세우는 대북정책을 고집해 한반도가 전쟁 직전의 위기 상황으로 치닫게 하고 있다.

윤 대통령이 기회만 있으면 강조하는 민주주의와 법치가 망가지고 있는 상황이 지속되고 있지만 공영언론을 포함한 전체 언론에 대한 탄압적 공세로 언론도 막힌 상태다. 한국이 21세기 정보 강국으로 손꼽히지만 정작 내부 소통이 비정상으로 치닫고 있다.

지금의 상황을 볼 때 한반도에서 전쟁을 방지하고 평화를 정착시키기 위한 노력이 절실하며 더 늦기 전에 정치권과 언론, 학계가 나서서 해법을 모색해야 한다. 이런 당위성에 비춰 볼 때 만약 국보법이 존재하지 않는다면, 그래서 북의 핵·미사일에 대해 여러 견해가 펼쳐지고 다양한 해법이 자유롭게 펼쳐진다면 어떻게 될까 하는 상상을 하게 된다.

남북 간의 평화통일 노력을 저해하는 국보법의 폐해는 물론, 한반도 관련 당사국 모두의 입장과 잘잘못에 대해 툭 터놓고 까발리면서 견해를 좁히는 노력이 시급하다. 더 늦출 수 없는 긴박한 상황이다. 국보법에 익숙한 시각에서 보면 이는 혼란스럽고 위험하다는 견해도 나오겠지만 집단 지성을 통한다면 창조적이고 생산적인 결론이 나올 수도 있을 것이다. 기존의 한미동맹 관계, 남북관계 등에 대해 여러 주장과 제시를 통해 합리적 해법을 도출할 수 있는 유일한 방법이라 할 것이다.

윤석열 대통령과 이승만은 안보 분야에서 외세에 집착하고 몰방한다는 점에서 유사하다. 이승만은 국보법을 만들어 이념이 민족에 우선한다는 반민족적 논리를 내세웠으며, 미국과 한미상호방위조약을 체결해 정전협정을 평화협정으로 전환하는 것을 저지하는 악행을 저질렀다. 윤석열, 이승만은 남북이 언젠가 통일을 이루어야 하는 한민족의 반쪽이라는 점을 전혀 인정치 않는 동일한 태도를 지녔다.

윤 대통령은 대선 전후 과정에서 대북 선제타격, 자체 핵무기 개발 필요성, 한미동맹 강화를 강조하였고, 집권 1년여 동안 그것을 실천해왔다. 그는 핵을 머리에 이고 살 수 없다며 과거 정권들이 북과 교류 협력하려 했던 노력을 '적에게 평화를 구걸하는 식'이라고 비판하면서 무력강화가 평화를 보장해준다는 논리를 내세우고 있다.

그 결과 한미일 군사관계 증진을 최우선 목표로 삼은 듯 한미동맹 강화와 예찬을 부각시키면서 미국 정부의 대통령실 도·감청 의혹도 문제없다며 덮었다. 일본에 대해서도 강제노역과 후쿠시마 원전 오염수 문제 등에 대해 굴욕외교라는 비판이 나올 정도의 저자세 외교 행보를 지속하고 있다. 하지만 일본이 전쟁범죄 등을 부인하고 심지어 독도 영유권을 교과서에 포함시켜 일본의 미래세대가 반한 감정 또는 미래의 한일 갈등을 구조화시키는 문제에 대해서는 미온적 대응을 하고 있다.

윤 대통령은 북의 핵을 저지 또는 폐기하는 것을 지상목표로 삼고, 그 목표를 실현하자면 미국이 앞장선 나토(NATO, 북대서양조약기구), 쿼드(Quad, 4개국 안보회담) 등 중국, 러시아를 견제하는 안보기구에 한국이 적극 참여하는 것이 최상의 대책이라고 여기는 듯하다. 그러다 보니 한국이 최악의 물난리를 겪는 상황에서도 우크라이나를 전격 방문하기도 했다.

북과 한미가 상대에게 핵 공격을 공언하면서 단군개국 이래 최악의 민족 간 대립 수치가 높아진 상황인데도, 윤 대통령이 전쟁 방지를 위한 대책을 충분히 세우는 것 같지 않아 유감이다. 윤 대통령은 한미일 등 외세와의 연합체제가 유일한 해법인 것처럼 내놓고 있지만 과거 대통령들이 교류 협력을 통해 한반도 전쟁을 방지하기 위해 노력한 사실 등을 경시하는 모습이다.

과거 대통령들이 북과 소통을 시도했던 역사적 사실, 평화통일에 대한 헌법규정에 대해 어떤 생각을 하는지 윤석열 정권은 국민 앞에 밝혀야 할 책무를 이행치 않고 있다. 윤석열 정부는 북과의 전쟁 불사를 외치지만 핵무기도 포함될지 모를 전쟁 이후 한국 사회가 어떻게 되는지 등에 대해서는 침묵하는 기이한 태도만을 보여주고 있다.

미국과 중국이 대만 문제, 경제문제 등으로 충돌 직전의 아슬아슬한 모습을 연출하지만 두 나라 국방책임자들이 핫라인 등을 유지하면서 군사적 충돌을 예방하려 노력하는 모습을 참고해야 할 것이다. 전쟁은 정치의 일부이고 전쟁 발생 이전의 상황을 최대한 관리해야 한다는 점을 군 통수권자는 항상 기억해야 할 것이다.

국보법과 한미동맹의 문제점

국보법은 일제로부터 해방되었으나, 1948년 남북이 서로 별도 정부를 수립하는 특수한 상황에서 무리한 논리로 급조한, 그래서 오늘날 국제적으로 많은 지탄과 비판을 받는 악법으로 분류되어 있다. 이런 국보법이 21세기에도 통용되고 있는 것은 지극히 비합리적, 비생산적이다.

70여 년 전 미소 간 냉전이 벌어지는 시점에서 이승만이 만든 국가보안법은 2024년 9월 현재 정치권과 언론의 철저한 외면 속에 그 개폐 가능성이 희박해 보인다. 이 법은 사상과 표현의 자유를 봉쇄하면서 북쪽 지역 전체 소속원을 반국가단체 구성원으로 지목해 혈육 간에도 소통, 교통하지 못하게 만든 반인륜적 악법이다. 산천이 일곱 번이 넘게 변화하는 시간이 흘렀는데도 이 법을 고집하는 것은 가장 심각한 적폐라 할 것이다.

지금 한국은 세계 경제력 10위권 군사력은 6위권으로, 더 발전하기 위해서는 사상과 표현의 자유를 억압하는 국보법이 없어져야 한다. 오늘날 한국 경제 등이 정체 상태에 빠지고 사회가 극도로 혼란한 원인의 하나는 국보법의 폐해가 누적된 결과로 볼 수 있다.

한미동맹은 한미상호방위조약을 핵심축으로 삼고, 여타 합의(당사국을 구속하는 협약·협정·약정·결정서·의정서·선언·규정·규약·헌장·합의의사록·각서·교환공문·잠정협정·공동선언 등)가 그물망처럼 얽힌 관계로 수직적, 예속적인 한미관계를 구조화시켜 놓고 있다.

한미상호방위조약이 맺어진 이후 미국 핵무기나 사드 등 미국의 군사력을 한국에 배치할 때 미국이 실효적인 사전 협의를 한국 정부와 하지 않았다는 것은 주지의 사실이다. 이 조약으로 주한미군 기지는 치외법권적 특혜를 보장받고 한국 공권력이 미치지 못한다. 동시에 미국이 원하는 무기를 한국에 들여올 때 권리를 행사하는 식이고, 본토에서 주둔하는 것보다 엄청나게 저렴한 비용으로 군대를 유지할 수 있다. 평택 미군기지 시설이 세계 최고, 최대인 것도 이 조약에 근거했다는 지적을 받는다. 미국 행정부나 의회에서 한미동맹을 최상의 동맹으로 추켜세우는 이유가 일정 부분 여기에 있다.

미국이 대북 전면전 수행 가능성을 대북정책의 한 카드로 비축하고 있는 것도 현재의 한미동맹이 그것을 가능케 하기 때문이다. 미국의 대북 공격 확정 시 그에 필요한 무기와 탄약비축, 수십만 명에 달하는 미 군사력 주둔, 해군력의 배치와 그 발진기지 등이 필요한데 한미상호방위조약에 의해 이런 것들이 보장된다.

미국은 거미줄처럼 촘촘하게 얽힌 한미동맹으로
한국의 군사주권 장악

한국은 한미상호방위조약 등에 의해 군사적 주권을 미국에 상당 부분 넘겨준 21세기 최악의 불평등 조약을 맺고 있는 나라이다. 한국은 군사동맹이라는 이름으로 미국에게 엄청난 군사적 특권을 제공하면서 말이 좋아 군사동맹이지 사실상 미국의 한반도, 동북아 전략에 예속된 상태로 보아야 한다. 세계가 손가락질하면서 비웃을 한미동맹은 국보법에 의해 철저히 보호받아왔다. 미국은 한국에서 국가이익을 챙기는 데 국보법의 도움을 엄청나게 받았다고 볼 수 있다.

물론 주한미군의 철수 여부에 대한 권한은 미 대통령에게 있는지라 카터, 트럼프 등은 정치적 필요에 의해 주한미군 철수를 시도했다가 중단했다. 미국 조야의 보수 세력은 주한미군이 미국의 동북아 전략 추진에 핵심적 요소라는 점을 주목하면서 주한미군 철수는 물론 감축에 결사반대하는 태도를 보이고 있다.

그 결과 도널드 트럼프 대통령이 서명한 2019년 국방수권법에는 주한미군을 2만 2,000명 아래로 감축할 경우 미 의회의 승인을 받도록 하는 내용이 들어 있다.[382]

미국이 한반도 전쟁 가능성을 일상적으로 강조하는 것은 현재의 한미동맹으로 인해, 즉 주한미군이 그 전략적 역할을 담당하면서 실제로 그렇게 행동할 가능성을 보장하고 있기 때문이고, 이는 미국의 비합리적인 대북 정책이 남발되는 주요인이기도 하다.

미국이 주도하는 한미연합군의 작전계획은 5027, 5026, 5028, 5029, 5030 등이 있는데, 이것들은 모두 주한미군의 존재를 기반으로 만들어진 것이고, 미국 전 대통령 트럼프 등에 의해 북에 대한 무력공격 위협이 항시적으로 취해졌던 것도 이 때문이다. 한반도에서 지각 대변동이 발생할 조짐이 보였던 상황에서 미국의 대북 선제공격 공갈이 그치지 않는 비정상적인 현상의 뿌리인 한미동맹 관계를 시급히 정상화해야 할 이유가 바로 여기에 있다.

미국이 한국에서 누리는 군사적 특혜는 헤아릴 수 없이 많아

미국이 한국 정부와 체결한 조약, 협정에 의해 확보한, 다층다각적인 불평등한 군사적 기득권은 미국 국방 관련 법체계 속에 미 역대 정부에 의해 집행되어 왔다. 그 과정에 대해 가치 판단을 배제하고 2024년 9월 현재 국제법적 상식에 맞춰 객관적으로 살펴보면 아래와 같은 묘사가 가능하다.[383]

△ 미국은 주한미군을 통해 중국, 러시아를 견제하면서 일본의 핵무장을 억제하는 전략적 이익을 확고히 하고 있고

△ 주한미군 사령관이 3개 사령관을 맡아 남북에 대한 군사적 관리는 물론 한반도 분단체계를 변화시킬 수 있는 다양한 군사적 상황에 물샐틈없이 대처하고

△ 한국군의 전시작전권을 미군 사령관이 행사하면서 세계 6위인 한국이라는 군사 대국의 군사주권을 종이호랑이로 만들고

△ 유엔사를 통해 육상에서 이뤄지는 남북교류협력을 통제하는 것과 함께 제2의 6·25에 대비해 한반도에서 미국 이익을 창출할 다국적군의 구성 장치를 갖춰놓고 있으며

△ 남북정상회담 합의도 트럼프가 그랬던 것처럼 공개되지 않는 방식으로 그 이행을 중단시키고

△ 정전협정 직후 평화협정의 추진을 약화시킬 한미상호방위조약을 만들어 남한에 전술핵무기를 배치해 북을 압박 봉쇄하면서 선제 타격 가능성을 항상 열어놓고

△ 북의 대응을 도발로 규정해 다시 제재를 가하는 방식으로 한반도 군사정세를 위태롭게 함으로써 주한미군을 앞세운 한미동맹을 강조하여 미국에 대한 한국의 군사적 의존을 심화시켜 왔다.

이런 조건에서 오늘날 미국은 한국 정부의 의사와 관계없이 대북 선제타격, 그것도 핵을 포함한 가공할 공격력 발동이 가능한 전시전략을 만들어 놓았다. 결론적으로 한국민은 미국이라는 외세에 의해 전쟁과 전멸 위협이 상존하는 상황에 처해 있다. 어느 날 미국의 판단에 의해 한국 정부와 한국민이 지상에서 사라질 위험에 처해 있는 것이다. 오늘날 지구촌 어디에서도 이와 비슷한 사례를 찾아보기 힘든 불평등한 한미 군사관계를 구체적으로 요약하면 다음과 같다.

△ 미국은 한미상호방위조약에 의해 미 군사력을 한반도에 배치할 권리(right)를 보장받으면서 SOFA, 주한미군 주둔비 협상에서 초법적인 특혜를 누리고 있다.

△ 미국은 한국군에 대한 전시작전통제권을 장악하고 있으면서 이의 전환을 미적대고 있다. 미국은 미 대통령 결정 지침 25호(PDD-25)에 따라 해외 작전 참여 시 평화보다 국익을 우선하고 국익 최우선이 아니면 언제든 군사동맹의 이탈이 가능하다는 점에서 언제든 주한미군을 철수할 수도 있다.

△ 유엔사령부는 그 상위기관이 유엔이 아닌 미국 정부이고 일본에 있는 '유엔사 후방기지'를 관장하면서 한반도 무력사태 발생 시

1950년과 유사한 다국적군의 한반도 투입에 대비하고 있다. 유엔사는 한미일 군사동맹의 핵심축이 되고 있고 최근에는 남북교류협력에 비우호적인 태도를 취했다.

△ 미국 대통령은 대북 선제타격 전략을 미국 헌법 2조와 대통령의 '무력사용 권한(AUMF)'에 의해 자국민 보호 목적으로 발동할 수 있으며 이때 한국과의 사전 협의 책무가 없다.

△ 미국은 5027, 5029 등 대북 군사전략을 지난 수십 년간 계속 개발, 강화하고 있으며 이들 전략에는 핵무기의 사용도 포함되어 있다. 한미군사훈련은 미국의 대북 군사전략을 확인, 수정, 보완하는 과정이다. 지난 수십 년간의 북미관계를 보면 미국이 북의 주권행사를 위협하는 대북 전면전 카드의 부작용이 심각하다. 미국의 법치 개념에 따르면 가용 수단을 최대한 활용하는 것이 합리적이기 때문에 북의 '항복'을 요구하는 방식을 고집하고 있다.

△ 미국은 전략적 유연성 전략에 따라 주한미군을 세계 여러 곳의 주둔 미군과 순환 배치하면서 새로운 무기 등을 한반도에 배치하고 있다. 미국은 우주군사령부도 신설해 한국 미군기지에 그 요원을 배치해 놓고 유사시에 대비하고 있다.

이상과 같은 미국의 한반도 전략은 가능한 모든 경우의 수에 대비하는 치밀하고 강력한 수단을 배치 또는 준비해 놓은 것이라서 북미 협상 때 이런 점이 대북 흥정 카드로 활용되고 있다. 미국은 시간은 자기편이라며 '전략적 인내'를 앞세워 북에게 무릎 꿇고 나오라는 식이고 한국 정부는 직간접적으로 미국에 협조하고 있는 형국이다. 한미동맹으로 미국과 거의 동일체가 되어 버린 남한은 한반도 사태에 대해 독자적인 목소리를 내지 못하고 있다.

그뿐 아니다. 남북은 2018년 두 번의 정상회담을 통해 교류협력과 평화통일을 위한 고속도로를 놓는 식의 파격적 합의를 했지만 트럼프 대통령이 쿼드(미국, 인도, 일본, 호주 등 4개국이 참여하고 있는 비공식 안보회의체)를 추진하면서 이를 전면 중단시켰다. 미국이 중국과 각을 세워야 하는데 남북 간이 화해 분위기가 되는 것은 미국에 도움이 되지 않는 것으로 판단한 결과였다.

문재인 정부가 이에 대해 공식적으로 문제를 제기하지 않고 침묵한 것으로 비추어진 것은 대단히 아쉬운 일이다. 북은 2018년 이후 남에 대해 극도의 불신감과 적대감을 드러내고 있고, 현재의 한미동맹 관계가 지속되는 한 남북 간의 교류협력이 불가능하다는 판단을 하고 있는 듯하다. 이런 면을 고려할 때 한국이 한반도 문제를 평화적으로 푸는 데 기여하기 위해서는 선진국 대열에 올라선 경제, 군사적 국격에 맞는 군사적 주권을 확보해야 할 것이다.

핵전쟁 위기 속에서의 국보법과 헌법 1조 2항

2024년 9월 현재 북의 핵·미사일, 한미의 초강경 대처로 한반도의 핵전쟁 위기감이 높아지고 있다. 북의 핵을 포함해 남한에 대한 미국의 핵우산 제공 등이 포함된 한반도 핵 문제는 정전협정 이후 미국이 전술핵무기를 남한으로 도입하여 정전협정 위반을 공식화한 후 수십 년간 우여곡절을 겪어 오늘날의 사태로 비화되었다.

오늘날 한반도 사태를 파악하자면 정전협정이 평화협정으로 전환되지 못한 가장 큰 원인의 하나가 미국이라는 점, 그리고 중국과 러시아에 대한 미국의 군사전략 추진 과정에서 북의 핵·미사일 문제가 과도하게 부풀려지고 악용되고 있다는 점, 덧붙여 한국 정부가 미국의 대북정책을 적극 지지 동참한다는 점 등에 대해 시시비비를 가려야만 그 윤곽이 드러나고 해법 모색도 가능하다.

하지만 반미는 친북이라는 사회적 통제 분위기 속에서 국내 여야 정당은 물론 진보적 정당이나 학계, 언론 등이 그에 대한 언급을 외면하고 있어 한반도 문제의 평화적 해법 모색이 요원한 실정이다. 이런 비정상을 일반화시킨 가장 큰 원인이 국보법이다.

국보법은 북쪽 지역과 주민 전체를 반국가단체 지역과 그 구성원으로 규정하고 있어서 북과 관련된 것은 숨소리조차 반국가적이라는 우스갯소리가 나올 정도다. 북의 이러이러한 것은 잘못이지만 저러저러한 것은 잘한 것 아니냐 한다든지, 옛 소설에 보면 적장이라 해도 칭송받을 일이 있으면 그렇게 대접해야 하는 것 아니냐 하는 식은 결코 허용될 수 없는 먼 나라 이야기일 뿐이다. 고무 찬양의 잣대로 유무죄가 가려져야 할 처지를 피하기 위해서는 판단을 중단하든지, 입을 다물어야 한다.

국보법은 북에 대해 보고 듣고 행동하지 말며 상상도 하지 말라는 법으로 그것은 이 법의 제2, 3, 4, 5조(반국가단체) / 제6조(잠입·탈출) / 제7조(찬양·고무, 선전, 동조) / 제8조(회합·통신 / 제9조(편의 제공) / 제10조(불고지죄) 등에 규정되어 있다.

국보법은 헌법 1조 2항에 위배된다고 볼 수 있다. 국보법 제2조, 제3조, 제4조, 제6조, 제7조, 제 8조, 제10조가 특히 그렇다. 헌법 1조 2항은 '대한민국의 주권은 국민에게 있고, 모든 권력은 국민으로부터 나온다'고 되어 있지만, 국민의 생사를 결판낼 상황에 대한 국민주권은 사실상 보안법에 의해 완전히 봉쇄되어 있다.

한미와 북이 서로 자극하는 군사행동과 무력시위를 벌일 때, 남에서는 북을 주적이라는 관점에서 현 한반도 군사 상황을 설명하고 전망해야 한다. 북의 궤멸이라는 범주에서 벗어나면 곤란하다. 그뿐 아니다. 한반도 분단 상황과 군사적 대치 등에 대한 글을 쓰고 말을 하려면 보안법 2조 1항 반국가단체 조항, 7조 1항 이적행위 조항, 7조 5항 이적표현물 조항을 의식해야 한다.

사상과 표현의 자유를 제한하는 국보법 때문에 한반도의 위기 상황에서도 집단 지성의 효과를 기대하기 어렵다. 이 법에 따라 위기 해결의 방향은 북의 궤멸로 정해져 있고 다른 견해는 국론분열, 이적행위, 종북, 자중지란 등으로 규탄받기 마련이다.

이 법이 수십 년 동안 지속되면서 북에 대해 상한선 없는 증오를 퍼붓는 것이 정상이라는 주장이 고정관념으로 굳어져 있다. 전체 국민이 침묵 속에 지켜보는 상황 앞에서 군만이 전쟁을 막고 유사시 적을 궤멸시킬 전략 수립과 훈련에 분주하고, 정치권이나 언론은 마치 전쟁 게임처럼 중계 방송할 뿐이다.

국보법은 북쪽 지역의 주민 전체를 접촉, 통신 불가 대상으로 강제하면서 친인척 간의 최소한 관계조차 불법시하고 있다. 이 법은 동시에 국민 누구나 북을 접하고 생각하면 즉각 비이성적인 존재로 전락 가능하다는 심각한 국민 모욕적 내용을 담고 있다.

국민주권의 시대로 대통령도 국민이 뽑고 탄핵하는데 북에 대해서만은 국민의 눈과 귀를 가리는 국보법이 버티고 있다. 국보법은 국민을 북과 관련해서는 비이성적 존재로 격하시키고 있다. 수도권 안방에서 시청할 수 있는 중국 CCTV는 6·25전쟁 종전 70년 특집으로 전쟁 당시 한반도에서 혁혁한 공훈을 세운 중공군 영웅을 방영하고 있다. 이로 보건대 국보법이 북을 적대시하고 전멸의 대상으로 규정하고 있는 근거가 냉전 시대의 사상과 이념 차이가 아니라면 이 법은 더 이상 존속할 근거가 없다.

남북은 1991년 9월 동시에 유엔에 가입했고 국내적으로 1972년 7·4남북공동성명 이후 2018년까지 여러 차례의 정상회담이 열렸다. 그 과정에서 남북 간에 정치, 경제, 군사, 사회 분야에서 각종 남북총리급회담, 남북고위회담 등을 통해 선언이나 각종 합의 사항을 발표했는데, 이것은 북을 여전히 반국가단체라고 주장하는 국보법과 상충되어 논리적 모순이 상존해 국내외적 혼란이 적지 않다.

남한 내부에 반북을 전제하는 국보법이 존재하면서 동시에 통일을 지향하는 남북기본합의서나 '남북교류협력에관한법률' 등이 존재함으로써, 완전히 모순되는 두 개의 법 가치 체계가 병존하고 있다. 이에 따라 현재 북은 '반국가단체', '적'이면서 동시에 통일을 위한 대화와 협상의 대등한 주체인 이중적·모순적 법적 지위가 부여되어 있는 상태인데, 그 정상화가 이뤄져야 한다.

정치사상이나 이념은 역사를 통해 보면 한시적인 경우가 많다. 이런 점에 비춰볼 때 이른바 친북세력과 접촉하거나 교류 협력하는 것을 엄금하거나 최고형으로 처벌한 것은 민족사에서 영원히 지탄받아야 할 죄악이라는 비판을 피하기 어렵다. 한민족이 분단 이전에 반만년의 역사를 이루며 살아왔다는 점에서 더욱 그러하다.

국보법은 북쪽 지역과 사람을 해치기보다는 한국 사회 내부의 정상적인 소통문화가 뿌리내리지 못하게 만듦으로써 막힌 사회가 되고 정상적인 경쟁이 이뤄지지 못하게 만든 원인의 일부가 되었다. 그런데도 22대 국회가 이 법의 개폐에 대한 논의를 시작도 하지 않는 것은 국민의 정치머슴인 국회가 직무유기를 하고 있다는 비판을 자초한다. 분단 상황을 종식시키는 것만이 한반도와 한민족의 평화와 안정을 확립할 수 있다는 점을 상기할 때 국보법은 시급히 법전에서 사라지도록 만들어야 할 것이다.

오늘날 신냉전이 도래하는 불길한 조짐이 동시다발적으로 일어나는 상황을 볼 때 국민주권에 걸맞은 정치와 통일의 노력이 시급하다. 미중 간 대치가 가팔라지고 있는 상황에서 한국은 지정학적 특성으로 보아 자주국의 역량을 발휘해야만 동북아 평화와 안전에 기여할 수 있을 것이다.

국보법은 오래전부터 국제사회에서 악법으로 지탄받았고, 사상과 표현의 자유를 봉쇄하고 있다는 점 등으로 인해서 벌써 없어져야 했다. 오늘날 한국이 세계에서 경제력 10위, 군사력 6위 수준인데도 국보법 때문에 대통령만이 통치권 차원에서 북쪽 인사들과 접촉하는 기이한 일이 벌어지고 있다.

이념대결이 수십 년 전에 종식된 상황에서 정치권의 여야는 2021년 10월 국보법 개폐에 대한 청원이 제기되자 21대 국회 최종 회기에 이를 논의하겠다고 대국민 발표를 했다. 하지만 2023년 헌재의 합헌 결정이 내려졌고, 그 후 여야의 정치권은 2024년 6월 22대 국회 임기가 시작된 뒤 9월 현재 한마디 언급도 하지 않고 있다. 이는 주권자인 국민을 개돼지로 보는 작태에 불과하다는 비판을 피하기 어렵다.

남북 모두가 전멸할지 모를 위기 상황을 방관하는 모순 청산돼야

국보법은 한반도에 재래식 무기가 지배하던 시대에 나온 세계적 악법이다. 그것이 무지막지한 지배력을 행사하는 동안 시대가 변해 핵무기가 한반도를 지배하는 시대가 되었다. 국보법이 더 이상 존재해서는 안 될 상황이 된 것이다. 오늘날 한반도 위기는 핵전쟁의 가능성에 대한 것이다. 한미와 북 모두 핵 사용을 전제로 한 선전전을 강화하고 있다. 핵무기의 파괴력은 히로시마 등에서 확인된 바와 같이 '전멸', '산 자가 죽은 자를 부러워하는 생지옥'에 다름 아니다.

한반도의 군사적 충돌이 자칫 3차 대전으로 비화해 인류가 전멸할 수도 있다. 이런 상황이지만 정치권, 언론, 학계, 시민사회 단체 등은 조용하다. 모두 알아서 각자도생하는 식의 머리를 굴리고 있을 뿐이다. 국보법의 틀에 여전히 갇혀 있는 꼴이다. 이런 상태를 확인하려면 한국 상황을 객관화시켜보면 자명해진다. 그것은 아래와 같다.

△ 윤석열 정부가 북의 핵무기 때문에 전쟁범죄도 부인하는 일본에게 굴욕외교를 하면서까지 동맹체제로 가는 것이 최선의 선택인지,
△ 한국의 군사적 주권을 대행하는 미국이 앞장선 초강경 대북 전략에 한국은 그냥 따라만 가면 되는 것인지,
△박정희, 김대중 전 대통령 등이 남북화해협력을 통한 전쟁 방지 노력은 완전 헛발질이었는지,
△ 전쟁이 과연 유일한 미래인지,
△ 전쟁이 나면 수도권 주민 등의 안전 문제는 어떻게 되는지,
△ 만약 핵전쟁이 발생하면 어떻게 해야 하는지,
△ 전쟁으로 통일이 가능한지 등에 대한 질문과 그에 대한 해답이 나와야 한다. 그러나 아무도 그렇게 하지 않는다.

한국 사회에서는 자기도 죽고 주변은 물론 자손도 다 피해를 입거나 자칫 제3차 대전으로 비화될지 모를 한반도의 미래 상황에 대해 공론화를 통한 묘수 찾기를 하지 않고 있다. 대한민국의 주권자인 국민의 입은 국보법에 의해 완전히 봉쇄되어 있다. 오직 군 통수권자인 대통령만이 군을 진두지휘하면서 '수십 배로 응징할 것이다'라는 말만 되뇌고 있다.

과거 전쟁 같으면 국지전 또는 재래식 무기에 의한 피해에 그쳤다. 그러나 핵무기는 다르다. 이 달라진 상황에서 수십 년 묵은 국보법이 여전히 모두의 위에 군림해 있다. 21세기 들어 K-POP이 세계를 주름잡고 있는 상황에서 국보법과 같은 야만적인 법이 존재하고 거대 여야가 22대 국회가 시작되어도 논의조차 못하고 있는 것이다.

오늘날 중국 CCTV를 안방에서 시청할 수 있는데 북한식 사회주의에 감염될 것을 염려하는 국보법이 존재하고, 그럼으로써 전쟁 위기에 처한 현실에 대한 과학적이고 객관적인 분석, 전망이 불허되고 있다는 것은 말이 되지 않는다.

1천만 이산가족은 물론 남북 지역 모두가 전멸할지 모를 위기에 빠진 상황이다. 자기 자신은 물론 민족 모두가 죽을지 모르는 위기를 강 건너 불 보듯 할 수는 없다. 한미혈맹만이 지고 지선하고 국보법의 존속이 필요하다는 태도가 강요되는 비극은 이제 청산되어야 한다.

한국에서 북의 남침 야욕을 저지하는 데 절대적으로 필요하다고 한국에서 강조되는 한미동맹의 핵심 요인인 한미상호방위조약의 문제를 살피면 아래와 같다. 이 조약 2, 4조 등에 입각해 미국은 주한미군 사령관에게 유엔사령관, 한미연합사령관의 모자를 쓰게 만들어 미군 장성이 3개의 역할을 동시에 수행하게 하고 있다.

유엔사가 미 국방부 소속 다국적군이지만 유엔 깃발을 앞세운다는 점에서 전쟁 방지에 주력한다면 주한미군 사령관과 한미연합 사령관은 전쟁 승리가 목적이다. 그 정체성이 상호 충돌하는 것이다. 이는 미국이 세계 최강의 군사력을 배경으로 한반도에서 한 손에 전쟁, 다른 한 손에 평화라는 수단을 휘두르는 것과 같다.

한미연합사가 북에 대한 선제타격이나 수복 작전, 참수 작전을 수행해도 유엔사는 모르쇠 하며 직무를 유기하고 있을 뿐이다. 유엔사는 육상을 통한 남북 교류협력을 저지하는 역할을 하기도 했으며, 한반도 유사시 북쪽 지역 통치를 담당할 주체라는 식의 주장을 펴고 있다.

주한미군 사령관이 미국 정부의 지시에 따라 동시에 서로 충돌하는 역할을 수행하는 모순이 한미 두 정부의 묵인하에 지속되는 한 남북의 자주적 평화통일 노력이 성과를 거두기는 어려운 구조다. 미국은 중국, 러시아, 일본 등과 함께 한반도 분단을 선호하고 있기 때문이다.

미국은 한미일 군사연대나 연합을 강화하면서 중국과는 외교, 경제 수장이 만나 소통하는 대국주의적 행태를 보이고 있다. 즉 전쟁 일보 직전까지의 안보위기 속에서도 국가이익이나 정권 이익을 추구해 집권의 기반을 굳히는 작업을 하고 있다. 한국 정부는 우발적 충돌이 벌어질 경우 어떻게 전쟁을 방지하고 평화적으로 해결할 것인가를 국민에게 밝혀야 하는데 그렇게 하지 않고 있어 걱정이다.

국내 보수, 진보언론 모두 국보법의 허용 범위 안에서 공존

남한 사회에서 한미동맹이나 미군이 배제된 안보 문제, 분단 종식, 통일과 그 이후를 상상하는 미래에서 북의 존재가 긍정적, 생산적으로 전제되는 것은 금단의 영역이 되어 버렸다. 남한의 수출 위주의 취약한 경제 구조, 청년실업 등의 해결책의 하나가 남북 경제 공동체의 추진이라는 방안은 한때 보수, 진보 정치, 언론이 주장했지만 북의 핵 문제가 커지면서 자취를 감춘 뒤 공론화되지 않고 있다.

국보법은 한미동맹으로 미국이 슈퍼 갑 노릇을 하는 불평등한 노예조약이라는 점을 은폐시키는 데 결정적 역할을 해왔다. 한미동맹에 대한 비판, 반대는 친북, 종북이라는 단순 논리로 탄압한 것이다. 국가 안보를 위해 사상의 자유, 표현의 자유 등 국민의 기본권을 짓밟은 결과 한국에서는 정치, 학계, 언론, 시민사회 모두 한미동맹에 대해 그 실체조차 모르고 있다. 한미동맹은 거의 완벽한 집단 무관심, 침묵 속에서 일부 친미세력에 의해 찬양 고무되면서 가짜뉴스만 횡행하는 일이 반복되고 있다.

국정원 등 공안당국은 흔히 국가보안법 철폐·주한미군 철수 등을 주장하는 것은 북의 연방제 통일방안 주장과 흡사하다며 친북·반미라는 용어를 사용하는 경우가 많다. 친북·반미가 동전의 양면인 양한데 묶어 통용시킴으로써 한국 사회에서 반미는 허용될 수 없다는 고정관념을 유포시키고 있다.

국보법을 앞세우는 국정원 등의 공안당국은 주한미군에 대한 비판이나 철수 주장은 결과적으로 북을 이롭게 한다는 식의 단순 논리를 적용해 사상과 표현의 자유를 억압해 왔다. 한국에서 슈퍼 갑의 위상을 보장받는 주한미군에 대한 정당한 문제 제기조차 국보법으로 처벌한 사례가 많아 국내 정당, 언론, 학계 등이 침묵하는 관행이 굳어져 있는 심각한 상황이다.

과거 국보법 위반 사건의 경우 일기장, 술집에서의 대화, 소지한 인쇄물이 유죄를 입증하는 결정적 증거로 악용되었고 심지어 고문에 의한 자백도 법적 증거로 채택되어 가짜 간첩 사건이 꼬리를 물기도 했다. 남북문제나 한반도 관련 사안에 대해 북과 미국을 거론할 경우 국보법이라는 안경을 쓴 공안당국의 주시를 받게 되는 것이다.

공안당국이 친북·반미 사건에 대해 국보법 위반 혐의로 수사, 기소할 경우 설령 재판을 통해 유무죄가 가려진다 해도 최소 수년이 걸리게 된다. 일단 국보법 위반으로 피소되면 엄청난 심적, 사회적 충격에 시달려야 한다. 법원 판결도 어디까지가 사상의 자유인지, 명백한 위험성이 있는지, 이적 동조인지를 따져 유무죄가 갈리게 되는데 그 기준이 혼란스럽다.

국내 보수, 진보언론은 모두 국보법에 저촉되지 않는 범위 내에서 한미동맹은 물론 북의 핵·미사일을 보도하고 있다. 국내 전체 언론이 국보법의 틀에 갇혀 있는 꼴이다. 이런 현상이 장기화되면서 전체 언론은 국보법에 순치된 듯한 형국이다. 국보법이라는 안경을 쓰고 분단, 통일, 외세 문제를 보도하고 국민들은 이를 매일 접하면서 집단 세뇌, 확증편향 심화와 같은 현상이 발생한다고 볼 수 있다.

국보법이 지배하는 남에서는, 북의 핵·미사일은 평화를 위협하는 도발이며 그로 인해 평화와 안전이 크게 위협받는다는 견해가 주를 이룬다. 현 상황의 뿌리는 미국과 소련의 냉전체제와 한반도 분단과 전쟁, 휴전 등으로 이어지는 긴 과정 속에서 복잡하게 얽혀 있는데도 말이다.

따라서 한반도 문제의 해법을 찾기 위해서는 미국의 동북아 군사 전략 등이 포함된, 모든 당사자들을 망라한 구조적인 원인 등에 대한 파악과 분석이 필요하지만 실제 그렇게 하는 경우는 드물다. 그 결과는 뻔하다. 미국이 절대 선이라거나 북이 절대 악이라는 인식만이 언론계와 사회 전체를 지배하게 되는 것이다.

지역 분쟁이나 국가 간 갈등은 국가 이기주의나 정권의 욕구 등이 혼재해 있는 것이 사실이다. 그러나 북에 대해 그런 것이 포함된 사회과학적 분석과 설명을 가감 없이 공개했다가는 자칫 '고무, 찬양, 동조' 등으로 낙인찍히거나 종북, 친북으로 분류돼 한국 사회에서 유무형의 불이익을 감수할 각오를 해야 한다.

남한에서 고착화된 적대적 대북 언론 보도의 공식 속에서 미국은 북이라는 '악의 축'에 대적하는 가장 정의로운 주인공으로 굳어져 있다. 미국의 대북 정책이나 전략은 정의를 구현하려는 목적이라면서 남한 언론에 의해 무비판적으로 소개되거나 암묵적인 지지를 받는다. 그러면서 미국을 비판하는 것은 미국에 반대하는 것 아니냐 하는 논리가 나오고, 그것은 결과적으로 북을 돕거나 이롭게 한다는 식으로 평가되는 경우가 많다.

즉 '반미=친북'이라는 식이다. 이런 단순 논리는 이른바 빨갱이 사냥이나 종북몰이에 흔히 동원되는 수법이었고 지금도 마찬가지다. 국보법은 미국의 한반도 정책이 어떤 성격의 것이든 그것을 돕는 막강한 역할을 하고 있는 셈이다.

북을 국보법에 의해 반국가단체로 규정한 상태에서 언론이 한반도 사태를 객관적으로 평가, 전망하기는 쉽지 않다. 그러나 언론은 이런 제약을 요리조리 피해 나가는 비법을 지니고 있다. 그것은 자기 검열이다. 언론은 북에 대해 어떤 식으로 표현해야 별 탈이 없는지에 대해 잘 알고 있고 그것을 반복하는 데 익숙하다.

자기 검열은 사실관계를 뒤틀거나 심할 경우 가짜뉴스로 지탄받을 수 있는 그늘이 짙어 언론이 국민에게 알릴 의무를 제대로 이행하지 않는다는 비판에서 자유로울 수 없다. 21세기 인공지능 시대에 역행하는 국보법이 자기 검열을 강요하는 측면에 대한 심도 있는 공론화가 필요하지만 이에 대해 언론은 전혀 관심을 보이지 않는다.

한국이 지금처럼 국보법과 한미동맹이라는 틀 속에 갇힐 경우 21세기 인공지능 시대에 국제경쟁력을 상실할 우려가 적지 않다. 인공지능 시대는 막힘없는 상상력의 추구와 그 실천을 바탕으로 삼고 있다는 점에서 더욱 그러하다. 북과 사회주의를 이유로 들어 한시적인 정치사상, 이념의 지배를 절대시하거나 제 민족보다 외세에 의존하는 비정상이 시정되어야 한다. 그래야 빛나고 풍요로운, 그러면서도 전쟁 위협을 받지 않고 평화, 정의. 진리가 넘치는 한반도를 후손에게 물려줄 수 있을 것이다.

3. 미국이 '슈퍼 갑'인 불평등한 한미동맹은 국제적 수치

2024년의 한반도 대치상황은 74년 전과 크게 다르지 않아

2024년 9월의 한반도 안팎 상황은 제한핵전쟁의 발생 가능성이 세계에서 가장 높다는 관측이 제기될 정도로 험악하다. 최근 북과 러시아가 맺은 '포괄적인 전략적동반자관계에 관한 조약'에 자동군사개입으로 해석될 수 있는 조항이 포함되면서 한반도 유사시 러시아의 군사 개입 가능성이 제기되고 있다. 이 조약은 남한과 미국이 1954년 발효시킨 한미상호방위조약과 흡사하다.

이 두 조약을 살펴보면 남북 모두 강대국과 군사동맹을 맺은 공통점이 있다. 하지만 북러조약은 무력침공을 받을 경우 개별적·집단적 자위권을 인정한 유엔 헌장 제51조에 따른다고 했지만, 한미조약에는 이런 규정이 없고 한미 두 나라의 판단에만 따르는 것으로 되어 있다. 또한 북러조약은 대등한 국가관계인 반면 한미조약의 경우 불평등한 관계로 미국이 갑의 위치에 있다. 즉 주한미군이 국제법상 권리(right)에 해당하는 치외법권적 지위를 부여받고 미국이 배치를 원하는 무기를 한국에 반입할 수 있다.

북러조약이 발표되자 용산 대통령실은 강한 유감 표명을 하면서 우크라이나에 살상무기 지원 방침을 언급했고, 이에 푸틴 대통령도 상응 조치를 검토하겠다고 밝혀 두 나라 관계가 수교 후 최악이라는 평가가 나오고 있다.

미국과 러시아가 우크라이나를 무대로 제한전쟁을 전개 중인 것을 고려하지 않아도 남북 간 관계는 지독한 내로남불식의 심리전, 선전전 속에 군사적 긴장과 대립 상태가 심각하다. 북은 남을 같은 민족이 아닌 국가로 지칭하고 핵무기 사용과 무력 점령을 공언하고 있고, 남한도 미국 핵우산 제공 강화와 재래식 군사력 증강 등으로 맞서고 있다. 남북은 삐라, 전단을 서로에게 보내는 식의 심리전을 전개하면서 군사적 긴장감이 높아지고 있다. 우발적 충돌에 의해 전면전, 국제전으로 비화될 수 있는 조건을 갖추고 있는 꼴이다.

한반도 사태는 외세에 의한 남남, 남북갈등이 조성되고 있어 자주권 상실이라는 문제도 부각되고 있다. 예를 들어 탈북단체가 북으로 보내는 전단 풍선은 미국 정부의 예산을 국제인권단체를 거쳐 지원받는 식이고, 한국 정부가 아무 문제 없다는 식으로 대응하면서 한국민의 생명권이 외부의 개입으로 위협받는 상황이 벌어지고 있다.

중앙정부가 손을 놓자 경기도가 접경주민 보호책을 강구하고 나선 형국이다. 한미 정부가 주장하는 표현의 자유는 '입틀막' 사례에서 보듯 공익과 공공안전 등의 이유로 제약될 수 있는 것인데도 접경지역 주민의 불안감, 공포를 미국은 물론 중앙정부는 모르쇠 하고 있다. 국회도 문제다.

전쟁은 정치의 연장이라고 하지만 우크라이나, 가자지구에서 확인되듯 외세의 개입 심화, 전쟁범죄 발생 속 민간인, 아동 등의 피해가 자심하다는 점, 특히 한국의 경우 수도권 인구 밀집 등을 고려할 때 결코 일어나서는 안 된다. 전쟁을 막기 위한 최대한의 노력을 해야 한다. 하지만 여의도 국회는 여야 가릴 것 없이 단어, 문장 하나 같은 아주 사소한 이유로 매일 진검 승부를 벌이는 막장 드라마가 지속될 뿐 남북대치와 전쟁 위협 등 굵직한 사안에 대해서는 입을 다무는 침묵의 카르텔을 유지하고 있다. 남북 또한 대화를 전면 중단한 채 대립하면서 외세가 한반도를 무대로 판치는 모습은 74년 전과 매우 흡사하기 짝이 없다.

악화되는 한반도 상황 속에 불평등한 한미동맹의 청산 목소리 커져

한반도 상황이 악화되면서 한미 간의 불평등한 관계를 주목하거나 청산해야 한다는 목소리가 커지고 있다. 미국이 주도하는 한미일 군사협력체제가 강화되면서 북의 강력 반발 속에 한반도가 전쟁위기로 치닫고 있고, 이런 상황에서 그 핵심 변수의 하나인 한미동맹에 대한 경각심이 높아지고 있는 것이다.

한미동맹의 핵심인 한미상호방위조약에 담겨있는 미군에 대한 파격적 특권은 미국이 필리핀과 북대서양조약기구 회원국과 맺은 군사동맹에서 찾아볼 수 없는 것으로 국제법적 상식을 뒤집는 내용이다. 즉 필리핀, 영국 등은 미군의 자국 주둔 시 자국민에 대한 군사적 피해 등을 우려해 대량살상무기 도입을 금지하고 주둔 미군의 병력에 대한 사전 승인, 주둔 기간에 자국법 등을 적용하고 있다. 이는 외국군이 자국민의 생명과 재산을 위협할 수 있는 흉기가 될 수 있다는 점을 고려한 국제규약이다.

그러나 한미상호방위조약은 주한미군의 한국 주둔을 권리로 인정한 이 조약 4조의 하위 부속법으로 주둔군지위협정(SOFA)를 만들어 미군의 기지, 시설을 한국에서 제공받고 SOFA의 하위법으로 방위비 분담금협정(SMA)을 또 만들어 주한미군의 주둔비를 한국이 분담토록 하고 있다. 한미 간에 합의한 SOFA, SMA는 미군의 한국 주둔을 권리로 인정하면서 주한미군을 상전 모시듯 하는 반자주적인 내용으로 필리핀, 나토회원국 등의 미군 주둔에서는 찾아볼 수 없는 내용이다.

미국이 한미동맹에서 슈퍼 갑의 위상을 고집하는 이유는 그들의 법치 개념에 따를 때 한미상호방위조약 4조의 권리에 의해 치외법권적 지위를 보장받는다는 논리에 따른 것이다. 트럼프가 한국에게 주한미군 주둔비를 파격적으로 요구한 것도 부동산 재벌의 눈으로 한미상호방위조약 4조를 주목한 결과라 하겠다. 문제는 한국 정부다. 미국의 이런 태도는 한국민의 생명권, 행복권을 훼손한다는 점이 심각한데도 자국민에게 실상을 알리는 법이 없다는 점이다.

한국 정부는 조약에 의해 불가피하다는 점을 밝히고 국민의 이해를 구하거나 시정하려는 노력을 해야 하는데 전혀 그렇지 않다. 이는 정치가 국민을 개돼지로 보니 그리하는 짓이라 하겠다. 정권은 그렇다 해도 한국의 학계, 언론, 통일운동 단체 등도 같이 침묵하는 것도 기이한 현상이다.

한미동맹과 관련해 심각한 현상의 하나는 미국의 이익에 봉사하는 공직자나 미국을 찬미하는 데 바쁜 학자, 언론 세력이 한국에 다수 존재한다는 사실이다. 특히 외교, 국방 공직사회에 다수가 포진해 있으면서 이승만을 국부로 찬양하는 것과 함께 동맹 준수, 유지, 확대를 주장하고 있는 공직자들은 검은 머리 미국인이라 일컬어질 만큼 미 국익에 철저한 측면이 있다.

또한 태극기 부대에 성조기를 들고나오거나 미국의 민주주의 가치만을 부각시키면서 국제 깡패, 무뢰한의 모습을 위장하는 것에 눈감고 한미동맹이 가치동맹인 것처럼 합창하는 정치인들도 같은 부류라 하겠다. 국민의 세금으로 직업정치를 하고 있다면 당연히 국익을 우선하는 미국을 본받아야 하지만 현실은 정반대인 것이다

이런 점을 미국이 꿰뚫어 보면서 기회만 있으면 한미동맹은 유지, 강화되어야 한다고 외치고 있다. 미국이 해외 많은 나라에 군대를 파견, 주둔시키고 있지만 한국처럼 미 국익에 도움이 되는 나라는 없기 때문이다. 국제사회가 이런 사실을 다 알고 비아냥거리는데도 한국이 미국에 대한 태도를 바꾸지 않은 것은 바보이거나 식민지 노예라는 비판을 자초하는 꼴이라 할 것이다.

미국 의회는 주한미군을 현 수준으로 유지하도록 하는 법까지 만든다. 한미동맹이 그만큼 미 국익에 보탬이 되기 때문이다. 미 의원들은 국익 차원에서 입법을 추진하는 것이라 해도 미군의 주둔국인 한국에 사전에 동의 여부를 타진하는 것이 상식일 것이다. 그러나 그런 법은 없다.

미국은 한미동맹과 관련해서는 언제나 한국을 제치고 앞장서 외치고 다닌다. 국제사회가 손가락질하면서 비아냥거릴 일인데 한국은 어떨까? 아무 말 하지 않거나 좋다고 박수 치는 모습이다. 한국도 주권국가인데 외국군인 주한미군의 주둔에 대해 발언권을 행사하지 못하는 것은 미국이 한미상호방위조약 4조의 권리를 집행하는 법리 때문으로 해석된다. 국제사회가 이런 모습을 어떻게 판단할지 생각해 볼 일이다.

미국은 국익 챙기려 '외국 정부 도·감청법' 만들어 실행하는 국제 무법자

한국 정부나 대부분 언론이 한미동맹을 신줏단지 모시듯 하는 태도도 문제다. 트럼프 진영에서 주한미군 철수 방침을 시사하면 화들짝 놀라면서, 그래서는 절대 안 된다는 식의 반응만을 보인다. 주한미군이 미국의 동북아 전략 수행용이라는 점에서 한국도 주한미군과 관련해 협상하는 태도를 갖는 것이 당연할 것이다. 그러나 국가와 국가와의 관계에서 흔히 목격되는 이해득실을 따지는 법은 없다.

정부는 국민의 정치머슴으로 사실관계를 밝힐 책무가 있다. 한미동맹으로 한미 두 나라가 챙기는 이익은 어느 쪽이 많을까? 미국은 주한미군을 통해 중국, 러시아를 압박하고 남북을 관리하며, 일본의 핵무장을 저지하는 이득을 챙긴다. 한국은 어떤가? 주한미군이 없으면 나라가 거덜 난다는 트라우마에 사로잡혀 있는 모습이거나 주한미군 덕분에 경제성장이 가능하고 중국, 러시아 등에 대비할 수 있다고 한다. 외세의 등에 업혀 자주권을 완전 상실한 모습이다.

필리핀 같은 경우 몇 년 전 코로나 백신 문제 등이 안 풀리자 대통령이 직접 나서서 미국과의 동맹을 파기하겠다고 위협하기도 했다. 국가 간에는 흔히 그런 것이다. 집권 여당이 못하면 야당이라도 목소리를 높인다. 그러나 한국은 여야가 언제나 미국에 대한 태도에서는 거의 동일하다. 한미동맹에 대해서는 국민 눈치 안 보고 입 다무는 침묵의 카르텔이라 할 만하다. 지난 4월 총선에서 정치집단들이 아귀다툼을 벌일 때도 한반도 전쟁위기, 남북 간의 대치 등에 대해 문제를 제기한 입후보자나 정당은 없었다.

한미동맹을 찬양하는 세력은 미국이 없으면 남침, 적화로 이어진다는 식의 초단순 논리가 지배적이다. 전쟁은 총체적인 국력에 의해 승패가 좌우된다는 측면이 강하다. 이런 점을 고려하면 한미, 한미일 연합훈련이 북을 상대로 수시로 반복되는 것도 생각해 볼 문제다. 한미일의 경제력, 군사력은 북의 수백 배 또는 수천 배가 된다. 핵무기만을 보면 미국은 북보다 최소 수백 배에 달한다.

이런 상황이면 한미, 한미일 연합훈련을 방어용이라고 이름 붙인다 해서 수평적 국가 관계에서 평화를 증진시키기는 어려울 것이다. 역지사지할 때 북은 엄청난 위기를 느낄 만한 군사적 압박으로 받아들이는 것이 상식일 것이다. 군사적 측면에서 평가하면 한미일 연합훈련은 중국, 러시아 쪽을 더 고려한 측면이 강하다 할 것이다. 한국이 앞장서서 미국과 일본에 멍석을 깔아주는 셈이다.

이런 점은 한국 정치권이나 언론에서 거의 언급되지 않는다. 더욱 심각한 것은 한국군만으로 한반도 평화 안전을 확립, 증대시킨다는 식의 자주국방을 이야기하는 법은 없다. 세계 대부분 국가는 군사적 자주권을 행사하면서 국방에 임한다. 그러나 한국에서는 주한미군이 없으면 큰일이 날 것 같은 고정관념에 사로잡혀 있다. 자국민의 안전은 자국 군사력만이 최대한 지켜줄 것이란 판단에 대해 이의를 제기할 사람은 없다.

그렇다면 미국은 한국 일부에서 받아들이고 있는 것처럼 한국을 돕는 과정에서 피를 흘리는 것도 마다하지 않는 맘씨 착한 강자이고 한반도 급변상황 발생 시 자동 개입하는 것일까? 아니다. 한미상호방위조약도 미국은 자국의 법 절차에 따라 한다고 되어 있고 미국의 대외 군사행동에 대한 대표적인 법규인 PDD-25도 미 국익을 정의, 평화 개념보다 우선 고려하게 되어 있다. 미국은 자국의 이익을 따지는 것이 최우선이다. 이는 외교, 국방 관계에서 당연한 것이기도 하다.

국익은 국민의 이익과 직결되어 있기 때문에 국가 이기주의적인 측면을 가장 중시해야 하는 것이다.

이런 점을 한국 정부나 언론도 걱정하고 있는 듯한 모습이기는 하다. 향후 한반도 핵전쟁 발생 시 미국이 핵무기로 대응할 경우 미 본토가 핵 피해를 입을 가능성이 있는데 과연 어떻게 할 것인가 하는 의문에 대해 아무도 확답을 하지 않고 있기 때문이다. 미국식 법치에 따르면 미 본토에 핵 피해를 입는 식의 핵 국지전에 핵무기를 사용하는 게 합당치 않을 것으로 판단할 것은 충분히 유추할 수 있다. 이래서 미국 전술 핵무기의 한국 배치나 한국의 자체 핵 보유 이야기가 가끔 나오고 있는 것이다.

미국의 외교·국방정책의 핵심이 미 국익 챙기는 것이라는 것은 삼척동자도 다 아는 사실이다. 미국은 국익을 위해 외국 정부를 도·감청하는 외국정보감시법(FISA) 제702조를 시행하고 있는 것은 물론 과거 미국 정보기관은 외국에서의 쿠데타, 요인 암살 등도 행한 바 있다. 오늘날 테러와의 전쟁을 빌미로 미 국익을 위해 외국인을 드론으로 암살하는 일 등을 버젓이 하고 있다. 이런 행동을 미국은 법치를 통해서 하고 있다는 사실이다.

**미국은 한반도 전쟁의 심리전 차원으로
탈북단체에 대북 전단살포 자금지원**

한미동맹과 관련해 주권국가의 관점에서 살필 것 중의 하나는 미국의 대북 심리전이다. 미국이 최근 북의 오물 풍선으로 논란이 되고 있는 대북 전단의 비용을 지원하고 있다는 것은 주지의 사실이다. 미국은 인권이라는 보편적 가치를 앞세워 남북 간 대치의 특수성을 외면한 채 미 의회를 통해 미국 예산을 한국의 탈북자 단체에 지원하고 있다.

군사작전에서 전단 또는 삐라는 전시 또는 준전시 상황에서 심리전의 도구로 사용되며, 정보전과 선전전의 역할을 수행한다. 미국은 한반도의 평화협정 추진에는 손을 놓고 있으면서 남북 간 갈등을 유발할 전단 살포를 정부 예산으로 지원하고 있다.

미 의회는 대북 주민들을 상대로 정보 제공, 인권 및 민주주의 증진 등의 목표를 내걸고 미국 정부의 기금을 받아 독립적으로 운영하는 비영리 민간단체 미국민주주의진흥재단(NED)에 오래전부터 매년 상당액을 지원하고 있다. 2021년 이후의 연도별 미 의회의 지원 금액은 공개되지 않고 있지만, 2020년 미국 의회는 대북 인권 증진 목적으로 NED에 600만 달러를 배정한 바 있다. 당시 NED는 민간단체들이 대북 인권 개선과 민주화 촉진을 위해 진행하는 22건의 프로젝트에 482만 달러를 지원했고, 산하 두 기관의 대북 프로그램에 69만 9천 달러를 지원했다고 설명했다.[384]

미국의 대북 정보 유입과 인권 증진 활동 지원은 미 의회가 지난 2018년, 이런 활동의 강화를 명시한 대북 인권법 재승인법안을 채택한 이후 더욱 탄력을 받고 있다. NED의 대북 민간 프로그램 지원은 2016 회계연도에 206만 달러였지만, 2020 회계연도에는 거의 2.5배인 482만 달러로 늘었다.

미 국무부도 대북 정보 유입 등 대북 인권 증진 프로그램에 대한 지원을 꾸준히 늘리면서 민주주의·인권·노동국(DRL)이 관리하는 경제지원기금(ESF)의 대북 인권 증진 프로그램을 강화해 2017 회계연도에 대북 인권 증진과 정보 촉진 등 명목으로 265만 달러를 지원한데 이어 2019 회계연도부터 해마다 적어도 400만 달러를 편성해 지원하고 있다. 미 국무부가 2020년 민간단체들을 대상으로 설명한 대북 지원 공모에 따르면 상당 부분이 탈북민들의 대북 방송 지원 등 북쪽 안팎의 정보 흐름을 강화하는 데 투입되고 있다.

미 의회와 국무부가 대북 방송, 전단 살포 등에 막대한 자금을 투입하면서 2024년 오물 풍선 사태로 비화했지만 윤석열 정권은 손을 놓고 있다. 주권국가, 국민의 생명과 재산을 보호해야 할 정부답지 않은 해괴한 태도를 취하고 있는 것이다. 북에 대한 미국의 자극행위로 인해 남북 간 군사적 충돌 가능성과 접경지역 주민들의 피해를 고려해 미국 정부에 문제를 제기해야 하지만 아무 문제가 없다는 태도만을 취하고 있다. 윤석열 정권은 한미일 동맹 추진을 위해 일본에 굴욕외교를 자초한 바 있는데, 미국의 대북 전단 지원에 대해서도 국제사회가 비웃을 짓을 하고 있는 것이다.

이는 정부가 국민의 생명과 재산 보호를 위해 최선을 다해야 한다는 직무를 유기하고 있다는 비판을 자초한다. 윤석열 정권은 표현의 자유를 절대시하는 듯한 태도를 취하지만 입틀막이라는 신조어까지 유행하게 만들 정도로 표현의 자유에 제재를 가했던 사실을 깨달아야 할 것이다. 경기도가 도민 보호 차원에서 탈북단체의 전단 살포에 제재 조치를 취한 것은 그나마 다행이다.

미국은 자국 법에 의해, 주권국가인 한국의 이미지를 형편없이 실추시키면서도 법치의 형식으로 군대를 한국에 주둔시키면서 한국의 군사적 주권을 대행하는 것과 함께 대북전단이라는 심리전까지 펴면서 한반도를 관리하고 있는 것이다. 그래서 한국과 합의했다고 하는 한미동맹이 미국의 법치 속에 집행되고 있다는 점도 주목해야 한다.

미국은 주한미군 기지의 오염 책임을 외면하고,
한국 정부는 그 실상에 함구하다

미국이 한미동맹을 앞세워 막가파식 행동을 보이는 사례 가운데 하나는 앞서 밝혔듯이 주한미군이 주둔하면서 저지른 토양오염 문제에 대한 것이다. 미국 정부는 주한미군이 사용하던 미군기지 부지를 한국 정부에 반납할 때 토양오염문제가 여러 번 제기되었지만 한 번도 복구비용을 낸 적이 없다. 미군은 서울시가 제기한 관련 소송에서 2번 패소했지만 이를 수용치 않았고 한국 정부가 복구비를 대납하는 희한한 일이 벌어졌다.

필리핀, 영국 등이 미국과 맺은 SOFA는 미군 주둔으로 발생한 피해는 미군이 보상하게 되어 있어서 한국과 같은 어처구니없는 일은 발생치 않는다. 주한미군이 한국 정부나 사법부의 결정을 거부하는 것은 그들이 무식하거나 무법자여서 그런 것이 아니고 SOFA가 한미상호방위조약 4조에 규정된 '권리'에서 파생된 것으로 미군 주둔에 따른 피해보상의무를 질 수 없다는 법리해석에 따른 것으로 추정되고 있다.

한미동맹은 국내법에 준하는 효력으로 반미는 국보법 적용대상?

조약, 협정은 국내법에 준하는 효력을 지닌다는 점에서 한미상호방위조약이나 각종 한미 정부 간 협정, 협약, 합의 등은 한국 내에서 그 영향력을 미치게 된다. 예를 들어 한국 내에서의 주한미군에 대한 비판, 철수요구 등은 한미상호방위조약 4조의 권리를 침해하는 것으로 해석될 수 있고, 과거 군사정부 등에서는 이적행위로 국가보안법을 적용했다. 정치권에서 반미사회운동 경력을 국회의원 공천에서 결격 사유로 적용한 것도 미국을 십분 배려한 조치라 할 수 있다.

남북교류협력이나 남북정상회담 시 한국 정부가 주요 의제 등에 대해 사전에 미국과 협의하는 것도 미국의 권리를 고려한 조치이고, 트럼프가 북미정상회담을 염두에 두고 문재인 정부의 남북정상회담 합의 사항을 이행치 못하도록 막은 것도 미 국익을 최우선시한 결과로 알려져 있다. 미국은 슈퍼 갑의 입장에서 한국 정부를 다루는 경우가 많은데 한국 정부는 주권자인 국민에게 그 실상을 알리고 시정하려는 노력을 하는 것이 당연한 책무인데도 그렇게 한 적이 거의 없었다. 여야의 정권 교체가 이뤄졌지만, 이 점에서 어느 정권이나 다 마찬가지였다.

미국의 국내법은 또한 남북을 포함한 한반도 전역에 군사행동이나 그에 준하는 행동을 할 수 있게 만들어져 있다. 이는 미국이 자국법을 국제법처럼 활용하는 경우에 해당한다. 즉 미 대통령은 미 헌법 2조와 무력사용권한(AUMF)에 의해 북을 선제 타격할 수 있다. 이는 한반도 전면전으로 비화해 남쪽도 전쟁터가 될 터이지만 미 국익 우선 원칙에서 비춰 볼 때 미국의 고려 사항이 아니다.

미국의 이런 태도는 국방 분야 외에 한국의 외교, 행정, 사법은 물론 일반사회에도 통용되고 있는 것으로 나타나고 있다. 한국의 고위 관리는 불평등한 한미동맹에 대해 알고 있으면서도 그 실상을 밝힌 적이 거의 없는데, 이는 그 의식체계가 외세에 의해 세뇌당한 것과 같은 수준이라는 비판을 자초하는 부분이다. 일제가 물러난 뒤 미국이 그 자리에 왔다는 비아냥이 나왔던 이유는 바로 주권을 외세가 장악하고 있기 때문이라는 점에서 그랬다고 보아야 한다.

문재인이 2018년 남북정상합의 이행 불발의 진상을 밝혀야
향후 남북정상회담이 가능하다

한편 한미 간에 2006년 합의된 주한미군의 '전략적 유연성'도 큰 문제다. '전략적 유연성'은 전 세계 어느 곳에서든 분쟁이 발생할 경우 주한미군 등 미군이 특정 지역에 고정되지 않고 기동성과 신속성을 갖고 유연하게 개입할 수 있다는 미국의 세계군사전략이다. 주한미군의 전략적 유연성이 보장됨에 따라 대만 등 동북아 지역 분쟁에 주한미군이 개입할 경우 한국이 그 발진기지가 되면서 미중 간의 대립에 자동적으로 끌려 들어가게 될 우려가 있다.[385]

미국이 대북 전면전 가능성과 그에 대한 보복을 대북 정책의 한 카드로 비축하고 있는 것도 현재의 한미동맹이 그것을 가능케 하기 때문이다. 미국의 대북공격 확정시 그에 필요한 무기와 탄약비축, 30~40만 명에 달하는 미군사력 주둔, 해군력의 배치와 그 발진기지 등이 필요한데 한미상호방위조약에 의해 이런 것들이 보장된다. 현재와 같은 조건에서 미국이 동북아 전략을 수립 추진할 때 이미 확보되어 있는 군사적인 기득권을 최대한 활용하는 방향으로 치우칠 개연성이 크다. 그것이 미국식 합리주의이기 때문이다.

남북의 평화적 교류협력, 한반도 비핵화 협상과 관련해 남북관계의 특수성이 전혀 인정되지 않는 것 등은 냉전 시대에 맺어진 한미상호방위조약에서 비롯한 측면이 강하다. 대한민국 정부는 헌법 제3조와 제4조에 따라 북을 '반국가단체'이자 동시에 '대화와 협력의 동반자'로 보고 규정하고 있다.

또한 1991년에 체결된 '남북기본합의서'를 보면, 남과 북의 관계는 '나라와 나라 사이의 관계가 아닌 통일을 지향하는 과정에서 잠정적으로 형성되는 특수 관계'다. 이런 점을 고려하면 개성공단이나 금강산 관광 재개 등은 가능할 터인데 문재인 정부는 미국의 반대 입장에 굴복한 듯 남북관계를 개선하지 못했고, 오늘날 남북관계가 최악의 상태로 치닫는 단초를 제공한 꼴이 되고 말았다.

문 대통령이 집권 기간 남북정상회담을 통해 합의한 교류협력방안을 왜 거의 다 이행치 못하게 됐는지에 대해 그 진상을 밝히지 않으면 향후 남북정상회담이 성사되기는 어려울 것이다. 문 대통령 집권 기간 후반에 남북관계가 악화된 원인, 그 과정에서 미국의 역할 등에 대해 문 전 대통령이 소상히 밝혀준다면 그것은 향후 한미 및 남북, 북미관계를 정상화시키면서 한반도의 평화체제 구축에 큰 추동력이 될 수 있을 것으로 보인다.

문 전 대통령과 당시 외교·국방·통일 관련 국무위원들이 다 침묵한다면 미국이 계속해서 일방적으로 한반도 정책을 추진하는 것이 가능하다는 점도 고려해야 한다. 아쉽게도 문 대통령은 진영논리에 입각한 정치적 발언만을 하고 있는데, 한미동맹의 실체를 밝히는 것이 대국적 차원에서 박수를 받을 것이고, 윤석열 정권의 외교·안보·통일 정책을 정상화하는 데도 큰 도움을 줄 수 있을 것이다.

문재인 정부 당시는 물론 현재에도 미국 정부가 신냉전 체제를 심화시키면서 한국을 끌어넣으려 갖가지 방법을 앞세우고 있는데 그 핵심적 추동력의 하나가 한미상호방위조약으로 비춰지고 있다. 이런 점을 고려할 때 한미동맹은 21세기의 한반도와 동북아의 평화, 안정 추진에 걸맞게 고쳐져야 한다. 필리핀, 일본이 평등한 국가적 입장에서 미국과 맺은 군사동맹이 참고가 될 것이다. 한국이 한반도 관련 모든 국가와 서로 윈윈하는 방향을 향해 주체적으로 역량을 발휘하기 위해서는 군사적 자주권을 확보해야 한다. 그렇게 하는 것이 미국의 한반도 및 동북아 정책을 합리적으로 추진토록 견인하면서 세계 평화와 행복에 기여할 수 있을 것이다.

조약, 협정 등의 문제는 국제법적 절차를 통해 해소해야

국가 간 조약, 협정의 문제는 국제법적으로 합당한 과정을 통해 해소되어야 한다는 점이 중요하다. 미국이 주한미군으로 확보된 기득권을 지키기 위해 온갖 수단을 다 취하고 있다는 점에서 단순한 구호나 요구만으로 상황 개선이 되지 않는다. 일본이 1905년 을사늑약이나 1910년 한일병탄조약을 지금도 앞세워 농간을 부리고 억지를 쓰는 모습을 참고해야 할 것이다.

그렇다면 한미동맹의 정상화는 어떻게 시작할 것인가? 그것은 한미상호방위조약을 목표로 삼아야 한다. 한미상호방위조약의 불평등성에 대해서는 법치의 요건을 갖춰 개선 또는 척결하는 방식이 가장 합리적이고 손쉽다 하겠다. 한미동맹의 핵심인 한미상호방위조약은 제6조에 의해 조약의 파기를 통고하면 일 년 뒤 파기될 수 있기 때문이다. 이를 한국 정부나 시민사회가 주목해야 한다. 다른 협정, MOU(양해각서), 회담. 합의 등은 그것에 대한 현상 변경이 쉽지 않기 때문이다.

한미동맹의 핵심이 한미상호방위조약이라는 점은 미국이 필리핀, 영국 등 나토 회원국과 맺고 있는 동맹과 비교해 볼 때 명백해진다는 점에서 그 정상화를 서둘러야 한다. 한국의 국제적 위상이나 미국의 대북 정책을 고려할 때 이 조약은 시급히 청산되어야 한다. 강조하지만 21세기 국제사회에서 이런 불평등한 조약을 유지하고 있는 것은 한국이 유일하다.

한미상호방위조약은 한국이 미국에 군사력을 배치하는 조항이 없다는 점에서 상호적이지 않다. 정상적인 정부라면 외세에 의해 자국민이 위해를 당할 가능성에 대비하는 차원에서 주한미군의 위상은 국제적 상식에 맞춰야 한다. 군대는 이성계의 위화도 회군이나 박정희, 전두환의 쿠데타에서 보듯 양날의 칼을 지닌 집단으로 외국군에 대해 경각심을 갖는 것은 주둔국 정부의 국민에 대한 책무라 할 것이다. 필리핀, 영국 등이 주둔 미군에 대해 자국민을 대신해서 갖는 경각심과 그에 대한 대책을 교훈 삼아야 한다. 그러나 오늘날 한국 현실은 어떤가? 정부는 미군을 선량한 군대로 선전하는 작업만 하고 있고 국내 일부 언론은 주한미군이 한국기지에 반입한 첨단무기를 보도 형식으로 소개하는 식으로 미국의 한국민에 대한 심리전을 대행하고 있는 형국이다.

한미상호방위조약의 정상화는 문구의 합리적 조정부터 폐기까지 그 선택지가 여러 개일 것이다. 가장 합리적인 방식을 사회적 합의로 정해야 한다. 그래서 미국이 군사력을 한국에 주둔하는 것을 권리로 인정한 것을 폐기하는 것이 급선무다. 외국군이 치외법권적 지위를 누린다는 것은 주둔국의 주권행사가 제약된다는 차원에서 외국에서는 금기 사항이 되고 있다.

미국이 이 권리를 십분 활용해 미 대통령의 대북 선제타격권을 발동할 수 있다는 점에서 더욱 그러하다. 이것은 미국이 북에 대해 가장 치명적인 카드로 언제든 활용할 수 있다는 점에서 미국의 한반도 법치가 합리적인 선에서 벗어나게 만드는 역기능적 측면이 있다는 점을 고려해야 한다. 미국의 법치 개념에서 볼 때 기득권을 최대한 활용하면서 미 국익을 극대화하는 것이 원칙이기 때문에 대북 정책은 북이 수용하기 힘든 극단적인 것으로 흐를 개연성을 내포하고 있다.

남북관계를 고려할 때 미국의 선제타격권이 심각한 장애 요인으로 작용하고 있음을 살펴야 한다. 남북 간에 아무리 그럴싸한 군사적 협약을 맺거나 조치를 취해도 그것은 미국 대통령의 선제타격권 앞에서는 무용지물이 되기 때문이다. 남북 간에 교류협력이 지속성과 안전성을 지니기 위해서는 미국이 군사적 기득권을 통해 한국의 내정에 간섭할 수 있는 여지를 제거해야 한다. 최근 남북관계가 최악인 것은 문재인 정부 시절 3번의 남북정상회담을 통해 준국가연합을 실시할 정도의 합의를 이뤘지만 하나도 시행되지 못한 것도 한 원인으로 분석된다. 이런 불행한 경우가 반복되지 않을 구조적 안전판 마련이 시급하다.

주한미군이 치외법권적 지위 보장받는 비상식적인 한미상호방위조약 폐기해야

한국에서는 미국이라는 외세가 외침을 막아주고 있다는 말도 되지 않는 미신이 팽배해 있다. 자국 군대도 반란군이 되는 일이 적지 않다는 것을 경계해야 하지만 외국 군대가 치외법권적 지위를 보장받을 경우 어떤 위해를 주둔국에 가할지 모르는 가능성이 방치되어 있는 것이다.

필리핀, 영국 등과 미국의 동맹관계는 이런 점이 대전제가 되어 만들어져 있다고 보아야 한다. 군사적 주권이 박탈될 경우 비극은 일제가 을사늑약을 강요한 대한제국의 사례를 참고할 수 있을 것이다. 그러면 미국은 한국에서 확보한 기득권 유지를 위해 어떤 일을 했을까?

그것은 제주 4·3과 6·25, 광주항쟁 등에서 확인된다. 제주 4·3항쟁이 5·10총선을 규탄하자 이는 미국이 주도한 남쪽만의 단독정부를 반대하는 것으로 소련의 사주를 받은 민간 폭동이라는 가짜뉴스를 만들어 2차대전 이후 최대의 민간인 학살이 자행되도록 만들었다. 미국은 당시 한반도 남쪽 지배세력으로 앉힌 친일파들을 앞세우기도 했는데, 6·25전쟁 당시 맥아더 휘하의 남한 군경이 민간인을 학살한 것도 비슷한 맥락으로 보아야 한다. 이것은 친일에서 친미로 변신한 세력의 폭거일 수도 있지만 미국은 군정 시절부터 작전권 행사의 주체였다는 점에서 막중한 책임을 면할 수 없다.

앞으로 미국이 한국에서 한미동맹 해체나 백지화 등을 통해 군사적 기득권을 훼손, 상실, 박탈당한다고 판단하는 상황이 발생할 경우 미국은 어떻게 대응할 것인가? 현재와 같은 한미동맹 관계에서는 아마도 제주 4·3, 광주항쟁에서와 같은 참극이 벌어지지 않을 것이라고 아무도 장담할 수 없다. 미국의 법치가 그렇게 하도록 되어 있기 때문이다.

미국은 자국의 이익 보전을 위해 도·감청 등 수단과 방법을 가리지 않고 공작할 것이고, 과거 CIA가 했던 정권 전복 등을 시도할 것이다. 이런 외세의 위협 가능성에 대한 대비를 필리핀, 영국 등은 미국과 군사적 동맹을 맺을 때 미군 주둔으로 야기될지 모를 위험에 대해 십분 고려해 안전장치를 만들어 놓았다고 보아야 한다. 그러나 한국은 완전 무방비 상태일 뿐만 아니라 의식마저 미국을 외세로 객관화시키는 작업을 주저하고 있다. 심각한 집단 세뇌 현상이라 하겠다. 이는 이른바 진보 정치 세력도 말하기를 꺼리는 부분이다. 대단히 어처구니없는 일이다.

한국 정부가 제주 4·3과 광주항쟁에 대해 특별법을 만드는 등의 전향적인 조치를 취했지만 두 비극의 핵심적 실체가 미국이라는 점을 명쾌하게 밝히지 않고 있는 것은 심각하다. 역사 왜곡일 뿐 아니라 향후 미국이 유사한 국제적 범죄를 저지르는 쪽으로 자기합리화할 가능성이 적지 않기 때문이다. 한국 사회가 친일 청산과 함께 일제 부역자 또한 민족 반역자를 가려내려고 노력하는 것은 대단히 긍정적이다. 하지만 근현대사에서 드러나는 미국의 파렴치한 국가 이기주의적 정책 속에서 한반도 남쪽을 지배하기 위해 미 군정을 통해 친일

세력을 권력세력으로 끌어들였던 것은 물론 미국의 한반도 전략에 반대하는 세력을 대량 살상하는 범죄가 자행될 환경을 조성했던 점은 분명히 미국이 자성하고 책임을 지도록 만들어야 한다.

한국 정부도 주권국가로써 국민에 대한 책임을 다한다는 점에서 미국을 향해 적극적인 태도를 취해야 할 것이다. 한국 정치권이 보수, 진보 가릴 것 없이 미국 앞에서 제 목소리를 내지 못하는 유사한 태도를 취한다 해도 한국 사회의 학계, 문화계, 언론 등이 한미 두 정부를 추동하는 역할을 해야 한다.

사실관계를 적확하게 다룰 수 있는 소설 분야에서조차 미국이 한국에서 범한 세계사적 범죄에 대해 제대로 된 작품 하나 없다는 것은 대단히 심각한 일이다. 한국 문단이 친일 잔재를 벗어나지 못하다가 미국의 영향력에 함몰된 결과라 하겠는데 다른 분야도 큰 차이가 있다고 보기 힘든 것이 현실이 아닌가 한다.

한미상호방위조약 6조 발동해 한미동맹 정상화 추동해야

이상에서 미국의 국익 추구를 위한 한반도 정책, 한미상호방위조약을 중심으로 한 한미동맹과 한미관계를 살펴보았다. 오늘날 한반도 사태는 제한 핵전쟁의 가능성을 심각하게 염려해야 할 정도가 되었다. 이는 미국의 한반도 정책, 한미동맹의 역기능이 빚어낸 불행한 현상이라 하겠다. 한미동맹의 문제를 해소하는 방식은 어떤 폭력적 방식도 불가능하다면 국제법적 절차에 따르는 방식을 고민해야 할 것이다.

더욱이 미국은 기득권을 보호하기 위해, 1980년 5월 광주항쟁 당시처럼 미국군의 자산이 위협받는다고 판단할 때 심한 경우 주한미군이 직접 자위권을 행사하도록 할 가능성도 배제할 수 없다. 미국은 치외법권적 지위를 앞세워 기지 등이 위협받는다고 판단할 경우 자국법에 의한 법치의 일환으로 군사력 동원을 고려할 것이기 때문이다.

이런 불상사를 방지하기 위해서 한미상호방위조약 6조를 발동해 한미동맹의 핵심 요인을 정상화하고 그 이후 각종 협정, 협약, 합의 등에 대해 적법한 절차를 거쳐 손을 보아야 할 것이다. 그래서 궁극적으로 국제적 상식에 비추어 손색없는 주권국의 위상을 확보해야 한다.

이와 함께 남북관계 정상화를 위한 심각한 고민이 필요하다. 남북통일은 한반도의 현상 변화를 의미하고, 이는 미국뿐 아니라 주변 외세 모두가 반대하는 미래다. 모든 외세가 한반도 통일에 발 벗고 나설 일은 결코 없을 것이다. 따라서 방법은 단 하나다. 남북이 평화적인 방식으로 외세가 절대 개입할 수 없는 방식으로 평화통일을 달성하는 것이다.

통일은 말이 쉽지 결코 손쉽게 이뤄질 수 없다. 지난한 노력과 지혜가 필요하다. 그 가운데 우려할 한 가지 점은 남북 간의 통일 주도권 쟁탈 가능성이다. 이는 생략하기 어려운 부분이다. 개인, 집단, 국가 모두 권력욕, 지배욕을 DNA로 지니고 있기 때문이다.

여의도 국회에서의 여야관계를 보면 충분히 유추할 수 있는 부분이다. 정권장악을 위해 상식을 벗어난 작태가 벌어지기도 하는 현실을 감안해야 한다. 남북의 통일 추진 세력들이 사심 없이 평화통일을 달성하는 데 필요한 청사진은 7·4공동선언, 6·15공동선언 등 남북 간에 합의 발표된 내용 속에 포함되어 있다. 하지만 오늘날 가장 심각한 요인은 외세개입의 가능성, 특히 미국의 대북 선제타격권이니 이를 완벽하게 봉쇄하고 남북이 신뢰를 바탕으로 협상할 수 있는 환경을 조성해야 한다. 이것은 한미동맹의 정상화(사회적 합의에 따라 폐기에서 일부 항목 개정 등 다양한 대안 포함)에서 시작된다고 할 것이다.

4. 한국이 주권국가로 가려면 한미동맹의 정상화가 급선무

한미동맹의 역기능 심화로 한반도는 핵전쟁의 가능성이 최고 높은 지역으로 전락

한미상호방위조약은 정전협정을 평화협정으로 전환하는 것을 저지하려는 목적으로 만들어졌기에, 이 조약을 출발점으로 한 한미동맹은 평화통일에 이바지하기는커녕 역행하고 있다. 이 조약으로 인해 한미 군사관계는 예속적, 종속적 관계로 구조화되면서 미 국익의 추구 속에 한반도의 평화가 극도로 위협받는 지경에 이르렀다.

오늘날 평화통일을 가로막는 두 개의 쇠말뚝은 한미동맹과 국보법이라 할 수 있는데, 지난 수십 년 동안 한미동맹에 대한 비판은 국보법에 의해 친북으로 비판받았다.

미국은 한미상호방위조약과 주한미군을 주축으로 한 한미동맹을 통해 중국과 러시아 견제, 남북 간의 관리, 일본의 핵무장 저지 등의 전략적 이익을 챙기고 있다.

이를 좀 더 자세히 살피면 주한미군을 통한 남북 간의 관리, 즉 남한 이승만의 주장과 같이 남한 정부의 북진통일 시도나 박정희, 전두환 등의 군사쿠데타로 인한 한반도 급변사태에 대비하고 북의 적화 통일 시도에 대한 전쟁 억제 역할을 하는 것이다. 미국은 한미동맹을 이용해 미국의 동북아 전략 추진을 통한 미 국익 증진이 최상의 목표이기 때문에 한반도에서의 전쟁과 같은 상황은 원치 않는 것이다.

다음으로 중국과 러시아 견제인데 미국은 2차대전 종전 이후, 한반도 진출부터 소련의 견제를 최상의 목표로 삼았고 6·25전쟁 이후 군산 비행장에 베이징, 블라디보스토크로 발진해 전략적 역할을 수행할 핵 폭격기를 24시간 활주로에 대기시켜왔다. 최근 이에 대해 중국과 러시아가 합동군사훈련을 벌이고 있다. 미국은 한미상호방위조약을 근거로 주한미군의 활동 범위를 태평양으로 확대하면서 대만 사태, 인도·태평양에서의 중국 포위 작전에 한국의 동참을 요구하고 있다.

미국은 일본의 핵무장을 저지하는 근거의 하나로 한국에 대한 핵 우산 제공 등을 강조하고 있다. 미국은 한미동맹을 토대로 만들어 놓은 대북 선제타격전략으로 북의 핵에 대한 일본의 공포를 무마하고 있다. 일본은 2023년 12월 기준, 약 47톤의 플루토늄을 보유하고 있는데 이는 약 6천 개의 원자폭탄을 제조할 수 있는 양이다.

이상에서 본 것처럼 미국은 한미동맹을 통해 엄청난 이득을 얻고 있지만 대외적으로 북의 남침 저지라는 점만을 앞세우고 한국 정부는 이를 감지덕지하는 태도로 적극 홍보해준다. 개략적으로 볼 때 미국은 한미동맹을 통해 일석 5조의 국가이익을 챙기는 셈이고 한국은 북과의 군사 관련 부분만 해당된다 하겠다. 미국의 해외정책은 미 국익의 극대화 추구가 최우선인데 미국은 한미동맹으로 5개 정도의 전략적 이익을 얻고 있는 셈이다.

한마디로 한미동맹은 동등한 주권국가의 그것과는 거리가 너무 멀다. 한국에 배치된 미국 장성이 주한미군과 한미연합사, 유엔사 등 3

개 군사시스템의 사령관을 맡고 있고, 한미 정부 간 수많은 협정, 각서, 합의, 공동선언과 성명, 양해각서, 정상회담 및 회의 등을 통해 거미줄처럼 만들어진 구조로 그 해체나 대체가 지극히 어렵게 되어 있다.

거기에다가 미국은 한미동맹을 미국식 법치와 시스템으로 구조화하고 있는데 이 때문에 미 정권이 교체되어도 미국의 한반도 정책은 거의 바뀌지 않는다는 평가를 받고 있다. 미 대통령은 자체 판단으로 북 등 미국의 적대세력을 선제 타격할 수 있는데 이 권한을 보장하는 법 체제는 수정헌법 2조와 미 대통령의 무력사용권한(AUMF)이다. 특히 수정헌법 2조는 총기 소유 자유화(총기 사고 논란에도 총기소유 금지와 같은 조치를 취할 수 없는 이유)와 전 국민의 무장화를 보장하는 것이고, 그 기본 취지는 '정의는 총구에서 나온다'는 논리에 기반하고 있다. 이 때문에 미국은 태생적으로 '전쟁을 하는 나라'라는 평가를 받고 있다.

한미 동맹 구조 설명

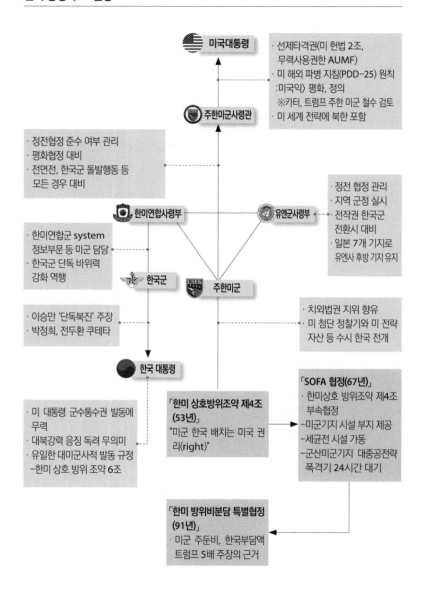

미국대통령

· 선제타격권(미 헌법 2조,
  무력사용권한 AUMF)
· 미 해외 파병 지침(PDD-25) 원칙
  :미국익〉평화, 정의
  ※카터, 트럼프 주한 미군 철수 검토
· 미 세계 전략에 북한 포함

주한미군사령관

· 정전협정 준수 여부 관리
· 평화협정 대비
· 전면전, 한국군 돌발행동 등
  모든 경우 대비

· 정전 협정 관리
· 지역 군정 실시
· 전작권 한국군
  전환시 대비
· 일본 7개 기지로
  유엔사 후방 기지 유지

한미연합사령부   유엔군사령부

· 한미연합군 system
  정보부문 등 미군 담당
· 한국군 단독 바위력
  강화 역행

한국군   주한미군

· 이승만 '단독북진' 주장
· 박정희, 전두환 쿠데타

· 치외법권 지위 향유
· 미 첨단 정찰기와 미 전략
  자산 등 수시 한국 전개

한국 대통령

「SOFA 협정(67년)」
· 한미상호 방위조약 제4조
  부속협정
-미군기지 시설 부지 제공
-세균전 시설 가동
-군산미군기지 대중공전략
  폭격기 24시간 대기

· 미 대통령 군수통수권 발동에
  무력
· 대북강력 응징 독려 무의미
· 유일한 대미군사적 발동 규정
  -한미 상호 방위 조약 6조

「한미 상호방위조약 제4조
(53년)」
"미군 한국 배치는 미국 권
리(right)"

「한미 방위비분담 특별협정
(91년)」
· 미군 주둔비, 한국부담액
  트럼프 5배 주장의 근거

[도표 설명] 한미동맹은 한미상호방위조약을 기반으로 삼아 미군 사령관이 3개 사령관의 모자를 쓰고 한반도의 다양한 군사적 상황에 대비해 역할을 바꿔 미 국익 수호와 증진에 기여하는 시스템이다. 미국 대통령은 주한미군의 최고 지휘관인 군 통수권자로서 주둔 여부, 전쟁 개시 여부 등에 대한 결정권을 행사하는데 미국 법치에 따르면 미 대통령은 한국 대통령과 사전 협의할 책무가 없다. 동시에 상위법, 하위법 관계로 볼 때 한미 간에 핵 우산 제공 등에 대한 협약을 맺는다고 해도 미국 대통령의 법적 권한에 우선할 수 없다. 한국 대통령은 한국군에 대한 군 통수권을 전시에 사용할 수 없어 군사적 자주국의 원수 역할을 하지 못하고 있다. 이런 예속적 군사동맹은 필리핀, 영국 등이 대등한 주권국가의 위상을 보장하는 원칙에서 미국과 군사관계를 추진한 것을 보면 그 문제점을 쉽게 확인 할 수 있다.

70년 넘게 지속된 한미동맹은 21세기 들어 북의 핵무장 강화 속에 한반도의 핵전쟁 가능성을 높아지게 하면서 미국과 한국 간의 이해 관계의 틈이 커지고 그 역기능이 심화되고 있다. 한국에 대한 미국의 핵우산 제공을 전제로 한 미국의 대북전략은 미 국익에 필요할 경우 한반도에서의 제한 핵전쟁 발생 가능성을 높이고 있다. 미국은 전쟁 발생 시 핵무기를 사용하는 작전원칙을 세워놓고 미군이 해야 할 행동요령과 절차에 대한 매뉴얼에 따라 군사 훈련을 하고 있다.

기존의 한미동맹 구조 속에서는 현시기 핵보유국인 북과 비핵보유 상태인 남이 어떻게 서로 공존과 평화통일을 이룩할 수 있을 것인지 에 대한 남북 간의 대화를 매우 어렵게 만들고 있다. 미국은 인권법 등을 앞세워 탈북자 민간단체의 대북 전단 살포를 금전적으로 지원하 고 있다. 북이 군사적 대응을 하는 등 우발적 충돌에 의한 전쟁 위험 이 있지만 미국은 고려치 않는다. 인권을 앞세워 한반도 전쟁도 불사 한다는 전략을 집행 중이다.

2차 대전 이후 미국은 세계의 무법자라는 비판을 자초하고 있다.

미국은 통킹만 사건, 이라크 대량살상무기 보유라는 허위정보로 전쟁을 일으켰고, 위키리크스와 스노우든이 미국 정부가 전 세계를 불법 도·감청하는 사실과 함께 미군의 반국제법적 만행을 폭로하자 그 폭로자를 국가안보 위협, 간첩 행위 등으로 몰고 갈 뿐 내부자 고발에 대한 상식적인 조치조차 취하지 않고 있다. 테러와의 전쟁을 이유로 법적 절차가 송두리째 생략된 암살을 일삼으며, 민간인들도 동반 사살하는 작전을 전 세계적으로 진행 중이다.

　미국은 적법한 절차 없이 '테러 용의자'를 가둬 놓았던 미국의 쿠바 관타나모 수용소에서 고문까지 했다는 의혹을 받고 있다.[386] 영국 BBC에 따르면 관타나모 수용소는 2001년 9·11 사태가 발생하자 조지 W. 부시 당시 미 대통령이 '테러와의 전쟁'을 벌이면서 해외에서 잡아들인 테러 용의자 등을 수용하기 위해 2002년 쿠바 군사기지에 설치한 시설로 한때 800명에 육박한 것으로 알려졌는데, 그 수용자는 2024년 현재 30명가량 남은 것으로 추정된다고 보도했다. 미국이 명백한 증거도 없는 용의자를 기소도 하지 않은 채 장기 구금하거나 수용자들에게 고문에 해당하는 심문 기법을 썼다는 주장이 제기되면서, 국제사회에서 끊임없이 인권침해 논란이 제기되어 왔다.

　미 CIA는 반미 외국지도자를 제거하기 위해 쿠데타를 시도한 사례가 적지 않다. 미국은 이스라엘—가자 지구 전쟁에서 이스라엘에 의해 팔레스타인에 대한 대량 학살이 자행된다는 유엔 등 국제사회의 격한 비난에도 불구하고, 미국의 국익을 우선하는 법규에 따라 이스라엘에 100여 가지의 무기를 비밀리에 판매해 이스라엘의 전쟁범죄를 지원했다.[387] 이상에서 본 바와 같이 미국은 국익을 위해서는 수단과 방법을 가리지 않는다.

　하여튼 한미동맹을 세부적으로 살피면 개개 요인들의 개폐가 쉽지 않다. 한미상호방위조약만이 그 6조에 의해 파기 선언이 가능하게 되어 있어 가장 용이하다는 지적을 받고 있다. 다른 한미 간 협정 등은 쌍방 합의 등이 전제되어 있기에 개폐하기가 쉽지 않는 것이다. 전체 한미동맹에서 미국에게 최대의 아킬레스건은 바로 이 6조라 할 것이다. 트럼프가 주한미군 철수를 거론하며 방위비 분담금의 대폭 인상을 요구할 때 한국이 6조 폐기를 무기로 협상할 준비를 갖춰야 했던 것이다.

한미동맹의 핵심 요인 가운데 하나인 한미상호방위조약의 정상화를 통해 주둔 미군의 치외법권적 지위나 특혜를 폐기했던 필리핀과 미국의 군사협정처럼 동등한 유엔 회원국 수준에 맞게 정상화되어야 한다. 미국의 한반도 정책, 특히 대북 정책이 미국의 일방적, 독단적 방향으로 치달아 왔다는 점에 주목할 때 한미동맹의 정상화(개정 또는 폐기)는 균형 잡힌 대북 정책 등을 가능케 해 미국에도 궁극적으로 이득이 될 것이다.

미중러의 대치국면에서 한반도가 희생양이 될 가능성이 우려돼

북의 핵·미사일과 관련해, 미국은 세계핵전략 차원에서 대응한다는 방침을 밝히고 한미는 한목소리로 '북의 핵 공격 시, 북 정권이 붕괴될 것'이라는 입장을 밝히고 있다. 북의 핵에 대응한다는 차원이라 하지만 한반도 핵전쟁은 한민족 전멸의 가능성도 우려해야 할 판인데, 정치권에 의해 도입된 한반도 핵전쟁이라는 최악의 의제가 한국 생활의 일부가 되어 버렸다.

미국의 군사적인 세계전략은 미국의 안보이익 보호를 최우선으로 하고 있고, 세계 여타 지역은 그 목적을 위한 수단이나 하위개념으로 삼고 있다는 점에서 한반도가 자칫 미국과 중러의 대치국면에서 희생양이 될 가능성도 우려되고 있다. 미국이 20세기 초 가쓰라·태프트 밀약을 통해 일본과 제국주의적 암거래를 통해 한반도를 흥정수단으로 삼았던 행태는 오늘날에도 변치 않고 있기 때문이다.

군사주권도 없는 한국 대통령이
국제무대에서 큰소리치는 모습에 지구촌이 비웃어

2024년 9월 현재 한미관계는, 미 바이든 대통령이 기회만 있으면 윤석열 대통령에게 한미일 군사관계 증진에 기여했다고 칭찬을 아끼지 않고 있는데, 이는 한국의 군사적 주권이 미국의 통제하에 있다는 점을 고려할 때 정상적으로 보이지 않는다. 한국이 세계 경제력 10위권, 군사력 6위권의 위상인데도 주한미군 사령관이 3개의 사령관 모자를 쓰고 다양한 방식으로 군사적 통제를 취하는 것에 대해 순종하는 것으로 비추어진다는 점을 고려할 때 더욱 그러하다.

미국은 한미상호방위조약, 전시작전통제권, 유엔사 등을 통해 한국의 국방안보의 자주권은 물론 남북 간의 평화통일 노력을 제약하고 있다. 미국은 특히 2018년 두 번의 남북정상회담을 통해 수많은 교류협력 방안을 만들었지만 이의 이행을 저지해 남북관계가 오늘날과 같이 파탄상태로 가게 만드는 원인을 제공했다.

윤 대통령은 집권 전후 대북 선제타격 등을 주장해 미국이 공식적으로 반대하는 소동이 벌어진 뒤 미국의 핵우산 정책은 물론 미국의 중국, 러시아 압박전략에 적극 순응하는 태도를 보이고 있다. 윤석열 정부와 중국, 러시아와의 외교·군사 관계 악화로 두 나라에 진출한 한국 기업들이 곤욕을 치르고 있다. 윤석열 정권은 과거 미소 간 냉전 시대와 달리 오늘날 국제정세는 군사적 안보와 경제적 안보를 병행해야 할 필요가 크다는 현실을 외면하고 있다.

미국이 동북아 최빈국인 북에 세계 평화를 위협한다고 규정하고 최강의 군사전략을 적용한 것은 실제 중국과 러시아를 견제하기 위한 목적이라는 것은 잘 알려져 있는 사실이다. 이런 상황에서 한국 정부가 군사적 자주권이 없는 심각한 상황인데도 미국 대신 또는 미국의 입장에 앞장을 서는 식으로 세계 평화, 민주주의를 외치는 것은 대단히 부자연스럽게 보인다.

미국에 군사적으로 예속된 한국에 대해 국제사회가 어떤 시각으로 바라볼 것인가 하는 점은 윤 대통령이 2023년 9월 2일 유엔총회 일반토의 기조연설에서 북러 간 무기 거래는 우크라이나는 물론 한국에 대한 직접적인 도발이라며, 이를 좌시하지 않겠다고 밝힌 데 대한 러시아의 반응에서도 확인된다.[388]

주한 러시아 대사관은, 그다음 날 윤 대통령이 북러 간 무기 협상에 대해 비난하며, 좌시하지 않겠다고 한 기조연설에 대해 "한러 간 협력을 훼손하려는 미국의 선전 운동에 가담한 것은 유감스럽다. 윤 대통령이 러시아와 북측 간의 국방 협력에 대해 근거 없고 선동적인 주장을 했다. 한국의 반러 정책이 한러 관계와 한반도 정세에 영향을 미칠 수 있다"고 경고했다.

한국이 세계 평화를 이룩하고 국제사회에 기여하기 위해서는 다른 모든 외국이 그렇듯이 군사적 주권을 확립하는 것에서 출발해야 한다. 그렇지 않으면 지구촌은 한국이 아무리 그럴듯한 이야기를 내놓아도 신뢰하지 않을 것이다. 특히 미국이 자국법으로 세계를 통제하고 우방국 정부 도·감청도 서슴지 않는 심각한 자국중심주의에 빠져 있고 철면피한 내로남불식 논리의 화신이라는 점을 고려해야 한다.

이런 점을 도외시한 채 미국이 절대 선이라는 식의 어처구니없는 허구를 앞세워 열을 올리는 것은 조소의 대상이 될 뿐이다.

외교나 국제관계에서 영원한 동지, 적은 없다. 단지 국가 간 이해다툼은 항상 존재해 왔고 국익을 최대한 확보하는 관계는 생략되지 않았다. 윤석열 정권은 미국을 대신해 중국과 러시아에 각을 세우고 미국의 무기를 엄청나게 사주고 있으며 북에 대해서는 같은 민족이지만 철천지원수처럼 대해 미국을 크게 만족시키고 있다. 동맹을 민족보다 우선시하는 것은 긴 안목으로 볼 때 심사숙고해야 할 것이다.

이승만 등 일부 대통령이 이념을 민족보다 우선시해 국가보안법과 같이 북쪽 지역의 주민 100%를 반국가세력으로 규정하는 반인륜적이고 몰상식적인 도그마가 21세기에도 횡행하는 것은 큰 비극이다. 80억 인류가 얼굴 모양이 다 다르듯이 이념, 사상에 대해 십인십색이라는 점을 아직도 인식지 못하거나 인정하기를 거부하는 정치인이 득세한다는 것도 어처구니없는 일이다.

국제관계에서 공짜는 없다는 점에서 윤석열 정권은 발상의 전환을 해볼 일이다. 한미동맹을 필리핀과 미국처럼 대등한 국가 간의 협정으로 전환하는 것이 정답이다. 미군은 필리핀 주둔 시 필리핀 군 기지에 국한하고, 영구기지는 만들지 못하며 필리핀의 국내법 적용을 받는다. 또 미군 시설은 사후 필리핀 정부에 귀속시킨다는 원칙이 적용되고 있다. 한미동맹과 비교해 하늘과 땅 차이지만 이게 상식에 부합하는 것이다.

지금처럼 미국과 한국이 군사적 측면에서 상하 또는 주종관계로 되어 있는 것은 미국에게 상궤에서 벗어난 대북 정책을 남발하는 환경을 조성해준다는 점에서 더 이상 방치되어서는 안 된다. 미국이 북에 대해 선제타격을 가할 여건이 한미동맹으로 조성되어 있는 한 남북관계가 정상화되기는 어렵기 때문이다. 이는 전쟁을 원치 않고 평화통일을 원하는 한국민의 입장에서 사활이 걸린 심각한 문제다. 정상적인 한미동맹은 미국이 합리적인 대북 정책을 수립하도록 유도할 수 있다는 점에서 미 국익에도 도움이 될 뿐만 아니라 미국을 정상적인 국가로 변하게 하면서 세계 평화에도 기여할 수 있게 할 것이다.

150여 년의 한미관계는
미 국가 이기주의가 일방적으로 실천된 과정

한미관계의 근현대사는 미국의 자국 중심적 대외정책의 추진 결과였다는 특성으로 점철되어 있고, 현재도 그런 상태다. 미국이 1882년 한반도에 공식 외교관계의 첫발을 내디딘 뒤 150여 년은 미 국가 이기주의가 일방적으로 실천된 과정이었다.

그러나 한미동맹이 미국에 심각하게 기울어진 운동장이라는 점이 한미 두 나라 정부에서 지적되는 경우는 매우 드물고 현재의 한미관계가 최상이라는 수사가 난무할 뿐이다. 그러면서 오늘날의 한국 발전에는 미국의 기여가 절대적이었다는 식의 시혜관계, 즉 미국이 한국에 많은 것을 베풀었다는 식의 논리가 주를 이루고 있다.

미국이 6·25전쟁에 참전해 많은 미국 젊은이들이 피를 흘려 한국의 민주주의, 경제발전을 이루게 된 원동력이 되었다는 식이다. 물론 이런 점이 전무하지는 않지만 두 나라 관계의 일부분을 지나치게 미화하거나 심지어 과장한 측면이 없지 않다.

한미관계는 19세기 말 한반도가 열강의 침략 대상이 된 상황에서 시작되었고 일제에 의한 국권 강탈, 미군정, 6·25전쟁 등의 격동기를 거쳤는데 그런 과정에서 미국은 자국의 이익 챙기는 행동만을 주로

했다. 이것은 움직일 수 없는 사실이다. 미국이 한반도나 한민족만을 전적으로 위한 정책이나 인도적 조치, 또는 미국이 희생을 무릅쓴 그런 경우는 정부 간 관계에서 찾아보기 힘들다. 굳이 찾자면 미국인 개인 차원에서 그런 미담과 같은 사례가 일부 발견된다고 보아야 한다.

모든 국가 간의 관계가 그렇듯이 상호 원원보다 힘의 논리에 의한 이익 나눠 먹기나 일방적 강요와 굴종의 경우가 많다. 한미관계도 마찬가지였다. 그렇다면 국내에서 한미관계 근현대사 조명이 사실관계를 외면하거나 객관성을 상실한 이유는 무엇인가? 그것은 여러 가지로 추정된다. 우선 한미관계를 비판적으로 조명하는 작업은 친북 행위로 불온시하거나 심지어 국보법으로 처벌하는 살벌한 상황에서 거의 불가능했다고 보아야 한다.

설령 한미관계에 관심이 있다 해도 불평등한, 핵심적인 한미관계를 기본전제로 삼지 않는 관행이 뿌리 깊다는 사실이다. 예를 들어 국내 많은 언론사가 미국에 특파원을 상주시키지만 한미 군사동맹이 필리핀, 일본의 군사동맹과 비교해 심각하게 기울어진 운동장의 모습이라는 점을 언급한 적이 거의 없다. 국내의 통일운동 진영에서 주한미군 기지의 환경오염문제를 비판할 때 미군의 나 몰라라 하는 태도의 원인이 주둔군지위협정(SOFA)의 상위법인 한미상호방위조약 4조라는 점을 지적한 경우가 거의 없었다.

이런 이유 외에도 살펴야 할 원인의 하나는 구한말이나 일제하의 한미관계에 대한 관련 자료를 구하기 힘들었다는 점도 포함될 것이다. 가까운 과거, 즉 현대사는 국내에서 한반도 역사의 한 주역인 미국 정부의 외교 문서 또는 해제된 비밀 자료 등의 공식자료를 구하기가 매우 어려워 진실에 접근할 기회가 거의 없었다. 그러나 이런 점은 20세기 후반부터 크게 개선되었다.

인터넷을 통해 세계 대부분 지역의 자료 검색이 안방에서 가능하다. 많은 자료를 안방에서 접할 수 있어 관련 자료를 취합하기 위해 노력만 하면 미국의 한반도 개입의 역사가 훤히 드러난다. 그러니 언론, 학계, 정치권, 시민사회에서 열심히 한미관계의 과거와 오늘에 대해 탐구해서 공감대를 확산시킨다면 생산적인 공론의 장이 만들어질 수 있을 것이다.

미국 덕에 한국이 정치, 경제 선진국이 되었다?

한미관계의 특수성을 강조할 때 흔히 동원되는 '혈맹관계' 등의 수사가 동원되어 미국 덕분에 오늘날처럼 한국이 정치, 경제 선진국이 되었다는 식의 논리가 제기되고 있다. 과연 그럴까? 이는 정밀한 연구조사가 필요하지만 개략적으로 살필 때 한국적 특수성이 반영된 결과로 보인다.

즉 한국의 정치적 선진화는 4·19혁명, 6월항쟁, 광주민주화운동 등을 통해 시민사회가 민주화를 위해 엄청난 투쟁과 희생을 치렀다는 점, 미국이 적극 지원했던 친일파가 주류였던 기득권층은 한국의 진정한 민주화에 기여했다기보다 민주화된 뒤의 과실을 따먹는 식의 행태를 보였다는 사실이다.

경제 선진화의 경우 이승만, 박정희 통치 시절 한국 사회는 정·관계와 재계의 부정부패가 심각했다는 점에서 기적과 같은 일로 해외에서 평가하고 있다는 점을 주목해야 한다. 주요 천연자원이 거의 나지 않는 한국이 노동력을 밑천으로 한 수출로 부를 축적했는데 정경유착으로 인한 부정부패가 심각한 상황에서도 한국 상품이 국제적으로 가격과 품질 경쟁력을 지녔던 것이 주요인일 수 있다. 어떻게 이런 일이 가능했을까?

그것은 노동자의 희생 덕분이었다고 볼 수 있다. 이는 2022년 6~7월 경남 거제시에서 51일 동안 지속된 대우조선해양 파업 사태를 통해 간접 확인된다. 국내 조선업이 선박 수주 세계 1위이지만 조선업계가 원청과 하청 구조로 되어 있고 노동자 90% 이상이 하청업체 소속으로 생존이 어려울 정도의 저임금에 시달리고 있다. 국내 조선업계를 떠받치는 저임금 하청업체 노동자들과 달리 소수의 거대자본과 기업주들은 선박 수주 세계 1위의 호조건에서 발생하는 이익을 독식하고 있다.

21세기 한국 사회의 자본과 노동의 구조적 모순은 60년대 이후 고도 성장기부터 지속되고 있는 한국의 고질적인 천민자본주의적 병폐라 하겠다. 한국 상품이 세계 시장에서 가격경쟁력을 지닐 수 있었던 것은 노동자에 대한 착취로 가능했다고 보아야 한다. 노동자들이 살인적인 작업환경과 저임금 속에서 희생적인 경제활동을 한 것이 한국 경제성장의 가장 큰 추동력이 되었다 할 것이다. 박정희 때부터 시작된 노동자 착취구조는 재벌의 사리사욕을 채우는 부정축재와 정치권에 천문학적인 뇌물제공도 가능케 만들었다고 볼 수도 있다.

한미동맹의 역사는 미국이 자국의 이익을 최우선으로 챙긴 과정

미국이 한국의 경제발전 과정에 이른바 안보를 담당하면서 기여했다고 하지만 2차대전 이후 미군이 점령군으로 한반도 남쪽에 온 뒤부터 오늘날까지 미 국익을 최우선시하는 과정이었다는 점에서 그냥 넘어갈 일이 아니다. 미국은 2차대전 이후 소련의 극동 진출을 저지하기 위해 한반도 남쪽에 진주했다.

미군정을 실시하는 과정에서 남쪽의 자생적인 건국추진 기구를 일체 불허하고 해외 독립운동세력도 개인 자격으로 입국하도록 했다. 미국은 3년의 군정 기간을 통해 남쪽 내 군경을 주축으로 미국 세력의 확대를 시도했고, 유엔을 통한 남쪽만의 단독정부 수립 강행도 친미정권의 수립이 목적이었다.

미국이 애치슨라인을 선포한 것도, 6·25전쟁이 나자 유엔 깃발을 앞세워 한국에 군대를 파견한 것도, 미 국익이 최우선이고 한민족을 돕는다는 것은 그다음이었다. 미국은 정전협정 뒤 평화협정의 타결에는 소극적이다가 1950년대 중후반에 냉전이 심화되자 핵무기를 한국에 들여와 소련을 견제하는 전략을 추진했다. 미국은 박정희, 전두환 쿠데타 정권도 미 국익을 우선해 그 정통성을 인정해 주면서 평화협정 체결에 대비해 주한미군의 한국 영구주둔을 목표로 한미동맹을 강화했다.

오늘날 미국은 주한미군을 대중국 견제용으로 이용하기 위해 사드, 고고도미사일방어체계를 경북 상주에 배치하고, 북에 대해서도 미국 대통령이 필요하다고 판단할 경우 한국 정부와 협의 없이 북에 대한 선제 핵 타격이 가능한 전략을 세워놓고 있다. 미국은 대북 핵 공격 시 한반도가 쑥대밭이 될 정도로 파괴되는 것이 뻔한데도 자국의 전략 추진에만 골몰하고 있는 것이다.

미국의 이런 태도로 미뤄볼 때 미국이 한국 주민의 생명과 재산이 어떻게 훼손될지에 대해서 관심이나 있는지 극히 의심스럽다. 현재의 한미동맹은 미 국익을 최우선으로 하고 있어 미국이 최대의 수혜자인 셈이다. 이런 판이니 미국은 한국의 경제발전에 기여한 것이라기보다 자국의 전략 추진 과정에서 한국에 신세 진 것이 엄청 많아 그에 대한 대가를 한국에 지불해야 마땅하다.

이처럼 미국은 한반도에서 자국의 이익 챙기는 것을 최우선으로 했을 뿐 한국에 도움을 주거나 혜택을 제공하기 위해 그들이 희생한 적은 찾아보기 힘들다. 이런 점에서 미국이 한국의 선진화에 기여했다고 하는 것은 미국이나 친미세력이 앞장선 미국홍보, 심리전 차원의 수사에 불과한 것으로 평가절하가 가능하다. 국가 간의 관계가 원래 국가 이기주의의 추구 과정이라는 점에서 미국의 한반도 개입 역사는 세계사에서 쉽게 발견되는 그런 약육강식의 논리가 적용된 사례에 불과했다고 보아야 한다.

국가 간 관계가 정상적이려면 상호 대등한 국격과 위상, 잠재력을 지니고 국제법에 어긋나지 않아야 한다. 이런 점에 비춰볼 때 미국과 한반도의 관계가 뒤틀리고 볼썽사납게 된 것은 어찌 보면 피하기 어려운 역사적 과정이었다고 할 수 있다. 미국은 한반도의 주인들에 비해 국력은 물론 세계적인 영향력이 엄청나게 강했기 때문이다.

지피지기의 관점에서 본다면 미국은 한반도와의 관계설정에서 자신들이 최선이라고 생각한 카드를 앞세웠을 뿐이고, 이에 대해 한반도 주인공들은 속수무책이었던 것이다. 서로 대등하게 주고받는 역사의 과정이 아니었다. 미국은 슈퍼 갑, 한반도 주인은 을에 불과했다. 한미관계가 최초로 수립되는 과정부터 그랬고, 오늘날에도 크게 달라지지 않고 있다. 이런 역사적 과정이 사실 관계에 입각해 객관적으로 기술되고 평가되어야 하는데 그렇지 않다는 점도 심각한 현실의 한 부분이다.

미국은 오늘날에도 여전히 한국에 슈퍼 갑

오늘날에도 미국은 한국에 여전히 슈퍼 갑이다. 주한미군 사령관이 사령탑을 맡고 있는 유엔사는 몇 년 전 남북 철도연결사업과 관련해 방북하려던 남측 담당자들의 방북을 저지하였고, 경기도 도청의 도라산 사무실 설치를 불허하는 등 해괴한 조치를 취해 주목되기도 했다. 정전협정을 관리해야 할 유엔사가 월권을 행사했다는 비판이 자자했다.

유엔사는 한국 내에서 유엔과 관계없는 '유령단체'라는 손가락질을 받고 있는 형편이다. 하지만 간단치 않다. 유엔사는 일본에 있는 유엔사 후방기지를 관장하면서 제2의 한국전쟁 발발 시 1950년에 했던 역할을 반복할 채비를 항상 갖추고 있다.

미국은 북의 미사일 발사실험과 핵실험 가능성 등에 대한 경고를 발하면서 각종 첨단 정찰기와 전투기들을 한반도 상공에 파견해 무력시위를 하는 등 그 존재감을 과시하고 있다. 또한 한미 군사훈련 등의 동맹관계에 대해서는 한국 정부에 앞서 발언권을 행사하고 있다.

한미동맹의 시스템 속에서 한국의 존재감은 찾아보기 힘들다. 특히 한국의 군사적 주권이 미국에게 넘어간 심각한 상황이라서 한반도 분단과 관련된 남북문제 등에서는 미국의 목소리와 모습만 보일 뿐이다. 한국은 미국이 하자는 대로 이끌려 가는 피동적 존재에 불과하다. 미국이 한민족 전멸을 초래할 전쟁을 한반도에서 하겠다고 해도 별다른 목소리를 한국 기득권층은 내지 않는다.

오늘날 한미관계는 혈맹의 관계로 일컬어지면서 한민족의 절반인 북쪽에 대한 남쪽의 주된 인식은 '이념은 민족에 우선한다'로 압축된다. 남북은 반만년 동안 한 민족으로 살아왔고, 정치사상, 이념은 한시적인데도 남쪽의 국보법은 북을 궤멸시키는 존재로만 규정하고 있다. 일부 수구세력은 검은 머리 미국인이라 불릴 정도로 친미적이면서 북에 대한 엄청난 증오를 감추지 않는다.

남한 주민의 상당수가 친미, 반북의 태도를 보이면서 한국 정치에
도 커다란 영향을 미치고 있는데 문제는 이들이 지난 150여 년간 미
국의 한반도 관련 역사에 관심이 없거나 아예 모르고 지내는 것을 불
편해하지 않는다는 점이다. 역사를 모르거나 역사적 진실에 눈을 감
으면 불행한 역사가 반복될 가능성이 크다는 교훈을 생각할 때 미국
에 대한 정확한 역사적 실체와 한반도에서의 족적에 대한 지식이 절
실하다.

그러나 국내 어느 역사 교과서, 사회 과학서를 살펴도 그런 작업
의 결과를 접하기 어렵다. 미국의 실체가 아닌 사실이 기록되거나 진
실을 가리거나 감추는 자료로 악용된 사례가 많고, 미국에 대해 역사
적 사실관계로 접근할 때도 대단히 부실하거나 미흡한 경우가 허다했
다. 이런 현실이 미국에 대한 허상이 한국 사회에 뿌리내린 가장 중
요한 원인이 된 것으로 보아야 한다.

'미국의 한반도 개입 150여 년' 사회과학적으로 파악해야

흔히 이해관계가 다른 개인은 물론 집단, 지역, 국가 간의 관계는
힘의 논리가 우선할 경우 불평등하고 비윤리적인 경우가 적지 않다.
한국 사회의 불평등한 여러 부분에서 그런 상관관계가 발견되는 것처
럼 한미관계도 마찬가지다. 미국이 정의의 천사가 아니듯이 악의 화
신이라고 내칠 일도 아니다. 상대를 탓하기 전에 내 탓이요 하는 자
세를 지니는 것을 잊어서는 안 된다.

오늘날 한국의 20~30대는 여러 부문에서 세계 1등이 되어 지구촌
의 박수갈채를 받는 자랑스러운 모습을 보여주고 있다. 이는 기성세
대들이 못했고 감히 생각하지도 못했던 일이었다. 다사다난했던 근

현대사를 몸으로 겪어야 했던 세대는 선진국을 부러워하는 열등감 속에 살아왔지만 젊은 세대는 그렇지 않다. 그들이 보는 세계는 기성세대보다 넓고 깊다. 젊은 세대가 행복한 한반도의 주인공이 되어 자랑스러운 미래를 개척할 수 있는 여건을 만들어주는 것이 기성세대의 책무다.

오늘날 미중 간의 대치 등의 국제정세 속에서 신냉전이 시작되면서 한반도를 포함한 동북아가 격랑에 휘둘릴 가능성이 커지고 있다. 이런 상황을 슬기롭게 대처해서 모두가 윈윈하는 지혜를 발휘해야 하는데, 이를 위해 '미국의 한반도 개입 150여 년'을 과학적, 객관적으로 파악해야 할 것이다. 미국을 정확하게 보고 남북문제도 객관적으로, 주체적으로 보는 안목이 현실을 올바로 파악하고 미래를 설계할 기본 전제라는 점에서 그러하다.

역사를 살피는 것은 현재를 올바로 파악하고 미래를 제대로 설계하기 위함이다. 역사를 제대로 알지 못하면 현재를 올바로 보지 못하고 미래 설계 또한 부실해진다. 한미관계의 역사를 똑바로 확인하면 한반도 현실의 교통정리가 가능하고 미래 설계의 윤곽이 뚜렷해진다. 남북분단의 비극을 해결하는 것이 민족의 숙원이고 동북아의 평화와 안정의 기본적, 필수적 요건이 된다는 점에서 동북아의 주요 변수인 미국과 한반도의 관계를 정상화해야 한다. 현재와 같은 상황이 지속되도록 방치하는 것은 역사에 죄를 짓는 일이다.

한미동맹 관계 정상화와 군사적 주권 환수를 위해 어떻게 해야 할 것인가?

한미동맹은 가깝게는 6·25전쟁, 멀게는 19세기 말 조선과 미국의 수교 이후 150여 년간에 형성되는 과정을 겪었다. 그러다 보니 그 개념이 다양하다. 윤석열이 기회만 있으면 강조하는 한미혈맹에서부터 사실상 미국의 군사적 통치를 받는 군사적 식민지 상태라는 의미로 일컬어지기도 한다. 어느 것이 정답인가? 이는 여러 방향에서 시시비비를 가려야 하겠지만 인문학적으로 가장 의미가 깊은 민족이나 국제 평화에 기본인 국가 주권이라는 관점이 가장 중요하다고 본다.

민족의 사전적 의미는 '일정한 지역에서 오랜 세월 동안 공동생활을 하면서 언어와 문화상의 공통성에 기초하여 역사적으로 형성된 사회 집단이다. 민족이 인종이나 국민과 반드시 일치하는 것은 아니다.'로 되어 있다. 민족은 지구상에 존재하는 집단, 국가 가운데 그 존재 역사가 가장 길고 구심력, 응집력도 가장 강한 공동체이다.

한민족의 경우 분단 이전 반만년의 역사를, 공동체를 이루어 함께 살아온 과정이 있기에 분단 수십 년의 역사가 있다 해도 다시 통합, 통일될 당위성은 대단히 심대하다. 최근 북측의 김정은 국무위원장이 남북관계가 동족이 아닌 적대적 두 국가 관계로 고착됐다는 발언을 하였으나 이는 미국이 한미동맹을 기반으로 북에 대한 군사적 공격 태세를 강화해가는 상황에서 한국 정부와 시민사회 일부가 그에 적극 동조하는 것에 대한 분노의 표시로서 행한 한시적인 표현이라고 해석할 수 있을 것이다. 물론 이런 해석은 국보법에 저촉된다는 주장이 나올 수 있으나 이는 어디까지나 사실관계에 입각한 학문적 판단이라는 점을 밝혀둔다.

다시 본론으로 돌아가 한미동맹 속에 내포된 국가 간 관계를 분석해 보면 그것은 미국이 슈퍼 갑이고 한국이 을인 불평등한 관계라 할 수 있다. 이의 검증은 한미관계가 이뤄진 근현대사 150여 년을 검색하면 쉽게 입증된다. 국가 간 관계는 국익추진을 통한 상호 원원이라는 기본적 목표에서 추진되는 것이 일반적이다. 그러나 오늘날의 한미동맹을 보면 미국이 취하는 이익과 한국이 취하는 이익은 큰 차이가 있다.

미국은 한미동맹을 상징하는 주한미군을 통해 동북아 전략을 추진하면서 중국과 러시아에 대한 군사적 견제, 남북 간의 분단 관리, 일본의 핵무장 저지라는 성과를 거두고 있다. 미국은 주한미군을 통해 다방면의 국가 이익을 챙기고 있는 데 비해 한국은 한미동맹을 통해 북과의 무력충돌에서 한국을 방어한다는 것으로 압축된다. 한미동맹으로 미국은 한국에 비해 단순 비교할 경우 다섯 배의 이익을 취하고 있는 것으로 표현할 수 있다. 그럼에도 불구하고 미국의 정치집단은 여야 가릴 것 없이 한미동맹으로 미국이 얻는 이익에 대해서는 입을 다문다. 대신 한미동맹이 한국의 안보에 필수적이라는 정보만을 양산하고 있다. 한국의 독자적인 방어능력이 없다는 점을 강조하면서 대미의존을 심화시키는 강력한 심리전인 셈이다.

미국에 대해 묻지마식의 지지를 일상화하는 한국 정부나 언론 등은 한미동맹에 대해 '주한미군은 북의 무력침략에서 한국을 보호하기 위한 고마운 존재'라는 식으로 강조할 뿐 진실을 말하지 않는다. 윤석열과 그 추종세력의 경우 미국의 심리전에 적극 기여하는 정도가 자심하다. 이들은 미국이 6·25전쟁에서 한국의 민주주의 수호를 위해 피를 흘렸다면서 최대한의 감사와 경의를 표한다.

미국이 자국의 이익을 위해 유엔 깃발을 앞세워 참전했던 역사적 사실에 눈을 감고 한국이 미국 때문에 공산화되지 않은 측면만을 주문처럼 외우고 있는 꼴이다. 이는 불가에서 말하는 담판한(擔板漢)의 오류를 범하고 있는 것으로 비유할 수 있다. 즉 긴 판때기를 어깨에 지고 다니는 사람은 판때기가 가리는 쪽은 보지 못하는데도 불구하고 보이는 것이 세상 전부인 것처럼 주장하는 꼴이라 하겠다.

윤석열의 비이성적 친미 행각 때문에 국내에서는 미군의 6·25 참전 목표 중 맨 앞은 미의 국익 추구이고 한국의 공산화 저지는 그다음이라는 식의 합당한 평가가 전혀 나오지 않는다. 미국은 한국민을 위해 미군들이 목숨 바쳐 기여한, 더할 나위 없이 고마운 국가로 칭송되고 있을 뿐이다.

그 결과 한국에서는 미국에 대한 찬가만 요란한 가운데 미국이 근현대사 속의 한반도에서 행한 국가 이기적 행태는 거론되지 않고 있다. 즉 미국 정부가 20세기 초 일제의 한반도 강점을 놓고 밀거래했다는 점, 3·1독립운동 등 한민족의 독립 노력을 철저히 외면했다는 점, 태평양전쟁 종전 이후 한반도 남쪽을 소련 공산주의를 저지하기 위한 교두보로 만들기 위해 단독정부 수립을 강행했고, 전쟁이 나자 유엔 깃발을 앞세워 참전했다. 이어 미국은 정전협정을 평화협정으로 전환하는 것을 저지하는 걸림돌로 한미상호방위조약을 이승만과 합의하면서 주한미군을 통한 한국의 군사적 주권을 장악했다는 점, 미국의 국익을 위해 박정희, 전두환 쿠데타를 승인했다는 점 등에 대해서는 침묵하거나 모르쇠로 일관한다.

두 개의 쇠말뚝 한미동맹과 국보법

한미동맹은 한국에서 국가보안법의 보호를 받는 특수한 관계로 설명할 수 있다. 한미동맹에 대한 비판, 반대는 이적행위로 처벌했다.

한국은 한미동맹과 국보법이라는 두 개의 쇠말뚝에 갇혀 있고 이의 그늘이 너무 짙어 평화통일의 추진력이 제대로 가동되지 못하고 있다. 지난 수십 년간의 분단시대를 통해 국가 주권 회복이나 미래의 평화통일에 대한 탐구 및 사회운동 등은 한미동맹, 국보법으로 인해 좁혀진 공간의 제약을 심하게 받았다. 엄청난 탄압을 받았고, 지금도 그 강도가 약해졌다고 해도 여전하다.

수구 정치세력들이 종북, 친북을 들고나오는 것은 한미동맹, 국보법으로 억압받아 순치된 사회에서 부당이득을 챙기려는 추악한 수법에 다름 아니다. 헌법 1조 2항은 대한민국의 주권은 국민에게 있고 모든 권력은 국민으로부터 나온다고 되어 있다. 하지만 한미동맹에 의해 국민의 군사적 주권이 외세의 손아귀에 장악되어 있고 국보법에 의해 통일에 대한 국민의 선택과 실천, 즉 집단 지성을 발휘할 기회가 원천 봉쇄되어 있다.

미국이 한국의 군사 주권을 대행하면서 반미는 친북으로 처벌받는 야만적 통치가 수십 년간 지속되고 있다. 이런 점을 주시할 때 한국이 군사적 자주권을 회복하고 사상의 자유를 확보해야 한국 국민은 헌법에 보장된 주권자의 위상을 확보할 수 있을 것이다.

한미동맹은 국제적 상식에 안 맞아

미국은 한미동맹의 핵심인 한미상호방위조약 4조에 의해 미군의 한국 배치가 미국의 권리(right)로 되어 있고 미군기지는 치외법권적 지위를 누리며 한국의 공권력이 개입 불가능하다. 이 권리에 의해 미국은 핵무기나 고고도미사일방어체계, 즉 사드 배치. 세계 최대의 평택미군기지 등 확보, 방위비 분담 요구, 미군기지 오염 원상회복 거부, 세균전 실험 비밀기지 운영 등의 특혜를 누리고 있다. 미국의 전체 해외 파병이나 주둔에서 이같이 한국에서처럼 특권을 누리는 경우는 찾아보기 힘들다.

한미동맹은 영국, 필리핀 등의 경우와 크게 다른 불평등한 관계다. 군대는 양날의 칼처럼 양면성을 지니고 있다는 점에서 주한미군이 한국에서 전혀 통제받지 않고 있는 상황은 국제법적 상식에서 크게 벗어난다고 하겠다. 특히 한미동맹의 핵심인 한미상호방위조약은 평화통일의 추구를 원천 차단하는 흉기가 되어 있다. 이 조약은 정전협정을 평화협정으로 전환하는 것을 봉쇄하고 차단하는 내용으로 되어 있어 분단을 영구화하고 한국에 대한 미국의 기득권을 토착화하는 독소 조항이 포함되어 있다. 미국은 이 조약으로 한국에 각종 전략무기를 맘먹은 대로 배치하거나 반입해 중국, 러시아를 견제하는 전략적 이익을 확고히 하고 있다.

미국은 주한미군 사령관이 유엔군 사령관, 한미연합 사령관 등 3개 사령관을 겸직하도록 하여 1인 3역을 하는 구조로 한반도 군사 부분을 물 샐 틈 없이 관리하고 있다. 이는 세계 어느 나라에서도 그 유례를 찾아볼 수 없는 희한한 군사적 통제 구조다. 즉 미국은 유엔사를 통해 육상에서 이뤄지는 남북 교류협력을 통제하는 것과 함께 제2의 한국전쟁에 대비해 한반도에서 미국의 이익을 창출할 다국적군의 구성 장치를 갖춰놓고 있다. 또한 한국군의 전시작전권을 미군 사령관이 행사하면서 세계 6위인 한국이라는 군사 대국의 군사 주권을 종이

호랑이로 만들고 있고 한국군이 독자적인 작전 수행과 같은 합리적인 방위능력을 갖추는 것을 지연시키고 있다.

미국은 한미동맹을 앞세워 남북정상회담 합의도 트럼프가 행한 것 같이 공개되지 않는 방식으로 그 이행을 중단시키고, 전북 새만금 간척지에 국제공항을 건설하려는 한국 정부의 시도를 군산 미 공군기지의 작전 수행에 지장이 생긴다는 이유로 좌절시켰다. 특히 정전협정 직후부터 남한에 전술핵무기를 배치해 북을 압박 봉쇄하면서 선제타격 가능성을 항상 열어놓고 위협해 결과적으로 북의 핵무장을 촉발했다.

오늘날 미국은 한국 정부의 의사와 관계없이 대북 선제타격, 그것도 핵을 포함한 가공할 공격력 발동이 가능한 전시전략을 만들어 놓았다. 미국 대통령이 1990년대 중반부터 대북 선제타격을 검토했고 오늘날에도 마찬가지이다. 미국은 해외 적대 국가에 대한 선제타격 권한을 미 수정헌법 2조, 무력사용권한(AUMF)에 의해 미 대통령이 행사할 수 있는 법체제를 갖추고 있다.

미국은 이런 법체계와 함께 주한미군과 한미동맹을 기반으로 삼고 북을 빌미 삼아 중국, 러시아에 대한 군사적 전략을 수행, 강화해왔다. 미국이 북과의 군사적 긴장 상태를 유지하는 이유의 하나라 하겠다. 주한미군은 중국의 목을 겨냥한 비수로 비유되고 있고 중국은 러시아와 합동군사훈련으로 이에 맞서고 있다.

이렇듯 미국은 한미동맹을 통해 남북을 포함한 한반도와 그 주변에서 국익을 챙기기 위해 국제법적 상식에 지극히 어긋나면서, 한국에 치욕적인 군사통제 시스템을 굳혀놓고 있다. 이에 따라 한국 국민은 평화통일이라는 민족적 숙원이 미국이라는 외세에 의해 봉쇄되면서 전쟁과 전멸 위협이 상존하는 상황에 처해 있다. 어느 날 미국의 판단에 의해 한국 정부와 한국민이 지상에서 사라질 위험에 처해 있는 것이다.

한미동맹의 문제를 법치로 풀어야

한미동맹은 조약과 협정, 협약, 공동발표, 회담 등의 형식을 통해 여러 가지 형태로 거미줄처럼 만들어진 구조로 그 해체나 대체가 매우 곤란하다. 한미상호방위조약을 제외한 한미 간 협정 등은 쌍방 합의 등이 전제되어 있기에 그 개폐가 쉽지 않다. 하지만 한미상호방위조약은 그 6조에 의해 파기 선언이 가능하게 되어 있다. 그래서 한미동맹의 핵심 요인 가운데 하나인 한미상호방위조약 정상화를 통해 주한미군의 치외법권적 지위나 특혜를 폐기하고 필리핀과 미국이 맺은 군사협정처럼 동등한 유엔 회원국 수준에 맞게 정상화되어야 한다. 한미상호방위조약 정상화는 이 조약의 영구폐기에서부터 일부 수정 등 다양할 것인데 이는 국민적 합의에 의해 결정되어야 할 것이다.

조약 폐기권은 대통령에게 있다는 점에서 그런 역량이 있는 정치 머슴을 뽑아야 하고 국회에도 그런 방향의 공약을 하는 후보가 진출하도록 해야 한다. 법치의 방식으로 해결하는 것이 중요하다. 국가 간 조약, 협정은 국제법에 합당한 과정을 거쳐 파기되거나 수정되어야 한다. 일본이 제국주의 침략으로 한반도를 강탈한 역사적 범죄행각에도 불구하고 을사늑약, 한일합병조약 등을 통해 독도 영유권을 주장하는 근거가 무엇인지 잘 살피면 쉽게 이해할 수 있는 부분이다.

이 조약이 정상화되면 미국이 수시로 한국이나 한반도 주변에 전개하는 전략 폭격기나 항공모함과 같은 전략 자산이 한국의 영토, 영해, 영공으로 들어오는 일이 제한될 것이다. 이런 전략 자산은 군비 증강 경쟁을 유발하는 것은 물론 불의의 사고가 발생할 경우 한국민의 생명과 재산에 큰 피해를 줄 우려가 있다는 점에서 경계해야 할 부분이다. 필리핀, 영국 등이 미국 대량살상무기의 반입을 철저히 규제하는 이유가 무엇인지 살피면 그 필요성은 자명해진다.

한미동맹의 정상화는 오프라인 형식의 집회를 통해 '미군 물러가라'는 구호를 외치는 식의 후방효과가 미약한 방식으로는 한계가 있다. 국민적 공감대를 확산시켜 정치머슴인 대통령, 국회의원이 한미동맹의 문제점을 법치에 의거해 해결토록 해야 한다. 이는 폭력적인 방식을 제외할 경우 그것이 거의 유일한 해결 방안이다. 미국은 한미동맹이라는 엄청난 기득권을 스스로 포기할 일이 없을 것이기 때문에 미국을 외통수로 모는 합당한 방식을 강구해야 할 것이다.

한미상호방위조약이 정상화되면 이 조약의 하위법체계인 SOFA, 주한미군 방위비 분담금협정(SMA) 등도 미국이 슈퍼 갑인 근거를 상실하게 된다. 이 조약의 정상화는 한미 간에 맺어진 무수한 협정이나 협약, 정상 간 합의, 각종 회의 결정 사항 등 거미줄처럼 엉켜지는 식으로 만들어진 한미 군사관계 등의 정상화를 시작하는 첫걸음이 될 것이다.

주한미군 사령관이 세 개의 사령관 모자를 쓰고 점령군 사령관에 흡사한 권한을 행사하면서 미래의 한반도 사태에 대비하고 있는 것도 당연히 정상화되어야 한다. 전시 작전지휘권도 한국군이 당연히 회수해야 하고 유엔사도 정상화되어야 한다. 전시 작전지휘권의 경우 미국은 해외 파병 등에서 자국 이익을 최우선시하는 행정명령 PDD-25에 의해 언제든 한국과 사전 협의 없이 주한미군을 철수할 법적 장치를 갖추고 있다는 점에서 즉각 환수하는 것이 마땅하다.

유엔사는 이미 확인된 바와 같이 유엔기구가 아니라 미국 정부에 소속된 군사기구다. 유엔사의 한국 주둔은 물론이고 일본에 있는 유엔사 후방기지의 문제 등도 합리적인 수순에 의해 미국 정부가 해체해야 할 것이다. 유엔사는 북쪽 지역에 대한 군정 실시를 계획하면서 한반도의 통일을 실질적으로 가로막는 미래를 설계하고 있다는 점에서 주목해야 한다.

미국의 한반도 정책, 특히 대북 정책이 미국의 일방적, 독단적 방향으로 치달아 왔다는 점에 주목할 때 한미동맹의 정상화는 균형 잡힌 대북 정책 등을 가능케 해 궁극적으로 미국에도 이득이 될 것이다. 한국도 미국과는 별개의 독자적 대북, 대동북아 정책 추진이 가능하게 되어 남북교류협력, 평화통일의 노력에 외세의 간섭을 받지 않게 될 것이다. 지금처럼 미국이 한국의 의사와 관계없이 자국의 이익 추구 차원에서 대북군사공격이 가능하게 되어 있는 구조에서는 정상적인 남북관계 추진이나 유지는 불가능하다. 이는 문재인 정권 이후의 남북관계에서 여실히 입증된다.

그러나 모두 경각심을 가져야 할 부분은 미국이 수십 년간 누려온 기득권이 상실되는 것에 대해 그냥 지켜만 보고 있지 않을 것이라는 점이다. 미국은 건국 이래 그 역사에서 드러나듯 국가 이익을 위해서는 물불을 가리지 않았다. 무력행사는 물론 요인 암살, 쿠데타 음모 추진 등이 동원되었다. 미국의 이런 속성을 미리 파악해서 면밀한 준비와 대비를 하는 것은 당연한 과정이라 하겠다.

미국은 자국민 모두가 총기를 휴대하도록 헌법에 규정해 놓고 무력을 문제 해결의 최종적 수단으로 삼고 있는 것처럼 대외관계에서도 폭력적이다. 태평양전쟁 이후, 미군정을 실시한 이래 미 국익에 반할 경우 한민족을 희생시키는 조치를 취해왔다는 점을 주목해야 한다.

미국은 박정희, 전두환의 쿠데타를 미 국익을 위해 승인해주고, 광주항쟁 때에도 광주 미군기지의 핵무기를 안전하게 보호하겠다는 이유로 계엄군이 광주시민을 학살하게 만들었다. 이와 함께 분단구조에 기생하는 한국 내 친미세력들은 미국의 한국에 대한 군사적 통제, 즉 한미동맹을 절대시하면서 이에 대한 문제 제기와 반대를 친북으로 몰아 국가보안법으로 처벌했다. 한미동맹은 국보법과 함께 남북 간의 평화교류협력, 평화통일을 저해하는 심각한 반국제법적, 반민족적, 반시대적 적폐인 것이다.

여기서 중요한 것은 객관적 사실관계에 입각한 한미관계의 역사에 대한 정리작업이 국내에서 거의 시도되지 않았다는 사실이다. 국내의 내로라하는 진보성향의 학자들도 이 작업은 외면했다. 이는 역사에 부끄러운 일이고 후손들에게 죄를 짓는 일이었다. 그런 점에서 이번에 한미관계 150여 년사에 대한 최초의 객관적 자료를 출판하게 된 것은 큰 의의가 있다고 하겠다.

한미동맹에 대해 가짜뉴스 심각

이승만과 너무 닮은 꼴인 윤석열과 그 추종세력은 한미동맹에 대해 가짜뉴스를 일상적으로 반복하면서 북의 핵과 미사일에 대해 한미, 한미일 군사협력체제를 강화해 저지하겠다고 나선다. 미국이 외교·국방정책에서 추구하는 목적의 첫 번째는 미 국익 추구인데도 한미동맹이 혈맹, 가치동맹이라고 미화하면서 세계가 손가락질할 엉터리 같은 짓을 반복하고 있다.

예를 들면 윤석열 등 집권세력은 6·25 때 전사한 미군 묘지를 찾아 한국을 위해 피를 흘렸다며 극진한 태도로 조문한다. 이태원 참사, 채 해병 사건에 대해 공권력의 적절한 책임에 선을 긋는 냉혈한적인 태도와 대비되는 한심한 작태라 하겠다.

일부 국내언론은 6·25에 참전했던 해외 노병사를 찾아내 한국민의 은인으로 애국자와 같이 숭고한 일을 했다고 칭송하는 기사를 보도한다. 6·25 참전 외국군은 자국의 이익을 위해 참전한 것이고 한국을 위해 싸운 것은 우선순위에서 뒤진다는 점에서 꺼림칙한 보도 태도이다.

미국 정부의 공식 문서에 따르면 미국의 6·25 참전 전후 맥락에서 미 국익만이 고려 사항이었던 것이 분명하기 때문이다. 미국은 6·25 직전 독자적으로 한국을 미국의 방위선에서 제외한 애치슨 라인을 발표했다가 전쟁이 발생하자 소련의 영향력 확대를 저지하기 위해 다국적군을 모집했다. 미국의 참전 첫 번째 목표는 미 국익이었고 한국민이나 한국을 위한다고 한 것은 단지 외교적 수사에 불과했다고 보아야 한다. 미국이 일제와 야합하고 한반도 독립운동을 철저히 외면했던 것을 상기하며 이해가 될 일이다.

미국이 국익을 추구하는 원칙은 과거처럼 오늘날에도 마찬가지다. 미국은 자국법으로 해외 파병 등에서 국익 추구가 우선이며 정의, 평화는 그다음이라고 분명히 밝히고 있는 것이다. 예를 들어 미국이 이스라엘에 대한 묻지마식 군사적 지원 같은 경우다. 미국은 가자 지구 전쟁에서 이스라엘의 전쟁범죄에 대한 유엔 등의 규탄에도 불구하고 이스라엘에 대한 무기 지원을 강행하는 것은 중동에서 미의 국익 확보를 위한 미국식 법치의 집행이라는 사실이다.

이런 점에는 눈을 감은 채 사실관계도 호도하면서 미국에 아부하는 짓을 하는 것은 과공이비례(過恭而非禮)라는 옛말에 꼭 들어맞는다고 하겠다. 국제관계에서 자국 이익을 추구하는 것은 나무랄 일은 아니다. 그러나 그것은 관련 국가가 대등한 입장에서의 관계추구라는 전제가 필요하다. 한미동맹도 마땅히 그래야 한다.

윤석열은 미국의 대북 군사전략만을 칭송하고 그에 협력하면서 과거 박정희, 노태우, 김대중, 노무현, 문재인 전 대통령 등이 남북대화, 교류협력, 평화통일을 추진했던 것은 철저히 부정한다. 오직 군사력만이 한국의 민주주의와 시장경제를 수호할 수 있다면서 군비 강화에만 몰방하는 것이다. 이런 과정에서 윤석열은 한미일 군사협력 강화가 최우선이라며 일본에 대해서는 강제노역 배상문제, 전쟁범죄 등에서 굴욕적인 외교 행각도 일삼는다.

일본은 독도영유권을 주장하면서 일본 교과서에 수록하도록 해 미래의 한일 전쟁을 예비하고 있지만 윤석열 정권은 전혀 관심이 없다. 국민의 우려를 철저히 무시하고 있다. 윤석열은 또한 미국 정보기관의 한국 정부 도·감청 사실이 폭로되었는데도 문제 될 게 없다는 정박아적 태도를 취하면서 오염 덩어리로 알려졌던 용산 미군기지의 일부를 공원도 아닌 정원으로 만들어 어린이 등에게 개방했다. 이는 국민의 건강에 심각한 위해를 가하면서 미군기지 오염문제에 대해 미국의 책임을 알아서 덮어주는 한심한 짓이라 하겠다. 이런 모습은 주권국가의 수반으로 심각한 결격 사유에 해당하는 것으로 집권 이후 지지율이 30% 선을 맴도는 주된 이유라 하겠다.

미국이 중국, 러시아와 대립하면서도 국방, 경제 수장 등이 수시로 소통하면서 전쟁은 하지 말자고 하는 보도가 줄을 잇지만 윤석열과 그 추종세력은 그것을 외면한다. 북과 언제든 전쟁할 태세를 갖추고 있다고 호언장담한다. 한반도의 지정학적 특성상 향후 전쟁이 발생할 경우 핵전쟁 발생은 물론 삼천리 금수강산이 초토화되는 최악의 참극이 벌어질 가능성이 큰 것에 대해 입도 뻥끗하지 않는다.

한미동맹이 유엔 헌장에서 강조하는 주권국 간의 합당한 계약관계가 아니고 미국의 이익 추구에 기여하는 점이 막대하다는 점, 한반도가 미국의 동북아 전략 전초기지로 전락해 그 정도가 나날이 심화되고 있다는 것은 객관적 현실이다. 그런데 이에 대한 한국 내 무관심, 또는 무지는 놀라울 만큼 심각하다. 지구촌의 손가락질을 받고 있는 추한 한미관계에 대해 국내 정치권과 언론, 학계, 시민사회가 다 함께 침묵하고 있다는 사실이다.

한국은 정보 강국이라 일컬어지고 한류, K-팝 등으로 세계의 부러움을 사고 있으며 경제력, 군사력은 상위권에 속한다. 그런데 국가가 군사적 주권을 상실한, 군사적 식민지 상태이고 그로 인해 국민이 참혹한 피해를 입게 될 가능성에 직면해 있는데도 그에 대한 공론화가 거의 전무하다. 진보정당이라는 곳에서조차 문제 제기를 생략하고 있다.

여의도 정치권은 여야, 진보나 보수 가릴 것 없이 한미동맹의 문제점에 대해 약속이나 한 듯 침묵한다. 보수는 그렇다 해도 강남좌파라 일컬어진 세력들도 한미동맹, 국보법 등에서는 거의 무관심하다. 문재인 전 대통령의 경우 2018년 남북정상회담을 세 차례나 열고 실질적인 남북연합체제까지 갈 수 있는 합의까지 해놓고도 미국 트럼프 정권의 압박으로 이행치 못했다.

문재인 전 대통령은 남북정상회담에 대한 대가로 미국 무기를 사상 최대 액수만큼 수입했던 것으로 알려졌다. 그러나 문 전 대통령은 임기 끝날 때까지 미국의 압력 등에 대해 입도 뻥긋하지 않았고, 이는 윤석열 집권 이후 최악의 남북관계가 되는 주요인의 하나가 되었다. 문 전 대통령이 2018년 남북정상회담 전후의 한미관계에 대해 국민을 향해 양심고백을 하지 않을 경우 향후 상당 기간 남북정상회담 개최는 불가능할 것으로 우려된다.

국회는 한미동맹, 국보법, 차별법 등 거대담론에 해당하는 문제에 대해 여야 모두 금기의 영역으로 삼고 있다. 오직 정권장악, 정국의 주도권만을 위해 민생은 외면한 채 우물 안 개구리 싸움 같은 짓만 되풀이하고 있다. 거대 여·야당의 경우 2024년 내내 반복되는 행태를 보면 당 간판만 다를 뿐 큰 차이가 없어 보인다. 모두 내로남불의 독기에 취해 있고 아빠 찬스, 엄마 찬스는 물론 한자리 차지했을 때 한 몫 챙기고 보자는 막가파식 행태는 공통사항이 되고 있다.

여의도 정치 셈법은 국회의원에 주어지는 특권과 혜택에 취해 민생을 챙기거나 국가 자주권 회복. 평화통일 쟁취 등 거대 목표에는 관심이 없다. 여야는 국민의 사상의 자유가 21세기 인공지능 시대에도 제한되어 있어 국력 신장에 심각한 장애 요인이 되는데도, 그리고 한반도에 전쟁 위기가 고조되어도 그에 대한 청문회조차 여는 법이 없다.

최고헌법기관으로 국내법이나 국제법의 적합성을 따지는 헌법재판소도 무국적, 시대착오적이기는 마찬가지다. 헌재는 한미동맹이 한국민의 행복권을 저해하고 국토의 합리적 이용에 역행한다는 헌법소원을 각하하고 국보법도 합헌으로 판정했다. 21세기 정보사회에서 해외의 사례, 국제적 시선 등에 철저히 담을 쌓은 구역질 나는 태도라 하겠다. 이런 작태는 대중매체에 의해 뒷받침되고 재생산되고 있다.

보수, 진보언론의 공통점은 한미동맹, 국보법 문제에 대해 침묵하는 것이다. 언론은 사상의 자유가 관건인데도 국보법에 의해 그것이 차단되어 있는 것에 무관심하다. 특히 진보는 사상의 자유가 보장되지 않으면 제 역할과 기능을 하지 못하는 법인데도 국내 진보 세력의 일부는 이에 대해 아무 관심조차 없다.

19세기 말 조선이 제국주의 침략을 받을 때처럼 한반도 주변에서 외세가 판을 치는데도 한국 사회가 침묵하는 것은 너무 기이한 현상이다. 미국이 군사적으로 슈퍼 갑인 것에 대해서도 침묵한 채 한미가 마치 동등한 관계 속의 동맹, 혈맹이라고 합창하고 있다. 이는 사실관계에 부합하지 않는 가짜뉴스라는 비판을 피할 수 없다.

지난 2024년 4월 실시된 22대 총선 당시 한반도 전쟁 발생 가능성이 일상화된 상황이었지만 어느 정당도 이에 대해 거론치 않았고 언론도 심층적으로 면밀하게 다루지 않았다. 한미일 연합훈련과 북의 미사일 발사 등만을 마치 남의 나라 이야기하듯 수박 겉핥기식으로 보도했을 뿐이다.

국회는 여야가 당리당략을 위해 치열하게 다투지만 정작 민족 전체의 공멸이라는 비극을 막을 담론에 대해 침묵한다. 대중매체, 학계, 통일운동 단체도 한미동맹의 실체에 대해 진실을 공론화하는 작업을 외면하는 공통점을 보인다. 전율할 만한 반민족, 반역사, 반인륜적 침묵의 카르텔이다. 전쟁 위협이 없는, 평화통일이 달성된 미래를 후손들에게 물려주어야 할 책무를 모두 회피하고 있는 것이다.

만약 트럼프가 재집권한다면 '주한미군 철수, 그 주둔비 인상 문제'와 함께 '북미수교, 북의 핵보유 인정과 남의 전술핵무기 배치 또는 자체 핵무장' 가능성 등이 거론될 터인데, 국내 정치권, 언론은 '그러면 어떻게 하나?'라며 발만 구르는 철없는 소녀와 같은 식의 반응을 보일 뿐이다. 미국이 왜 그러느냐, 또는 그것이 한국에 어떤 의미를 지니는가 등을 집요하게 따지는 법은 거의 없다.

국민들은 사실관계의 기본조차 알지 못한 채 방치되어 있다. 한미관계에 대해 국민이 알 권리를 충족시키는 공적 기구나 그를 통한 공론화는 한국에 존재치 않는다. 집권층도 문제지만 민주당도 심각하다. 집권 경험이 있어서 속내를 알 터인데 모르쇠로 일관한다.

평화통일을 위한 탐색 작업은 일상화돼야

　민족과 자주국가라는 관점으로 살핀 한미동맹의 실상과 국내의 한심한 대응에 대해 살펴보았다. 세상사에 대한 판단이 십인십색, 백인백색이라서 다른 의견도 존재할 수 있을 것이다. 이는 막힘없는 소통과 공론화를 통해 그 시시비비를 가릴 수 있을 것이다. 한미동맹은 오늘날 그 역기능이 대단히 심각한 상태로 악취를 풍기면서 침묵하거나 더는 방치할 수 없는 지경이라는 점은 분명한 것 같다.

　분단 반세기가 길다고 하면 긴 세월이었지만 한민족은 타율적으로 분단되기 전 1300년간 통일국가를 이루고 살아왔다. 이는 한민족이 체질적으로 분단보다 통일에 더 익숙하다는 것을 의미한다. 오늘날 나타난 '통일이 걱정스럽다'라는 현상은 일시적이고, 그리 많지 않은 사람들의 생각에 불과하다는 것을 미루어 판단할 수 있다.

　통일은 힘들여 구하지 않으면 쟁취할 수 없다. 통일은 결코 저절로 우리 손아귀에 쥐어지는 것이 아니다. 통일의 방식은 여러 가지를 상상할 수 있지만 역시 가장 소망스러운 형식은 평화통일이다. 평화통일을 가로막는 두 개의 쇠말뚝은 한미동맹과 국보법이다. 두 적폐는 수십 년간 한국을 지배하고 있고 정치권, 언론, 학계, 시민사회 등은 그것들이 허용하는 공간에 갇혀 있다. 심각한 것은 갇혀 있다는 사실조차 망각한 채 살고 있다는 사실이다.

　이런 참혹한 현실은 그 당사자인 한국민이 나서지 않으면 결코 개선될 수 없다. 미국, 일본이 나서서 대신해주겠는가? 이런 점을 살펴 우선 두 적폐를 공론화하는 노력이 필요하다. 정치권, 언론 등이 두 적폐에 대해 손을 놓고 있는 것은 국민을 개돼지로 보고 있다는 결정적 증거다. 두 적폐가 존속하는 한 미국에 의한 한반도의 전쟁 가능성은 상수가 될 것이며 남북 및 남남갈등, 대치가 일상화되면서 평화통일의 달성은 쉽지 않을 것이다.

오늘날 전 세계는 한반도가 어떤 통일의 노력을 하는지를 지켜보고 있다. 그러나 우리에게 가장 좋고 합리적인 통일이 어떻게 이뤄질지 아무도 말해주지 않는다. 차가운 이해관계로 대립하는 국제사회에서 그런 일이 있을 리 없다. 우리가 힘들여 찾지 않으면 최선의 통일 방식을 찾아내기는 힘들 것이다.

한민족은 평화를 사랑하는 민족으로 알려져 왔다. 전쟁보다 평화를, 싸움보다 화해를 더 좋아하는 민족성을 지녔다. 이런 덕목을 우리가 내팽개쳐 두어서는 안 된다. 우리가 진정한 평화를 보장받는 길은 한반도에서 평화를 달성하고, 그리고 동북아에서, 더 나아가 세계전체의 평화가 달성될 때 가능하다. 모두가 평화를 연습하는 맨 첫 단계는 무엇일까. 그것은 평화가 가져올 긍정적인 것들을 우선적으로 생각하고 그런 방식으로 실천하는 것이다.

평화를 한반도에 뿌리내리게 하고 평화적인 방식에 의한 통일을 달성하려면 우선 우리의 사고방식부터 그런 식으로 바꿔야 한다. 우리는 평화통일의 구체적 방식이 무엇인가를 끊임없이 탐색해야 한다. 그러기 위해 수십 년간 한반도 분단을 지속게 하고 평화통일을 저지하면서 한국을 지배해 온 두 개의 쇠말뚝인 한미동맹과 국보법을 정상화하기 위해 모두 노력해야 한다.

참고 문헌

1) Drake, op. ciL, 96-108. Documents pertaining to Shufeldt's enterprise may be found in Despatches from United States Ministers to China, File Microcopies, no.92, rolls 59-61, National Archives. For the Treaty of Chemulp'o, see U.S. Department of State, Theaties and Other International Agreements of the United States of America, 1776-1949, Charles I. Bevans, comp., IX, 470-76.

2) For documents pertaining to the Washington government's response to the Sino-Japanese confrontation of 1894-95, see FRUS, 1894, Appendix, I, 5-106.

3) https://rmc.library.cornell.edu/Straight/timeline_text.html#top

4) https://rmc.library.cornell.edu/Straight/timeline_text.html#top

5) https://rmc.library.cornell.edu/Straight/timeline_text.html#top

6) https://rmc.library.cornell.edu/Straight/timeline_text.html#top

7) https://rmc.library.cornell.edu/Straight/timeline_text.html#top

8) https://rmc.library.cornell.edu/Straight/timeline_text.html#top

9) https://rmc.library.cornell.edu/Straight/timeline_text.html#top

10) https://rmc.library.cornell.edu/Straight/timeline_text.html#top

11) Roosevelt to Hermann Speck von Sternberg, 8 August 1900, The Letters of Theodore Roosevelt, Elting E. Morison, ed., II, The Years of Preparation, 1898-1900 (Cambridge,Massachusetts, 1951), 1394.

12) Roosevelt to Taft, M July 1905, Morison, op. cit., IV, The Square Deal, 1903-1905, 1293. The full text of the Taft-Katsura memorandum, with an introductory note, may be found in John Gilbert Reid, "Taft's Telegram to Root, July, 1905", Pacific Historical Review, IX, 1 (March 1940): 66-70.

13) Willard D. Straight to "Whitey," 30 November 1905, Willard D. Straight Papers, microfilm edition, reel 11, John M. Olin Library, Cornell University, Ithaca, New York.

14) Willard D. Straight to "Whitey," 30 November 1905, Willard D. Straight Papers, microfilm edition, reel 11, John M. Olin Library, Cornell Uni-

versity, Ithaca, New York.

15) Roosevelt to Kennan, 15 October 1905, Morison, op. cit., V, The Big Stick, 1905-1907, 56.

16) 경향신문 2007년 4월 26일

17) https://rmc.library.cornell.edu/Straight/timeline_text.html#top

18) Theodore Roosevelt, Fear God and Take Your Own Part (New York, 1916), 294-97

19) 뉴시스 2014년 2월 27일

20) Frank Baldwin, "Participatory Anti-Imperialism: The 1919 Independence Movement", Journal of Korean Studies, 1(1979): 123-61; Dae-Yoel (Tae-yol) Ku, Korea Under Colonialism: The March First Movement and Anglo-Japanese Relations (Seoul, 1985), 37-303.

21) https://blog.naver.com/sencecool71/221477491277

22) https://en.wikipedia.org/wiki/Japan%E2%80%93Korea_Treaty_of_1910

23) https://rmc.library.cornell.edu/Straight/timeline_text.html#top

24) Frank Baldwin, "Participatory Anti-Imperialism: The 1919 Independence Movement", Journal of Korean Studies, 1(1979): 123-61; Dae-Yoel (Tae-yol) Ku, Korea Under Colonialism: The March First Movement and Anglo-Japanese Relations (Seoul, 1985), 37-303.

25) Frank Baldwin, "Participatory Anti-Imperialism: The 1919 Independence Movement", Journal of Korean Studies, 1(1979): 123-61; Dae-Yoel (Tae-yol) Ku, Korea Under Colonialism: The March First Movement and Anglo-Japanese Relations (Seoul, 1985), 37-303

26) FRUS, The Conferences at Cairo and Tehran, 1943, 448-49.

27) https://history.state.gov/historicaldocuments/frus1944v05/d1201

28) https://press.armywarcollege.edu/parameters/

29) 서울신문 2023년 2월 28일

30) Barnes, Dayna (2017). Architects of Occupation: American Experts and the Planning for Postwar Japan. Ithaca: Cornell University Press.

ISBN 978-1501703089. p. 32-33.

31) https://en.wikipedia.org/wiki/Occupation_of_Japan

32) https://history.state.gov/historicaldocuments/frus1942China/comp18.

33) https://history.state.gov/historicaldocuments/frus1944v05/d1204

34) https://history.state.gov/historicaldocuments/frus1944v05/d1202

35) https://history.state.gov/historicaldocuments/frus1944v05/d1207

36) https://en.wikipedia.org/wiki/US_Initial_Post-Surrender_Policy_for_Japan

37) Takemae, Eiji (2002). Inside GHQ: The Allied Occupation of Japan and its Legacy. Translated by Ricketts, Robert; Swann, Sebastian. New York: Continuum. ISBN 0826462472.. OCLC 45583413. p. 48.

38) Michael C. Sandusky, America's Parallel (Alexandria, Va.: Old Dominion Press, 1983. Irving Matray, The Reluctant Crusade: American Foreign Policy in Korea, 1941-1950(Honolulu: Univ. of Hawaii Press, 1985. Bruce Cumings, The Origins of the Korean War, 2 vols. (Princeton, N.J.: Princeton Univ. Press, 198-90.

39) https://press.armywarcollege.edu/cgi/viewcontent.cgi?article=1734&context=parameters

40) Maurice Matloff, United States Army in World War II: The War Department: Strategic Planning for Coalition Warfare 1943-1944 (Washington: Office of the Chief of Military History, 1959), p. 15.

41) US Department of Defense, The Entry of the Soviet Union Into The War Against Japan: Military Plans 1941-1945 (Washington: Department of Defense, 1955). For mid-level official American interpretations of Soviet intentions, see, for example, State Department Memorandum, "U.S.S.R. Aims in the Far East", 19 August 1943, in FRUS, The Conferences at Washington and Quebec, 1943, pp. 627-29; Memorandum Prepared by the Inter-Divisional Area Committee on the Far East, PWC-125/CAC-128, Korea: Occupation and Military Govern-

ment: Composition of Forces, 29 March 1944, in FRUS, 1944, V, 1225-26; and PWC-124a/CAC-58a, Korea: Political Problems: provisional Government, 4 May 1944, ibid., 1239-41. For a persuasive interpretation of Soviet policy toward Korea, see Robert M. Slusser, "Soviet Far Eastern Policy, 1945-50: Stalin's Goals in Korea," in Akira Iriye and Yno-suke Nagai, eds., The Origins of the Cold War in Asia (New York: Columbia Univ. Press, 1977), pp. 127-38.

42) Dalleck, Franklin Roosevelt and American Foreign Policy, 1932-1945 (New York: Oxford Univ. Press, 1981), pp. 388-90, 533-34; John Lewis Gaddis, Strategies of Containment: A Critical Appraisal of Postwar American National Security Policy (New York: Oxford Univ. Press, 1982), pp. 3-15

43) Sandusky, America's Parallel, pp. 10-11, 87-88; Matray, Reluctant Crusade, pp. 13-21; Cumings, Origin of the Korean War, I, 102-10

44) From the press communiqué, in FRUS: The Conferences at Cairo and Teheran, 1943, p. 566

45) Draft Memorandum to the Joint Chiefs of Staff, Enclosure to SWNCC 176, "International Agreements as to Occupation of Korea," 22 August 1945, Records of the War Department General and Special Staffs, Office of the Director of Plans and Operations, Top Secret American-British-Canadian correspondence (hereafter ABC) folder ABC 014 Japan (13 Apr 44), Sec. 17A, RG 165, Entry 421, Box 31, NA. See also, Matray, Reluctant Crusade, pp. 38-41

46) Entry of the Soviet Union, pp. 36-37; "Agreement Regarding Entry of the Soviet Union Into the War Against Japan," 11 February 1945, in FRUS, Malta and Yalta, p. 984

47) Gye-dong Kim, Foreign Intervention in Korea (Aldershot: Dartmouth, 1993), pp. 9-17; R. Harris Smith, OSS: The Secret History of America's First Central Intelligence Agency(Berkeley: Univ. of California Press, 1972), pp. 26, 280-82; Kim Ku, Paekbom Ilji: Kim Ku Chasojon (Mem-

oirs of Paekbom: Autobiography of Kim Ku) (Seoul: Tongmyongsa, 1960), pp. 347-50

48) John Ray Skates, The Invasion of Japan: Alternative to the Bomb (Columbia: Univ. of South Carolina Press, 1994), pp. 2-7. Skates provides the most complete examination of the plans for the proposed invasion of Japan to date. See also Wayne A. Silkett, "Downfall: The Invasion that Never Was", Parameters, 24 (Autumn 1994), 111-20

49) Minutes, "JCS Meeting with President," 18 June 1945 in Entry of the Soviet Union, pp. 77-85

50) JCS 924/15, Report by the JSP, "Pacific Strategy", 25 April 1945 in Entry of the Soviet Union, p. 67; JCS 1313/1, Revision of Policy with Relations to Russia, 23 April 1945, JCS 1313/2, same subject, 23 April 1945, and other documents in OPD 336 Top Secret (Case 132), "Implementation of Agreements with the Russians," RG 165, Entry 419, Box 144, NA; John R. Deane, Strange Alliance: The Story of Our Efforts at Wartime Co-operation with Russia (New York: Viking Press, 1947), pp. 262-65

51) Joseph C. Grew, Turbulent Era: A Diplomatic Record of Forty Years, 1904-1945, ed. by Walter Johnson assisted by Nancy Harvison Hooker, 2 vols. (Boston: Houghton Mifflin, 1952), II, 1454-59

52) 23 May 1945, with enclosure, "Recommended Amendments to be Used as a Basis for Exploratory Conversation and in Light of Accompanying Memorandum", in FRUS, 1945, VII 878-87. Hopkins' report is in message, "Hopkins to President," 29 May 1945 in Entry of the Soviet Union, pp. 72-73

53) Minutes, "Tripartite Military Meeting", 24 July 1945 in FRUS, Potsdam, II, 351-52; Minutes, "Meeting of Chiefs of Staff of U.S. and U.S.S.R.", 26 July 1945, ibid., pp. 410-11. The only reference to Korea in the talks among the political leaders appears in "Thompson Minutes of the Sixth Plenary Meeting", 22 July 1945, ibid., p. 253

54) Henry Lewis Stimson Diaries, Monday, 23 July 1945, LI, 34-35 (microfilm edition, reel 9), Manuscripts and Archives, Yale Univ. Library, New Haven, Conn

55) Minutes, "Tripartite Military Meeting", 24 July 1945, and minutes, "Meeting of Chiefs of Staff of the U.S. and U.S.S.R.", 26 July 1945, in FRUS, Potsdam, II, 351-52, 410-11. Harry S. Truman, Memoirs by Harry S. Truman, I: Year of Decisions (Garden City, N.Y: Doubleday, 1955), p. 383

56) Joint War Plans Committee Directive JWPC 264/D, 22 August 1944, "Occupation of Strategic Positions Upon Japanese Withdrawal, Collapse, or Surrender," in folder CCS 386.2 Japan (4-9-45)* Section 1, RG 218, Box 135.

57) Minutes of the 204th meeting of the Joint Planning Staff, 30 May 1945; JWPC 264/1, "Strategic Positions Selected for Occupation Upon Japanese Withdrawal, Collapse, or Surrender", 8 June 1945, in Folder CCS 386.2 Japan (4-9-45) Sec. 2, RG 218, Box 135, NA. See also Ray S. Cline, United States Army in World War II: The War Department: Washington Command Post: The Operations Division (Washington: Office of the Chief of Military History, 1951), p. 344.

58) JCS Message WARX 17064 to Commander in Chief, US Army Forces, Pacific and Commander in Chief US Pacific Fleet, Information to Commanding General Twentieth Air Force, 14 June 1945, in JCS 1331/4, folder CCS 386.2 Japan (4-9-45) Sec. 2, RG 218, Box 135, NA.

59) "Outline Plan for the U.S. Occupation of Strategic Positions in the Far East in the Event of a Japanese Collapse or Surrender Prior to `Olympic' or `Coronet'" Appendix A to JWPC 264/6, 10 July 1945, in folder CCS 386.2 Japan (4-9-45) Sec. 3, RG 218, Box 135, NA.

60) James F. Schnabel, United States Army in the Korean War: Policy and Direction: The First Year (Washington: Office of the Chief of Military History, 1961), pp. 2-3. Reports of General MacArthur Prepared by His

General Staff, vol. 1 supplement, MacArthur in Japan: The Occupation: Military Phase (Washington: 1966), p. 2.

61) Chief of Staff "Memorandum for the President", 25 July 1945, in folder ABC 014 Japan (13 Apr 44) Sec. 1A, RG 165, Entry 421, Box 19, NA.

62) Schnabel, Policy and Direction, p. 7; Roy E. Appleman, United States Army in the Korean War: South to the Naktong, North to the Yalu: June-November 1950 (Washington: Office of the Chief of Military History, 1961), pp. 2-3.

63) The Blacklist plans and OPD briefs based on those plans are in OPD folders "Australian Ports to BLACKLIST Ed. 1" and "BLACKLIST Ed. 3 to BOLERO", RG 218, Boxes 1776 and 1777, NA. A copy of the CAMPUS plan and OPD brief is in folder OPD 014.1 Top Secret (Sec. IV), Case 58, RG 165, Entry 419, Box 108, NA.

64) Entry of the Soviet Union, pp. 106-07.

65) Documents concerning SWNCC and JCS staff deliberations on issues involving the other allies are in folder CCS 387 Japan (2-7-45) Sec. 2, "Unconditional Surrender of Japan," RG 218, Box 137, NA.

66) Letter, General (ret.) C. H. Bonesteel III to Major Donald W. Boose, Jr., 14 April 1973, hereafter, Bonesteel letter. Memorandum by Assistant Secretary of State for Far Eastern Affairs, Dean Rusk, 12 July 1950, in FRUS, 1945, VI, 1039. Documents relating to the development of General Order No. 1 are included in the SWNCC 21 series of documents ("Unconditional Surrender of Japan") in folder CCS 387 Japan (2-7-45) Sec. 2, RG 218, Box 137, NA.

67) Bonesteel letter

68) Sandusky, America's Parallel, pp. 242-48. Schnabel, Policy and Direction, p. 10; Bonesteel letter.

69) Telegram, "The Chairman of the Council of Peoples Commissars of the Soviet Union (Stalin) to President Truman", 12 August 1945, translation in FRUS, 1945, VI, 643. Truman, Year of Decisions, pp. 433-34.

70) Sandusky, America's Parallel, pp. 204-18; Raymond L. Gartoff, "Soviet Operations in the War With Japan, 1945", US Naval Institute Proceedings, 112 (No. 5, 1966), 53-54; Naval Operations Against Soviet Russia, Japanese Monograph No. 106, Military History Section, Headquarters, Army Forces Far East, 24 January 1952, p. 17.

71) SWNCC Memorandum for Information No. 20, "Surrender of Japan", 17 August 1945, contains the texts of the messages sent to Atlee, Stalin, and Chiang Kai-shek (CCS 387 Japan (2-7-45) Sec 2, RG 218, Box 137, NA). See also Schnabel, Policy and Direction, pp. 10-11.

72) ttps://www.theguardian.com/world/2020/aug/04/hiroshima-atomic-bomb-us-japan-history

73) ttps://www.theguardian.com/world/2020/aug/04/hiroshima-atomic-bomb-us-japan-history

74) James F. Schnabel, United States Army in the Korean War, Policy and Direction: The First Year (Washington, 1971), 811.

75) "History News Network - As World War II entered its final stages the belligerent powers committed one heinous act after another". hnn. us. Archived from the original on 2008-12-16. Retrieved 2008-07-19.

76) Except where otherwise noted, the account of occupation preparations on Okinawa is based on History of the United States Army Forces in Korea, 1945-1948, part 1, vol. 1 (Historical Section, Headquarters XXIV Corps, n.d.), pp. 3-73.

77) Tentative Troop List by Type Units for "BLACKLIST" Operations, General Headquarters, United States Army Forces, Pacific, 8 August 1945, in folder "OPD BLACKLIST Ed. 3 to BOLERO", RG 165, Entry 418, Box 1777, NA. For background on General Stilwell's career and his tumultuous relationship with Chiang Kai-shek see Barbara W. Tuchman, Stilwell and The American Experience in China 1911-1945 (New York: Macmillan, 1971).

78) History of USAFIK, p. 10; General Joseph W. Stilwell, Diary, 13 August

1945, Hoover Institution Archives, Stanford, Calif.

79) James I. Matray, "Hodge-Podge: American Occupation Policy in Korea, 1945-1948", Korean Studies, 19(1995), 17-38.

80) 46. Barbey, MacArthur's Amphibious Navy, p. 323; James A. Field, Jr., History of United States Naval Operations: Korea (Washington: Office of Chief of Naval Operations, 1962), p. 15.

81) Reports of General MacArthur, p. 16.

82) Message, CINCAFPAC to JCS (CM-IN-21116), 22 August 1945; Draft Message, JCS to CINCAFPAC, SWNCC Memorandum, Enclosure A to JCS 1483, "International Agreements as to Occupation of Korea", 24 August 1945; JCS Note by the Secretaries advising that JCS 1483 was approved and the message dispatched on 1 September 1945, all in Combined Civil Affairs Committee (CCAC) folder 014 Korea (8-28-45)* Sec. 1, RG 218, Box 146, NA

83) text in Department of State Bulletin, September 23, 1945, pp. 423–427.

84) Message, CINCAFPAC to JCS (CM-IN-21116), 22 August 1945; Draft Message, JCS to CINCAFPAC, SWNCC Memorandum, Enclosure A to JCS 1483, "International Agreements as to Occupation of Korea", 24 August 1945; JCS Note by the Secretaries advising that JCS 1483 was approved and the message dispatched on 1 September 1945, all in Combined Civil Affairs Committee (CCAC) folder 014 Korea (8-28-45)* Sec. 1, RG 218, Box 146, NA

85) History of USAFIK, pp. 60-61

86) The initial correspondence on initiating civil affairs preparations for Korea, and the early studies are reprinted in FRUS, 1944, V, 1190, 1225-29, and 1239-41. Henderson's comment is in Gregory Henderson, Korea: The Politics of the Vortex (Cambridge: Harvard Univ. Press, 1968), p. 415. Kinney's speculations were related to me in a series of informal conversations in 1975 and 1976. Dr. Michael E. Macmillan of

the East-West Center in Honolulu, Hawaii brought to my attention documentation on Kinney's postwar views

87) https://press.armywarcollege.edu/cgi/viewcontent.cgi?article=1734 &context=parameters

88) History of USAFIK, p. 27; E. Grant Meade, American Military Government in Korea (New York: King's Crown Press, 1951), pp. 47-51; Wilson Owen Henderson, "To the Kwangju Station", Southwest Review, 35 (No. 4), 233; Donald S. MacDonald, "Field Experience in Military Government: Cholla Namdo Province, 1945-1946", in Carl J. Friedrich and Associates, American Experience in Military Government in World War II (New York: Rinehart and Company, 1948), p. 366; Duncan Sinclair, "The Occupation of Korea—Initial Phases, Military Review, 27 (July 1947), 34-35.

89) History of USAFIK, ch. 4, 35.

90) CINCAFPAC Message CX 35718, 22 August 1945 in folder CCS 386.2 Japan (4-9-45) Sec. 4, RG 218, Box 136, NA; "Draft Memorandum to the Joint Chiefs of Staff", enclosure to SWNCC 176, "International Agreements as to the Occupation of Korea", 22 August 1945 in ABC 014 Japan (13 April 44) Sec. 17A, RG 165, Entry 421, Box 31, NA.

91) Telegram, "The Consul General at Manila (Steintorf) to the Secretary of State", 26 August 1945 in FRUS, 1945, VI, 1041; History of USAFIK, p. 64; letter, "The Political Advisor in Korea (Benninghoff) to the Secretary of State", 15 September 1945, in FRUS, 1945, VI, 1052; JCS Message CM-OUT-55336 "JCS to CINCAFPAC, Manila", 25 August 1945, in folder OPD 014.1 TS Sec. IV, Case 75, "Assignment of Liaison Personnel", RG 165, Entry 419, Box 108, NA; "Basic Initial Directive to the Commander in Chief, U.S. Army Forces, Pacific, for the Administration of Civil Affairs in those areas of Korea Occupied by U.S. Forces," transmitted 17 October 1945, in FRUS, 1945, VI, 1074-93.

92) 56. History of USAFIK, pp. 21-22, ch. 4, 35; Taylor, "Administration and

Operation of Military Government", p. 357.

93) https://press.armywarcollege.edu/cgi/viewcontent.cgi?article=1734 &context=parameters

94) LTC David M. Glantz, "August Storm: The Soviet 1945 Strategic Offensive in Manchuria". Leavenworth Papers No. 7, Combat Studies Institute, February 1983, Fort Leavenworth Kansas.

95) Walker, J Samuel (1997). Prompt and Utter Destruction: Truman and the Use of Atomic Bombs Against Japan. Chapel Hill: The University of North Carolina Press. p. 82. ISBN 978-0-8078-2361-3.

96) Seth, Michael J. (16 October 2010). A History of Korea: From Antiquity to the Present. Rowman & Littlefield Publishers (published 2010). p. 306. ISBN 9780742567177. Buzo, Adrian (2002). The Making of Modern Korea. London: Routledge. p. 53. ISBN 978-0-415-23749-9.

97) Seth, Michael J. (16 October 2010). A History of Korea: From Antiquity to the Present. Rowman & Littlefield Publishers (published 2010). p. 86. ISBN 9780742567177.

98) Jager, Sheila Miyoshi (2013). Brothers at War – The Unending Conflict in Korea. London: Profile Books. p. 23. ISBN 978-1-84668-067-0.

99) https://en.wikipedia.org/wiki/Soviet_Civil_Administration

100) Buzo, Adrian (2002). The Making of Modern Korea. London: Routledge. p. 56. ISBN 978-0-415-23749.

101) Cumings, Bruce (2005). Korea's Place in the Sun: A Modern History. New York: W. W. Norton & Company. pp. 187–190. ISBN 978-0-393-32702-1.

102) https://office.kbs.co.kr/tongil/archives/4265.

103) https://www.koreatimes.co.kr/www/news/issues/2013/02/363 _103138.html

104) https://www.koreatimes.co.kr/www/news/issues/2013/02/363 _103138.html

105) https://www.encyclopedia.com/history/encyclopedias-almanacs-

transcripts-and-maps/chinese-civil-war-us-involvement>.

106) https://history.state.gov/historicaldocuments/frus1946v10/d220

107) https://history.state.gov/historicaldocuments/frus1946v10/d220

108) https://www.encyclopedia.com/history/encyclopedias-almanacs-transcripts-and-maps/chinese-civil-war-us-involvement

109) 한겨레 2019-06-08. "신탁통치안 왜곡의 출발은 '날조 전문' 미국 기자".

110) CBS 노컷뉴스 2021-08-15. '한반도 운명 갈랐던 '탁치' 가짜뉴스'.

111) New York limes, September 7, 1946, p.16.

112) Memorandum, Assistant Chief of the Division of Eastern European Affairs (Stevens), 9 September 1947, FRUS, 1947, VI, The Far East, 784-85. The present section of this essay is drawn extensively from a paper entitled "The Making of Mr. Truman's War" that was delivered by the author during a conference in Seoul in June of 1990. Commemorating the fortieth anniversary of the outbreak of the Korean War, the conference was sponsored by the War Memorial Service-Korea. The paper was subsequently published in The Historical illumination of the Korean War (Seoul: Korean War Research Conference Committee (a division of the War Memorial Service-Korea), 1990). The War Memorial Service-Korea, headed by Lieutenant General Lee Mm Young(retired), has granted permission to the author to incorporate the paper in the present essay.

113) Oliver, Robert Tarbell (1978). Syngman Rhee and American Involvement in Korea, 1942-1960: A Personal Narrative. Seoul, South Korea: Panmun Book Company. p. 149. OCLC 568651495.

114) https://ko.wikipedia.org/wiki/.

115) Bix, Herbert (2000). Hirohito and the Making of Modern Japan. New York: HarperCollins. ISBN 978-0-06-093130-8. pp. 550–551.

116) Dower, John (2000). Embracing Defeat: Japan in the Wake of World War II, p. 447

117) Dower, John W. (1999), Embracing Defeat: Japan in the Wake of

World War II,

p. 246.Norton, ISBN 0-393-04686-9

118) Gold, Hal (1996). Unit 731 Testimony. Boston: Tuttle. ISBN 978-0-8048-3565-7. p. 109.

119) Schnabel, James F. (1972). Policy and Direction: the First Year. United States Army in the Korean War. Washington, D.C.: U.S. Government Printing Office. ISBN 0-16-035955-4. OCLC 595249. CMH Pub 20-1-1. Retrieved 27 March 2021. p. 13.

120) https://history.state.gov/milestones/1945-1952/japan-reconstruction

121) https://history.state.gov/milestones/1945-1952/japan-reconstruction

122) https://history.state.gov/milestones/1945-1952/japan-reconstruction

123) http://www.arlingtoncemetery.net/cawilloughby.htm

124) https://en.wikipedia.org/wiki/Charles_A._Willoughby.

125) https://en.wikipedia.org/wiki/Tokubetsu_K%C5%8Dt%C5%8D_Keisatsu

126) 오마이뉴스 2021. 9. 19

127) Edward Drea (et al.): Researching Japanese War Crimes Records: Introductory Essays. Washington 2006, ISBN 1-880875-28-4; Chapter 8

128) "SCAPIN-33: PRESS CODE FOR JAPAN 1945/09/19". Naional Diet Library Digital Collections. Retrieved 2021-03-07.

129) Haberstam, David; The Coldest Winter; New York 2007, ISBN 978-1-4013-0052-4

130) 조선일보 2007. 3. 1

131) 한겨레 2006. 7. 19

132) 경향신문 2021년 10월 1일.

133) "The Korean Military Advisory Group (KMAG): A Model for Success?" (PDF).

apps.dtic.mil. Defense Technical Information Center Websites. Archived (PDF) from the original on November 8, 2019. Retrieved 1 June 2004

134) http://www.archives.go.kr/next/search/listSubjectDescription. do?id=006388

135) Incl to Ltr, Hq USAFIK, 18 Nov 45, sub: Report of Proceedings of Board of Officers, USAFIK files. (2) Rad, CAX 55238, USAFPAC to War Dept, 26 Nov 45.

136) JCS 1483/20, 30 Dec 45. JCS approved the recommendations on 9 January 1946

137) Sawyer, Robert. Military Advisors in Korea: KMAG in War and Peace. Washington: Office of the Chief of Military History, 1962.

138) Supreme Commander for the Allied Powers (SCAP), Summation of NonMilitary Activities in Japan and Korea, No. 1, September and October 1945, pt. V,

139) Hereafter cited as Summation. (2) Hq, Far East Command, History of Occupation of Korea, pt. III, ch. IV, pp. 9-10, MS in OCMH files. (3) Interv with Col Argo, 21 Nov 51. Unless otherwise cited, all interviews, letters, and notes are in OCMH files.

140) Sawyer, Robert. Military Advisors in Korea: KMAG in War and Peace. Washington: Office of the Chief of Military History, 1962.

141) KBS 2018. 12. 02

142) Johnson, Chalmers (January 23, 2001). Blowback: The Costs and Consequences of American Empire (2000, rev. 2004 ed.). Owl Book. pp. 99–101. ISBN 0-8050-6239-4. According to Chalmers Johnson, death toll is 14,000–30,000 / Col. Jimmie Leach, as told to Matt Hermes (January 10, 2006). "Col. Jimmie Leach, a former U.S. Army officer, recalls the Cheju-do insurrection in 1948". beaufortgazette. Retrieved March 29, 2009

143) The National Committee for the Investigation of the Truth about the

Jeju April 3 Incident (December 15, 2003). "The Jeju April 3 Incident Investigation Report" (PDF). Office of the Prime Minister, Republic of Korea. p. 144. Archived from the original (PDF) on September 21, 2015. Retrieved August 17, 2015.

144) Michael J. Varhola (2000). Fire and Ice : The Korean War, 1950–1953. Da Capo Press. p.317. ISBN 1882810449.

145) Hideko Takayama (June 19, 2000). "Ghosts Of Cheju". Newsweek. Retrieved March 30, 2009.

146) Johnson, Chalmers (January 23, 2001). Blowback: The Costs and Consequences of American Empire (2000, rev. 2004 ed.). Owl Book. pp. 99–101. ISBN 0-8050-6239-4. According to Chalmers Johnson, death toll is 14,000–30,000.

147) "U.S. Gen. Roberts, center, back, commanded the operation in Jeju. Image courtesy Yang Jo Hoon". Jeju weekly. Retrieved May 4, 2013.

148) The National Committee for the Investigation of the Truth about the Jeju April 3 Incident (December 15, 2003). "The Jeju April 3 Incident Investigation Report" (PDF). Office of the Prime Minister, Republic of Korea. p. 654. Archived from the original (PDF) on September 21, 2015. Retrieved August 17, 2015.

149) Hart-Landsberg, Martin (1998). Korea: Division, Reunification, & U.S. Foreign Policy. Monthly Review Press. pp. 87–88. ISBN 978-08534 59279

150) House Report 2495, Background Information on Korea, Report of the Committee on Foreign Affairs, Union Calendar 889 (Washington, 1950), pp. 15–16.

151) MHK, pp. 21–22. (2) Ltr, West to author, 2 Sep 52

152) DA Rad, WARX 86359 to CINCFE, 29 Mar 49. 24 (1) Notes attached to Ltr, Roberts to Smith, 26 Jan 54. (2) Hq USAFIK, Hist of the G–3 Sec, 15 Jan–30 Jun 49.

153) Millett, Allan. The War for Korea, 1945-1950: A House Burning. Law-

rence: University Press of Kansas, 2005. 172M

154) KMAG, The United States Military Advisory Group to the Republic of Korea

155) https://terms.naver.com/entry.naver?docId=572689&cid=46624&categoryId=46624

156) Appleman, Roy. U.S. Army in the Korean War: South to the Naktong, North to the Yalu. Washington: Center of Military History, 1961. 8.

157) (1) Interv, Col Wright. (2) Interv, Col Lewis D. Vieman with Col Appleman, 16 Jun 54. (3) MS prepared by Lt Col Lewis D. Vieman, 15 Feb 51, in OCMH files. (4) See also Ltr, Col Sedberry.

158) Sawyer, Robert. Military Advisors in Korea: KMAG in War and Peace. Washington: Office of the Chief of Military History, 1962. 125–143.

159) Gibby, Bryan. "Fighting in a Korean War: The American Advisory Missions from 1946-1953." PhD diss., The Ohio State University, 2004. 185

160) Gibby, "Fighting in a Korean War", 193

161) <Hausrath, Alfred H. The KMAG Advisor: Role and Problems of the Military Advisor in Developing an Indigenous Army for Combat Operations in Korea. Chevy Chase, Maryland: Operational Research Office, Johns Hopkins University, 1957.

162) DA Rad, 86379, CSGPO to CINCFE (info CG USAFIK), 24 Mar 49.

163) DA Rad, WARX 90992, 1 Jul 49. (2) KMAG Relationship With FEC,

164) Interv, Col Wright, former CofS, 미군사고문단, 5 Jan 53. (2) Advisor's Handbook, 17 October 1949, an. 3 to Semiannual Report, Office of the Chief, U.S. Military Advisory Group to the Republic of Korea, period ending 31 December 1949.

165) HR–미군사고문단, an. 15, pp. 14, 15. According to this report, from 1 July 1949, when the interim military agreement expired, to the end of 1949 (and presumably until the 미군사고문단agreement was signed on 26 January 1950), the advisory group

166) SA Rpt. 미군사고문단, 31 Dec 49, sec. I, p. 3 (see also an. 3, Advisor's Handbook, pp. 1–5). (2) 1st Lt. Martin Blumenson et al., Special Problems in the Korean Conflict(hereafter cited as Blumenson, Special Problems), Hq EUSAK, III, pt. 14, ch. 1, 2, in OCMH files. (3) Ltr. Col Hansen, 2 Aug 52.

167) 한겨레 2019. 5. 8.

168) 1947. 12. 13. 미군 CIC 보고서.

169) 연합뉴스 2021. 6. 29

170) http://www.grandculture.net/ko/Contents/Index

171) https://www.jinsil.go.kr/fnt/nac/selectNoticeDetail.do?bbsId=BBSMSTR_000000000717#

172) https://terms.naver.com/entry.naver? docId=6460432&cid=43667&categoryId=43667

173) http://yeosu.grandculture.net/yeosu/search/GC01302160?keyword=%EC%97%AC%EC%88%9C%EC%82%AC%EA%B1%B4&page=1

174) CSGPO to CINCFE, 16 November 1948, Blue Binders Series, Korea Planning and Withdrawal Documents, Record Group 9, WX 92575, MacArthur Memorial, Norfolk, Virginia.

175) NSC 8/2, "Positions of the United States with Respect to Korea", 22 March 1949, FRUS, 1949, VII, The Far East and Australasia, Pt. 2, 969-78.

176) Memorandum by the Executive Secretary of the National Security Council, 20 December 1949, FRUS, 1949, VI op. cit., 1215-20; NSC 48/2, "The Position of the United States with Respect to Asia", Ibid., 1215-20.

177) Memorandum, Assistant Secretary of State for Far Eastern Affairs (Rusk) to the Under Secretary of State (Webb), 2 May 1950, FR US, 1950, VII, Korea, 65.

178) Dean Rusk (as told to Richard Rusk), As I Saw It (New York et al., 1990), 164-65.

179) Memoirs by Harry S. Truman, II, Years of Trial and Hope (Garden City, New York, 1956), 331.

180) Roberts to C. L. Bolte, 8 March 1950, G-3 091, Korea, sec. I, case 3, Records of the Army Staff, Record Group 319, National Archives.

181) Frank Bowling, "Korea: Will It Become a Power, Puppet or Pawn?" Christian Science Monitor, 31 January 1948, 8-9. Frank Bowling wrote that "if you were to walk up to the first 10... [Americans] you meet on the street and ask them to locate Korea on the map or tell you what language is spoken in Korea, you would in all likelihood draw a large number of blanks."

182) Beschloss, Michael (2018). Presidents of War: The Epic Story, from 1807 to Modern Times. New York: Crown. ISBN 978-0-307-40960-7. p. 447./Kim, Yŏng-jin (1973). Major Powers and Korea. Silver Spring, MD: Research Institute on Korean Affairs. OCLC 251811671. p. 46.

183) United Nations Security Council Resolution 83 / United Nations Security Council Resolution 82 / Derek W. Bowett, United Nations Forces: A Legal Study of United Nations Practice, Stevens, London, 1964, pp. 29–60.

184) "United Nations Security Council – History". Encyclopedia Britannica.

185) James, D. Clayton(1985). Volume 3, Triumph and Disaster 1945–1964. The Years of MacArthur. Boston: Houghton Mifflin. ISBN 978-0-395-36004-0. p. 436.

186) Pembroke, Michael (2018). Korea: Where the American Century Began. Hardie Gran Books. p. 141.

187) SA Rpt, KMAG, 31 Dec 49, sec. IV, p. 22. (2) HR–KMAG, p. 6. (3) MHK, pp. 57–60.

188) Cumings, Bruce (2005). Korea's Place in the Sun : A Modern History. New York: W. W. Norton & Company. pp. 249–58. ISBN 978-0393327021.

189) Tom Gjelten (25 June 2010). "CIA Files Show U.S. Blindsided By Ko-

rean War". National Public Radio. Archived from the original on 24 August 2013. Retrieved 16 February 2013. Seth, Michael J. (2010). A history of Korea: From Antiquity to the Present. Lanham, MD: Rowman & Littlefield. p. 324. ISBN 978-0742567160. Millett 2007, p. 14.

190) "Ten biggest lies in modern Korean history". The Korea Times. 3 April 2017.

191) Ohmynews (in Korean). 4 July 2007. Archived from the original on 3 May 2011. Retrieved 14 July 2010.

192) CBS (in Korean). 4 July 2007. Retrieved 14 July 2010.

193) Kollontai, Ms Pauline; Kim, Professor Sebastian C. H.; Hoyland, Revd Greg (2 May 2013). Peace and Reconciliation: In Search of Shared Identity. Ashgate Publishing, Ltd. p. 111. ISBN 978-1-4094-7798-3.

194) 월간조선 2013. 07. 12

195) https://www.washingtonpost.com/archive/politics/1977/12/17/us-had-53-plan-to-overthro w-unreliable-korean-ally/53816fa5-c677-4d57- 964c-09edd8605c42/

196) James, D. Clayton(1985). Volume 3, Triumph and Disaster 1945–1964. The Years of MacArthur. Boston: Houghton Mifflin. ISBN 978-0-395-36004-0. pp. 507–508.

197) Manchester, William (1978). American Caesar: Douglas MacArthur 1880–1964. Boston: Little, Brown. ISBN 978-0-440-30424-1. p. 604.

198) https://history.army.mil/books/korea/truce/appa.htm

199) Fisher, Max (3 August 2015). "Americans have forgotten what we did to North Korea". Vox. Retrieved 18 October 2021./ Robinson, Michael E (2007). Korea's Twentieth-Century Odyssey. Honolulu, HI: University of Hawaii Press. pp. 119-120. ISBN 978-0824831745.

200) Bethany Lacina and Nils Petter Gleditsch, 2005. -Monitoring Trends in Global Combat: A New Dataset of Battle Deaths. European Journal of Population: 21(2–3): 145–166. Korean data available at "The PRIO Battle Deaths Dataset, 1946-2008, Version 3.0", pp. 359–362

201) https://www.theguardian.com/commentisfree/2017/aug/13/america-carpet-bombed-north-korea-remember-that-past

202) https://en.wikipedia.org/wiki/Bombing_of_North_Korea

203) https://en.wikipedia.org/wiki/Bombing_of_North_Korea

204) https://www.mintpressnews.com/state-of-fear-how-historys-deadliest-bombing-campaign-created-todays-crisis-in-korea/235349/

205) https://en.wikipedia.org/wiki/Korean_War

206) https://www.mintpressnews.com/state-of-fear-how-historys-deadliest-bombing-campaign-created-todays-crisis-in-korea/235349

207) https://en.wikipedia.org/wiki/Korean_War

208) Dingman, R. (1988–1989). "Atomic Diplomacy during the Korean War". International Security. 13 (3): 50–91. doi:10.2307/2538736. JSTOR 2538736. S2CID 154823668.

209) Cumings, Bruce (2005). Korea's Place in the Sun : A Modern History. New York: W. W. Norton & Company. pp. 289–92. ISBN 978-0393327021.

210) Dingman, R. (1988–1989). "Atomic Diplomacy during the Korean War". International Security. 13 (3): 50–91. doi:10.2307/2538736. JSTOR 2538736. S2CID 154823668.

211) Knightley, Phillip (1982). The First Casualty: The War Correspondent as Hero, Propagandist and Myth-maker. Quartet. p. 334. ISBN 978-0801869518. Panikkar, Kavalam Madhava (1981). In Two Chinas: Memoirs of a Diplomat. Hyperion Press. ISBN 978-0830500130.

212) Truman, Harry S (1955–1956). Memoirs (2 volumes). Vol. II. Doubleday. 394–95. ISBN 978-1568520629.

213) Dingman, R. (1988–1989). "Atomic Diplomacy during the Korean War". International Security. 13 (3): 50–91. doi:10.2307/2538736. JSTOR 2538736. S2CID 154823668.

214) Schnabel, James F (1992) [1972]. United States Army in the Korean War: Policy And Direction: The First Year. United States Army Center

of Military History. pp. 155–92, 212, 283–84, 288–89, 304. ISBN 978-0160359552. CMH Pub 20-1-1. Archived from the original on 17 May 2011.

215) Schnabel, James F (1992) [1972]. United States Army in the Korean War: Policy And Direction: The First Year. United States Army Center of Military History. pp. 155–92, 212, 283–84, 288–89, 304. ISBN 978-0160359552. CMH Pub 20-1-1. Archived from the original on 17 May 2011.

216) Dingman, R. (1988–1989). "Atomic Diplomacy during the Korean War". International Security. 13 (3): 50–91. doi:10.2307/2538736. JSTOR 2538736. S2CID 154823668.

217) Far East Command G-2 Theater Intelligence (1951). "Résumé of Operation, Record Group 349, box 752".

218) Dingman, R. (1988–1989). "Atomic Diplomacy during the Korean War". International Security. 13 (3): 50–91. doi:10.2307/2538736. JSTOR 2538736. S2CID 154823668.

219) Farley, Robert (5 January 2016). "What If the United States had Used the Bomb in Korea?". The Diplomat. Retrieved 5 January 2016.

220) Dingman, R. (1988–1989). "Atomic Diplomacy during the Korean War". International Security. 13 (3): 50–91. doi:10.2307/2538736. JSTOR 2538736. S2CID 154823668.

221) Harris, Sheldon H.; Factories of Death: Japanese Biological Warfare, 1932–45, and the American Cover-up; Taylor & Francis; 2002 ISBN 978-0-203-43536-6

222) Lech, Raymond B. (2000), Broken Soldiers, Chicago: University of Illinois, pp. 162–163, ISBN 0-252-02541-5

223) Wells, A.S. (2009). The A to Z of World War II: The War Against Japan. The A to Z Guide Series. Scarecrow Press. p. 42. ISBN 978-0810870260. Archived from the original on 2018-01-16. Retrieved 2017-07-08.

224) https://en.wikipedia.org/wiki/Allegations_of_biological_warfare_

in_the_Korean_War

225) 오마이뉴스 2020. 6. 12

226) 민중의소리 2015. 6. 5

227) Schnabel, James F. (1972). Policy and Direction: the First Year. United States Army in the Korean War. Washington, D.C.: U.S. Government Printing Office. ISBN 0-16-035955-4. OCLC 595249. CMH Pub 20-1-1. Retrieved 27 March 2021. pp. 310–314.

228) James, D. Clayton (1985). Volume 3, Triumph and Disaster 1945–1964. The Years of MacArthur. Boston: Houghton Mifflin. ISBN 978-0-395-36004-0. pp. 584–589.

229) James, D. Clayton (1985). Volume 3, Triumph and Disaster 1945–1964. The Years of MacArthur. Boston: Houghton Mifflin. ISBN 978-0-395-36004-0. pp. 607–608.

230) United Nations Command Archived March 12, 2013, at the Wayback Machine retrieved June 27, 2011

231) https://www.nukestrat.com/korea/koreahistory.htm

232) "UNC in Korea Gets Matador Missiles." Pacific Stars and Stripes, December 18, 1958, pp. 1–2. For a copy of this article, see http://www.tacmissileers.org/korea-gets-matador-missiles/

233) https://www.nukestrat.com/korea/koreahistory.htm

234) https://www.nukestrat.com/korea/withdrawal.htm

235) https://www.nukestrat.com/korea/koreaplanning.htm

236) https://www.nukestrat.com/korea/koreaplanning.htm

237) https://www.nukestrat.com/korea/koreaplanning.htm

238) https://en.wikipedia.org/wiki/Kunsan_Air_Base

239) https://en.yna.co.kr/view/AEN20200106007900325

240) https://www.uscc.gov/sites/default/files/annual_reports/2010-Report-to-Congress.pdf

241) https://www.uscc.gov/sites/default/files/annual_reports/2010-Report-to-Congress.pdf

242) https://www.nukestrat.com/korea/koreahistory.htm

243) https://www.nukestrat.com/korea/koreahistory.htm

244) 한국일보 2024. 2. 28

245) https://100.daum.net/encyclopedia/view/24XXXXX59359

246) https://openscholarship.wustl.edu/cgi/viewcontent.cgi?article=10
15&context=undergrad_etd

247) https://www.britannica.com/place/Japan/Economic-transforma-
tion

248) https://www.britannica.com/place/Japan/International-
relations#ref319774

249) 6 Elizabeth Borgwardt. A New Deal for the World: America's Vision
for Human Rights. (Cambridge: Belknap Press of Harvard University
Press, 2005), 286-291.

250) "Potsdam Declaration: Proclamation Defining Terms for Japanese
Surrender," 26 July 1945.

251) Foreign Relations of the United States(FRUS): Diplomatic Papers,
1945, The British

252) Foreign Relations of the United States(FRUS): Diplomatic Papers,
1945, The British Commonwealth, the Far East, Volume VI. Eds. Glen-
non et. Al, (Washington: Government Printing Office, 1969). 747.

253) Foreign Relations of the United States(FRUS), 1946, The Far East, Vol-
ume VIII. Eds. Reid and Fine, (Washington: Government Printing Of-
fice, 1971). 361.

254) https://openscholarship.wustl.edu/cgi/viewcontent.cgi?article=10
15&context=undergrad_etd. 40-41.

255) "Participation of the ROK in the Japanese Peace Settlement", 12 Dec
1949, Box 4, Folder "DRF 163", Reports Relating to the Far East 1946-
1952, RG 59, NACP. In particular, Section III, Part A1 "Claims of the
Republic of Korea for Restitution and Reparations."

256) Schaller, American Occupation of Japan, 16; Schaller, Michael "Ma-

cArthur's Japan: The View from Washington", Diplomatic History 10, no. 1(Winter 1986): 1-23, esp. 3-5; Sakamato, Yoshikazu. "The International Context of the Occupation of Japan", in Democratizing Japan: The Allied Occupation, ed. Robert E. Ward and Sakamato Yoshikazu (Honolulu: University of Hawaii Press, 1987): 42-75, esp. 44-46; Schonberger, Howard. "The Japan Lobby in American Diplomacy, 1947-1952", Pacific Historical Review Vol. 46, no. 3 (Aug 1977): 327-359, esp. 329; Schonberger, Howard. "U.S. Policy in Post-War Japan: A Retreat from Liberalism," Science & Society Vol. 46, no. 1 (Spring 1982): 39-59.

257) FRUS 1947, Volume VI, Document 291.

258) Emphasis added. "Participation of the ROK in the Japanese Peace Settlement", 12 Dec 1949, Box 4, Folder "DRF 163", Reports Relating to the Far East 1946-1952, RG 59.

259) "Participation of the ROK in the Japanese Peace Settlement", 12 Dec 1949, Box 4, Folder "DRF 163", Reports Relating to the Far East, 1946-1952, RG 59.

260) 2"Memorandum of Conversation between Ambassador Sebald and Kim Yong Joo", 24 Nov 1950, Box 1, Folder "Attitudes Towards a Japanese Peace Treaty 1950-51", Misc. Records Relating to Japan and Korea 1945-1953, RG 59.

261) Cheong, Sung-hwa. The Politics of Anti-Japanese Sentiment in Korea: Japanese-South Korean Relations under American Occupation, 1945-1952. New York: Greenwood Press, 1991.80.

262) Price, John. "Cold War Relic: the 1951 San Francisco Peace Treaty and the Politics of Memory", Asian Perspective, Vol. 25, No. 3 (2001): 31-60.

263) "Memorandum of Conversation between Butterworth and Jiro Shirasu," 1 May 1950, Box 3, Folder "Peace Treaty", Records Relating to the Peace Treaty with Japan, RG 59. "Supplementary Statement to the Conversation of Friday Morning, April 23, 1951." 23 April 1951,

Box 5, Folder "Second Tokyo Trip (April 1951)", Records Relating to Treaty of Peace with Japan, RG 59.

264) "Memorandum of Conversation between Korean Ambassador Yu-Chan Yang and Dean Rusk." 16 Aug 1951, Reel 9, Microform C43, US State Dept Special Files Japan 1947-1956, Files of John Foster Dulles, RG 59.

265) "Comparison of Japanese Assets in Formosa and Korea with Possible Korean and Formosan Claims in Japan", 24 May 1951, Box 5, Folder "DRF-DR 229", Reports Relating to the Far East, 1946-1952, RG 59.

266) "Memorandum of Conversation between President Quirino and Ambassador Dulles." 12 Feb 1951, Box 7, Folder "Trip Philippine Papers", Records Relating to Treaty of Peace with Japan, RG 59.

267) "Note of a Telephone Conversation between Dulles and Rusk", 22 Aug 1951. Reel 10,

268) https://www.tandfonline.com/doi/abs/10.1080/07075332.2021.1920451

269) https://www.oxfordreference.com/view/10.1093/oi/authority.20110803100440594

270) 통일뉴스 2021. 3. 11

271) https://www.state.gov/wp-content/uploads/2019/02/14-625-Philippines-Defense-Cooperation.pdf

272) 연합뉴스 2020. 11. 11

273) https://en.wikipedia.org/wiki/Enhanced_Defense_Cooperation_Agreement

274) https://en.wikisource.org/wiki/Treaty_of_Mutual_Cooperation_and_Security_between_Japan_and_the_United_States_of_America

275) 미국의소리방송 2021. 1. 8

276) 뉴스1. 2023. 3. 22

277) 뉴스1 2023. 3. 7

278) McCormack, Tony (2014). Air Power in Disaster Relief. Royal Austra-

lian Air Force. Archived from the original (PDF) on December 9, 2018.

279) Park, Won Gon (December 2009). "The United Nations Command in Korea: past, present, and future". Korean Journal of Defense Analysis. 21 (4): 485–499. doi:10.1080/10163270903298959

280) https://www.tokyoreview.net/2018/02/relevance-despite-obscurity-japan-un-command/

281) Degville, Lianne (July 1987). "United Nations Forces in Northeast Asia United Nations Command and United Nations Command (Rear) Their Missions, Command Structures and Roles in Regional Security"

282) https://www.tokyoreview.net/2018/02/relevance-despite-obscurity-japan-un-command/

283) https://www.unc.mil/Organization/UNC-Rear/

284) https://www.unc.mil/Organization/UNC-Rear/

285) 문화일보 2023. 5. 17

286) CBS노컷뉴스 2020. 11. 23

287) 이데일리 2020. 7. 24

288) Jun-suk, Yeo (December 10, 2017). "A glimpse into US forces in Japan on standby for contingencies in Korea". The Korea Herald. Retrieved December 9, 2018.

289) 오마이뉴스 2020. 6. 14

290) https://www.unc.mil/About/Our-Role/

291) https://asiatimes.com/2019/05/in-south-korea-a-un-command-that-isnt/.

292) "Question of Korea". United Nations Digital Library. United Nations Digital Library. 1976. Retrieved 27 February 2021.

293) Salmon, Andrew (May 8, 2019). "In South Korea, a UN Command that isn't". Asia Times. Retrieved April 10, 2021.

294) 자유아시아방송 2020. 7. 27

295) 미국의소리방송 2020. 5 27

296) 뉴시스 2020. 1. 17

297) 브레이크뉴스 2020. 8. 8.

298) 내일신문 2010. 11. 26.

299) 연합뉴스 2021954년 11월 17일 "한미합의의사록"(Agreed Mintue and Amendments between the Government of the Republic of Korea and United States of America,17 November, 1954).2. 3. 18.

300) R.Higgins,United Nations Peacekeeping,1946-67, Documents and Commentary,(London:Oxford Univ. Press,1970), pp.211-212 ; L.M.Goodrich, Korea: A Study of United States Policy in the United Nations(New York:Council on Foreign Relations,1956), pp.120-121.

301) 1954년 11월 17일 "한미합의의사록"(Agreed Mintue and Amendments between the Government of the Republic of Korea and United States of America,17 November, 1954).

302) 전쟁기념사업회, 한국전쟁사: 제1권 요약통사, (서울, 전쟁기념사업회), 1990, pp. 187-188 참조.

303) 한겨레 2020. 9. 28

304) 연합뉴스 2020. 10. 15

305) 미국의소리방송 2020. 9. 17

306) 미국의소리방송 2020. 9. 17

307) 미국의소리방송 2020. 11. 6

308) 미국의소리방송 2020. 9. 1

309) 미국의소리방송 2020. 9. 1

310) 한겨레 2020. 9. 28

311) 프레시안 2020. 8. 13

312) KBS 2006. 8. 12

313) https://irp.fas.org/offdocs/pdd/pdd-25.pdf

314) 연합뉴스 2021. 1. 28

315) 아사히 신문 2020. 11. 12

316) https://nationalinterest.org/blog/reboot/oplan-5015-americas-plan-win-second-korean-war-167347

317) https://www.globalsecurity.org/military/ops/oplan-5015.htm

318) https://www.globalsecurity.org/military/ops/oplan-5026.htm

319) https://www.globalsecurity.org/military/ops/oplan-5027.htm

320) https://www.foxnews.com/world/oplan-5029-north-korea-nuclear-weapons-kim-jong-un

321) https://en.wikipedia.org/wiki/OPLAN_5029

322) https://www.dailymail.co.uk/news/article-8280979/Operations-Plan-5029-militarys-secret-plan-secure-North-Koreas-nukes.html

323) CBS 노컷뉴스 2023. 4. 17

324) 연합뉴스 2023. 4. 28

325) 연합뉴스 2023. 7. 18

326) 자유아시아방송(RFA) 2023. 4. 25

327) http://www.ibiblio.org/jwsnyder/wisdom/pdd25.html/ https://fas.org/irp/offdocs/pdd25.htm

328) 뉴스1 2022. 10. 28 외신 등 종합

329) 연합뉴스 2022. 10. 29

330) 자유아시아방송(RFA) 2023. 1. 4

331) 연합뉴스 2023. 1. 1

332) VOA 2023. 1. 17

333) "UNC in Korea Gets Matador Missiles." Pacific Stars and Stripes, December 18, 1958, pp. 1–2. For a copy of this article, see http://www.tacmissileers.org/korea-gets-matador-missiles/

334) https://chat.openai.com/c/06112194-36ac-4437-bf30-5e41070be163

335) ttps://chat.openai.com/c/756aae03-1c1d-406d-9ac7-e580a42a099a/ https://gemini.google.com/app/4e9f7f325bee19ca

336) Korea Times. 2016. 7. 17

337) https://www.pressian.com/pages/articles/164386

338) 수원시민신문 2017. 7. 17

339) JTBC 2017. 7. 11

340) https://www.korea.kr/archive/expDocView.do?docId=28802

341) https://www.korea.kr/archive/expDocView.do?docId=28802

342) https://www.usfk.mil/Portals/105/Documents/SOFA/A08_Amend-ments.to.Agreed.Minutes.pdf However, in the agreed minutes amended to the SOFA in 2001, the United States "confirms its policy to respect relevant Republic of Korea Government environmental laws, regulations, and standards."

343) https://en.wikipedia.org/wiki/Superfund#Procedures

344) JTBC 2014. 1. 18

345) 한국일보 2020. 12. 18

346) https://www.me.go.kr/skin/doc.html?fn=20230621093847.hwpx&rs=/upload_private/preview/

347) Jaganath Sankaran, "THAAD Radar Ranges", Mostlymissiledefense, July 17, 2016, https://mostlymissiledefense.com/2016/07/17/thaad-radar-ranges-july-17-2018/.

348) file:///C:/Users/admin/AppData/Local/Microsoft/Windows/Tempo-rary%20Internet%20Files/Content.IE5/OQTASO6R/Volume%205%20Chapter%207.pdf

349) https://www.me.go.kr/home/web/board/read.do?menuId=10525&boardMasterId=1&boardCategoryId=39&boardId=812390.

350) Editorial, Reuters (17 August 2017). "China military criticizes 'wrong' U.S. moves on Taiwan, South China". Reuters.

351) China, Russia vow to deploy measures against US missiles in South Korea. 13 January 2017. https://www.hindustantimes.com/world-news/china-russia-vow-to-deploy-measures-against-us-missiles-in-south-korea/story-LiugES68RAIGEtTlGCGVSI.html

352) 연합뉴스 2022. 3. 11

353) 자유아시아방송 2022. 5. 5

354) 자유아시아방송 2022. 5. 5

355) 통일뉴스 2022. 6. 23

356) 미국의소리방송 2022. 8. 11

357) 자유아시아방송 2022. 8. 11

358) 환구시보 2022. 3. 11

359) Li Bin "The Security Dilemma and THAAD Deployment in the ROK". chinausfocus.com, 6 Mar 2017

360) "THAAD missile defense system". Thomson Reuters. 2 May 2017. / Panda, Ankit (4 June 2017). "Why China and Russia Continue to Oppose THAAD". The Diplomat

361) 한겨레 2017. 7. 30

362) 연합뉴스 2023년 8월 18일

363) KBS 2023. 8. 19

364) 환구시보 2023. 8. 19

365) 연합뉴스 2023. 08. 19

366) 연합뉴스 2023. 08. 20.

367) KBS 2023. 8. 19.

368) 연합뉴스 2023. 3. 24

369) 한겨레 2023. 7. 19

370) 연합뉴스 2023. 8. 31

371) 연합뉴스 2023. 3. 4

372) 연합뉴스 2023. 3. 22

373) 중앙일보 2020. 9. 19

374) 미국의소리 2017. 10. 31

375) 세계일보 2020. 10. 20

376) Matthew Weed (February 16, 2018). "Congressional Research Service Report" (PDF). Congressional Research Service. Retrieved June 19, 2019.

377) 미국의소리 2020. 2 1

378) 조선일보 2020. 9. 16

379) 프레시안 2010. 5. 13

380) 프레시안 2023. 3. 27

381) CBS 2023. 3. 23

382) 미국의소리방송 2019. 8 14

383) 민플러스 2024. 5 20

384) VOA 2020. 12. 26

385) 통일뉴스 2006. 1. 20

386) 연합뉴스 2024. 3. 8

387) https://www.theguardian.com/us-news/2024/mar/06/israel-weapons-sales-loophole

388) RFA 2023. 9. 21